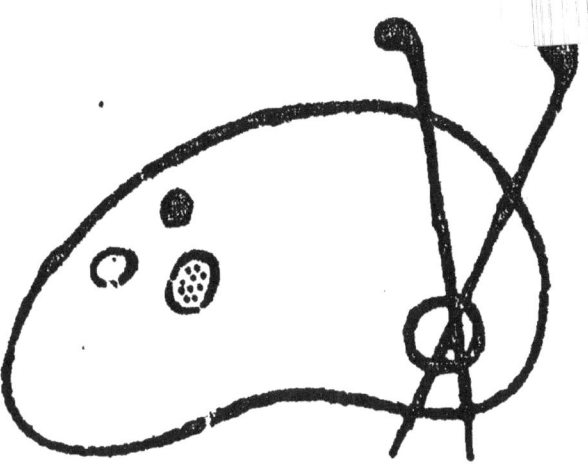

Début d'une série de documents en couleur

L'ALGÉRIE LÉGENDAIRE

EN PÈLERINAGE ÇA & LA
aux Tombeaux
DES
principaux Thaumaturges de l'Islam
(Tell et Sahra)

PAR
LE COLONEL C. TRUMELET

COMMANDEUR DE L'ORDRE DE LA LÉGION D'HONNEUR
OFFICIER DE L'INSTRUCTION PUBLIQUE
MEMBRE DE LA SOCIÉTÉ DES GENS DE LETTRES
DE LA SOCIÉTÉ HISTORIQUE ALGÉRIENNE
DE LA SOCIÉTÉ D'ARCHÉOLOGIE ET DE STATISTIQUE DE LA DRÔME
ETC. ETC.

زُورُوا ضَوَارِح اوْلِياء الله العزيز
بهى فى حلّة مُمَسّكة قد طرزتها البُرُوف بالإبريز

Visitez les tombes des Saints du Dieu Puissant :
Elles sont parées de vêtements imprégnés de musc,
Que sillonnent des éclairs d'or pur.

SIDI KHALIL

ALGER
LIBRAIRIE ADOLPHE JOURDAN
IMPRIMEUR-LIBRAIRE-ÉDITEUR
4, PLACE DU GOUVERNEMENT, 4

1892

AUGUSTIN CHALLAMEL, ÉDITEUR
17, Rue Jacob, PARIS

EN VENTE A LA MÊME LIBRAIRIE :

BLIDA

RÉCITS

SELON LA LÉGENDE, LA TRADITION ET L'HISTOIRE

PAR

Le Colonel C. TRUMELET

COMMANDEUR DE L'ORDRE DE LA LÉGION D'HONNEUR
OFFICIER DE L'INSTRUCTION PUBLIQUE
MEMBRE DE LA SOCIÉTÉ DES GENS DE LETTRES

Deux beaux volumes grand in-18.... **7 fr.**

UNE PAGE DE L'HISTOIRE

DE LA COLONISATION ALGÉRIENNE

BOU-FARIK

PAR LE MÊME

Un beau volume grand in-18........ **4 fr.**

ALGER. — TYPOGRAPHIE ADOLPHE JOURDAN.

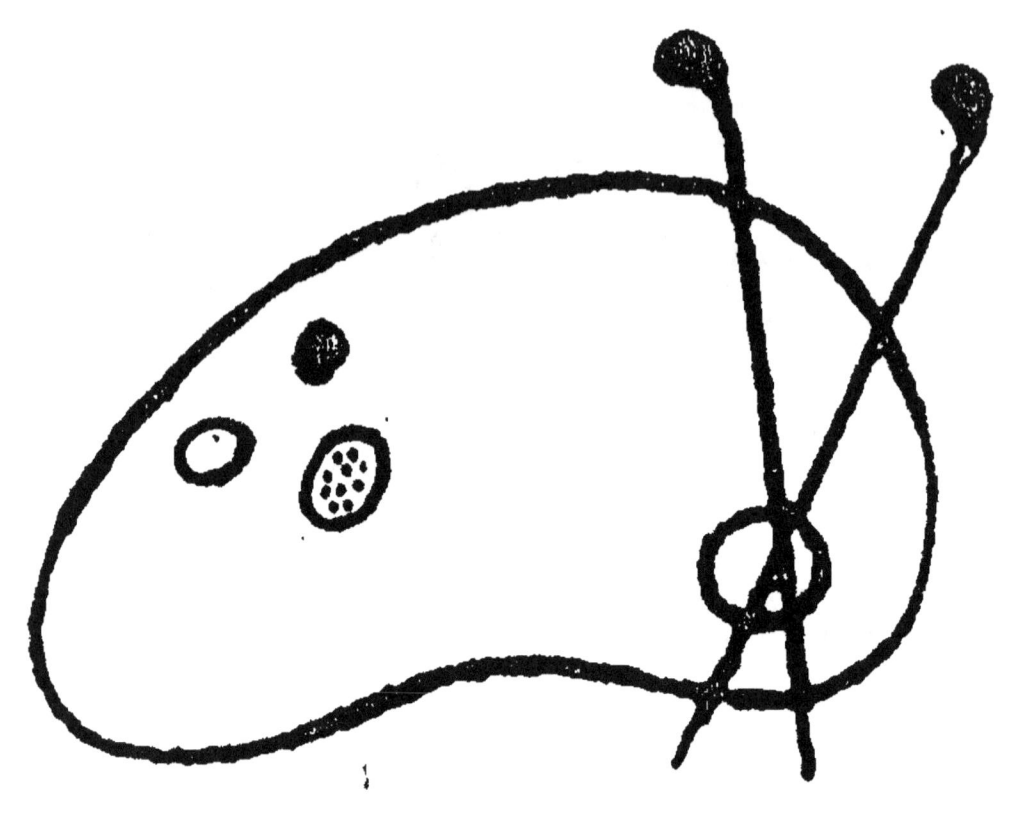

Fin d'une série de documents en couleur

L'ALGÉRIE LÉGENDAIRE

L'ALGÉRIE LÉGENDAIRE

EN PÈLERINAGE ÇA & LA
aux Tombeaux
DES
principaux Thaumaturges de l'Islam
(Tell et Sahra)

PAR

LE COLONEL C. TRUMELET
COMMANDEUR DE L'ORDRE DE LA LÉGION D'HONNEUR
OFFICIER DE L'INSTRUCTION PUBLIQUE
MEMBRE DE LA SOCIÉTÉ DES GENS DE LETTRES
DE LA SOCIÉTÉ HISTORIQUE ALGÉRIENNE
DE LA SOCIÉTÉ D'ARCHÉOLOGIE ET DE STATISTIQUE DE LA DRÔME
ETC. ETC.

زُورُوا ضَوَارِح اَوْلِياء الله العزيز
بهى يى حلَّة مُمَسَّكة قد طرزتها البُرُوف بالابريز

Visitez les tombes des Saints du Dieu Puissant :
Elles sont parées de vêtements imprégnés de musc,
Que sillonnent des éclairs d'or pur.

SIDI KHALIL

ALGER
LIBRAIRIE ADOLPHE JOURDAN
IMPRIMEUR-LIBRAIRE-ÉDITEUR
4, PLACE DU GOUVERNEMENT, 4

1892

AUGUSTIN CHALLAMEL, ÉDITEUR
17, Rue Jacob, PARIS

AVANT-PROPOS

Nous avons démontré, dans un de nos précédents ouvrages, l'intérêt que pouvait présenter l'étude des mœurs religieuses des groupes musulmans dont nous avions charge des corps, sinon des âmes, dans les pays de l'Afrique septentrionale que nous avions conquis, et dans ceux où nous pousseront encore irrésistiblement les besoins de la politique, du commerce et de la civilisation, voire même la curiosité, et cette force d'expansion que nous avons tous au cœur, et qui nous fait affronter tous les dangers avec la foi des premiers martyrs.

Or, pour acquérir cette force de pénétration sans laquelle tout nous serait et ferait obstacle, il nous faut d'abord étudier les choses cachées, les mystérieuses pratiques des groupes que nous sommes exposés à rencontrer sur notre route ténébreuse, silencieuse, muette. La légende, en effet, est l'histoire des peuples qui n'en ont point d'écrite;

Voltaire l'a dit d'ailleurs : « Il n'y a pas jusqu'aux légendes qui ne puissent nous apprendre à connaître les mœurs des nations. » Si nous ne sommes pas munis de ce viatique indispensable, en pays musulman surtout, tout nous sera lettre close, et nous marcherons à tâtons et en aveugles, et plus souvent à côté de la voie que sur la voie elle-même, car les sentiers de l'Islam sont difficiles et tortueux. Il y a là, nous le répétons, une carte à étudier, et cette carte, c'est la légende.

Il est certain que, comme nous l'avons dit autre part, faire parler un Musulman, surtout lorsque le sujet touche par quelque côté à sa religion, à sa croyance et à ses saints, toutes choses qui, pour lui, sont *haram*, ou sacrées ; il est certain, disons-nous, que ce n'est pas chose facile ; pourtant, la difficulté est moindre si l'interrogateur appartient au *Makhzen*[1] ou au commandement ; si, en un mot, c'est un puissant qui tienne ses intérêts ou ses destinées entre ses mains ; et encore faut-il qu'il soit bien démontré à l'interrogé qu'il lui serait inutile de chercher à tromper le savant des choses de la religion qui veut en pénétrer les mystères, ou achever de soulever le voile qui en dérobe la connaissance aux profanes.

Comme la plupart des saints personnages dont nous allons nous occuper, ou qui joueront un rôle

---

1. Le Gouvernement, l'Administration.

au cours de notre récit, appartiennent à la catégorie connue, en Algérie, sous la qualification de marabouths, nous allons rappeler ce qu'on entend vulgairement et habituellement par l'expression de *marabouth*. « Ce mot, qui vient du verbe arabe *rabath*, signifie *attacher, lier, retenir, emprisonner*; à la troisième forme, il fait *mraboth*, dont nous avons fait *marabouth*. Il a donc absolument le sens de notre vocable *religieux*, lequel vient du verbe latin *religare*, lier, attacher, d'où dérive *religio*, qui se traduit par « *ce qui attache* ou *retient* « (au figuré), *lien moral, obligation de conscience,* « *attachement au devoir, lien qui rattache l'homme* « *à la Divinité.* » Le marabouth est donc l'homme qui est *lié, fixé, attaché* aux choses divines; il est *emprisonné*, — et il n'en doit jamais sortir, — dans la règle de conduite que lui trace le Livre descendu du ciel (le Koran) pour fixer définitivement les limites du licite et de l'illicite. Le marabouth, c'est l'homme spécialement voué à l'observance des préceptes du Koran; c'est le conservateur de la loi musulmane dans toute son intégrité; c'est enfin l'homme que, — autrefois surtout, — la prière, les bonnes œuvres, la vie ascétique et contemplative, rapprochaient de la Divinité : car la religion musulmane, qui a tout emprunté aux religions juive et chrétienne, a eu aussi ses ascètes, ses anachorètes, et, plus tard, ses moines ou cénobites; et les austérités, les macérations, les mortifications de ses saints, laissent bien loin derrière elles celles auxquelles se soumettaient les vieux Prophètes d'Israël, qui, pour fuir la société des hommes, se retiraient dans les montagnes ou dans les déserts, et ces solitaires chrétiens qui, dans les III°, IV° et V° siècles de notre ère, peuplèrent la Thébaïde désertique [1]. »

Nous dirons plus vulgairement, avec notre ami si regretté, Marcelin Beaussier, interprète principal de l'armée d'Algérie, dans son *Dictionnaire pratique arabe-français*, au mot *Mraboth* : « Les marabouts étaient des hommes voués à l'adoration, liés à Dieu, qui ont laissé une réputation de sainteté : on leur donne le titre de *ouali* [2], *ami de Dieu*, *saint*, et leur nom est toujours précédé du qualificatif *Sidi*, seigneur, monseigneur. Leur nombreuse postérité conserve le titre de *marabout*, et forme la noblesse religieuse des Arabes. Il y a peu de tribus, en Algérie, où l'on ne trouve une fraction de marabouts. »

Nous avons dit, dans un autre ouvrage, que,

---

1. LES SAINTS DE L'ISLAM. *Légendes hagiologiques et Croyances musulmanes algériennes*, par le colonel C. Trumelet.
2. *El-Ouli*, d'après le livre des définitions d'Ech-Cherif-Ali-Djordjani, est la proximité métaphysique qui résulte de l'affranchissement, ou de relations étroites et nécessaires. On en aurait fait le mot *oualaïa*; de même que le mot *ouilaïa* serait l'action d'être en Dieu, notre propre personnalité ayant disparu. (L. GUIN.)

« dès la prise de Grenade, en 1492, un grand nombre de Mores-Andalous avaient quitté l'Espagne et s'étaient établis dans le Marok ; plusieurs de ces réfugiés,—de savants et pieux docteurs,— avaient poussé jusqu'à l'ouad Draâ, et sollicité leur admission à la grande Zaouïa de Saguiet-El-Hamra, dans ce lieu d'étude et de prière où, dégoûtés du monde et de ses misères, ils venaient chercher le calme et la sérénité de l'âme, et consacrer au service de Dieu ce qu'il lui plairait de leur accorder encore de jours et d'énergie, pour faire triompher sa cause dans les régions où régnait l'ignorance ou l'Infidèle.

« Les Mores-Andalous expulsés, qui avaient choisi pour retraite la célèbre université religieuse de Saguiet-El-Hamra [1], continuerons-nous avec le texte précité, étaient, en général, des hommes considérables dans les sciences et dans les lettres, des docteurs de réputation ; tous étaient, en même temps, des gens de prière et d'une ardente dévotion ; quelques-uns même, affirmait-on, jouissaient du don de prescience et de celui des miracles : voués entièrement à Dieu, et spiritualisés à ce point qu'ils semblaient appartenir à un ordre d'êtres intermédiaires placés entre l'homme et la Divinité, ces saints marabouth faisaient l'édifi-

---

1. Sahra marokain. De tout temps, les Zaouïa ont été très nombreuses dans la vallée de l'ouad Draâ.

cation des anciens *Tholba* (Lettrés) de la Zaouïa, lesquels avaient pour eux la plus respectueuse vénération. La grande Zaouïa de Saguiet-El-Hamra appartenait à l'ordre de Sidi Abd-el-Kader-El-Djilani, et c'est de ce point qu'aux XVIe et XVIIe siècles, ces saints missionnaires se répandirent vers l'Est algérien, dans les montagnes des Kabils particulièrement, pour y *koraniser* les populations ignorantes et grossières de ces difficiles régions. C'était donc aux marabouth de Saguiet-El-Hamra que devait revenir tout l'honneur d'une pareille entreprise. Les Mores-Andalous étaient, du reste, dans les conditions les plus favorables pour mener à bonne fin une œuvre qui exigeait de la science, de l'habileté, une foi ardente, la ferveur d'un apôtre, la passion du prosélytisme, et un entraînement prononcé vers la vie ascétique.

« C'est dans ces conditions, et après leur avoir donné ses instructions, que le Cheikh[1] de Saguiet-El-Hamra réunit le premier groupe de ceux des marabouth qu'il avait désignés pour être lancés, en qualité de missionnaires, dans les régions algériennes situées à l'Est du R'arb[2] ou Mor'reb. »

La plupart de ces missionnaires réussirent dans leur entreprise religieuse, s'établirent plus tard dans le pays, et y firent souche. En effet, à cha-

---

1. Le directeur spirituel de la Zaouïa.
2. L'Ouest, le Marok, le Moghreb, ou Mor'reb.

que tribu kabile s'est juxtaposée une famille arabe d'origine moresque-andalouse, laquelle, de tous temps, a servi d'intermédiaire entre les Kabils et la Divinité. Les tombeaux des *aoulia* (amis de Dieu) émaillent de leurs blanches *kebab*[1] les pitons des pays kabils, les grands espaces des Hauts-Plateaux, et la région des Ksour ou Oasis du Sahra algérien. Il est à remarquer que, de l'Ouest à l'Est, la foi aux saints va diminuant d'intensité au fur et à mesure que l'on s'éloigne du foyer religieux, le Marok, qui est le pays de l'Islam par excellence ; ainsi, tandis que, dans l'Ouest, le pays est littéralement constellé de kebab, lesquelles y sont élevées par groupes de trois ou quatre à la fois sur un même point, cette proportion va sensiblement en décroissant à mesure qu'on s'avance vers le Cheurg (l'Est), c'est-à-dire en traversant les provinces d'Oran, d'Alger, de Constantine, et la Tunisie.

Un savant et vénéré marabouth, très versé dans l'hagiologie islamique, et dont j'avais fait la con-

---

1. Pluriel de *koubba*, coupole, chapelle, où reposent les restes mortels d'un saint marabouth, chef de famille, et de quelques-uns des saints de sa descendance. Les Croyants de la tribu se font habituellement enterrer autour du tombeau de leur saint, qui est devenu le patron et le protecteur du pays.

La *koubba* est un petit monument de forme cubique, surmonté d'une coupole, élevé en l'honneur ou sur le tombeau d'un saint marabouth. En Algérie, confondant le contenu avec le contenant, nos soldats ont désigné ces petits monuments sous l'appellation de *marabouts*.

naissance à Blida, alors que j'étais chef de bataillon au 1ᵉʳ de Tirailleurs algériens, ce saint homme, dis-je, de la célèbre tribu cheriflenne des Oulad-Sidi-Ahmed-el-Kebir, et l'un des descendants du saint fondateur de Blida, voulut bien, sur ma demande, me continuer ses bonnes leçons, et me servir de guide dans la *Ziara* (pèlerinage, visite) que j'avais formé le projet de faire aux tombeaux des principaux saints algériens, et cela malgré l'importance et les fatigues de cette pieuse entreprise. Après avoir composé notre itinéraire, je pris jour avec Si Mohammed-ben-El-Aabed, et nous fixâmes la date de notre départ. Nous devions commencer notre *Ziara* par les saints du Sud, revenir dans le Tell, et visiter ceux du littoral, c'est-à-dire les saints maritimes.

Nous allons donc nous enfoncer dans les profondeurs du Sud occidental; puis, après avoir visité les tombeaux des saints qui ont illustré cette partie de la terre de l'Islam, nous prendrons notre direction vers le Chourg (l'Est), jusqu'aux frontières de la Tunisie, nous arrêtant à ceux de ces tombeaux dont les saints qui y ont laissé leurs restes exposés à la vénération des Croyants, auront marqué leur passage sur la terre par des œuvres miraculeuses indiquant le degré d'influence dont ils jouissent auprès du Dieu unique.

Nous remonterons ensuite vers le Tell en longeant notre frontière de l'Est, puis, reprenant une direction Ouest, nous visiterons les saints de l'intérieur, en poussant jusqu'à la frontière du Marok.

Ce long pèlerinage terminé, nous aurons une idée complète, et surtout exacte, de la question religieuse musulmane en Algérie, en ce sens que le caractère de sainteté de ces *amis de Dieu* varie avec la région qu'ils habitaient pendant leur existence terrestre. Les *aoulia* algériens sont, en effet, des saints topiques dont les mœurs religieuses, les formes de la dévotion, sont spéciales au milieu dans lequel ils ont vécu : c'est ainsi que le mysticisme des ascètes du Sahra diffère essentiellement de celui des saints qui ont établi leur *kheloua*[1] dans quelque crique du littoral méditerranéen ; de même que la thaumaturgie de ces derniers est, pour ainsi dire, sans rapport avec celle des marabouth vénérés qui ont opéré dans les montagnes des Kabils.

« En effet, les thaumaturges du Sahra, ainsi que nous pourrons nous en convaincre au cours de ce livre, ont quelque chose de plus poétique, de plus chevaleresque que les saints des montagnes, lesquels semblent avoir, en quelque sorte, subi l'influence de la région et celle de ses grossières populations sous le rapport des mœurs et de l'élévation des idées ; aussi la nature des miracles des saints du Sahra s'est-elle modifiée très sensi-

---

1. *Kheloua*, solitude, grotte, retraite, ermitage.

blement, comparativement à celle des *aoulia* de la région montagnarde : chez les thaumaturges du Désert, elle emprunte le caractère aventureux des populations nomades de cette région ; dans le pays des horizons infinis, la légende prend, en effet, je le répète, une allure plus chevaleresque, plus guerrière, plus poétique ; elle rappelle plus volontiers les exploits merveilleux du poète-sabreur Antar-ben-Cheddad-El-Absi ; de Rabyah fils de Moukaddam, le plus brillant, le preux le plus admirable de la vieille Arabie ; d'Amr-ben-Hind, le Brûleur ; de Find, le poète-guerrier des Bni-Zimman, et de tant d'autres. Là, nos saints aiment les chevaux et la guerre, les mêlées furieuses ; ils aiment les beaux coups de lance qui ouvrent de larges blessures, d'où le sang noir jaillit en flots bondissants ; ils aiment ces merveilleux coups de sabre où les lames vont fouiller les entrailles des guerriers jusqu'au fond des reins : ce sont des thaumaturges à cheval dont le cœur est chauffé à la haute température de la république des sables.

« Nous assisterons aux sanglantes équipées où les femmes chauffent la bataille en jetant tous leurs charmes, toutes les promesses de l'amour, sur le champ du combat, pour exalter les guerriers.

« Nous verrons aussi de saints anachorètes, des extatiques, dont les macérations, les mortifications, les tortures qu'ils s'imposent pour dépouiller leur matérialité, leur terrestréité, pour dompter leur chair, pour se rapprocher de Dieu, dépassent toutes les folies mystiques, toutes les sublimes frénésies des solitaires de la Thébaïde.

« Dans le désert, nous le répétons, nos saints n'ont point affaire à ces populations grossières, à ces mangeurs de glands qui habitent les montagnes du Tell, les Kabilies; le désert, c'est la patrie des poètes, des brillants cavaliers, des contemplateurs, des chercheurs d'aventures, tandis que le Tell, c'est le pays des travailleurs de leurs mains, des échines courbées, des regards fixés vers la terre, des intérêts mesquins et sordides et du prosaïsme le plus vulgaire. »

Ceci dit, ceignons-nous les reins, mettons notre *mezoued*[1] de *rouina*[2] à l'épaule, et en route pour le Sud !

---

1. *Mezoued*, sac à provisions fait de la peau d'un chevreau. Nous en avons fait notre mot *musette*.
2. *Rouîna*, farine de blé grillé qu'on détrempe dans l'eau pour s'en nourrir. A défaut de récipient, l'Arabe délaye sa farine dans un des pans de son bernous. Cette nourriture est surtout celle des indigènes en voyage ou en expédition.

L'ALGÉRIE LÉGENDAIRE

Partant d'El-Blida, *la petite Rose de la Metidja*, la ville de Sidi Ahmed-el-Kebir, le saint ancêtre de notre guide, *nous marchons avec la route* de Laghouath, — selon l'expression arabe, — dans une direction sud ; nous traversons successivement la ville de Médéa, le Ksar Sidi-Bokhari, dominé sur sa droite par le poste de Boghar, que nous avons appelé le *Balcon du Désert*, et qui marque la limite de la zone tellienne dans la province d'Alger ; puis, traversant les steppes des Hauts-Plateaux, — le pays de la halfa, — et le bassin des Sebakh[1]-Zar'ez, ces grands lacs sans eau et à fond de sel, donnant des effets de mirage d'un effet décevant, nous entrons dans le pays des Oulad-Naïl, grande tribu célèbre par la beauté et la facilité de mœurs de ses femmes ; nous traversons ensuite le centre européen de Djelfa, qui est en même temps un poste militaire.

De ce point, abandonnant la route de Laghouath, nous prenons une direction ouest, nous nous engageons dans les massifs boisés du Senn-El-Lebba, et

---

1. *Sebakh*, pluriel de *Sebkha*, grand étang salé sans profondeur.

nous débouchons sur le Ksar[1]-Charef, notre objectif. De notre première enjambée, nous nous sommes transportés à quatre-vingt-cinq lieues au sud de Blida, et en pleine région des Ksour.

Le Ksar-Charef se trouve situé à six lieues au sud de la Sebkha-Zar'ez occidentale, et à quatorze lieues à l'ouest du poste de Djelfa.

Notre point bien établi, nous allons commencer notre *ziara*[2] aux tombeaux des saints dans la région des oasis algériennes.

---

1. On désigne sous le nom de *ksar* (au pluriel *ksour*) les bourgs ou bourgades du Sahra. *Ksar-Charef* signifie le *Vieux-Ksar*.

2. Pèlerinage, visite à tous lieux saints autres que La Mekke, ou Mekka.

EN PÈLERINAGE
DU SUD AU SUD-EST

I

SIDI ALI-BEN-MAHAMMED
ET SIDI BOU-ZID

Un jour, — il y a de cela trois siècles et demi, — un voyageur, venant du côté du R'arb (Occident), arrivait à l'heure de la prière du *moghreb*[1] sur une fontaine aux eaux abondantes et limpides. Sa journée avait été longue et fatigante, sans doute, car, bien qu'il fût dans la force de l'âge, sa marche était lourde, pesante, et il s'aidait de son long bâton ferré pour franchir les hachures et les rides de la terre. Ce voyageur, dont le chapelet à grains noirs, qu'il portait au cou, annonçait la qualité de marabouth, n'avait pour tout bagage qu'un *mezoued* qui se balançait nonchalamment sur sa hanche droite ; il tenait sous son bras gauche un livre dont la couverture de *djeld el-*

---

1. Coucher du soleil.

filali (maroquin) était jaunie aux angles, par l'usage sans doute. Ce livre, — est-il utile de le dire? — était le Livre par excellence, la parole de Dieu, le Livre descendu d'en-haut, la Lecture, l'Admonition, la Distinction, le Koran enfin. La fontaine lui plut; — il était d'ailleurs au terme de sa journée; — il jeta son bâton à terre, posa son *mezoued* sur le bord de la source, puis il fit ses ablutions et sa prière. Ce pieux devoir accompli, le marabouth tira de son sac de peau quelques pincées de farine d'orge et les mit dans un des pans de son bernous; prenant ensuite de l'eau dans le creux de sa main, il en versa sur la farine, dont il fit une pâte qu'il mangea après l'avoir arrondie en boulettes. Sa *rouina* absorbée, il puisa de nouveau de l'eau avec ses deux mains réunies en forme de vase, et but une forte lampée de ce cristal liquide. Un bruit sourd, paraissant venir de son estomac, attesta la satisfaction de cet organe, et le marabouth remercia Dieu de l'avoir comblé de ses biens, quand tant d'autres mouraient de faim.

La fontaine près de laquelle s'était arrêté le saint homme se nommait le Haci-Tiouelfin : elle se composait de quatre sources bouillonnantes dont les eaux limpides s'épandaient à l'est de Ksar-Charef.

Or, le jour baissant sensiblement, le marabouth songea à se chercher un gîte pour y passer la nuit : un superbe figuier, épais et trapu à pouvoir donner asile à une caravane tout entière, et pareil à la femelle d'un oiseau gigantesque étendant ses ailes pour y abriter ses petits, ce généreux figuier, disons-nous, s'épanouissait à quelques centaines de pas de la source; en s'y dirigeant, le saint remercia Dieu, qui, visiblement, lui continuait ses bontés. Il allait arriver à cet arbre quand son attention fut attirée par des restes de tisons maintenus allumés par le vent, et brillant entre les trois pierres qui constituent le foyer traditionnel des peuples nomades. Ce feu attestait évidemment la présence d'un vivant dans les environs : en effet, ayant fait un tour sur lui-même pour fouiller le terrain, le voyageur aperçut, aux dernières lueurs du crépuscule du soir, une tente roussâtre tendue, pareille à une immense toile d'araignée, sur la lèvre d'un ravin.

Bien qu'il fût la simplicité même, le saint marabouth préféra cependant renoncer à son arbre, et aller demander au maître de cette tente *de ce qui appartient à Dieu*. Il pouvait, d'ailleurs, y avoir là des gens à remettre dans le sentier de Dieu : le pays alors en était plein. Il se dirigea donc vers la *demeure de poil* : deux chiens maigres et mal peignés, qui l'accueillirent en grognant et en lui montrant les dents, l'annoncèrent au maître de la tente. Le voyageur s'était arrêté à quelques pas de l'édifice pileux pour donner à ses habitants le temps de venir le reconnaître. Un nègre ne tarda pas, en effet, à paraître à l'ouverture de la haie de *sedra* (jujubier sauvage) qui protégeait la tente et le troupeau contre les rôdeurs de nuit, bêtes et gens.

Le voyageur s'annonça comme *invité de Dieu*. « Sois le bienvenu ! » répondit le nègre, qui faisait taire les chiens en même temps qu'il s'avançait de quelques pas au-devant de l'étranger. Le maître l'attendait sur le seuil de la tente. Après lui avoir répété qu'il était le bienvenu, et s'être enquis de sa faim et de sa soif, besoins dont l'étranger, par civilité, ne voulut pas avouer la satisfaction, le maître, disons-nous, après l'avoir prié d'accepter sa *dhifa,* lui indiqua un compartiment de la tente où étaient étendus de moelleux tapis particulièrement propres à délasser les membres du voyageur fatigué.

L'étranger, après avoir remercié son hôte, et lui avoir fait ses souhaits de bonne nuit, entra, pour y reposer, dans la partie de la tente qui lui avait été indiquée. Avant de s'endormir, il n'oublia pas de rendre grâce à Dieu, qui lui continuait les preuves de son inépuisable bonté.

Le lendemain, malgré les attraits de sa moelleuse couche, le voyageur était debout avant la prière du *fedjeur*[1]. Son hôte, qui passait pour un homme pieux, et qui n'avait pas besoin qu'un *moudden*[2] lui rappelât que « *la prière est préférable au sommeil* »[3], se tenait accroupi à la manière arabe sur le seuil de sa tente, attendant depuis plus d'une heure le réveil du voyageur.

Après avoir terminé sa prière, l'étranger alla saluer le maître de la tente. « Mon nom est Ali, lui dit-il, et suis descendant de la fille chérie du Prophète, — que la bénédiction et le salut soient sur lui ! — par Mahammed-ben-Youcef-ben-Rached-ben-Ferkan-ben-Souleïman-ben-Bou-Bekeur-ben-Moumen-ben-Abd-El-Kaouï-ben-Abd-er-Rahman-ben-Edris-ben-Ismaïl-ben-Mouça-ben-Abd-Oullahi-ben-Djâfeur-Es-Sadik-ben-Zin-El-Abidin-ben-Mohammed-ben-Edris-Ets-Tsani-ben-Abd-Allah-El-Kamel-ben-El-Haoucin-ben-El-Mouçani-ben-El-Hacen-Es-Sebti-ben-Fathima-bent-Sidna-Mohammed Raçoul-Allah, qui, lui-même, descendait d'Adnan par Abd-Oullahi-ben-Châïba-ben-Hachim-ben-Abd-El-Mou-

---

1. Le point du jour.
2. Le *moudden* est ce fonctionnaire du culte musulman qui, cinq fois par jour, annonce, du haut du minaret des mosquées, l'heure de la prière aux Croyants. Dans les douars, le *moudden* fait l'appel à la prière en se plaçant au centre du cercle formé par les tentes.
3. Avertissement fait par le *moudden* une heure avant la prière du *fedjeur*, ou point du jour.

naf-ben-Koçaï-ben-Kolaï-ben-Kabin-ben-Nouhi-ben-Raleb-ben-Malek-ben-Fahar-ben-Kanana-ben-Medrak-ben-Madhrin-ben-Naçar-ben-Khazim-ben-Nezzar-ben-Mohad-ben-Adnan, lequel descendait du père du genre humain, Sidna Adem par..... Mais je crains de t'ennuyer en continuant de t'énumérer la série de mes ascendants jusqu'au premier homme.....[1]. »

Le maître de la tente n'ayant insisté que mollement pour que Sidi Ali continuât l'ébranchement de sa *chedjara* (arbre) généalogique, ce dernier s'en tint là pour le moment, se réservant de lui compléter, à l'occasion, la nomenclature de ses ancêtres, laquelle est, d'ailleurs, commune à tous les cherifs à partir d'Edris, dont tous prétendent descendre en ligne directe.

« J'arrive, poursuivit Sidi Ali, de Saguiet-El-Hamra, et je vais visiter les Villes saintes, nobles et respectées, Mekka et El-Medina. »

Honteux, peut-être, de paraître devant son hôte dans un équipage si mesquin, Sidi Ali lui donna à entendre qu'ayant besoin de collectionner une grande quantité de bonnes actions, il s'était rappelé ces paroles du Prophète : « Celui qui va en pèlerinage sur une monture n'a, pour son compte, que soixante bonnes actions par chaque pas de sa monture ; mais celui qui y va à pied a, pour son compte, sept cents bonnes actions par chaque pas qu'il fait. » Cela valait, en effet, la peine, car il y a loin de Saguiet-El-Hamra à Mekka.

Le maître de la tente reconnut bien vite qu'il avait affaire à un cherif-marabouth, et il fut d'autant plus disposé à le traiter généreusement qu'il sentait que ce

---

[1]. Il n'est pas rare de rencontrer des Arabes pouvant fournir la série de leurs ancêtres jusqu'au premier homme.

devait être un homme pieux, savant et influent. Il apprit, à son tour, à Sidi Ali qu'il se nommait Bou-Zid, et qu'il était marabouth.

L'intimité s'établit bientôt entre ces deux hommes de Dieu, et Sidi Bou-Zid fit tous ses efforts pour retarder le départ de Sidi Ali, qui, dès le lendemain de son arrivée, avait voulu se remettre en route et continuer son voyage. Sidi Ali eut la faiblesse de céder aux sollicitations de Sidi Bou-Zid : les jours succédèrent aux jours avec une rapidité dont le marabouth de Saguiet-El-Hamra ne s'apercevait pas. Il finit cependant, après avoir compté sur ses doigts, par découvrir avec un certain effroi qu'il lui était de toute impossibilité, s'il voulait continuer de voyager à pied, d'arriver aux Villes saintes en temps opportun : car on sait que le pèlerinage n'a lieu que pendant les trois mois sacrés de *choual*, de *dou el-kâda* et de *dou el-hadjdja*. Il lui en coûtait certainement de renoncer à gagner le titre si recherché de *el-hadjdj* (le pèlerin), et d'obliger Dieu à le remplacer par un de ses anges : car, s'il faut en croire le Prophète, — et nous n'avons aucune raison pour douter de sa parole, — le Très-Haut aurait dit que six cent mille fidèles viendraient tous les ans en pèlerinage aux Villes saintes, et que, si ce nombre n'était pas atteint, il serait complété par des anges. Sidi Ali aurait donc voulu éviter de déranger, à cause de lui, l'un de ces messagers de Dieu.

Sidi Ali-ben-Mahammed était donc au désespoir de s'être attardé chez Sidi Bou-Zid, et il en paraissait inconsolable. Malgré la haute estime que professait pour son hôte le marabouth de Haci-Tiouelfin, malgré la véritable et solide amitié qu'il lui avait vouée, et son vif désir de le garder auprès de lui, il ne voulut pas que Sidi Ali pût, un jour, lui reprocher d'avoir été la cause du manquement au saint devoir qu'il s'était imposé; mais, comme nous le disons plus haut, il ne fallait plus penser à faire ce long voyage à pied. Sidi Bou-Zid pria donc Dieu de lui souffler quelque bonne inspiration au sujet de cette affaire qui faisait son tourment. Il reçut en songe une réponse qu'il se hâta de communiquer, tout triomphant, à Sidi Ali. C'était celle-ci : « Puisqu'il est de toute impossibilité au marabouth de Saguiet-El-Hamra d'arriver pour le moment du pèlerinage aux Villes vénérées en faisant la route à pied, qu'il voyage sur une monture rapide et infatigable, sur un chameau, par exemple. »

La solution était, en effet, trouvée ; Sidi Ali n'était pas éloigné de l'adopter, lorsqu'il se mit à réfléchir au déchet qu'allait subir le chiffre des bonnes actions dont il avait projeté de grossir son actif. Il avait fait son compte en partant de Saguiet-El-Hamra ; il avait estimé, — un nombre rond, bien entendu, — qu'il lui fallait tant de bonnes actions d'économie pour les éventualités ; sept cents bonnes actions de gain par chaque pas lui faisaient tant au bout du chemin, — et il y a loin, nous le répétons, de l'ouad Draâ à Mekka, même en ligne directe.—C'était donc une belle avance, et cela le mettait tout à fait à l'aise pour longtemps, c'est-à-dire que cela le dispensait d'y regarder de si près dans le cas où il prendrait à Chithan (Satan) la fantaisie de le tenter ; il pouvait, en un mot, y aller largement. Mais le voyage au moyen d'une monture réduisait singulièrement le chiffre de ses pieuses allocations, puisque chaque pas ne valait plus alors que soixante bonnes actions. C'était à y regarder. Tout en regrettant d'être obligé d'en passer par là, Sidi Ali finit cependant par se résoudre à accepter le mode de locomotion que lui proposait Sidi Bou-Zid, ce marabouth s'étant chargé, du reste, de lui fournir le dromadaire qui devait lui prêter le secours de son dos pour l'aller et le retour.

Le départ ayant été fixé au lendemain, on s'occupa sans délai, — car il n'y avait pas de temps à perdre, — des détails si pénibles du *démarrage*.

Le matin, à la pointe du jour, après avoir reçu les souhaits de Sidi Bou-Zid, et lui avoir promis de repasser, — *in cha Allah!* — s'il plaisait à Dieu, — par Haci-Tiouelfin à son retour des Villes saintes, Sidi Ali mit la tête de sa monture dans la direction de l'est, et l'y poussa par quelques énergiques appels de langue. Le dromadaire n'obéit pas franchement aux excitations de Sidi Ali; il hésita, et ce n'est qu'après avoir plongé son long cou dans le nord et dans le sud qu'il se décida à marcher. Quelques minutes après, le marabouth et la bête disparaissaient derrière la Tnïet-Et-Tagga.

Cette hésitation montrée au départ par son dromadaire ne laissa pas que d'inquiéter Sidi Ali : c'était un mauvais présage; un corbeau, qui errait seul à sa gauche et comme égaré dans le ciel, vint encore augmenter ses craintes au sujet de l'issue de son voyage; cependant, il ne voulut pas retourner sur ses pas et attendre, pour se remettre en route, des conditions plus favorables. Il eut tort.

Il y avait environ trois heures que Sidi Ali était parti, quand on le rapporta blessé à la tente de Sidi Bou-Zid : en arrivant sur l'ouad Taouzara, la monture de Sidi Ali s'était obstinément refusée à traverser ce cours d'eau. Le marabouth, qui croyait à un caprice de l'animal, voulut insister pour qu'il passât : résistance de la part de la bête, persistance de celle du saint, nouveau refus très accentué du dromadaire avec accompagnement de mouvements désordonnés; bref, chute de Sidi Ali avec une fracture à la jambe.

Le saint marabouth fut, fort heureusement, rencontré dans ce piteux état par des Oulad-Mohani, à qui il raconta sa mésaventure; il les pria, après s'être fait connaître, de le transporter à la tente de Sidi Bou-Zid, ce qu'ils firent avec le plus grand empressement, car ils pensèrent qu'ils avaient tout à gagner, dans ce monde et dans l'autre, à rendre service à un homme qui, fort probablement, avait l'oreille des puissants de la terre et celle du Dieu unique.

Sidi Bou-Zid fit donner à Sidi Ali tous les soins que réclamait son état; les plus savants *athoubba* (médecins) des tribus environnantes furent appelés en consultation auprès du saint homme. Après lui avoir fait tirer la langue à plusieurs reprises, ils reconnurent à la presque unanimité que Sidi Ali s'était cassé la jambe droite; l'un de ces médecins prétendit que c'était la jambe gauche qui était fracturée; mais on ne s'arrêta pas à cette opinion, qui ne paraissait s'établir, du reste, que sur un diagnostic manquant de sérieux. Pourtant, en présence de cette divergence de manières de voir, le doute entra dans l'esprit de Sidi Bou-Zid, et, comme il ne tenait pas à se brouiller avec le *thebib* dissident, qu'il regardait d'ailleurs comme un praticien d'une très grande habileté, il fit tous ses efforts pour engager Sidi Ali à se laisser poser des appareils sur les deux jambes. Le saint homme y consentit, puisque cela paraissait faire plaisir à son hôte; mais il ne put s'empêcher de lui faire remarquer qu'il ne croyait que médiocrement à l'efficacité des attelles sur le membre qui n'était pas détérioré.

Dieu n'avait donc pas voulu que Sidi Ali-ben-Mahammed fît son pèlerinage à *Oumm el-Koura*, la mère des cités; peut-être son accident était-il une punition du retard qu'il avait apporté dans l'accomplissement de ce pieux projet. Mais, comme, en résumé, le saint marabouth se piquait d'être un parfait *mouslim*[1], c'est-à-

---

1. Musulman.

dire résigné à la volonté de Dieu, il se soumit sans se plaindre aux décisions qu'il croyait venir d'en haut.

Sidi Bou-Zid avait trois enfants : deux fils et une fille ; il lui vint un jour à l'idée de proposer à Sidi Ali, dès qu'il serait entré en convalescence, de se charger de l'instruction de ses deux fils, jeunes gens qui, d'après leur père, — les pères sont tous les mêmes, — avaient tout ce qu'il faut pour devenir des flambeaux de l'Islam. Or, nous l'avons dit, Sidi Ali était un puits de science : ainsi, qu'on l'interrogeât sur *el-êlm er-rebbouniya*, qui est la théologie, sur *el-êlm el-mâana*, qui est la rhétorique, sur *el-êlm en-nedjoum*, qui est l'astronomie, sur *el-kimia*, qui est la chimie, sur *et-tâlimat*, qui sont les mathématiques ; qu'on l'interrogeât, disons-nous, sur ces matières, et sur bien d'autres encore, il n'était point du tout embarrassé pour en résoudre les difficultés les plus ardues. De plus, on le citait pour son éloquence et la clarté de sa dialectique : à plusieurs reprises, il avait lutté, et victorieusement, avec les *mouchebbiha*, ces impies anthropomorphistes qui osent assimiler la nature de Dieu à celle des hommes ; avec les *tena-soukhiya*, secte de métempsychosistes qui croient à la transmigration des corps humains dans les corps des animaux. Par exemple, comme le Prophète, Sidi Ali avait horreur de la poésie, qu'il qualifiait habituellement de *nefts ech-Chithan*, souffle de Satan.

Sidi Ali se chargea avec joie de l'instruction des fils de Sidi Bou-Zid ; dès qu'il put sans inconvénient remuer le membre fracturé, il fit appeler les deux enfants, s'arma des insignes du professorat, c'est-à-dire d'un *kdhib*, qui est une longue et menue baguette destinée à rappeler, par sa mise en relation avec leur dos ou la plante de leurs pieds, l'attention vagabonde et trop souvent égarée des disciples, puis il se mit à les bourrer des principes de toutes les connaissances humaines, depuis le « *bism illahi er-rahmani er-rahimi*[1] », qui ouvre le Koran, jusqu'aux limites les plus reculées d'*el-djebr ou el-mkabla*[2], qui est la science de l'opposition et de la réduction.

Grâce à l'excellence de la méthode de Sidi Ali, et à l'emploi judicieux qu'il savait faire de sa baguette, les deux fils de Sidi Bou-Zid firent des progrès rapides. Il faut dire que, le jour de leur naissance, leur père n'avait pas négligé de leur mettre une fourmi sur la paume de la main[3], pratique qui assure aux nouveau-nés une intelligence et une habileté extraordinaires pour toute leur vie. Aussi, au bout de deux ans d'études, les enfants de Sidi Bou-Zid tenaient-ils l'auteur de leurs jours pour un parfait ignorant, et ils ne manquaient pas de lui révéler leur découverte toutes les fois qu'ils en trouvaient l'occasion. Voilà pourtant à quoi s'exposent les pères qui veulent avoir des enfants plus savants qu'eux !

Quand les disciples de Sidi Ali-ben-Mahammed en surent autant que lui, il parla de retourner à Saguiet-El-Hamra. Sidi Bou-Zid, qui avait l'habitude de son savant ami, voulut le détourner de cette idée ; mais, tout en s'excusant de ne pouvoir accéder à son désir, Sidi Ali lui donna à entendre qu'il serait bien aise de revoir son R'arb chéri, dont il était absent depuis plusieurs années, et où il brûlait de se retremper aux sources pures de l'Islam. Pour vaincre sa résistance, Sidi Bou-Zid alla jusqu'à lui offrir la main de sa fille

---

1. « *Au nom de Dieu le clément, le miséricordieux !* » invocation qui se lit en tête de la première sourate du Koran, et qui se répète au commencement de toutes les autres.
2. L'algèbre.
3. Croyance sahrienne.

Tounis, une vraie perle qui mordait le jujube avec de la grêle ¹, une vierge, — autant qu'une fille peut l'être dans le Sahra, — aux yeux de gazelle, qui serait infailliblement son *dhou el-mekan*, la lumière de sa demeure. Sidi Ali devint le gendre de Sidi Bou-Zid, et parut consentir à se fixer auprès de son beau-père ; mais, quelque temps après son mariage, il recommença à parler de son départ. Sidi Bou-Zid, qui n'avait plus de fille à lui offrir, et qui, pourtant, tenait plus que jamais à retenir sous sa tente le trop volage marabouth, était tout disposé à faire de nouveaux sacrifices pour se l'attacher définitivement. Il lui donna à choisir entre une somme de deux mille dinars et le puits ou la source de Tiouelfin. Sidi Ali n'hésita pas à prendre les deux mille dinars ; mais, le soir même, le marabouth ayant été faire ses ablutions aux eaux de Tiouelfin, le puits, froissé, sans doute, d'avoir été dédaigné, fit sentir à Sidi Ali qu'il avait une bien autre valeur que celle de la somme qu'il avait acceptée de Sidi Bou-Zid, et que l'abondance de ses belles eaux était une fortune pour celui qui saurait les utiliser. Tout en faisant la part de l'amour-propre blessé de ce puits, Sidi Ali, qui s'était mis à réfléchir, vit bien que ce *haci* n'exagérait pas trop son estimation, et qu'en effet ces magnifiques eaux, qui semblaient de l'argent liquide, étaient un trésor d'autant plus précieux dans le Sahra que ce genre de richesse y est d'une infinie rareté.

Sidi Ali s'empressa de retourner à la tente de son beau-père ; il se mit immédiatement en devoir, après s'être assuré qu'il n'était pas observé, de déterrer un vieux vase dans lequel il avait déjà inhumé les deux

---

1. C'est-à-dire : « Elle avait les lèvres vermeilles et les dents blanches. »

mille dinars, puis il se présenta à Sidi Bou-Zid, et lui dit, en lui remettant la somme qu'il tenait de sa générosité :

Tâthini Tiouelfîn ;
Kheïr men elfin.

« Tu me donneras Tiouelfîn ; cela vaut mieux que deux mille (dinars). »

Sidi Bou-Zid, qui n'avait rien à refuser à son gendre, consentit à reprendre ses deux mille dinars et à lui céder sa source. Ce ne fut pas sans regret que Sidi Bou-Zid fit cette cession à Sidi Ali, et qu'il se dépouilla de ses admirables eaux. Le trop généreux marabouth semblait d'ailleurs pressentir ce qui devait lui arriver. En effet, Sidi Ali, qui s'était aperçu de l'attachement qu'avait pour lui son beau-père, songeait déjà à spéculer sur ce sentiment pour rentrer en possession des deux mille dinars qu'il lui avait rendus. Il feignit encore d'être pris de nostalgie, et le seul remède à sa maladie était, selon lui, un prompt retour au pays de ses ancêtres. Le bon Sidi Bou-Zid se mit à bout de ressources pour traiter la nostalgie de son gendre : il pensa qu'une application de dinars dans la main du malade ne pouvait manquer de produire un merveilleux effet. Les deux mille dinars, — toute la fortune de Sidi Bou-Zid, — furent exhumés de nouveau de leur vieille marmite et remis à Sidi Ali, qui les accepta sans difficulté. Sidi Bou-Zid s'était dit : « J'ai tout donné à l'époux de ma fille, et il le sait ; il paraît avoir un bon cœur ; il est donc hors de doute qu'il pourvoira à mes besoins, besoins qui, d'ailleurs, n'ont rien d'extravagant. »

Les choses allèrent très bien pendant quelques mois ; Sidi Ali, qui déjà avait deux enfants de sa femme Tounis, ne parlait plus de départ ; il paraissait, aujourd'hui qu'il avait des intérêts sur le sol, vouloir se fixer définitivement près du Haci-Tiouelfin. Mais Sidi Bou-Zid se faisait vieux, et, comme tous les vieillards, il était rabâcheur. Nous voulons bien admettre que le rabâchage n'a rien de démesurément gai; mais nous aurions voulu que Sidi Ali le supportât avec plus de patience qu'il ne le faisait, car enfin son beau-père s'était saigné aux quatre membres pour lui, et la reconnaissance l'obligeait tout au moins à savoir souffrir avec calme, avec déférence, les redites et les quintes du vieillard. Malheureusement, il n'en fut pas ainsi, et, au bout d'un an, Sidi Bou-Zid et Sidi Ali ne pouvaient plus vivre sous la même tente. Le beau-père le comprit, et il résolut de s'éloigner d'un homme dont il n'avait fait qu'un ingrat. Il s'en ouvrit à Sidi Ali, qui ne chercha pas du tout à le retenir. « Mais où irai-je? demanda-t-il à son gendre avec des larmes qui, ne trouvant pas à se frayer une issue par leurs conduits naturels, lui retombaient sur le cœur; où irai-je, vieux et infirme comme je le suis? » répéta-t-il avec des sanglots capables de fendre l'âme à un rocher qui en eût été pourvu. « Dieu est grand et généreux, lui répondit froidement Sidi Ali, et il ne laisse point périr ses serviteurs! Monte cette mule, ô le père de ma femme! et là où elle tombera de fatigue tu y planteras ta tente, car c'est là où Dieu aura marqué le terme de ton voyage. »

La mule dont parlait Sidi Ali avait été autrefois la monture favorite de Sidi Bou-Zid; elle avait vieilli sous lui, et, depuis longtemps, on ne lui demandait plus rien. Son garrot effacé, son dos caméléonisé et tanné, ses côtes saillantes à faire craindre la déchirure de sa peau, tous ces signes indiquaient un âge considérable et des services hors ligne. Au reste, on ne lui donnait guère à manger que pour le principe, et pour lui ôter tout prétexte de plainte quand, au jour de la résurrection, elle devrait paraître, comme tous les êtres créés, devant le tribunal de l'Éternel. La combinaison de Sidi Ali était donc d'une grande habileté, puisqu'il se débarrassait du même coup de son beau-père et d'une mule impotente.

Sidi Bou-Zid accepta d'autant plus volontiers l'offre de son gendre qu'il se disait : « La bête n'ira pas loin ; donc je serai encore auprès d'eux. »

On habilla donc la vieille mule d'un bât de son âge, qui vomissait sa bourre par de nombreuses blessures ; on y accrocha un vieux *mezoued* (musette) tout recroquevillé, qu'on emplit de farine d'orge grillée : c'étaient les provisions de bouche du vieux marabouth ; puis on le hissa sur sa monture, dont toutes les articulations craquèrent comme une charpente dont les diverses pièces ont considérablement joué. Néanmoins, la mule resta debout, ce qui fit espérer à Sidi Ali qu'elle pourrait mener son beau-père encore assez loin.

Après avoir reçu les adieux et les souhaits de bon voyage de ses enfants et de ses petits-enfants, Sidi Bou-Zid, rapprochant ses deux longs tibias des flancs de l'animal, l'invita, par une pression avortée, à se mettre en route. Le premier pas était, sans doute, le plus coûteux, car la pauvre mule eut toutes les peines du monde à porter devant l'autre la jambe dont elle avait l'intention de partir. Enfin, après avoir essayé de tourner la tête à droite et à gauche comme pour chercher sa direction, elle se décida, — le demi-tour lui étant de toute impossibilité, — à adopter le cap que le hasard ou le Tout-Puissant avait placé devant elle.

Elle avait le nez dans le sud-ouest.

Quand le saint marabouth se mit en route, on n'était pas loin de la prière du *dhohor*[1] ; toute la famille de

---

1. Vers une heure de l'après-midi.

Sidi Ali en profita pour demander au Dieu unique de conduire sans accident, et le plus loin possible, leur père et grand-père Sidi Bou-Zid; ils le prièrent aussi de donner à sa mule la force nécessaire pour remplir sa mission comme ils le désiraient.

A l'heure de la prière de l'*âceur*, c'est-à-dire plus de deux heures après son départ, on apercevait encore distinctement l'infortuné Sidi Bou-Zid : il allait très lentement ; mais il était toujours sur le dos de sa mule. Et les cœurs des membres de son excellente famille en bondirent de joie.

On sut depuis qu'après avoir marché deux jours et deux nuits sans boire ni manger, la mule de Sidi Bou-Zid avait terminé en même temps sa mission et sa longue carrière au pied des montagnes du Djebel El-Eumour, à la corne Est de ce massif. Puisque c'était la volonté de Dieu, et celle de son gendre surtout, Sidi Bou-Zid s'établit dans une anfractuosité de la montagne, dont il fit sa *kheloua* (solitude). On ne sait pas trop comment il y vécut pendant les premiers temps ; mais, sa réputation de sainteté s'étant promptement répandue dans le pays, son ermitage fut bientôt encombré de fidèles qui venaient lui demander d'être leur intercesseur auprès du Dieu unique.

Après une longue existence, toute consacrée à Dieu, Sidi Bou-Zid s'éteignit doucement dans les bras de ses *khoddam* (serviteurs religieux). Comme son état de sainteté ne faisait pas l'ombre d'un doute, on éleva sur son tombeau la somptueuse *koubba* qui, aujourd'hui encore, fait l'admiration des Croyants. Ne voulant pas s'éloigner de la dépouille mortelle du saint homme qui avait été leur puissant intercesseur pendant sa vie, ses *khoddam* se construisirent près de son tombeau des habitations qui finirent par former un ksar, auquel ils donnèrent le nom de Sidi Bou-Zid.

Sidi Ali-ben-Mahammed restait donc le légitime et unique propriétaire de Haci-Tiouelfin, et, comme cette possession l'avait tout à fait guéri de sa nostalgie, il songea sérieusement à se fixer sur ses eaux. De nombreux disciples, avides d'entendre ses savantes leçons, avaient, d'ailleurs, dressé leurs tentes auprès de la *Kheloua* du saint marabouth, et formaient une sorte de Zaouïa qui comptait déjà des *tholba* d'infiniment d'avenir.

Sidi Ali, disons-nous, paraissait avoir renoncé à courir le monde; mais, du caractère dont nous connaissons le saint homme, nous ne nous étonnerons pas de le voir, un jour, pris spontanément de l'irrésistible envie de quitter ses foyers pour aller se livrer à la prédication. Sidi Ali avait la manie de la conversion, et, précisément, il sentait qu'il y avait énormément à faire dans cette voie du côté du Djerid.

Un matin, après avoir fait sommairement ses adieux à sa femme et à ses enfants, il monta sur sa jument, — une bête superbe, mais d'un âge voisin de la maturité, — puis il prit le chemin du sud-est. Le premier jour, il alla coucher à Gueltet-El-Beïdha, sur l'ouad El-Beïdha, près de Ksar-El-Hamra, non loin d'Aïn-El-Ibel.

Soit que sa jument eût été mal entravée, soit que, n'ayant pas été consultée, son amour-propre en eût été piqué, soit encore qu'elle eût préféré continuer à manger tranquillement son orge et sa halfa plutôt que de se lancer dans des aventures qui lui paraissaient plus fatigantes qu'intéressantes, quoi qu'il en soit, la corde et les entraves qui devaient la retenir au sol étaient complètement veuves de la bête quand Sidi Ali sortit de sa tente pour faire la prière du *fedjeur*.

La première pensée qui jaillit du cerveau du saint marabouth, — dans le Sud, c'est bien naturel, — c'est que sa jument lui avait été volée par quelque coupeur de route brûlant du désir de se monter à peu de frais. « Je vois bien que Dieu veut m'éprouver », se dit Sidi Ali, fort peu rassuré pourtant. Nous ne voulons pas cacher que le saint homme tenait à sa jument comme on tient ordinairement, — peut-être plus, — à ces choses-là. En effet, si on l'eût écouté, il n'y avait pas sa pareille dans tout le Sahra : pour les allures, la vitesse, l'adresse, l'intelligence, la sobriété, la noblesse de l'origine, aucune, — c'est Sidi Ali qui le disait, — ne pouvait lui être comparée, aucune ne lui allait seulement au boulet ; il ne voyait guère que Heïzoum, le cheval de l'ange Djebril (Gabriel), qui pût être mis en parallèle avec elle, et encore c'était un cheval, c'est-à-dire un gourmand, un braillard, un luxurieux. Comme tous les cavaliers, Sidi Ali citait à tout bout de champ des choses prodigieuses accomplies par sa jument, et, à force de les répéter, il en était arrivé à croire que tout ce qu'il racontait là-dessus était de la plus parfaite exactitude. Enfin, il tenait excessivement à sa jument. Nous n'aurions pas le courage de lui en faire un crime.

Ce qui augmentait la contrariété de Sidi Ali, c'est que ses bagages avaient disparu avec sa monture, l'une emportant les autres, car il n'avait pas l'habitude de desseller sa bête. Les *impedimenta* du marabouth n'étaient pas considérables, il est vrai, puisqu'ils ne se composaient que de deux sacs de peau, dont l'un renfermait quelques provisions de bouche, et l'autre son Koran ; mais, enfin, on n'aime pas perdre. On comprend bien que, si le saint homme était aussi légèrement approvisionné et outillé, c'est qu'il comptait tout naturellement sur l'hospitalité des gens auxquels il allait porter la parole divine.

Sidi Ali voulut savoir, — ce n'était qu'une satisfaction personnelle, — la direction qu'avait pu prendre son voleur. Comme il avait plu pendant la nuit, — ce qui, déjà à cette époque, n'était pas rare dans le pays, — la terre, détrempée par les eaux, gardait parfaitement toutes les empreintes ; il fut donc facile à Sidi Ali de retrouver les traces de sa jument et de les suivre. C'est ce qu'il fit ; mais ce qui l'étonna au suprême degré, c'est qu'on ne remarquait pas la moindre trace du pied de l'homme autour du point où avait été attachée la jument. Il fallait donc ou qu'elle fût partie seule après s'être désentravée, ou que celui qui l'avait emmenée fût tombé du ciel en selle sur la bête.

Tout en réfléchissant à la bizarrerie de cette aventure, le marabouth suivait toujours les traces de sa jument : il n'y avait pas à s'y tromper ; il connaissait l'empreinte des pieds de l'animal mieux qu'il ne connaissait les siennes propres. Le saint commença à respirer quand il vit que la direction des traces le conduisait dans le nord-ouest, c'est-à-dire du côté de Haci-Tiouelfin. « Peut-être, se disait-il, sera-t-elle retournée sur mes tentes : ce serait le signe alors que Dieu n'approuve pas plus mon voyage au Djerid que celui que, jadis, je voulais faire aux Villes saintes. »

Tant que Sidi Ali fut en plaine, il put assez facilement suivre les traces de sa jument ; malheureusement, cette investigation devenait de plus en plus problématique, à cause de la nature rocailleuse du sol, à mesure qu'il approchait de la chaîne boisée du Senn-El-Lebba. Le marabouth désespérait déjà de pouvoir continuer ses recherches ; mais il fut tout à fait rassuré, — et il en loua Dieu, — quand il reconnut que sa jument avait broutillé çà et là, des deux côtés du chemin, des branches de pin d'Alep qu'elle semblait avoir rejetées et semées à terre. Ce qui permettait surtout d'attribuer cet abatis à la bête, c'est que, de distance en distance, on retrouvait très bien l'empreinte de son pied. C'était miraculeux ! Aussi, bien que la marche fût fort longue, Sidi Ali, — tant il était rempli de joie, — ne se sentait pas du tout fatigué.

A l'heure de la prière du *moghreb*, Sidi Ali arrivait sur les collines qui dominent l'Aïn-El-Azria, et en vue de Haci-Tiouelfin ; quelques minutes après, il était sur ce puits. Qu'on juge de la surprise et de la douleur du saint quand, s'étant approché des eaux, il aperçut sa jument gisant au fond du puits [1], et dans une attitude indiquant qu'elle avait cessé de vivre. Le quadrupède, — c'est ainsi qu'on s'expliqua l'accident, — était sans doute tombé dans le puits en cherchant à manger l'herbe qui en tapissait les abords.

Après avoir fait mentalement l'oraison funèbre de sa jument, et tempéré ses regrets en songeant qu'elle était âgée d'une vingtaine d'années, Sidi Ali comprit qu'il fallait la tirer de là. Ce n'était pas une petite affaire. Il fit appeler les élèves de sa Zaouïa, qui ne l'attendaient pas, et qui s'occupaient de tout autre chose que de l'étude des belles-lettres ; mais ce fut vainement. Sidi Ali se décida alors à pousser jusqu'à ses tentes : il n'y trouva que trois *tholba*, qui paraissaient s'efforcer de calmer les inquiétudes de la belle Tounis au sujet des dangers du long voyage qu'avait entrepris son époux. Au moment où le marabouth soulevait le *haïal* (rideau) du compartiment des femmes, son meilleur élève en théologie, un *hafodh* [2]

---

1. Il arrive parfois que, les *haci* étant comblés par les sables, les eaux viennent sourdre presque au niveau du sol. C'est le cas du Haci-Tiouelfin, lequel n'a pas de profondeur. Dans le Sahra, on donne aussi le nom de *haci* à un puits-citerne où les eaux de pluie se ramassent.

2. *Hafodh*, celui qui sait tout le Koran par cœur, ou les six traditions principales relatives à Mahomet.

consommé, récitait à Tounis, avec des yeux chargés d'électricité, et de la passion plein la voix, le verset 20 du chapitre xxx du Koran :

« C'est un des signes de la puissance de Dieu de vous avoir donné des femmes créées de vous-mêmes pour que vous habitiez avec elles. Il a établi entre vous l'amour et la tendresse. Il y a dans ceci, — ô Tounis ! ajoutait le bouillant *hafodh*, — des signes pour ceux qui réfléchissent. »

Nous ne savons pas trop ce qu'allait répondre la sensible Tounis ; mais ce dont nous sommes presque certain, c'est que cette apparition inattendue gêna énormément les *tholba* et la ravissante épouse du marabouth. Ils parurent d'abord fort embarrassés de leurs mains, — bien plus qu'avant l'arrivée de Sidi Ali, — et leur contenance manquait complètement de fierté. Tounis l'échappa belle : ce qui la sauva, c'est que les *tholba* étaient trois ; ce nombre avait entièrement rassuré le marabouth et effacé le soupçon qui lui avait traversé l'esprit. Seule avec l'élève en théologie, Tounis était perdue. Quelle leçon pour les femmes !

Quand Sidi Ali eut raconté à sa femme et à ses disciples la cause de son retour et le malheur qui était arrivé à sa jument, tous s'empressèrent, heureux d'en être quittes à si bon marché, de se porter sur le puits de Tiouelfin pour secourir, s'il en était temps encore, la plus remarquable bête du pays. Un des plus anciens élèves de la Zaouïa, qui avait presque perdu la vue sur les livres d'Abd-Allah-ben-Ahmed-ben-Ali-El-Bithar (le vétérinaire), descendit dans le puits pour s'assurer s'il restait quelque espoir de sauver la jument, qui, du reste, ne donnait plus signe de vie. Le vétérinaire ne tarda pas à reconnaître et à déclarer que la bête avait succombé aux suites d'une asphyxie par submersion. Pour hâter l'arrivée de la résignation musulmane dans l'âme de Sidi Ali, le vétérinaire ajouta :

« C'était écrit chez Dieu ! c'était tout ce qu'elle avait à vivre ! »

« C'était écrit chez Dieu ! » répétèrent les assistants en levant les yeux au ciel ; et tout fut dit.

Un trop long séjour de la jument dans le puits ne pouvant, en aucune façon, améliorer la qualité de ses eaux, on résolut de l'en extraire. On lui passa donc des cordes sous le ventre, et l'on chercha à la hisser sur les bords du puits. L'opération présentait d'autant plus de difficultés que le fond sablonneux du *haci* manquait complètement de consistance. Les *tholba* parvinrent cependant à mettre la jument sur ses jambes ; un dernier et vigoureux coup de collier de tous les élèves, qui avaient fini par apprendre le retour du marabouth, amena l'extraction de l'animal. Mais, ô merveille ! de chacun des quatre points marqués au fond du puits par les pieds de la jument, jaillissait subitement une source abondante, et dont les eaux, d'une limpidité parfaite, retombaient en s'arrondissant gracieusement comme les feuilles du palmier.

Il y avait évidemment là un miracle ; aussi tous ceux qui venaient d'en être témoins se mirent-ils à louer Dieu, qui daignait se manifester ainsi aux yeux de ses serviteurs.

En présence de ce prodige, dont le bruit se répandit rapidement dans le Sahra, les disciples de Sidi Ali n'hésitèrent pas à attribuer à la vertu et à la haute piété de leur maître la délégation que Dieu lui avait faite d'une émanation de son pouvoir : pour eux, Sidi Ali avait le don des miracles, et ils mirent une certaine ostentation à le répéter à qui voulait l'entendre : comme la lune, ils brillaient d'un éclat emprunté.

Après avoir fait donner une sépulture convenable à

sa jument, qui, en résumé, avait été l'instrument dont Dieu s'était servi pour opérer son miracle, Sidi Ali décida que, pour en perpétuer le souvenir, le lieu où le prodige s'était produit se nommerait désormais *Charef*, qui signifie *noble, élevé, d'un grand âge*, en mémoire de sa jument, qui, de tous les chevaux du Sahra, était le plus noble, de l'origine la plus élevée, et le plus respectablement âgé [1].

« Et depuis cette époque, — il y a de cela quinze pères, nous disait Mohammed-ben-Ahmed, le dernier descendant direct de Sidi Ali-ben-Mahammed,—Tiouellin a pris et conservé le nom de Charef. »

Ce miracle augmenta prodigieusement la réputation de sainteté de Sidi Ali; ce fut, de tous les points du Sahra, à qui viendrait dresser sa tente auprès de la sienne, et entendre ses pieuses et savantes leçons. Il avait tout à fait renoncé à ses tentatives de voyage, qui, à deux reprises différentes, lui avaient si mal réussi. Pour marquer son intention bien arrêtée de ne plus quitter Charef, il abandonna ses tentes et fit bâtir une maison au nord-ouest du point où, plus tard, s'éleva le ksar actuel. Quelques-uns de ses disciples en firent autant, et ces constructions, réunies autour de l'habitation du chikh, composèrent bientôt un petit ksar qui prit rapidement de la réputation comme sanctuaire des sciences et de la religion.

Après une existence dont les dernières années avaient été marquées par de bonnes œuvres et par une grande piété, Sidi Ali-ben-Mahammed s'éteignit doucement au milieu de ses disciples, en témoignant que « *Dieu seul est Dieu, et que Mohammed est l'apôtre de Dieu* [2] ».

---

1. *Ksar-ech-Charef* peut signifier tout simplement *le vieux Ksar*.
2. La formule : « *Il n'y a d'autre divinité que Dieu, et Moham-*

On montre encore, à quelque distance du ksar de Charef, une *haouïtha*[1] qu'on dit renfermer le tombeau de Sidi Ali-ben-Mahammed.

Nous dirons cependant que, suivant une autre version, Sidi Ali aurait renversé à plusieurs reprises la chapelle qu'avaient élevée sur son tombeau ses disciples et ses serviteurs religieux, et qu'on ignore absolument aujourd'hui où furent déposés les restes mortels de l'illustre fondateur de Charef.

II

SIDI MOUÇA-BEN-SIDI-ALI

Sidi Ali avait eu deux fils, disons-nous plus haut, de sa femme Tounis. L'aîné, l'héritier de la *baraka*, Sidi Mouça-ben-Sidi-Ali, au lieu de posséder les pieuses et douces vertus de son père, eut, au contraire, toutes les effrayantes aptitudes des héros. Ainsi, dès que le Saint auteur de ses jours fut mort, il voulut, à l'exemple du

---

med est *l'apôtre de Dieu* », ou plutôt ces deux propositions sont appelées les témoignages, les confessions. Il suffit de les prononcer avec conviction pour devenir musulman. A l'heure de la mort, elles sont également suffisantes pour vous ouvrir le séjour des bienheureux. L'Islam accorde à la foi la prééminence sur les œuvres, et croire est tout ce qu'on demande au musulman.

1. *Haouïtha*, petite muraille élevée circulairement ou sur une courbe en forme de fer à cheval, et renfermant le tombeau d'un saint marabouth. Cette muraille est bâtie soit en pierres sèches, soit en maçonnerie grossière.

Prophète, avoir neuf sabres, et chacun de ces instruments de mort était d'une forme différente, l'un d'eux surtout, qu'il appelait *El-Kouchouh*, le coupeur, du nom de l'un des sept sabres offerts au roi Salomon par la reine Balkis, était l'effroi de ses ennemis. Quand, à la tête de deux cents paires de rênes [1], et les blanches de lame [2] hors du fourreau, Sidi Mouça faisait décrire à *El-Kouchouh* son horrible courbe dans l'air, il semblait à ses adversaires que c'était l'éclair déchirant la nue, et ils n'attendaient jamais, à moins d'y être contraints, que le terrible *coupeur* s'abattît sur eux : l'éclair était le signal de leur fuite. On aurait dit qu'ils s'entendaient entre eux, tant ils mettaient alors d'unanimité et d'ensemble dans leur mouvement de retraite.

Si l'on en croit les Abaziz, les exploits de leur ancêtre Mouça-ben-Ali laisseraient bien loin derrière eux ceux d'Antar-ben-Cheddad-El-Absi, ce héros qui fut poète, et l'auteur d'une des sept *moållakat* [3] suspendues à la voûte de la Kâba. « Sidi Mouça, nous disait un vieil Abzouzi, était *moula draâ* (homme d'action), *moula thâam* (hospitalier), *moula baroud* (homme de poudre), et, s'il n'a point pourfendu autant d'ennemis qu'Antar, c'est qu'ils ne l'attendaient jamais. »

Il est évident qu'il est difficile de tailler en pièces des ennemis qui ne vous attendent pas.

Quant au second fils de Sidi Ali-ben-Mahammed, la tradition n'en dit rien, ce qui tendrait à prouver que ce n'était pas un guerrier. Elle se tait également sur Choâïb, sur Bou-Yahya, sur Yahya, et sur

---

1. Deux cents cavaliers.
2. Les épées.
3. *El-Moållakat, les Suspendues*. On désignait ainsi les sept poèmes les plus célèbres, composés avant Mahomet, parce qu'ils étaient suspendus à la voûte de la Kâba pour être conservés à la postérité.

Otsman, ces descendants du fondateur de Charef : ils vécurent de leur saint ancêtre sans faire parler d'eux, tranquillement, paisiblement, se contentant de recevoir les offrandes de *ziara* (visite) de leurs serviteurs religieux, et travaillant en même temps à se faire une situation avantageuse dans l'autre monde, opération qui, chez les musulmans, n'a du reste rien de bien pénible, et qui n'exige ni privations, ni mortifications, ni macérations, ni flagellations : rien autre chose, en un mot, que la foi.

C'est à désirer vraiment d'être un Croyant, quand on voit avec quelle facilité on peut gagner son entrée dans le séjour des bienheureux, séjour d'autant plus désirable qu'on sait au moins ce qu'on y trouve.

Tous ces descendants de Sidi Ali furent enterrés à Aïn-El-Gueththaïa, entre Charef et Znina. Il y avait là autrefois un petit ksar dont on voit encore les restes.

III

SIDI ABD-EL-AZIZ-EL-HADJ

Si, comme les plus grands empires, les petites royautés, les petites tyrannies, ont leurs périodes incolores, leurs phases nulles, neutres, insignifiantes, comme eux elles ont aussi leurs époques éclatantes, marquantes, caractérisées. C'est ainsi qu'après avoir vu passer sans bruit les quatre descendants de Sidi Mouça, qui, après eux, laissent à peine le souvenir de leur nom, nous allons voir briller d'un éclat nouveau la maison de sidi Ali-ben-Mahammed.

Nous sommes à la fin du XIe siècle de l'hégire ; le ksar Charef n'a pas pris d'accroissement depuis la mort de son fondateur : c'est toujours un lieu de prière et d'étude. Cependant, les ksour[1] Ez-Zenina et Sidi-Bou-Zid, fondés, le premier par Sidi Mahammed-ben-Salah, et le second, ainsi que nous l'avons vu, par le beau-père de Sidi Ali-ben-Mahammed, étaient beaucoup plus fréquentés que la zaouïa de ce saint marabouth ; mais, comme nous l'avons dit, le temps était venu où Charef allait sortir de l'obscurité et resplendir d'un lustre bien autrement éclatant que celui des ksour ses rivaux.

Vers l'an 1083 de l'hégire, il naissait à Sidi Otsman un fils auquel le hasard[2] faisait donner le beau nom d'Abd-el-Aziz, serviteur du Tout-Puissant. Dès sa plus tendre enfance, Abd-el-Aziz fut la fraîcheur de l'œil de son père, c'est-à-dire sa joie, sa consolation. Rien ne l'annonçait pourtant comme un prodige ; mais on sentait, en le voyant, que Dieu avait dû le marquer de son sceau. Il n'avait certes pas les aptitudes héroïques de son ancêtre Mouça : il préférait une mule à un cheval, une plume à un sabre, l'étude des livres saints aux violents exercices du corps, et, s'il devait être la terreur des ennemis de l'Islam, c'était plutôt par la parole que par le glaive.

Le bruit de sa piété extraordinaire se répandit bientôt dans tout le pays des Oulad-Naïl ; les veilles et la

---

1. La plupart des ksour sahriens, nous le répétons, ont été fondés par une mission de marabouths qui, partis du Sous ou de l'Ouad-Draâ (Sud marokain), se sont répandus, dans les XVe et XVIe siècles de notre ère, dans la portion du Tell et du Sahra que nous occupons aujourd'hui, et jusque dans la Tunisie.

2. On donne aux nouveau-nés le premier nom qu'on entend prononcer le jour de leur naissance.

prière l'avaient spiritualisé, et l'on disait que, dans ses moments d'extase, le jeune ascète voyait Dieu ; quelques-uns allaient plus loin : ils prétendaient que Sidi Abd-el-Aziz avait parlé au Très-Haut ; mais cette prétention était d'autant moins soutenable qu'on sait parfaitement que les Prophètes, — notre seigneur Mohammed entre autres, — qui ont pu jouir de cette insigne faveur, n'ont pu approcher Dieu qu'à la distance de deux arcs, c'est-à-dire à moins de deux portées de fusil ; ce qui démontre d'une façon évidente que, lorsque les Croyants se mettent à croire, ils poussent la foi jusqu'à l'exagération. Les savants avaient beau leur dire : « Vous allez trop loin, car nul être créé ne pourrait voir Dieu sans mourir sur-le-champ. Vous faites confusion ; les ascètes qui reçoivent les manifestations de Dieu voient parfaitement ses attributs, mais non son essence. » Eh bien ! malgré cela, quelques entêtés persistaient à soutenir que Sidi Abd-el-Aziz avait vu Dieu absolument comme je vous vois. Ce qui paraît avéré, c'est que les adeptes de Sidi Abd-el-Aziz distinguaient clairement, même en plein jour, le rayon de lumière qui le précédait, et qui marquait et éclairait sa route.

On n'a jamais connu d'une manière précise les raisons qui avaient pu déterminer Sidi Ali-ben-Mahammed à établir son ksar si loin des eaux de Charef. Était-ce à cause de la grande fréquentation de ces eaux par les passants et par les étrangers ? Était-ce la crainte de voir troubler ses méditations et ses pieuses leçons ? Ou bien, ne serait-ce pas plutôt pour éviter à ses disciples les dangereuses distractions qu'auraient pu leur donner les femmes en venant, deux fois par jour, remplir leurs *greb* (outres) au puits de Tiouelfin ? Il y avait, sans doute, un peu de tout cela.

Sidi Abd-el-Aziz résolut cependant de modifier cette

situation et de fonder un nouveau ksar plus près des eaux de Charef, et dans une position plus saine et plus facile à défendre, — il faut tout prévoir, — que l'ancien ksar. Un plateau rocheux, situé non loin du puits, lui parut réunir toutes les conditions désirables. Comme il était de toute justice de s'occuper d'abord de la maison de Dieu, il fit commencer les travaux par l'édification d'une mosquée à laquelle il adjoignit une école. Sidi Abd-el-Aziz ne s'était pas évidemment adressé, pour ces constructions, aux architectes d'*El-Ksar-El-Ichbilya*[1]; mais il savait que, pour le Dieu unique, la plus somptueuse mosquée est le cœur d'un fidèle Croyant, et il était consolé.

L'ancien Charef fut bientôt abandonné, et le nouveau s'accrut tous les jours de maisons qui se groupèrent autour de la mosquée comme des enfants autour de leur mère.

Sidi Abd-el-Aziz s'était marié de bonne heure, car il tenait à augmenter la postérité de la maison de Sidi Ali-ben-Mahammed. Il avait épousé, dans ce louable but, la belle Halima, dont le nom signifie *douce, bonne, patiente;* on connaissait déjà, à cette époque, l'influence du nom sur le caractère et l'avenir du sujet. Halima avait donc, et au delà, les précieuses qualités de son nom; elle était, de plus, douée d'une merveilleuse fécondité, puisque, au bout de trois années de mariage, Sidi Abd-el-Aziz était déjà père de cinq enfants. Pourtant, tout cela n'était pas le bonheur pour le jeune marabouth; il paraissait avoir hérité de son saint ancêtre Sidi Ali la monomanie des voyages. Il se sentit tout à coup une vocation irrésistible pour l'apostolat, et tout ce qu'on lui rapportait de l'état d'incrédulité et d'irréligion dans lequel étaient plongés les gens du

---

[1]. L'Alcazar de Séville.

Tell lui donnait des fourmillements dans les extrémités inférieures, et il fallait qu'il se tînt à quatre pour ne pas abandonner, sans plus tarder, sa famille et sa zaouïa.

Un jour, ne pouvant plus résister aux appels de sa foi, il revêtit la guenille, c'est-à-dire le bernous de deroueuch, et, malgré sa répugnance de Sahrien pour le Tell, qu'il traitait dédaigneusement de *Tell el-Khanez*, le Tell puant, il se dirigea vers le nord, laissant à Dieu le soin de lui tracer son itinéraire.

Comme il ne serait pas d'un intérêt palpitant de suivre jour par jour Sidi Abd-el-Aziz dans son voyage religieux, nous dirons seulement qu'à l'exemple de tous les deroueuch en mission il prêchait, convertissait, gueusait; nous ajouterons que, malgré son renoncement aux gâteries de ce monde, il acceptait volontiers des Croyants surchargés de mauvaises actions toutes les bonnes choses que Dieu a créées; il est vrai que c'était, disait-il, pour ne pas les désobliger : car la civilité arabe, — et il la connaissait, — ne permet pas de refuser l'hospitalité qui vous est offerte. Pour tout l'or du monde Sidi Abd-el-Aziz n'aurait voulu se mettre dans le cas de s'entendre dire par son hôte : « Va donc chez un autre; je ne veux pas qu'un jour tu puisses dire : « J'ai couché chez un tel »; je veux que tu puisses ajouter : « J'y ai rassasié mon ventre. » Sidi Abd-el-Aziz faisait donc le plus grand honneur à toutes les hospitalités.

Nous retrouvons le saint en visite chez Sidi Ben-Châa-El-Habchi[1], marabouth d'une moralité douteuse et d'une brutalité extrême, le même qui, après le meurtre du vénéré Sidi Mahammed-ben-Ali-Bahloul, autre marabouth des Medjadja, tribu qui dressait ses tentes au nord

---

1. Nous avons raconté ailleurs la légende de ce marabouth.

d'El-Esnam ou El-Ansab[1], point où, beaucoup plus tard, nous avons fondé une ville, — pleine de délices en été, — que nous avons appelée Orléansville ; le même saint, disons-nous, qui, après cette affaire de sang, et vraisemblablement pour y pleurer son crime, s'était réfugié dans une tribu voisine de Blida, les Rellaf, où il vivait en solitaire.

Sidi Abd-el-Aziz avait bien entendu parler de cette affaire de Sidi El-Habchi, laquelle avait fait grand bruit en pays musulman, mais il en ignorait les détails ; ainsi, par exemple, il ne savait pas trop jusqu'à quel point il devait ajouter foi à cette version qui avait couru dans le Sahra : on prétendait qu'après avoir coupé la tête à Sidi Mahammed, Sidi El-Habchi avait bu le sang de sa victime. Sidi Abd-el-Aziz n'en pouvait plus douter, car le meurtrier lui-même lui avait avoué le fait, tout en regrettant, avait-il ajouté, ce moment de vivacité ; mais Sidi El-Habchi était tout prêt, si son collègue l'eût exigé, à jurer sur le livre de Sidi El-Bokhari que c'était la première fois que cela lui était arrivé. Cette déclaration, faite spontanément, atténuait singulièrement, aux yeux de Sidi Abd-el-Aziz, la faute de son saint collègue. Du reste, le profond repentir du coupable et la candeur de l'aveu plurent infiniment au marabouth de Charef, et, s'il ne s'était pas senti poussé par cette irrésistible vocation qui lui avait fait abandonner sa famille, il se serait volontiers éternisé chez un saint de si grande et si bonne réputation.

Il était arrivé aux oreilles de Sidi Abd-el-Aziz que la foi périclitait fort chez les Bni-Djâad, tribu kabile de l'est qui, du reste, n'avait jamais brillé par l'ardeur de

---

1. Pierres élevées dans certains endroits et provenant de ruines romaines, et que les Arabes prennent pour des statues d'idoles.

ses croyances; le saint comprit qu'il n'y avait pas de temps à perdre pour en raviver les derniers tisons, et son départ fut fixé au lendemain.

Un homme des Bni-Djâad arrivait précisément dans la *kheloua* de Sidi Ben-Châa-El-Habchi pour lui demander de la postérité mâle, tous les moyens qu'il avait employés jusqu'à ce jour pour obtenir ce bienfait n'ayant abouti qu'à un résultat absolument négatif. Le saint des R'ellaï voulut bien indiquer au Djâadi une recette qu'il prétendait infaillible si les vingt et une circonstances dans lesquelles devait se passer l'opération étaient scrupuleusement observées.

Le Djâadi, ravi, allait se retirer, lorsqu'il aperçut Sidi Abd-el-Aziz, qui, en ce moment, était dans l'attitude de la prière, et qui semblait plongé dans cet état de *hark*, de brûlement, qui est l'état moyen entre le *breuk*, éclair des manifestations de Dieu, et le *thems fed-dat*, qui est l'anéantissement dans l'essence divine. Cette pieuse attitude de Sidi Abd-el-Aziz plut infiniment au Djâadi, qui voulut savoir ce qu'il était, bien que son bernous effiloché ne parût pas contenir un grand de la terre. Qui es-tu, et que fais-tu ici? » lui demanda l'homme des Bni-Djâad.

« Je suis sans père, sans mère, sans enfants, sans biens, et je vis du travail de mes mains », lui répondit plus modestement qu'exactement Sidi Abd-el-Aziz en cachant son koran sous son bernous.

— Et comment te nommes-tu?
— Mon nom est Abd-el-Aziz.
— J'ai une paire de bœufs de labour, continua le Djâadi; si tu veux être mon *khammas*[1], certes, les vivres ne te manqueront pas chez moi.
— J'y consens », reprit Sidi Abd-el-Aziz.

---

1. Métayer au cinquième.

Cette rencontre était véritablement providentielle, et Sidi Abd-el-Aziz n'hésita pas à y voir la main de Dieu, qui donnait ainsi son approbation à ses projets.

Le lendemain, aux premiers rayons de l'aurore, Sidi Abd-el-Aziz se séparait de Sidi Ben-Châa-El-Habchi et suivait le Djâadi, qui était enchanté d'avoir trouvé un khammas aussi solidement bâti. Deux jours après, ils arrivaient au village d'Abd-en-Nour, et Sidi Abd-el-Aziz ne tardait pas à se mettre au travail.

Ce zèle plut énormément au Djâadi, et il se félicita de nouveau d'avoir fait une trouvaille aussi heureuse.

Voilà donc Sidi Abd-el-Aziz à la besogne.

On pense bien que ce n'était pas absolument pour tracer des sillons qu'il avait consenti à se faire le khammas du Djâadi ; cette profession, d'ailleurs, n'exige ni la possession du don des miracles, ni les études transcendantes qu'avaient faites le marabouth de Charef : il avait à remplir une mission d'un ordre bien autrement élevé, et il n'attendait plus que le moment opportun pour entamer son œuvre.

S'il était un impérieux besoin pour Sidi Abd-el-Aziz, c'était celui de la prière ; or, il ne lui était guère possible d'égrener son chapelet ou de faire une sainte lecture dans le Livre, et de tenir, en même temps, le manche de la charrue. Mais Dieu avait prévu l'embarras du saint, et il avait mis à sa disposition des aigles, des vautours, des corbeaux, voire même des perdrix, qui, en voltigeant autour des bœufs et en les picotant opportunément de leurs becs, leur indiquaient la direction à donner aux sillons. On prétend même que, lorsque le saint faisait ses prosternations, un ange tenait provisoirement le manche de la charrue [1].

---

1. Nous ferons remarquer qu'un miracle exactement sem-

Or, il arriva qu'un homme du pays perdit une vache ; ses recherches l'avaient précisément amené là où labourait Sidi Abd-el-Aziz. Son attention fut naturellement attirée par cette nuée d'oiseaux dirigeant et excitant l'attelage du khammas du Djâadi ; il y avait là quelque chose d'étrange. Il sembla encore à l'homme à la vache perdue qu'une forme blanche venait de temps en temps relever le khammas à la charrue ; cette particularité se produisait surtout quand il se prosternait le front contre terre pour prier.

Bien qu'il ne brillât pas par une intelligence excessive, l'homme à la vache comprit pourtant que le fait qu'il avait sous les yeux n'était pas commun, et qu'il fallait que le khammas de son voisin fût nécessairement un laboureur extraordinaire, un laboureur qui devait indubitablement avoir quelque accointance avec les puissances surnaturelles, Dieu ou Chithan.

L'homme à la vache ne voulut point troubler Sidi Abd-el-Aziz : il s'empressa, au contraire, de se rendre auprès du maître du saint, auquel il raconta ce qu'il venait de voir. Le Djâadi crut d'abord que son voisin voulait se moquer de lui ; mais lorsque celui-ci l'eût engagé à venir vérifier le fait lui-même, il ne sut trop que dire. Il raconta ce prodige à sa famille, qui se montra d'abord aussi incrédule que lui. Comme il était facile, en résumé, de constater la véracité du récit du voisin, le Djâadi se décida à s'en assurer par ses propres yeux ; il voulut même, se défiant de sa manière de voir, emmener toute sa maison avec lui.

Ce qu'avait raconté l'homme à la vache perdue était de la plus exacte vérité. En sa qualité de Kabil, le

---

blable à celui qui est opéré par Sidi Abd-el-Aziz est attribué par les Bollandistes à saint Isidore d'Alexandrie, solitaire de la Thébaïde et disciple de saint Jean Chrysostôme. Saint Isidore, né vers l'an 370 de J.-C., serait mort vers 440.

Djâadi supputa de suite le parti qu'il pourrait tirer d'un pareil khammas, aussi résolut-il, séance tenante, de se l'attacher définitivement.

Dès que Sidi Abd-el-Aziz rentra des champs, le Djâadi, suivi d'une jeune fille fraîchement nettoyée et d'une jument richement harnachée, s'avança respectueusement vers son khammas et lui dit : « O Abd-el-Aziz! si tu veux, cette jeune fille et cette jument sont à toi. C'est ce que j'ai de plus précieux. »

Fathima, — c'était le nom de la jeune fille, — n'avait jamais espéré devenir la femme d'un saint, et surtout d'un saint ayant le don des miracles; on comprend dès lors avec quelle anxiété elle devait attendre la réponse du khammas de son père. Elle était réellement charmante, avec ses grands yeux noirs fixés ardemment sur les lèvres de Sidi Abd-el-Aziz; mais, bien que marabouth, le saint n'était pas connaisseur, et du moment qu'on ne pouvait pas dire de Fathima : « Elle sort peu et ne se lève qu'avec peine [1] », le côté charnel de leur union était pour lui sans importance.

Sidi Abd-el-Aziz mit à faire sa réponse une lenteur qui désespérait la jeune fille; il finit pourtant par dire : « J'accepte la jument et la jeune fille. » Mais Fathima était tellement heureuse qu'elle ne remarqua pas que la jument avait passé avant elle dans l'estimation que faisait le saint de la femme et de la bête. Néanmoins, le mariage se fit, et Fathima parut au comble des félicités.

Nous ne parlerons pas du bonheur domestique de Sidi Abd-el-Aziz, puisque les Arabes ne se marient pas en vue de ce détail qui tient tant de place dans la vie

---

[1]. Pour les Arabes, la graisse est, chez la femme, l'attrait capital. Ainsi, c'est faire l'éloge d'une femme que de dire d'elle : « Une telle ne se lève qu'avec peine. » La femme pourvue de ce genre de beauté est dite *mraa ouanya*.

des civilisés, mais seulement pour avoir des enfants. La tradition nous apprend que le Ciel bénit cette union, et que la sensible Fathima donna bientôt un fils à son saint époux.

Mais la passion des voyages, qui n'avait fait que sommeiller chez Sidi Abd-el-Aziz, ne tarda pas à se réveiller plus ardente et plus impérieuse que jamais. Après avoir ramené tant bien que mal quelques Bni-Djâad dans la bonne direction, il songea à faire une tournée religieuse chez les Bni-Khalfoun, tribu kabile établie au nord des Bni-Djâad et sur la rive droite de l'ouad Icer. Avant de reprendre son bâton de voyage, Sidi Abd-el-Aziz se fit apporter son fils, et lui frappant doucement sur la tête, il fit la prédiction suivante : « De cette tête sortiront cent plus un cavaliers, ou cent moins un », et cette prédiction valut plus tard à cet enfant le nom de Sidi Ali-Bou-Farès.

Après avoir confié sa femme et son fils aux soins de son beau-père, Sidi Abd-el-Aziz se dirigea vers le nord, et, traversant l'ouad Icer, il pénétra dans les montagnes des Bni-Khalfoun, et alla s'établir dans une grotte, à Tizi-Cheriâa.

Son extrême piété et sa science religieuse furent bientôt le bruit de toute la tribu, et, de tous les côtés, on accourait entendre ses pieuses leçons. Le marabouth Sidi Salem-ben-Makhlouf habitait depuis plusieurs années déjà le pays des Bni-Khalfoun, et c'est en vain que, jusqu'alors, il avait cherché à rendre ces montagnards meilleurs. Il pensa donc qu'en s'associant Sidi Abd-el-Aziz, dont la réputation lui était connue, il parviendrait, en unissant ses efforts à ceux du saint de Charef, à faire mordre plus sérieusement ces Kabils aux choses de la religion. Il engagea donc son savant et pieux collègue à quitter sa solitude et à venir habiter sa maison. Après s'être fait un peu prier, Sidi Abd-el-

Aziz finit par consentir à partager la demeure de Sidi Salem. Ce dernier, qui avait ses vues, et qui désirait retenir auprès de lui le marabouth Sahrien, lui offrit la main d'une de ses filles, la ravissante Smaha. Sidi Abd-el-Aziz ne vit pas d'inconvénient à devenir le gendre de son saint collègue, d'autant plus qu'en résumé ce mariage ne portait qu'à trois seulement le nombre de ses femmes légitimes : il était donc encore au-dessous du complet fixé par le code mahométan.

L'ambition et le rêve de Sidi Salem-ben-Makhlouf étaient surtout de fonder une zaouïa destinée à former des *tholba* qui l'aidassent dans l'œuvre religieuse qu'il avait entreprise : celle de répandre parmi ces Kabils, si arriérés en matière de religion, la parole divine et le respect des gens de Dieu. Sidi Abd-el-Aziz était précisément l'homme qu'il lui fallait pour façonner des missionnaires pieusement et patiemment zélés.

Sidi Abd-el-Aziz entra complètement dans les vues de Sidi Salem-ben-Makhlouf, et ils fondèrent de concert une zaouïa qui ne tarda pas à déborder de jeunes Croyants pleins d'avenir. Les plus illustres marabouths ne dédaignaient pas de venir entendre Sidi Abd-el-Aziz, qu'on appelait déjà le maître de la parole, et qu'on n'hésitait pas à comparer à Sahban, cet orateur dont l'éloquence entraînante est passée en proverbe, et qui pouvait haranguer une assemblée pendant une demi-journée sans se servir deux fois du même mot. C'est ainsi que nous voyons arriver successivement à sa zaouïa Sidi Aïça-ben-Mahammed, de Sour-el-R'ouzlan; Sidi Mahammed-ben-Alya, déjà célèbre pour avoir, non loin de Djelfa, déplacé le djebel Bestama, qui le gênait; Sidi Ba-Yazid-el-Raouti, qui a sa koubba près de Bou-Sâada; Sidi Sliman-Moula-Eth-Thrifia, qui a son tombeau sur l'ouad El-Meleh; Sidi Ahmed-ben-Youcef, de Meliana, le même qui mangea ses écoliers et qui ensuite les ressuscita; Sidi Nadji-ben-Mahammed, des Rbaïa; Sidi Makhlouf, qui a son tombeau à une journée au nord de Laghouath; Sidi El-Hadj-Aïça, qui a sa koubba près de ce ksar; Sidi Athallah, dont les restes mortels sont à Tadjmout; Sidi Abd-el-Kader-El-Djilani, qui a son tombeau à Bar'dad. Quant à ce dernier, le plus grand saint de l'Islam, nous ne voulons pas cacher que, depuis bien longtemps déjà, Dieu lui avait repris son âme; mais le saint de Bar'dad ayant tenu à s'assurer par lui-même si la célébrité de Sidi Abd-el-Aziz, qui faisait tant de bruit, même dans le séjour des bienheureux, était réellement justifiée, avait redemandé son âme à Dieu pour quelque temps, et l'avait fourrée dans l'enveloppe d'un écolier. Il s'était donc présenté un jour à la zaoûïa du marabouth de Charef pour solliciter la faveur d'y être admis en qualité d'élève. Selon la coutume de ceux qui n'ont pas le moyen de payer, il s'était présenté devant le chikh en disant : « Je tombe du ciel, et viens te demander tes leçons. » Il n'y avait plus de place; mais sa jeunesse, sa bonne mine, et surtout son insistance, plurent infiniment à Sidi Abd-el-Aziz, qui consentit pourtant à l'accepter.

Le chikh es-sr'ir [1] de l'école regretta bientôt ce qu'il appelait une faiblesse du chikh el-kbir [2] : car, pour mieux garder l'incognito sans doute, Sidi Abd-el-Kader-El-Djilani faisait mille niches à ce professeur en second, qu'il affectait de prendre pour son souffre-douleur; le pauvre homme, qui ne se doutait pas que tout cela lui faisait gagner le paradis, se fâchait parfois très sérieusement, et menaçait alors le saint de Bar'dad de lui faire manger de la gaule; mais tout cela ne corrigeait pas l'agaçant écolier.

---

1. Le sous-maître.
2. Le maître.

Mais nous voulons donner une idée des espiègleries de Sidi Abd-el-Kader; on verra alors ce qu'il fallait de patience au chikh es-s'rir pour les supporter.

Il était de coutume, à la zaouïa de Sidi Abd-el-Aziz, que chaque élève, à son tour, préparât le kousksou pour toute la communauté; or, un jour, c'était à Sidi Abd-el-Kader qu'incombait ce soin. « Va chercher du bois, ô mon enfant, lui dit le chikh es-s'rir avec bonté, — il essayait quelquefois de la douceur, — va! mon fils! car tu sais que c'est ton tour, puisque Mohammed-ben-Châban y a été hier. Or, je sais que, pour tous les biens de la terre, tu ne voudrais pas imposer à tes camarades...

— Par Dieu! il ne me plaît pas de faire cette corvée », répliqua Sidi Abd-el-Kader d'un ton plus que léger, et en interrompant très impoliment le chikh, qui en fut extrêmement blessé.

— Par ma tête! reprit le chikh es-sr'ir irrité, je te ferai bâtonner, ô enfant mal élevé! si le kousksou n'est pas prêt pour le repas du soir. »

Cette menace ne parut pas effrayer beaucoup Sidi Abd-el-Kader, car il se mit à siffloter entre ses lèvres d'une façon qui exaspéra à un tel point le vieux chikh, qu'il se serait inévitablement laissé aller à quelque violence, s'il n'avait eu la prudence de se retirer. Il va sans dire que le jeune élève ne s'occupa pas plus de cuisine que de la chachia vernissée de crasse de son professeur.

Cependant, l'heure approchait où les estomacs des élèves allaient crier à assourdir leur esprit, et pourtant il n'y avait pas trace de préparation des aliments. Le chikh avait espéré que le refus de l'écolier d'obéir à ses ordres n'était qu'un caprice, et qu'il finirait par faire sa corvée. Qu'on juge de la colère de ce professeur quand, étant revenu à la cuisine, il vit la marmite gelant de froid sur ses trois pierres, et dans la position où il l'avait laissée après sa scène avec le jeune mauvais sujet. Furieux de se voir joué par un polisson qui ne paraissait pas se préoccuper le moins du monde du cataclysme que pouvait attirer sur la zaouïa un dîner en effigie, — il n'est rien de plus féroce que des écoliers qui ont faim, — le chikh se disposait, comme il l'en avait menacé, à bâtonner Sidi Abd-el-Kader, quand celui-ci, après avoir placé tranquillement sa jambe droite sous la marmite, dit au sous-maître avec un calme superbe : « O chikh! mets-y le feu! »

Le chikh es-sr'ir pensa, — c'est assez naturel, — que l'indocile élève voulait se jouer de lui, et sa colère fut sur le point de ne plus connaître de bornes; il levait donc la gaule pour l'en frapper, lorsque le saint, prenant une lampe qui brûlait auprès de lui, la mit sous sa jambe, qui flamba immédiatement. Quelques minutes après, on entendait dans la marmite le bouillonnement de l'eau, laquelle s'élevait aussitôt en vapeur à travers le tamis du keskes.

Le repas fut servi à l'heure habituelle, et les écoliers trouvèrent au kousksou un délicieux arome qui n'avait rien de commun avec l'odeur de graillon qui, ordinairement, parfumait si désagréablement cet aliment.

Informé de ce miracle par le chikh es-sr'ir, Sidi Abd-el-Aziz regarda attentivement son élève, et l'ardeur de cette fixité ne tarda pas à déterminer l'inflammation du fluide qui entoure et isole l'enveloppe corporelle des saints en mission sur la terre. Dépouillé de son vêtement terrestre, Sidi Abd-el-Kader sentit bien qu'il était reconnu, et qu'il n'avait plus à feindre. Sidi Abd-el-Aziz se confondit en excuses auprès du saint au sujet de la colère de son chikh, lequel avait osé le menacer de sa gaule. Sidi Abd-el-Kader, tout en acceptant les excuses, rit beaucoup de l'aventure, — c'est le saint le plus gai du paradis, — et surtout de la figure que faisait le chikh; il rassura ce dernier avec bonté, lui recommandant toutefois de ne pas s'abandonner si facilement à la colère, et de se rappeler sans cesse ces paroles du Prophète : « Lorsqu'un de vous se met en colère étant debout, qu'il s'asseye, et, si la colère ne le quitte pas, qu'il se mette à rire. »

Le chikh, confus, cherchait une réponse au plafond à cette leçon du saint; il la tenait; mais, quand il ramena son regard à hauteur d'homme pour l'écouler, l'*ouali* avait déjà disparu.

La fille de Sidi Salem-ben-Makhlouf, la délicieuse Smaha, donna à Sidi Abd-el-Aziz un fils qui fut nommé Abd-er-Rahim; le saint marabouth de Charef se vit alors père de sept enfants mâles, nombre tout à fait rassurant pour la maison de Sidi Ali-ben-Mahammed.

Malgré ses succès auprès des Kabils auxquels il était allé porter la parole divine, malgré la célébrité de la zaouïa qu'il avait fondée chez les Bni-Khalfoun, il arrivait de temps en temps à Sidi Abd-el-Aziz de tourner sa pensée vers le Sahra, et de l'arrêter sur le Ksar-Charef et sur ceux qu'il y avait laissés. Les charmes de la ravissante Fathima la Djâadia, et de la charmante Smaha la Khalfounia, n'avaient pu lui faire oublier l'opulence de ceux de la belle Halima, qui, depuis cinq années, attendait vainement son retour.

Sidi Abd-el-Aziz avait aussi à Charef cinq fils, dont l'aîné, Si Ahmed[1], l'héritier de la *baraka*, devait être déjà, s'il avait tenu ce qu'il promettait, un sujet des plus remarquables. Tranchons le mot, Sidi Abd-el-Aziz avait le mal du pays. Cette affection finit par se développer avec une telle intensité qu'il en perdait le boire et le manger. Quand Smaha, — on ne peut rien cacher

---

1. *Si* est une abréviation de *Sid*, *Sidi*. En général, cette qualification de *Si* se donne aux lettrés et aux marabouth.

aux femmes, — interrogeait son époux sur sa tristesse, le saint éludait toujours la question, ou faisait des réponses évasives qui prouvaient à Smaha que Sidi Abd-el-Aziz n'était pas du tout disposé à lui laisser explorer les recoins mystérieux de son cœur. Enfin, le mal fit des progrès tellement rapides que Sidi Abd-el-Aziz, laissant là sa troisième famille et sa zaouïa, disparut tout à coup sans qu'on pût savoir où il avait porté ses pas. Après avoir pleuré suffisamment, Smaha sécha ses larmes avec une résignation toute musulmane, et elle ne se tracassa plus le moins du monde sur le sort de son époux.

La zaouïa fut bientôt déserte : car Sidi Salem-ben-Makhlouf ne pouvait, en aucune façon, remplacer son savant collègue.

Nous retrouvons, — cela n'a rien d'étonnant, — Sidi Abd-el-Aziz à Charef. Le marabouth, avec une joie qu'il n'avait pas cherché à dissimuler, revit son pays natal, sa femme et ses enfants; seulement, il croyait n'en avoir que quatre, et on lui en présentait cinq. Cette bizarrerie, qu'il avait peine à s'expliquer, répandit un peu de noir sur son âme; il avait beau les compter et les recompter, le résultat de son calcul était toujours obstinément le même. Sa femme lui jura, lui affirma par Dieu qu'il en avait parfaitement cinq lors de son départ; elle ajoutait qu'elle trouvait étrange, et surtout désobligeant pour elle, que le saint eût à ce point perdu la mémoire. Elle feignit d'en accuser les femmes du Tell, — ces filles de péché, — qui, c'était visible, lui avaient ravi son affection. Du reste, il y avait là trois ou quatre des anciens élèves de la zaouïa qui pouvaient très bien attester le fait s'il en était besoin. Sidi Abd-el-Aziz, qui passait pour avoir infiniment de bon sens, comprit qu'il valait beaucoup mieux qu'il se rappelât la chose que d'aller invoquer le témoignage de ses anciens élèves. Ce qu'il y avait de certain, c'est qu'il était à la tête de cinq enfants, cinq fils qui lui ressemblaient de cette façon frappante dont les mères, les sages-femmes et les nourrices, prétendent toujours que les enfants ressemblent à leur père.

Le Ksar-Charef s'était beaucoup développé pendant l'absence de Sidi Abd-el-Aziz ; des constructions nouvelles s'étaient élevées autour de la mosquée, et de nombreux arbres fruitiers, plantés soit par les anciens disciples de la zaouïa, soit par les membres de la famille de Sidi Abd-el-Aziz, donnaient déjà à Charef toute la fraîcheur d'une oasis. Il n'y avait plus à douter que les eaux de Haci-Tiouelfin ne valussent mieux que deux mille dinars : « *Tiouelfin kheir men elfin* », ainsi que, jadis, l'avait dit Sidi Ali-Mahammed à son beau-frère Sidi Bou-Zid. Bref, Ksar-Charef prenait tout à fait le chemin de se transformer en Éden.

Sidi Abd-el-Aziz n'était point un saint complet, et il le savait ; ainsi, il ne pouvait encore faire précéder son nom du beau titre d'*El-Hadjdj*, le pèlerin ; il avait, jusqu'à présent, négligé de remplir ce religieux et important devoir que Dieu a mis au nombre de ses plus formelles prescriptions : « Accomplissez le pèlerinage de Mekka et la visite des Lieux saints.

« Le pèlerinage se fera dans les mois que vous connaissez. Celui qui l'entreprendra devra s'abstenir de femmes, de transgressions des préceptes et de rixes [1]. »

Cette inobservance des préceptes sacrés tracassait

---

1. *Le Koran*, chapitre II, versets 192 et 193. Tout musulman qui veut faire le pèlerinage doit se revêtir du manteau de pèlerin, s'abstenir de la chasse et des femmes, et ne point se raser la tête. L'entrée en pèlerinage commence au moment où le Croyant met le pied sur le territoire sacré, c'est-à-dire sur le territoire de Mekka.

Sidi Abd-el-Aziz; pendant la nuit surtout, la pensée qu'il pouvait mourir sans avoir visité les Villes nobles et respectées l'obsédait à lui ôter le sommeil. Un jour, il était couché, — mais il veillait, — auprès de Halima, qui, dit-on, dormait profondément. Ceci est assez probable pourtant, puisque la tradition prétend qu'il l'éveilla. « O Halima ! lui cria-t-il dans l'oreille gauche, je veux, ce soir, aller à Mekka. »

Lella Halima, bien que réveillée en sursaut, répondit d'instinct : « Tu n'iras pas ! »

C'était raide, surtout à l'égard d'un saint musulman; mais c'est que Lella Halima savait à quoi s'en tenir sur les pieuses fugues de son époux, et elle avait bien juré de s'y opposer dorénavant de tout son pouvoir.

« Je t'assure, ô Halima ! répliqua doucement le saint en voyant son projet si mal accueilli, je t'assure que j'ai juré par Dieu, par mon père et par mon ancêtre Sidna Mohammed, — que Dieu répande ses bénédictions sur lui et sur ses compagnons ! — j'ai juré que j'irais, cette nuit, visiter la *Bit Allah*[1]; cependant..., si...

— Je te le répète, ô Monseigneur ! tu n'iras pas.

— C'est bien », répondit tranquillement Sidi Abd-el-Aziz, et il tourna le dos à Halima, qui, du reste, en fit autant.

Sidi Abd-el-Aziz avait son projet : il n'y avait guère qu'un moyen de prouver à sa femme qu'il dormait profondément et qu'il avait renoncé à son voyage, c'était de produire ce bruit si connu qui résulte, généralement, des vibrations du voile du palais : disons le mot, c'était de ronfler. Or, comme ce bruit agaçant était dans les habitudes du saint, la naïve et crédule Halima s'y laissa prendre et se rendormit.

---

1. La Maison de Dieu, Mekka.

Cette prétention de Sidi Abd-el-Aziz d'aller à Mekka en une nuit n'était évidemment point réalisable par les moyens ordinaires de locomotion; mais ce saint avait tout pouvoir sur les *djenoun*, génies, et il se disposait à en user. Tout s'explique donc.

Dès que sa femme fut bien endormie, Sidi Abd-el-Aziz se leva sans bruit du tapis qui leur servait de couche, puis il sortit de sa maison, et se dirigea vers un petit ravin encaissé qui semble une blessure béante au front du mamelon dominant les sources de Charef. Le ciel avait endossé la nuit comme une cuirasse [1], et de gros nuages noirs, pareils à des sillons d'encre, bandaient les yeux aux étoiles. Le saint s'arrêta auprès d'une large pierre apportée sur la lèvre du ravin par quelque convulsion des hauteurs voisines, et il se mit à prier. Quand sa prière fut terminée, Sidi Abd-el-Aziz décrivit autour de cette pierre, avec son bâton ferré, un *mendel* [2] qui parut de feu; puis, ayant ramassé une poignée de sable dans l'intérieur de ce cercle, il la jeta dans le nord en prononçant certaines paroles que la tradition n'a pas conservées, mais qui, évidemment, devaient être une évocation. Aussitôt, un bruit pareil à celui que produirait dans l'air le battement des ailes d'un oiseau gigantesque se fit entendre dans la direction où le saint avait lancé la poignée de sable; une lueur bleuâtre rayait en même temps l'espace avec la rapidité d'un bolide qui s'abat sur la terre.

Cette lueur fut bientôt au-dessus du point où était Sidi Abd-el-Aziz; elle y plana pendant quelques instants, puis elle descendit en spirale dans le cercle tracé par le saint. C'était Ifrit en personne, ce génie

---

1. La nuit était obscure.
2. Cercle magique.

qui, autrefois, avait apporté en un clin d'œil au roi Salomon le trône de la reine de Saba. Le maraboutb de Charef remarqua avec plaisir que ce *djenn* avait, pour la circonstance, pris le corps d'un cheval, et qu'il était ailé des quatre membres : cette forme promettait au saint un voyage commode et rapide. Nous l'avons dit plus haut, Sidi Abd-el-Aziz n'était pas très cavalier, puisqu'il ne montait jamais qu'une mule, et il aurait regardé comme une témérité d'enfourcher sa monture sans qu'elle fût vêtue de sa selle. Or, précisément, Ifrit était dépourvu de cette partie si importante du harnachement. Sidi Abd-el-Aziz s'en aperçut au moment où il allait se hisser sur le dos du *djenn*. Cette découverte lui fut désagréable, et il allait, selon toute apparence, renoncer à son voyage, lorsqu'il lui vint à l'esprit de se servir comme de selle de la pierre plate qui était au centre de son cercle d'évocation. Ifrit grogna un peu; mais le saint n'y prit pas garde, et, l'ayant fait agenouiller, comme le font les chameliers pour monter sur leurs chameaux, il enfourcha le génie en criant : « A la *Bit Allah !* » — à la maison de Dieu ! — Cette destination fit faire la grimace à Ifrit; mais le saint lui ayant donné des deux talons dans le ventre, il fila dans l'est avec la rapidité de l'éclair.

Revenons à la maison de Sidi Abd-el-Aziz. Halima s'est rendormie; mais son sommeil est inquiet, agité; elle se tourne et retourne sur son *frach* (tapis); elle murmure des paroles inintelligibles sur le ton de la colère. Elle s'éveille, cherche à ses côtés et ne rencontre que le vide; elle a compris le stratagème de son époux, et elle est furieuse de s'y être laissée prendre. Elle veut essayer de dormir, mais le sommeil la fuit; elle se résigne enfin à attendre, la tête appuyée sur sa main, le retour de Sidi Abd-el-Aziz;

bref, la belle Halima avait passé ce que les Arabes appellent une nuit de hérisson[1]. « Reviendra-t-il ? » se disait-elle avec un air de tristesse mélangé d'un peu d'irritation.

La nuit commençait à peine à prendre le jour pour fourreau quand un cri déchirant, qui n'appartenait certainement pas à la gamme des sons humains, se fit entendre dans la direction du puits de Charef. Sidi Abd-el-Aziz rentrait chez lui à tâtons et sur la pointe des pieds quelques instants après, espérant trouver sa femme encore endormie. Mais, nous le savons, Halima veillait et attendait son saint époux. L'obscurité régnait encore dans la chambre à coucher, et Sidi Abd-el-Aziz espérait pouvoir reprendre sa place auprès de sa femme sans qu'elle se doutât du peu de cas qu'il avait fait de sa défense. Il comptait déjà sur l'impunité, lorsque l'irascible Halima, qui s'était mise sur son séant, l'interpella brusquement en ces termes :

« D'où viens-tu, ô Monseigneur ! ô le coureur de nuit ?

— Par la vérité de Dieu ! ô femme ! j'arrive de Mekka, répondit timidement Sidi Abd-el-Aziz, qui se sentait pris.

— Par ton cou ! tu mens, ô Monseigneur ! et Dieu hait le mensonge, répliqua Halima.

— Que je témoigne avec mes pieds ! si ce que je dis, ô femme ! n'est pas l'exacte vérité. Je puis, du reste, t'en fournir la preuve.

— Je t'écoute, ô Monseigneur ! mais ne cherche pas à me tromper, car les trompeurs, — tu me l'as dit toi-même, — sont du bois qui alimente le feu de l'enfer.

— Si tu veux voir ma selle, ô femme ! elle est là, toute tachée du sang d'Ifrit, ma monture. »

---

1. Elle n'avait pas dormi.

En effet, la selle, — la pierre plutôt, — dont s'était servi le brutal marabouth ne s'appliquait que très imparfaitement sur les flancs d'Ifrit; de plus, il avait exigé de l'infortuné génie, — pour être rentré avant le jour, — les allures les plus déréglées; qu'on joigne à cela l'ignorance du saint en matière d'équitation, et l'on comprendra, sans le moindre effort d'intelligence, l'état dans lequel devait se trouver, à l'arrivée, le dos du trop malheureux *djenn*. Aussi, n'est-il pas étonnant qu'il ait jeté ce cri déchirant, — celui dont il vient d'être parlé, — quand Sidi Abd-el-Aziz le dessella. Voilà bien ce qui prouve que ce n'est pas d'hier seulement qu'on abuse des montures dont on n'est pas le propriétaire.

« Cette preuve est insuffisante, continua la soupçonneuse Halima; n'en as-tu pas, ô Monseigneur! d'autres à me donner?

— Exigerais-tu, ô femme méfiante ! que je te fisse la description de la Kâba, dont j'ai fait sept fois le tour, que je te racontasse ma station sur le mont Arafa, mes tournées entre les monts Safa et Meroua?... Est-il indispensable que je te dise qu'en faisant le tour de la Kâba j'ai baisé la pierre noire fixée à l'angle sud-est de ce temple, pierre qui a été apportée par Sidna Adam sur la terre?... As-tu besoin de savoir que j'ai bu de l'eau du puits de Zemzem, eau qui a la vertu de donner la foi?... Penses-tu qu'il soit d'absolue nécessité que je t'affirme que j'ai lapidé le diable de sept cailloux à Akaba, en mémoire de notre seigneur Abraham, qui y a repoussé Chithan lorsque celui-ci voulait l'empêcher de sacrifier Ismâël?... On n'invente pas ces choses-là, ô femme ! et qui ne les a pas vues ou faites ne saurait les raconter.

— C'est bien, ô Monseigneur le pèlerin ! la foi m'a pénétrée, et je crois. »

Soit que Sidi Abd-el-Aziz craignît les reproches de la fougueuse Halima, soit qu'ayant reconnu que la conversion des Kabils était une besogne ingrate, il eût renoncé à l'apostolat, tout ce que nous pouvons dire, c'est que son voyage aérien à Mekkâ clôtura ses excursions religieuses ; il consentit cependant, un jour, sur la prière de Sidi El-Hadj-Aïça, à se rendre à Laghouath pour sauver les habitants de ce ksar, menacés par une crue extraordinaire de l'ouad Mzi[1]. Bien que possédant le don des miracles, Sidi El-Hadj-Aïça, sollicité par les Beni-Laghouath d'apaiser l'ouad, s'était trouvé impuissant devant l'inondation. C'est dans cette circonstance suprême qu'il avait fait appel au saint marabouth de Charef.

Le péril était imminent, et l'ouad, gonflé à crever, allait faire irruption dans les jardins et dans la ville, et, fort probablement, entraîner dans sa course furibonde et maisons et palmiers. La rivière battait déjà, furieuse, les murs de clôture des jardins et ceux du ksar, qui s'émiettaient sous l'action des eaux. Sidi Abd-el-Aziz n'hésite pas. Après avoir adressé à Dieu une fervente prière, il se couche à plat ventre dans l'ouad et ouvre la bouche ; les eaux s'y engouffrent bruyamment et s'y perdent en tournoyant. Au bout de quelques minutes, l'ouad Mzi était absorbé, et les Beni-Laghouath bénissaient leur sauveur.

En reconnaissance de ce service signalé, les gens de Laghouath apportaient tous les ans à Sidi Abd-el-Aziz, et, après lui, à ses descendants, un régime de leurs plus belles dattes. Depuis l'occupation de ce ksar par les Français, cet usage est tombé en désuétude.

Sidi Abd-el-Aziz, que les années avaient alourdi, songea sérieusement à la retraite ; il consacrait tout son

---

[1]. *Mzi*, mot berbère, diminutif d'*amzian*, petit.

temps à prier ou à faire de pieuses lectures à ses anciens disciples, qui avaient vieilli avec lui ; ses journées se passaient dans la mosquée qu'il avait fait bâtir, assis sur une natte démaillée, le dos appuyé contre l'un des piliers de l'édifice, il égrenait son chapelet tout en causant de ses petites affaires avec les gens du ksar qui fréquentaient la mosquée. Le saint prenait aussi grand plaisir à visiter l'école qui était attenante à la mosquée ; là, s'armant de la baguette du chikh, — cela lui rappelait sa jeunesse, — il faisait réciter le Koran aux élèves. Sidi Abd-el-Aziz ne se sentait plus d'aise quand, par hasard, il tombait sur un *tali*[1] sachant moduler sa leçon d'une voix pure et limpide ; il fermait alors les yeux, et il lui semblait, disait-il, entendre chanter les anges.

Enfin, par une nuit noire, pendant laquelle le tonnerre n'avait cessé de gronder, Sidi Abd-el-Aziz mourut, laissant là ses soixante-trois ans.

Quelques *atsarin* (traditionnistes) prétendent que Sidi Abd-el-Aziz serait mort chez les Bni-Djâad, et qu'il aurait son tombeau chez les Ammal, sur l'ouad Icer. Voici comment la chose se serait passée : quelque temps avant qu'il ne rendît son souffle à Dieu, il avait été pris d'un ardent désir de revoir sa femme Fathima la Djâadia, la mère de Sidi Ali-Bou-Farès, cet enfant sur la tête duquel le saint avait fait la prédiction que nous avons rapportée plus haut. La mort l'avait pris là, au moment où il se disposait à retourner à Ksar-Charef.

Dès que les fils de Sidi Abd-el-Aziz, — toujours selon la version des traditionnistes, — avaient appris la mort de leur père, ils étaient partis de Charef sans délai pour aller chercher son corps ; mais un beau-frère du saint, — le Djâadi avait fini par obtenir de la postérité

---

1. *Tali*, celui qui lit, qui récite le Koran avec modulations.

mâle, — qui sentait tout ce que pouvait avoir de profitable pour lui et pour le pays la présence des restes mortels d'un saint de cette importance, avait refusé net de le rendre à ses enfants; d'ailleurs, il avait déjà fait élever sur son tombeau un gourbi splendide en maçonnerie, et il ne voulait pas que ce fût en pure perte. Les enfants de Sidi Abd-el-Aziz insistaient pour enlever le corps; le beau-frère ne voulait pas le céder; la querelle s'envenimait et menaçait de se traduire en voies de fait. Les fils de Sidi Abd-el-Aziz avaient résolu d'employer la force dès le lendemain, si le beau-frère de leur défunt père, qui avait mis la tribu dans ses intérêts, persistait à vouloir détenir illégalement le précieux cadavre du saint. Une grande partie de la nuit avait donc été consacrée par nos Sahriens à l'étude des combinaisons tactiques qui devaient leur donner la victoire. Après avoir adressé une prière à leur vénéré père pour qu'il les aidât dans cette affaire, — qui le regardait un peu, — ils finirent par se coucher, comptant beaucoup plus, il faut le dire, sur son intervention que sur leurs fusils : la suite de cette aventure a prouvé qu'ils avaient eu raison.

On jugera qu'elle dut être l'étonnement des fils de Sidi Abd-el-Aziz quand le plus jeune d'entre eux, sorti de la tente au point du jour, y rentra de suite pour annoncer à ses frères ce qu'il avait vu : leur mule, entravée à quelques pas de leur *maison de poil,* était chargée d'un *nâach*[1] couvert de son tapis, et solidement amarré sur le dos de la bête au moyen de cordes de palmier nain; ils se levèrent aussitôt pour aller s'assurer par eux-mêmes si leur jeune frère n'était pas

---

1. Espèce de civière servant au transport des morts au cimetière.

sous l'influence d'une hallucination, mais ils virent exactement comme il avait vu. Ayant soulevé le drap mortuaire, ils reconnurent parfaitement leur père; bien que le saint fût mort depuis quelque temps déjà, son visage n'était pas du tout décomposé, et ses restes mortels exhalaient une odeur délicieuse, l'odeur de sainteté.

Les fils de Sidi Abd-el-Aziz s'empressèrent de prendre la route du Sud avec le précieux fardeau. Bien qu'ils eussent marché jour et nuit du pays des Bni-Djâad à Ksar-Charef, ils n'avaient point éprouvé de fatigue; il leur sembla même qu'ils n'avaient mis qu'un jour pour faire ce long voyage.

Quoi qu'il en soit, les Bni-Djâad et les gens de Charef prétendent chacun posséder la dépouille mortelle de Sidi Abd-el-Aziz; le fait suivant nous porterait à croire que les Bni-Djâad sont dans l'erreur. Dès qu'ils furent à Charef, les Oulad Abd-el-Aziz confièrent de nouveau à la terre le corps de leur père; la fosse qui devait le recevoir fut creusée sur un petit plateau situé entre le ksar et les eaux de Charef, tout près des sources. Les enfants du saint firent venir à grands frais des maçons de Figuig pour élever une koubba sur son tombeau; mais, à trois reprises différentes, la chapelle funéraire, bien qu'elle parût solidement bâtie, s'écroula dès qu'elle fut terminée. Il est clair que ce miracle n'avait raison de se produire qu'autant que le corps de Sidi Abd-el-Aziz était enterré là : il serait irrespectueux, impie même, de supposer qu'un saint pût faire des miracles sans but, des miracles inutiles. Donc, pour tout homme qui raisonne, les restes du marabouth de Charef ne peuvent pas être chez les Bni-Djâad, à moins pourtant que le saint ne se soit dédoublé, ce qui est assez douteux. Il nous en coûte certainement de dévoiler la pieuse fraude de ces Kabils; mais notre profond amour de la vérité ne nous permet pas, dans cette circonstance, de nous faire leur complice.

Nous n'avons pas à rechercher ici les causes de la répugnance de Sidi Abd-el-Aziz pour la *koubba*. Que ce soit excès de modestie, ou bien que le saint ait compris que ces somptueux monuments qu'on élève aux morts ne servent qu'à flatter la vanité des héritiers du défunt, ce qu'il y a de positif, c'est qu'aujourd'hui une pierre brute, couleur de sang, marque seule le lieu où furent déposés les restes de l'un des plus grands saints du Sud : une pierre, haute d'une demi-coudée, confondue au milieu des tombes des Abaziz, ses descendants et ses serviteurs religieux, c'est là tout ce qui rappelle le souvenir, sur la terre, de l'homme qui fonda le Ksar-Charef; il est vrai que c'est lui qui a voulu qu'il en fût ainsi. Nous devons ajouter que la chapelle funéraire que lui ont élevée les Ammal est restée parfaitement debout, et que ces Kabils ont toujours prétendu posséder les restes authentiques de Sidi Abd-el-Aziz. Dieu, là-dessus, en sait infiniment plus long que nous.

Avant d'en finir avec Sidi Abd-el-Aziz, nous voulons raconter ce qui arriva, en 1844, au général Marey, lorsque, à la tête d'une colonne expéditionnaire, il se rendit à Laghouath sur l'appel que lui en avait fait Ahmed-ben-Salem, le chef de l'un des partis qui se disputaient le pouvoir dans cette ville. A son approche de Charef, la population s'était retirée dans les montagnes boisées qui avoisinent le ksar; pour l'amener à composition, le général ordonna sa démolition, certain que les Abaziz ne tarderaient pas à venir lui demander l'aman. En effet, la pioche de nos soldats avait à peine commencé son œuvre de destruction que les Oulad Abd-el-Aziz amenaient leur *gada* au général et lui offraient leur soumission. Le général acceptait la gada et leur donnait le pardon, en les soumettant toutefois à la *lezma* (capitation), l'impôt payé par les populations sahriennes.

Or, le général Marey, qui joignait à une parfaite connaissance de la langue arabe un goût très prononcé pour les légendes, lesquelles, en résumé, sont toute l'histoire des Arabes depuis l'invasion, le général Marey, disons-nous, après s'être fait raconter les prodiges qui signalèrent le passage de Sidi Abd-el-Aziz sur cette terre, voulut voir la pierre qui avait servi de selle à ce saint maraboûth lorsqu'il fit, monté sur le *djenn* Ifrit, son voyage nocturne à Mekka. Cette pierre se trouvait justement au-dessous du camp de la colonne française, et à la place même où l'avait déposée Sidi Abd-el-Aziz quand il dessella le génie. Le général et sa suite étaient à cheval. « C'est ici, lui dit Mohammed-ben-Ahmed, qui lui avait servi de guide, c'est cette pierre qui fut mise sur le dos d'Ifrit, et que nous appelons depuis lors *la selle de Sidi Abd-el-Aziz*.

Le général, qui était descendu de cheval, sourit d'un air de doute en remarquant combien cette roche paraissait peu faite pour remplir le but que s'était proposé Sidi Abd-el-Aziz, et monta sur la pierre, par inadvertance sans doute : car nous ne voulons pas supposer qu'il l'ait fait par mépris des croyances des Abaziz, attendu que le général Marey professait le plus grand respect pour tout ce qui touchait aux choses de la religion musulmane. Son cheval se cabra soudainement sans cause apparente, gesticula de ses pieds de devant au-dessus du commandant de la colonne, et, finalement, s'abattit sur lui en lui faisant à la tête une blessure tellement grave que le général en perdit connaissance, et qu'il ne put reprendre ses sens que le lendemain. — Le khalifa Ahmed-ben-Salem était présent. — Le général Marey attribua sans difficulté à l'acte involontaire d'impiété qu'il avait commis la veille, en montant si irrespectueusement sur la pierre de Sidi Abd-el-Aziz, l'accident si extraordinaire dont il avait été victime. Le premier usage qu'il fit de sa raison fut de faire appeler le kaïd des Abaziz, et de lui donner, pour être distribués aux Oulad Sidi-Abd-el-Aziz, sept bœufs, soixante-dix moutons et une assez forte somme d'argent. Le général espérait, par ces largesses, réussir à calmer le saint marabouth qu'il avait offensé ; mais, soit que le kaïd crût que les bœufs et les moutons fussent suffisants pour atteindre ce résultat, soit qu'il aimât démesurément l'argent, tout ce que nous pouvons affirmer, c'est que les descendants du saint marabouth ne virent pas l'ombre d'un douro. Il est incompréhensible que, dans cette circonstance, Sidi Abd-el-Aziz, qui, pendant sa vie terrestre, faisait si facilement des miracles, ne soit pas intervenu dans cette affaire d'une façon sérieuse, en causant quelques désagréments à l'indélicat kaïd.

Le général, que le miracle de Sidi Abd-el-Aziz remplissait d'inquiétude, ne voulut pas prolonger davantage son séjour sous les murs de Charef ; il reprit, avec sa colonne, la route du nord. Il ne se décida à monter à cheval que lorsqu'il ne fut plus en vue du ksar. Les Arabes qui faisaient partie de son escorte prétendent que, tout en marchant, il se frappait la poitrine en répétant à chaque pas ces paroles qui témoignaient de son profond repentir : « O Sidi Abd-el-Aziz ! pardonne-moi ! » Ce n'est qu'à hauteur d'un point appelé El-Argoub qu'il remonta à cheval ; mais on remarqua que, pendant toute la marche de ce jour, il n'avait pas adressé une seule fois la parole aux officiers de son escorte : il était évident que l'événement de la veille le préoccupait énormément.

Ce prodige fit grand bruit dans le Sud. Les Sahriens, que notre incursion ne satisfaisait pas, prétendirent que ce fait était une protestation évidente de Sidi Abd-el-Aziz contre notre présence dans le pays. Nous ajouterons que cette opinion n'eut aucune influence fâcheuse sur nos progrès ultérieurs dans le Sahra.

IV

SIDI ALI-BOU-FARÈS

Sidi Abd-el-Aziz, nous l'avons vu, semait de sa postérité un peu partout : c'est ainsi qu'après avoir été élevé cinq fois à la paternité à Charef par le fait de la ravissante Halima, laquelle lui donnait, en peu de temps, Sidi Ahmed, Sidi Sliman, Sidi Mouça, Sidi Mahammed et Sidi Ameur, il recevait de Fathima la Djâadia Sidi Ali-Bou-Farès, et de Smaha la Khalfounia Sidi Abd-er-Rahim.

De ces sept enfants, un seul, Sidi Ali-Bou-Farès fit parler de lui. Avec la piété de son père, il avait hérité les goûts guerriers de son bouillant ancêtre Sidi Mouça. Seulement, au lieu de monter des juments de race, de briller par l'éclat du harnachement de sa monture, ou par des armes étincelantes, Sidi Ali paraissait affecter, au contraire, de n'avoir sous lui que des bêtes qui mettaient toute leur coquetterie à montrer leurs os; sa selle croyait devoir en faire autant que la bête, c'est-à-dire exhiber son squelette à travers les blessures de son enveloppe de maroquin recroquevillé; les sept feutres sur lesquels reposaient la selle étaient dentelés, éraillés, déchiquetés, haillonnés, dépenaillés au delà du possible; sa bride était tout simplement une corde de halfa passée autour du nez de l'animal; ses étrivières, de même nature que la bride, soutenaient une paire d'étriers taillés dans le tronc d'un pin; la lame de son sabre, qu'il n'essuyait jamais quand il avait pourfendu un ennemi, était recouverte d'une couche de rouille sanglante qui la faisait grincer quand il la dégainait; le fourreau se composait de deux lattes non dégrossies reliées par des attaches en peau de mouton. Sidi Ali méprisait le fusil: il prétendait que c'est l'arme des lâches, l'arme qui tue de loin. En un mot, Sidi Ali était un *fakir* à cheval.

Malgré la simplicité de son armement, Sidi Ali n'en était pas moins la terreur de ceux qui n'étaient pas ses amis.

On se rappelle que Sidi Abd-el-Aziz, lorsqu'il se disposa à quitter les Bni-Djâad pour aller porter le flambeau de la foi chez les Bni-Khalfoun, ordonna qu'on lui apportât Sidi Ali, encore tout enfant, et qu'il fit à son sujet la prédiction suivante: « De cette tête sortiront cent plus un cavaliers, ou cent moins un. » Il est clair que Sidi Abd-el-Aziz n'eût pas risqué cette prédiction sans être sûr de son fait; mais il lisait dans le Livre de l'avenir aussi couramment que dans le Koran, et, du moment qu'il avait avancé ce pronostic, on pouvait le tenir pour certain. Du reste, avec ses aptitudes guerrières, il n'était pas extraordinaire que Sidi Ali devînt la tige d'une longue lignée de guerriers, et c'est en effet ce qui est arrivé, et ce qui ne pouvait manquer d'arriver. D'ailleurs, au contact d'un tel maître, les enfants de Sidi Ali devaient infailliblement prendre le goût des affaires de sang.

C'est contre un des Mokrani, ces chefs de la Medjana, que Sidi Ali se révéla avec toutes ses qualités belliqueuses et destructives.

Il ne se passait pas d'années sans que les gens de l'Est ne tombassent sur les tribus sahriennes qui occupaient les Hauts-Plateaux ; les Mokrani surtout, ces grands seigneurs de la Medjana, ne dédaignaient pas la guerre au butin et aux troupeaux, la razia, c'est-à-dire le vol pittoresque : quand ils avaient besoin de moutons, ils ramassaient leurs gens et tous ceux qui aimaient les aventures de poudre et qui en vivaient, — ils en mouraient aussi quelquefois, mais rarement. — C'était souvent le tour des Bou-Aïch, — une bonne, grosse et grasse tribu, — d'être razée ; avec eux, les aventuriers étaient toujours sûrs de ne pas revenir les mains vides, et cela était fort apprécié par ces guerriers de proie, lesquels, en pays arabe, ont toujours détesté les opérations sans profit.

Les Bou-Aïch étaient sur les dents, et ils ne savaient plus à quel saint se vouer, lorsqu'un jour ils eurent l'idée de s'adresser à Sidi Ali-Bou-Farès, qui, au don des miracles, joignait une valeur qu'il avait déjà su rendre désagréable à ses ennemis. Sidi Ali, qui, à la mort de sa mère, était allé s'établir à Ksar-Charef, et qui ne demandait que plaies et bosses, se garda bien de rejeter la supplique de ses voisins les Bou-Aïch.

Leurs *chouaf*[1] avaient déjà reconnu qu'il se préparait une expédition dans l'Est, et ils attendaient que le mouvement se dessinât pour en informer leur tribu. C'était encore un Mokrani qui, disait-on, devait diriger cette expédition. Le départ des cavaliers de la Medjana était fixé au treizième jour de la lune de djemad-el-oueul. En effet, à la date indiquée, les plus éloignés se mirent en route ; quelques jours après, — ils avaient fait la boule de neige, — les ennemis comp-

---

1. Voyants, espions envoyés à la découverte, éclaireurs.

taient cinq cents cavaliers mieux montés que bien armés.

Comme l'avaient prévu les *chouaf* des Bou-Aïch, le r'ezou[1] du Mokrani se dirigea dans l'Ouest.

« Laissez arriver, dit tranquillement Sidi Ali-Bou-Farès au goum des Bou-Aïch, qui paraissait fort peu rassuré, laissez arriver. Écoutez, et retenez bien, ô Bou-Aïch ! ce que je vais vous dire : Ils sont cinq cents, ont rapporté vos *chouaf;* eh bien ! soyez aussi cinq cents ! Que chaque cavalier emplisse sa musette de sable, puis, quand paraîtront ces voleurs fils de voleurs, ces maudits coupeurs de routes, chacun de nos cavaliers choisira son cavalier parmi ceux de l'ennemi, et se portera à sa rencontre la musette en avant; les chevaux de ces impies, croyant vos musettes pleines d'orge, se précipiteront infailliblement sur elles. L'ennemi, à qui votre mouvement semblera étrange, n'aura pas songé à faire usage de ses armes.

« Quand vos chevaux seront tête à tête avec ceux de vos adversaires, vous prendrez une poignée du sable que contient la musette, et vous la lancerez dans les yeux de l'assaillant. Faites cela, et je vous jure par Dieu que vous aurez ensuite bon marché de vos adversaires ! »

Bien que la réussite de ce stratagème leur parût fort problématique, les Bou-Aïch, qui, du reste, avaient toute confiance en Sidi Ali, n'hésitèrent pas à exécuter son ordre : les musettes furent donc remplies du sable le plus fin, et ils attendirent.

L'ennemi n'était plus loin; on sentait déjà cette odeur de fer qui annonce l'approche d'une troupe d'hommes armés. Les Bou-Aïch, qui avaient choisi leur terrain, attendaient le goum du Mokrani sur l'ouad

---

1. Réunion de cavaliers armés en course de razia.

El-Belbala. On entendit bientôt ce bruit de ferraille que produit le chabir sur l'étrier. Les éclaireurs de l'ennemi ne tardèrent pas à paraître au loin : quelques-uns mettaient pied à terre, puis semblaient écouter, l'oreille sur le sol ; ils se remettaient en selle, filaient comme des flèches vers leur goum, et disparaissaient ; parfois, c'était un bernous blanc qui s'agitait, qui se levait, qui se baissait derrière un buisson de jujubier sauvage ; on le revoyait quelques instants après rampant dans une clairière. L'ennemi était là, caché par un pli de terrain.

Il n'y avait pas de temps à perdre : les cinq cents Bou-Aïch montèrent à cheval et se rangèrent sur une seule ligne. Sidi Ali était là, juché sur sa gigantesque haridelle, — on ne l'avait jamais vue manger, — qui, à l'aide de son long cou, jetait sa tête triangulaire, — pareille à un marteau emmanché, — du côté où s'était embusqué le goum ; son regard, calme et atone habituellement, fouillait aujourd'hui l'espace et le pénétrait comme deux traits de feu.

Le goum ennemi avait repris sa marche ; il se préparait à fondre sur les Bou-Aïch, qu'il venait d'apercevoir.

« A vous, ô Bou-Aïch ! s'écria le saint d'une voix perçante ; la musette en avant, et attendez !... Que Dieu vide ma selle si ces enfants du péché ne sont pas à vous ! »

Bien que les cœurs des Bou-Aïch eussent des velléités de leur remonter au larynx, ils se tinrent pourtant fermes en selle, et pas un n'eut l'idée de fuir.

Le goum de Mokrani était superbe : ces drapeaux vert et rouge frangés d'or flottant orgueilleusement au-dessus de la tête des cavaliers ; celui des Mokrani, aux trois bandes de fin damas, dont une verte et deux rouges, et avec leur devise brodée d'or au centre :

« *El-Kheir en-Nsarin* », — (Dieu est) le meilleur des aides ; — ce tintement du fer contre le fer, ces fusils hauts, ces cris sauvages, ces chevaux qui bondissent en s'ébrouant, ces haleines qui se mêlent, ces sueurs qui se confondent, ces narines qui fument, il y avait bien là de quoi faire pâlir les plus braves. Déjà quelques cavaliers des Bou-Aïch regardaient derrière eux pour étudier le chemin de la retraite ; le saint s'en aperçut :

« Par la tête du Prophète de Dieu ! s'écria-t-il, je jure que ceux qui n'ont pas la foi mourront de mort rouge[1] aujourd'hui ! » Et tous cherchèrent à avoir la foi.

Ce goum des Bou-Aïch qui ne bougeait pas, et qui ne prenait aucune mesure défensive, commençait à inquiéter les cavaliers du Mokrani ; croyant à quelque piège, ils ralentirent leur allure. Sidi Ali profita habilement de cette hésitation ; il tira rapidement sa lame rouillée, qui sortit du fourreau en grinçant, et cria aux Bou-Aïch avec une voix qui semblait sortir d'un gosier de métal : « Fondez, ô le goum de Dieu ! sur ces fils de Satan ! »

Ces cinq cents cavaliers, debout sur leurs étriers, la bride aux dents, la musette aux mains, produisirent sur le goum du Mokrani un effet qui tenait à la fois de l'étonnement et de la stupéfaction. Comme le saint l'avait prévu, les cavaliers ennemis ne songèrent pas à faire usage de leurs armes, et leurs chevaux, à la vue de ces musettes béantes, se précipitèrent comme des affamés vers les Bou-Aïch.

Les coursiers des deux goums sont tête contre tête : chacun des Bou-Aïch tient son homme ; puisant rapidement une poignée de sable dans sa musette, il en aveugle son ennemi, qui lâche ses armes : le goum du Mokrani n'est bientôt plus qu'une cohue roulant sur

---

1. Mort qui arrive par le meurtre ou dans le combat.

elle-même dans un effroyable désordre, et jetant toutes ses malédictions sur le goum des Bou-Aïch. Sidi Ali a pénétré comme un coin de fer dans cette foule hurlante; il s'est tracé, avec son terrible sabre, un chemin sanglant dans ce tourbillon de chair : à chacun de ses coups, c'est un bras qui tombe, un crâne qui s'ouvre en grimaçant, une tête qui se sépare du tronc, un corps coupé en deux. Les Bou-Aïch, que le sang enivre, ont quitté la musette pour le sabre : ils enveloppent le goum ennemi et le taillent littéralement en pièces. Sidi Ali frappe toujours; sa lame boit la vie; tantôt on l'aperçoit décrivant dans l'air une courbe qui pleut du sang, tantôt elle disparaît dans la poitrine d'un ennemi. C'est un spectacle hideux que celui de ces chevaux fuyant éperdus avec des cadavres sans tête, des lambeaux, des restes d'homme accrochés au pommeau de la selle, avec des membres pris dans les étriers, et traînés sur le sol comme des loques sanglantes.

Sidi Ali et les Bou-Aïch ne frappent plus, parce qu'il n'y a plus à frapper : les cinq cents cavaliers du Mokrani ont trouvé la mort là où ils comptaient trouver du butin; El-Mokrani lui-même est là gisant parmi les siens, la tête séparée du tronc : on le reconnaît à la richesse du caftan qu'il porte sous son bernous de fine laine.

Le champ du combat est horrible : c'est un pêle-mêle, un fouillis de membres déchiquetés, de crânes broyés, de cervelles écrasées, de poitrines béantes, de ventres perdant leurs entrailles; débris humains foulés, piétinés, pétris; de la boue de chair, de sable et de sang.

Bien que les oiseaux de proie s'en fussent repus à s'en dégoûter, on mit pourtant cinq jours pour enfouir les restes du goum d'El-Mokrani.

La première pensée des Bou-Aïch, après une victoire aussi complète, fut de louer Dieu. Quant à Sidi Ali-

Bou-Farès, il avait disparu. On supposa que, voulant se dérober aux remerciements des Bou-Aïch, qui, d'après lui, n'auraient dû leur succès qu'au Tout-Puissant, il s'était hâté de reprendre le chemin de Charef. Un sillage lumineux qui se prolongeait dans le Sud vint donner à cette hypothèse toute l'apparence de la vérité : il n'est pas déraisonnable, en effet, d'attribuer ce phénomène à la rapidité avec laquelle la jument de Sidi Ali dévorait habituellement l'espace.

Depuis cette époque, les Bou-Aïch n'eurent plus rien à redouter des gens de l'Est. Nous ne répondrions pas que ces Bou-Aïch fussent bien dignes du service signalé que venait de leur rendre Sidi Ali-bou-Farès ; d'abord, ils avaient la réputation d'exercer on ne peut plus mal l'hospitalité, défaut d'autant plus impardonnable pour des Sahriens qu'ils profitent indûment de la réputation de générosité que leur ont faite, dans tous les temps, — et bien gratuitement selon nous, — les voyageurs-écrivains. Or, le bruit de leur ladrerie était parvenu aux oreilles de Sidi Ali ; comme il exécrait la calomnie, il voulut s'assurer par lui-même s'il n'y avait pas d'exagération dans les propos sur leur compte qu'on lui avait rapportés.

Un jour, il chargea un de ses khoddam d'aller couper dans la forêt de Charef quelques poutrelles de genévrier, puis, sans lui communiquer son projet, il l'emmena sur l'ouad Eth-Thouïl, où les Bou-Aïch avaient leurs campements.

Sidi Ali prend la moitié de la coupe, et les voilà, lui et son compagnon, allant de tente en tente, et demandant si l'on voulait acheter des poutrelles. Les uns en offraient un prix inacceptable ; d'autres renvoyaient les marchands avec des injures. Ils avaient fait le tour du douar, et ils n'avaient encore recueilli que des grossièretés ou des plaisanteries d'un goût douteux.

Le jour commençait déjà à entrer sérieusement dans la nuit. Sidi Ali avise une tente superbe remplie, à ne savoir où les mettre, des biens périssables de ce monde ; le dehors indiquait aussi que le maître de cette *bit ech-chdr*[1] était un opulent, un heureux de la terre. En effet, ces riches palanquins sur le seuil de la tente ; ce troupeau de beaux chameaux qui ruminent appuyés sur leur *tsefna*[2], et remuent leurs mâchoires en broyant le vide ; ce troupeau de gras moutons qui semblent un nuage de laine tant ils sont serrés les uns contre les autres ; ces juments de race qui mâchonnent dédaigneusement une touffe de halfa ; tout cela dénotait certainement plus que de l'aisance. Sidi Ali et son compagnon se dirigent donc vers cette tente, et s'y présentent comme *hôtes de Dieu*. D'abord, les chiens les accueillent fort mal, et personne ne réprime leur malhonnêteté ; le saint et son compagnon tiennent les chiens à distance de leurs poutrelles, et s'avancent jusque sur le seuil de la tente, où ils réclament une seconde fois l'hospitalité. Le maître était étendu sur des tapis, la tête appuyée sur la main droite ; des femmes étaient occupées autour de lui, l'une à moudre du blé, une autre à filer ; une négresse préparait le kousksou : « *Ia moula el-kheïma! dhiaf Reubbi!* » — O maître de la tente! des hôtes de Dieu! — lui crient Sidi Ali et son compagnon.

Au lieu de leur répondre, comme il aurait dû le faire : « *Merhaba bikoum, ia dhiaf Reubbi!* » — Soyez les bienvenus, ô les hôtes de Dieu! — le maître de la tente, fort irrité sans doute que ces déguenillés n'eussent pas compris, à l'accueil des chiens, qu'ils n'avaient pas

---

1. Demeure de poil ; la tente.
2. Partie calleuse et dure servant d'appui au chameau lorsqu'il est accroupi.

à compter sur son hospitalité, les repoussa avec des paroles grossières : « Que veulent donc ces vêtus de loques qui s'obstinent à troubler mon repos?... Ce ne peut être que dans l'intention de voler que ces gens aux poutrelles de genévrier se sont introduits dans le *mrha*[1]. Allez plus loin, ô les affamés du bien d'autrui ! »

Sidi Ali pouvait se convaincre qu'on ne lui avait pas exagéré l'inhospitalité des Bou-Aïch. Il résolut de les en punir sévèrement, et de façon à en laisser des traces dans leur esprit.

Les marabouths Sidi Ahmed-ben-Youcef, de Meliana, et Sidi Aïça-Mahammed, qui a donné son nom à la tribu des Oulad-Sidi-Aïça, avaient été plus heureux que Sidi Ali-Bou-Farès : ils étaient arrivés la veille chez les Bou-Aïch, et ceux-ci les avaient hébergés somptueusement; mais il faut dire qu'ils ne s'étaient pas présentés dans le douar sous les habits du pauvre : ils s'étaient fait annoncer, au contraire, vêtus de leur célébrité.

Sidi Ali, qui, en résumé, était très bon dans le fond, voulut pourtant, avant de frapper, chercher à ramener cet inhospitalier *Badaoui*[2] qui l'avait si mal reçu; il lui rappela avec beaucoup de calme que Dieu a dit : « Si tu t'éloignes de ceux qui sont dans le besoin sans les secourir, parle-leur au moins avec douceur. »

L'homme des Bou-Aïch prit mal cette remontrance; au lieu d'en être pénétré et de rentrer en lui-même, il se leva furieux et marcha sur Sidi Ali le bâton levé.

C'en était trop : Sidi Ali fit étendre son compagnon

---

1. L'espace intérieur que renferment les tentes élevées sur une ligne circulaire.
2. *Badaoui*, Bédouin, nom sous lequel on désigne l'Arabe de la tente.

sur le sol, et, lui passant la main sur le dos, il le métamorphosa subitement en lion ; sur un signe du saint, le lion rugit à faire frissonner la terre et fond sur le maître de la tente, dont il met, d'un coup de griffe, les bernous en lambeaux ; puis, continuant sa course, il bondit au milieu des troupeaux, qu'il disperse. Il renverse les tentes et jette l'épouvante dans le douar. La stupeur est partout : les moutons bêlent, les chameaux mugissent, les juments soufflent, les femmes et les enfants crient en fuyant ; les hommes, glacés d'effroi, ne savent à quel parti s'arrêter : fuir devant un lion, c'est peine inutile. Enfin, le désordre est à son comble. Le saint seul est calme au milieu de ce tumultueux pêle-mêle de bêtes et de gens. Dans le pauvre marchand de poutrelles de genévrier, Sidi Ahmed-ben-Youcef a reconnu le fils de Sidi Abd-el-Aziz ; il s'enfuit en apprenant aux Bou-Aïch que l'homme au lion n'est rien moins que le terrible Sidi Ali-Bou-Farès, celui qui les a sauvés du Mokrani. Les Bou-Aïch se précipitent alors vers le saint et le supplient d'arrêter les ravages de son lion, qui rugit toujours en bondissant. Sidi Ali finit par se laisser fléchir ; mais il fait sentir aux Bou-Aïch tout ce qu'a d'abominable le péché d'avarice, et il les engage à ne jamais perdre de vue que la pratique de l'hospitalité est une vertu du désert.

Sur un geste de Sidi Ali, son lion revint vers lui en trois bonds, — des bonds extraordinaires ; — le saint lui passa de nouveau la main sur le dos, et son *khedim* reparut sous la forme humaine. Les Bou-Aïch n'en revenaient pas. Aussi, pour prouver au saint combien ils regrettaient leur conduite à son égard quand il était venu leur offrir ses genévriers, c'est à qui de ces Bou-Aïch aurait voulu à présent lui payer ces arbres au poids de l'or. Comme il n'y en avait pas pour tout le monde, ils les partagèrent en menus morceaux, et s'en firent des *heurouz* [1].

Sidi Ali fut ensuite inondé de présents qu'il voulut bien accepter : des chameaux, des moutons, des chèvres, furent poussés vers lui par les *raïan* [2], et chacun aurait voulu se faire son berger jusqu'à Charef. Ce frénétique enthousiasme prouvait combien ces Bou-Aïch avaient eu peur. Sidi Ali les félicita sur leur conversion; puis, faisant un paquet de tous ces dons, il reprit le chemin de son ksar.

Depuis ce temps, les Bou-Aïch n'ont pas manqué d'apporter chaque année le *r'feur* [3] aux descendants de Sidi Ali-Bou-Farès.

Après l'affaire des Bou-Aïch, Sidi Ali ne fit plus guère parler de lui. Il commençait à prendre de l'âge, et son ardeur héroïque s'était éteinte sous les glaces de la vieillesse. Nous le retrouvons pourtant encore une fois dans la circonstance suivante : les gens de Charef désiraient depuis longtemps déjà faire confectionner une conduite d'eau qui leur permît d'irriguer leurs jardins; ils crurent pouvoir eux-mêmes entreprendre les travaux d'art qui devaient conduire les eaux dans leurs vergers desséchés. « Appeler les maçons de Figuig pour la construction de cette conduite, se disaient-ils, cela nous coûtera les yeux de la tête : il y a donc toute économie à nous charger nous-mêmes de la besogne. »

Ils se mirent donc à l'œuvre, pleins de courage et d'espoir; aussi, au bout de quelque temps, la conduite était-elle terminée. Mais, — voilà pourtant où mène

---

1. Talismans préservatifs.
2. Gardiens de troupeaux.
3. Littéralement, le *pardon*. Le *r'feur* est une sorte de tribut religieux consenti en faveur d'un saint marabouth, et qui lui est payé à lui et à ses descendants.

l'excès dans l'économie, — soit que leurs connaissances en hydraulique fussent par trop vagues, soit que le dispensateur de tous les biens d'ici-bas fût mécontent des Abaziz; quoi qu'il en soit, quand on voulut les lâcher dans la conduite, les eaux firent énormément de difficultés : elles semblaient plutôt vouloir refluer vers leur source que se précipiter dans la direction qu'on voulait leur donner. La lutte continua entre les Abaziz et les eaux depuis le matin jusqu'au soir. Au coucher du soleil, elles n'avaient pas encore obéi. Que faire ? C'est précisément ce que se demandaient les Abaziz. S'être donné tant de peine inutilement !

Ils virent bien qu'ils ne pouvaient guère se tirer de là qu'en sollicitant l'intervention de Sidi Ali. C'était, du reste, encore de l'économie.

Les ingénieurs se rendirent donc auprès du saint marabouth et lui exposèrent leur affaire. Comme ils savaient que, depuis quelques années, leur digne protecteur ne travaillait pas volontiers pour rien, ils entrèrent ainsi en matière : « O Sidi Ali ! si tu veux prescrire à l'eau de courir dans notre conduit, nous te promettons, pour toi et tes descendants, une *bsiça* et une *tommina* [1] à perpétuité. »

Sidi Ali, qui adorait la *bsiça*, accepta le marché : il se rendit sans délai sur les eaux et leur ordonna de pénétrer dans le conduit. Elles ne se le firent pas dire deux fois : après avoir tournoyé un instant sur elles-mêmes, elles se précipitèrent dans le *kadous* [2] et se répandirent dans les vergers.

Depuis lors, les Abaziz donnent, chaque année, aux

---

1. La *bsiça* est une *rouïna* au beurre; la *tommina* est une *rouïna* au miel.
2. Conduit.

descendants de Sidi Ali la *bsiça* et la *tommina* promises ; de plus, ces derniers jouissent des eaux des irrigations pendant quarante-huit heures au lieu de ne les avoir que vingt-quatre heures comme le commun des mortels.

Ce miracle fut le dernier que fit Sidi Ali-Bou-Farès. Quelque temps après, sa coupe fut répandue [1], et ses restes mortels furent transportés à Aïn-El-Gueththaïa et déposés au milieu des tombeaux de ses ancêtres.

Sidi Ali-Bou-Farès est le dernier des Oulad-Abd-el-Aziz qui ait eu de la célébrité; ses descendants passèrent inaperçus sur la terre, et le possesseur actuel de la *baraka*, Sidi Mohammed-ben-Ahmed, est trop avancé en âge pour qu'on puisse espérer de le voir rendre à la maison du fondateur de Charef son ancien lustre et sa brillante réputation. Sidi Mohammed n'a conservé, d'ailleurs, des qualités particulières à sa race qu'un goût prononcé pour les belles-lettres et pour les femmes très éloignées de la maturité.

V

SIDI AÏÇA-BEN-MAHAMMED [2]

Sidi Aïça-ben-Mahammed est une des illustrations religieuses les plus vénérées de la subdivision d'Aumale : toute la partie méridionale de cette contrée est encore remplie de son nom, et son tombeau, qui est à

---

1. Il mourut.
2. Une partie de la légende de Sidi Aïça-ben-Mahammed a été

une marche dans le sud du chef-lieu de ce commandement, sur la route de Bou-Sâada et sur la rive droite de l'ouad El-Djenan, est le but du pèlerinage de nombreux visiteurs, qui viennent solliciter l'intervention du saint marabouth pour l'obtention de celles des faveurs célestes dont ils sont par trop dépourvus.

La famille de Sidi Aïça, qui vivait dans le IX° siècle de l'hégire (le XVI° de notre ère), était originaire de la tribu des Bni-Oumia, fraction des Koreïch, tribu de laquelle était issu le Prophète Mohammed.

Le bisaïeul de Sidi Aïça, Sidi En-Naceur, vint s'établir en Tunisie, et séjourna, lui et ses descendants, de longues années dans ce pays. Le père du saint, Sidi Mahammed-ben-Ahmed, quitta la Régence de Tunis pour une cause que la tradition n'indique pas, et vint se fixer à Aïn-Eth-Tholba, au pied du versant septentrional du djebel En-Naga. Après une existence chargée de bonnes œuvres et donnée presque entièrement à la prière et à la pratique de toutes les vertus musulmanes, Sidi Mahammed-ben-Ahmed mourut de *mort blanche*[1], et son corps fut déposé à El-Guethfa, dans le pays des Adaoura.

Il laissait trois fils : Sidi Aïça, — celui dont nous racontons la légende, — Bou-Abd-Allah et Sidi Rabah. Le premier s'illustra par sa science, par son ardente piété et par la puissance de son intercession auprès du Dieu unique : c'est le saint le plus populaire de tout le pays situé au sud du djebel Dira. Ses frères, Sidi

---

recueillie par M. l'interprète militaire L. Guin, qui l'a publiée dans un excellent et consciencieux travail sur la tribu des Adaoura. L'autre partie nous a été racontée par le chef de la famille des descendants du saint, Sid Mohammed-el-Mbarek-ben-el-Mosthefa, kaïd des Oulad-Sidi-Aïça, quand nous étions à la tête de la subdivision d'Aumale.

1. Mort naturelle.

Bou-Abd-Allah et Sidi Rabah, se fixèrent, le premier dans l'Habra, au sud de Mostaghanem, et le second du côté de Thiaret.

Sidi Aïça-ben-Mahammed étudia sous les maîtres les plus célèbres; il était le meilleur élève de l'illustre Sidi Abd-el-Aziz-El-Hadj, lequel a sa koubba dans la tribu kabile des Bni-Khalfoun, du district de Draâ-El-Mizan.

La longue existence de Sidi Aïça, — qui vécut cent vingt ans, — peut se décomposer en trois périodes de quarante ans chacune : la première fut consacrée à l'étude ; la deuxième à la prière, à des pratiques pieuses et à des mortifications charnelles ; c'est pendant la troisième qu'il se révéla comme un *ouali* possédant l'oreille de Dieu, et qu'il donna des preuves évidentes de sa puissance thaumaturgique.

Une certaine année, étant allé passer l'été, suivi de sa famille, chez les Oulad-Bellil, dans le Hamza, une de ses filles tomba gravement malade. Son père, qui l'adorait, n'eût pas craint d'être indiscret auprès du Dieu unique pour la sauver. Tout ce que son esprit malade pouvait rêver ou imaginer, Sidi Aïça le lui donnait; elle n'avait, en un mot, qu'à former un souhait pour que le saint homme se mît en quatre et remuât ciel et terre pour y satisfaire sur-le-champ; c'est au point que, si elle lui eût demandé du *mokhkh en-namouça*, — de la moelle de moucheron [1], — l'excellent père n'aurait pas eu la force de la lui refuser.

Malgré les soins du vénéré marabouth, le mal dont souffrait sa fille empira au point de lui donner des craintes on ne peut plus sérieuses. Dans un accès de délire, la belle Heuloua déclara qu'il lui fallait du lait de chamelle. Si ce désir se fût manifesté dans le Sahra,

---

1. Termes dont se servent les Arabes pour exprimer *une chose qu'on ne peut avoir, qu'il est difficile de trouver.*

rien n'eût été plus facile que de satisfaire au caprice de la malheureuse enfant; mais les chameaux du saint paissaient bien loin dans le Sud. Sidi Aïça voulut cependant procurer à sa fille chérie le lait de chamelle qu'elle paraissait désirer si ardemment, et qui, sans doute, devait la soulager. Après une courte prière au Tout-Puissant, — que le saint craignait d'ennuyer, — il se rendit sur les bords du ruisseau qu'alimente l'Aïn-Ahmed, dans la fraction des Rouïba, et il planta de toute sa force son *eukkuza*[1] dans l'une des berges du ruisseau, tout près de l'œil de la source. Aussitôt un liquide ayant la blancheur mate du lait jaillit du sol avec impétuosité. Or, non seulement ce liquide avait l'aspect du lait de chamelle, mais il en avait encore la saveur. Sidi Aïça en emplit une *guerba* (outre) qu'il porta, rayonnant de bonheur, à sa fille bien-aimée, laquelle, après en avoir pris quelques gorgées, se trouva tout à fait mieux. Au bout de quelques jours, la charmante Heuloua avait recouvré la santé et repris les roses de ses joues; et il ne lui fallut qu'un temps insignifiant pour que ses bracelets et ses anneaux de jambes replongeassent, comme avant sa maladie, dans ses chairs opulentes[2].

Les Arabes montrent encore cette source de lait de chamelle dans la fraction des Rouïba de la tribu des Arib. Son eau est encore blanchâtre, mais sa nuance est moins prononcée qu'autrefois, affirment les gens du pays. Quant à sa saveur, nous devons à la vérité de dire qu'elle s'est tout à fait éloignée de celle du lait de chamelle. Aujourd'hui, les eaux de l'Aïn-Ahmed sont

---

1. Long bâton ferré.
2. La graisse, pour les Arabes, est le suprême de la beauté physique chez la femme. Ils n'ont que du mépris pour celles dont les membres sont mal meublés en chair.

tout simplement sulfurées-calciques, et elles répandent une odeur sulfhydrique qui a beaucoup plus de rapport avec celle des œufs couvés qu'avec le parfum de la rose. Il est vrai de dire que les Arabes n'apprécient les odeurs et les couleurs que par leurs grandes lignes, et qu'ils n'ont aucune idée des nuances. C'est évidemment plus commode.

Un des miracles de Sidi Aïça qui lui rapporta le plus de vénération, et qui établit le plus solidement dans le pays sa réputation de thaumaturge, fut le suivant : une certaine année, tous les animaux de la contrée furent frappés d'une épizootie qui en fit périr un grand nombre. Cette maladie était une sorte de gale opiniâtre qui résistait à tous les remèdes qu'on avait employés. On songea bien à se servir de goudron ; mais il n'y en avait pas dans le pays, et il était extrêmement difficile de s'en procurer ailleurs. Les notables des diverses tribus dont les animaux étaient attaqués se réunirent pour aviser aux moyens de conjurer un aussi ruineux état de choses, mais ils ne trouvèrent absolument rien de satisfaisant. Devant cette impuissance des grands et des savants de la contrée, l'un d'eux conseilla de se rendre en corps auprès de Sidi Aïça et de le prier de leur venir en aide, car ils sentaient bien que l'intervention du saint était seule capable de faire cesser une situation qui n'avait déjà que trop duré.

Une députation de ces notables se rendit donc auprès de Sidi Aïça, et le plus éloquent de l'assemblée lui exposa l'objet de leur visite. « Mais le goudron ne manque pas dans le pays, leur fit observer le saint marabouth en souriant, et je me charge de vous en faire trouver autant que vous voudrez. » Les députés crurent un instant que le saint voulait plaisanter, car ils n'avaient jamais vu dans le pays d'autre goudron que celui qu'ils avaient acheté dans le Tell. « Pourtant, pensèrent-ils, Sidi Aïça ne serait pas si affirmatif s'il se sentait incapable de nous fournir le goudron qu'il se fait fort de nous procurer. Et puis, après tout, quand on jouit, comme lui, du don des miracles, il ne doit pas être plus difficile de produire du goudron que du lait de chamelle » : ils faisaient allusion au miracle qu'il avait opéré pendant la maladie de sa fille Heuloua.

Le marabouth leur prescrivit de le suivre, et il les conduisit sur l'ouad El-Guethrini, chez les Oulad-Dris, et, là, leur montrant une vaste excavation, il invita les notables à en examiner le fond. Ils s'en approchèrent, non sans hésiter, et ils purent se convaincre que le contenu de ce puits était d'excellent goudron à l'état liquide, et qui devait jouir à un degré supérieur des propriétés curatives ou thérapeutiques les plus merveilleuses, puisque c'était le saint lui-même qui leur en avait fait faire la découverte. Ce goudron exhalait, en outre, — ce qui n'est pas toujours le propre du goudron ordinaire, — une odeur aromatique.

Dès que cette nouvelle fut répandue dans le pays, toutes les tribus vinrent s'approvisionner de goudron au puits de l'ouad El-Guethrini, et les troupeaux de chameaux et de moutons guérirent comme par enchantement.

Sidi Aïça, qui était un homme de beaucoup d'esprit et d'énormément de ressources, donna un jour à un marabouth de ses amis, Sidi Yahya-ben-Guedim, le père du célèbre Sidi Mohammed-el-Khidher, le moyen de remplir une promesse dans laquelle il s'était engagé assez inconsidérément. Voici dans quelles circonstances : ces deux saints, qui étaient très liés, se réunissaient, à jours fixes, à Ras-El-Guelali, sur les rives de l'ouad El-Lahm, pour y faire la lecture des livres saints. Or, il arriva, un jour, que Sidi Yahya-ben-Guedim manqua au rendez-vous. Lassé de l'attendre, Sidi Aïça se disposait à se retirer, lorsqu'il le vit paraître, le front soucieux et comme chargé de sombres pensées.

Sidi Aïça s'enquit avec bienveillance auprès de son saint collègue de la cause de son retard et de celle de sa tristesse, qui lui semblait poignante. Sidi Yahya ne lui cacha pas sa perplexité et son embarras : « Je me suis lié par un serment, et je ne vois pas trop comment je pourrai le tenir, répondit-il un peu confus.

— Indiquez-moi, ô Monseigneur ! la nature de ce serment, lui dit Sidi Aïça, et, peut-être, avec l'aide de Dieu, trouverons-nous le moyen de vous éviter de le fausser, ce qui est toujours désagréable, surtout pour un saint. Parlez, ô Monseigneur ! parlez !

— Sachez donc, ô Monseigneur ! que je me suis engagé, si ma femme accouchait d'un enfant mâle, à immoler une brebis dont les oreilles auraient une coudée de longueur. Or, précisément, ma femme vient de donner le jour à un fils, et ma joie en est d'autant plus troublée que je ne sais comment faire pour m'acquitter de mon vœu. C'est en vain que je parcours le pays, que je cherche dans tous les troupeaux, je ne trouve point de bête dont les oreilles approchent, — même de loin, — de la longueur que j'ai indiquée. Mon beau-frère et tous mes parents par alliance poussent la cruauté jusqu'à me menacer d'emmener ma femme si je n'exécute point ma promesse. Déjà on me tourne en ridicule, et je suis l'objet de la risée de tous. J'ai consulté les eulama (savants docteurs) les plus célèbres ; mais c'est en vain qu'ils ont compulsé les textes pour chercher une solution à mon cas... Que faire? que devenir?

— Le fait est, répondit Sidi Aïça après avoir réfléchi un instant, que votre vœu, ô Monseigneur ! ne manque pas d'une certaine témérité, et que vous vous êtes engagé, — permettez-moi de vous le dire, — plus que légèrement, vous, surtout, qui ne jouissez pas encore du don des miracles. Vous auriez dû y regarder à deux fois avant de vous lancer dans une voie dont l'issue vous était inconnue; c'était tout au moins de l'imprudence, pour ne pas dire plus. Il est certain, ô Monseigneur! que vous avez fait là avec vos mains un nœud que vos dents ne pourraient défaire. Voilà ce que c'est pourtant, ajouta Sidi Aïça d'un ton plein de sévérité, que de perdre de vue ce sage proverbe que tout homme devrait avoir constamment présent à la pensée :

« *Bla el-insan*
« *Men el-liçan.* »
Le malheur de l'homme
Vient de la langue.

Cependant, je veux vous aider à sortir de l'impasse dans laquelle vous vous êtes engagé, et, s'il plaît à Dieu! je parviendrai à vous permettre de vous acquitter de votre promesse sans qu'il en coûte à votre honneur. Vous allez donc réunir le plus de personnes que vous le pourrez; vous placerez au milieu de l'assemblée le nouveau-né entièrement dissimulé sous un linge quelconque, et vous attacherez à proximité une chèvre qui devra être parfaitement en vue. Ladite position prise, je prierai Dieu de vous tirer de la fausse situation dans laquelle vous vous êtes placé si inconsidérément. »

Après avoir remercié son puissant collègue, le marabouth Sidi Yahya se retira un peu tranquillisé, et presque tout à fait rassuré.

Le lendemain, il convoqua les eulama et les gens de toute classe de la tribu, leur annonçant qu'à l'occasion de la naissance de son fils il les conviait à un repas somptueux, après lequel il pourrait s'acquitter de la promesse qu'il avait faite si sa femme lui donnait un fils. Tous, — il n'est pas besoin de l'affirmer, — répondirent à son appel avec empressement et se groupèrent autour de ses tentes. Le nouveau-né fut ostensiblement placé au milieu de l'assemblée et recouvert d'un linge.

Sidi Aïça, à son tour, arriva bientôt, et, pour aller prendre la place qu'il devait occuper, il se dirigea, sans affectation pourtant, vers le paquet qui était au centre de l'assistance, et qui n'était autre chose que le nouveau-né. Il allait le fouler aux pieds sans y prendre garde, quand, de toutes parts, on lui cria : « Faites attention, ô Monseigneur ! car vous allez marcher sur le petit être qui est sous ce linge !... Prenez garde ! ô Monseigneur ! prenez garde ! et écartez-vous. »

Le marabouth s'arrêta et souleva le linge comme pour s'assurer que ce qu'on lui disait était la vérité ; puis, se tournant vers les assistants, il leur posa la question suivante : « Vous venez de vous récrier, ô gens ! parce que, par mégarde, j'allais fouler aux pieds cet enfant, et peut-être même l'écraser. Croyez-vous que, dans ce dernier cas, mon crime eût été aussi énorme que s'il se fût agi d'une grande personne ?

— Bien certainement, s'écrièrent les conviés, car la vie de cet enfant vaut celle d'un homme.

— Très bien !... reprit Sidi Aïça. Mais, puisque vous voilà tous réunis, faites-moi donc connaître ce qui en est de ce petit être qui a été placé au milieu de ce douar. » Et, remarquant des eulama parmi les invités, ce fut surtout à eux qu'il sembla demander des explications sur ce mystère qu'il feignait d'ignorer.

Les savants s'empressèrent de mettre le saint au courant de la promesse qu'avait faite Sidi Yahya, « promesse, ajoutèrent-ils d'un air quelque peu narquois, que nous serions on ne peut plus curieux de lui voir tenir... Nous voyons bien la chèvre, mais la dimension de ses oreilles n'a rien, ce nous semble, que de fort ordinaire.

— Vous voyez mal, sans doute, ô eulama! car Sidi Yahya n'a pu promettre ce qu'il était incapable de tenir », répliqua Sidi Aïça avec un calme et une assurance qui firent descendre de la gorge à sa place habituelle le cœur de son cher confrère Yahya. Puis, se faisant amener la chèvre, il mesura, avec son avant-bras, les oreilles de l'animal, lesquelles se trouvèrent avoir tout juste la longueur d'une de ses coudées. « Vous voyez bien que vous étiez dans l'erreur, ô eulama! leur fit remarquer le saint avec son fin sourire; Dieu déteste, vous le savez bien, ceux qui doutent des siens. »

Les eulama, fort confus de s'être attiré cette leçon, surtout en présence de tant de monde, reconnurent cependant, en rougissant, qu'ils avaient mal vu, et que Sidi Aïça était un grand saint. Puis la foule, si disposée tout à l'heure à jouir de la confusion de Sidi Yahya, s'écria, au comble de l'admiration : « Béni soit notre seigneur Aïça! »

Sidi Yahya, qui s'était tenu un peu à l'écart pendant l'opération, accourut se prosterner aux pieds de son saint et puissant ami, et le remercia avec effusion de lui avoir permis de remplir sa promesse. Le vénéré marabouth le releva avec bonté, tout en lui conseillant pourtant d'y regarder à deux fois avant de se lancer dans des promesses qui ne pouvaient être remplies autrement que par l'intervention divine.

Le saint prit ensuite l'enfant sur ses genoux, il lui imposa les mains, et il demanda à Dieu d'en faire un zélé musulman, et de l'aider à devenir un homme illustre et l'un des plus fermes soutiens de l'Islam. Le Tout-Puissant accueillit favorablement la prière de Sidi Aïça : car cet enfant fut le seigneur des gens excellents, la mine des connaissances rares, le très pur, le très parfait, le très vénérable, le modèle du siècle, Sidi Mahammed-el-Khidher, lequel, après une longue existence consacrée à la prière, aux œuvres pieuses, à la prédication, mourut en odeur de sainteté dans le pays des Adaoura. Ses restes mortels furent déposés sur le versant nord du Kaf-Afoul, où une remarquable koubba fut élevée sur son tombeau par la fraction des Ben-Bou-Guelimina, lesquels sont d'origine chrétienne.

Si nous nous transportons vers la *Sebkha*[1] du Zar'ez occidental, que nous connaissons déjà, nous pourrons y constater cette particularité d'une source d'eau douce jaillissant dans le lit d'un lac salé, au milieu d'un îlot voisin du Mokthâ-El-Djedian (gué des chevreaux). Cette source, que les Arabes nomment El-Haci-Sidi-Aïça-ben-Mahammed, le puits de Sidi Aïça-ben-Mahammed, est due à la puissance surnaturelle de ce saint.

D'après la tradition, le miracle se produisit dans les circonstances suivantes : le saint marabouth Sidi Aïça revenait de visiter l'illustre Sidi Ech-Chikh, dont nous donnerons plus loin la légende, et il retournait sur ses campements de l'ouad El-Lahm, aux environs de Sour-El-R'ouzlan. Sidi Aïça était accompagné de son *rakeb*[2], qui comptait de 250 à 300 chevaux. Or, cette pieuse visite s'accomplissait dans le cœur de l'été.

La caravane était arrivée à El-Beïdha, chez les Hadjalet, c'est-à-dire à moitié chemin de son voyage, sans accident, et Sidi Aïça, qui comptait trouver de l'eau dans le *r'dir*[3] de Dhayet-Er-Redjlem, avait pro-

---

1. Lac salé, terrain salsugineux.
2. Troupe d'hommes à cheval, caravane.
3. Le *r'dir* est une citerne naturelle dans le Sahra. Il est le produit des eaux pluviales laissées dans les dépressions pendant la saison des pluies, ou à la suite des orages, qui sont très fréquents dans le Sahra au printemps. On a donné le nom de

jeté d'y remplir ses outres pour aller coucher, le lendemain, sur un campement sans eau, de l'autre côté de la Sebkhet-Zar'ez, qu'il avait résolu de traverser vers la fin de la journée. Mais qui dit *r'dir* dit *trompeur*; en effet, celui de la Dhayet-Er-Redjlem n'était plus, à l'arrivée du *rakeb*, qu'une vase infecte piétinée par les troupeaux, et souillée de leurs déjections. Il fallut nécessairement pousser plus loin.

En se détournant de sa direction, le *rakeb* eût sûrement pu trouver de l'eau; mais le saint avait annoncé sa rentrée; ses gens devaient venir au-devant de lui, et il ne voulait pas manquer au rendez-vous qu'il leur avait assigné. La caravane continua donc sa route dans le nord-est, en laissant sur sa droite les Gourin du Zar'ez, ce mamelon à deux pitons qui semble la tête d'un taureau gigantesque, puis elle s'engagea dans les sables de Zebart-El-Fatha, que les vents du désert ont amassés en une longue ligne de petites dunes formant barrière au sud de la Sebkha.

La chaleur était suffocante, et il n'y avait pas une goutte d'eau dans les outres. On n'était pas loin de l'heure de la prière de l'*âceur*[1], et il n'était pas possible d'arriver avant celle du *moghreb*[2] au lieu où Sidi Aïça-ben-Mahammed avait décidé qu'il dresserait ses tentes, c'est-à-dire au pied du djebel Oukat, au nord du Zar'ez. Cavaliers et montures commençaient déjà à souffrir sérieusement de la soif. Pourtant, Sidi Aïça ne paraissait point se préoccuper le moins du monde de cette situation; sa jument, la tête basse et les oreilles

---

r'dir (trompeur) à ces mares, parce qu'il arrive que leurs eaux, sur lesquelles on comptait, ont été bues soit par le soleil, soit par les troupeaux.

1. Vers trois heures de l'après-midi.
2. Le coucher du soleil.

pendantes, marchait en avant du *rakeb*, et le saint, encapuchonné dans son bernous, maintenait mécaniquement son allure en exerçant, à l'aide de ses longs tibias, une pression intermittente sur les flancs ruisselants de sueur de sa bête.

Dès que la caravane eut franchi la ligne des dunes, la Sebkha, pareille à un immense lac plein, à déborder, d'une eau limpide, développa sous ses yeux son long et éblouissant sillon de cristal. Les cavaliers, qui connaissaient le pays, ne se laissèrent pas prendre aux illusions du *sarab*[1], — du mirage ; — ils savaient qu'au lieu d'eau ils ne trouveraient, dans la Sebkha, qu'une épaisse couche de sel dont la vue ne pourrait qu'aiguiser encore davantage l'intensité de leur soif. Les chevaux pourtant s'y trompèrent un instant, et ils accélérèrent sensiblement le pas dès qu'ils furent en vue du lac.

Le temps était devenu très lourd ; de gros nuages s'amoncelaient dans le sud-ouest ; on ne respirait plus ; l'atmosphère était de plomb fondu. La caravane commençait à s'allonger, et pourtant le saint marchait toujours sans se retourner, et sans paraître se douter de l'état de son *rakeb*.

La tête de la caravane parvenait pourtant à atteindre les bords de la Sebkha, et le saint s'engageait dans le Mokthâ-El-Djedian. La queue du *rakeb* était encore bien loin ; sous les effets accablants de la température et de la soif, la caravane s'était égrenée le long du chemin comme un chapelet brisé.

Au moment où Sidi Aïça-ben-Mahammed arrivait sur le Zar'ez, le soleil, qui était déjà très bas, prenait le lac d'écharpe et l'éclairait de rayons horizontaux ; les gros

---

1. Mirage, illusion d'optique particulière aux *sebkha* ou *chothth*, lacs salés presque toujours dépourvus d'eau.

nuages noirs qui avaient paru dans le sud-ouest s'étaient délayés, et couvraient le ciel d'éclaboussures blafardes qui teintaient la terre lugubrement; d'instant en instant, des bouffées d'un vent chaud chargé de sable courbaient en sifflant les touffes de joncs qui croissent sur les bords de la Sebkha, et qui couronnent ses dunes et ses îlots; le lac, vêtu de son manteau de sel blanc, et balayé par les rayons du soleil, était éblouissant de cristallisations; au loin, des zones roses et bleues s'étageaient dans un cadre d'or marquant les bords de ce lac solide.

Il faut dire que la splendeur de ce spectacle semblait n'avoir qu'un attrait médiocre pour le *rakeb*; c'était, évidemment, dans un autre ordre d'idées que gisaient les préoccupations des cavaliers: ils sentaient qu'il leur était impossible d'aller plus loin, et qu'à moins d'un miracle ils devaient infailliblement succomber au milieu du lac, faute d'une gorgée d'eau pour éteindre le feu qui consumait leurs gosiers desséchés. La plupart des chevaux s'arrêtaient court et léchaient la sueur qui coulait de leurs flancs; mais leur soif n'en était pas calmée. Insensibles aux excitations du *chabir* (éperon), ils semblaient résignés à attendre la mort là où ils s'étaient arrêtés. Quelques-uns, qui étaient tombés déjà, et qui, probablement, se trouvaient sous l'influence d'une hallucination, — les chevaux n'en sont pas exempts, — qui leur faisait croire à la présence de l'eau, se roulaient sur le sel et le léchaient avec une sorte de volupté qui se terminait par un état de prostration dont on ne pouvait les tirer.

Sidi Aïça-ben-Mahammed marchait toujours sans paraître souffrir de la chaleur qui accablait son *rakeb*. La tête de la caravane était alors au milieu du lac. Il ne restait plus aux cavaliers qu'un espoir de salut: c'était l'intervention du saint marabouth, lequel avait donné déjà des preuves de son pouvoir surnaturel et de sa bonne situation auprès du Dieu unique. Le respect, la crainte de déranger Sidi Aïça dans ses pieuses méditations, — car il devait pieusement méditer, — avaient empêché les cavaliers qui se trouvaient le plus près de lui de l'avertir qu'il semait sa troupe sur son chemin, et qu'il était impossible à la caravane d'arriver au campement qu'il avait fixé. Il n'y avait plus à retarder cette communication. Un des cavaliers, — de ceux qui portaient les drapeaux, — se décida, coûte que coûte, à appeler l'attention du saint sur l'affreuse situation de la caravane. Il demanda à son cheval un dernier effort, et il réussit à atteindre Sidi Aïça, qui marchait toujours : « O Monseigneur ! ô Monseigneur Aïça !... » lui dit doucement le cavalier.

« *Allah Akbeur!* » — Dieu est le plus grand ! — murmura le saint.

C'était aussi l'opinion du cavalier, qui était fort bon musulman ; mais il ne s'agissait pas de cela pour le moment. Aussi répéta-t-il, mais plus haut, son appel au saint.

« Que veux-tu ? lui demanda Sidi Aïça sans se retourner.

— Tes serviteurs sont mourants, ô Monseigneur ! eux et leurs chevaux...

— Et pourquoi sont-ils mourants ? reprit le saint.

— A cause du manque d'eau, ô Monseigneur !... Regarde en arrière, et tu verras, ô Monseigneur Aïça ! ton *rakeb* jalonnant le chemin que tu as parcouru d'une longue traînée de ses cavaliers.

— Et pourquoi ne m'ont-ils pas suivi ?... Dieu aime les forts et ceux qui croient ; il déteste, au contraire, les cœurs débiles et les tièdes dans leur foi.

— Il leur a été impossible......, murmura respectueusement le cavalier.

« — Le vrai Croyant peut tout », répliqua sévèrement le saint.

Sidi Aïça s'était pourtant arrêté, ce qui avait permis à quelques cavaliers de le rejoindre; ils se traînèrent vers lui et s'écrièrent, en lui baisant les pans de ses bernous : « O Monseigneur! nous avons soif!... fais quelque chose pour tes serviteurs!... »

Sidi Aïça-ben-Mahammed, sans daigner répondre à ces supplications, s'empara du drapeau que portait le cavalier qui l'avait prévenu de la situation de la caravane, et il troua du bout de sa hampe la couche de sel qui couvrait la surface du lac : l'eau en jaillit aussitôt abondamment en bouillonnant.

Bien que les cavaliers n'ignorassent pas que Sidi Aïça possédât le don des miracles, ils hésitèrent pourtant, malgré l'intensité de leur soif, à porter à leurs lèvres leurs *gueninat*[1], qu'ils avaient remplies; ils croyaient cette eau salée, et ils ne furent tout à fait rassurés que lorsqu'ils virent leurs chevaux s'abreuver à la source en y plongeant la tête jusqu'aux yeux.

Quand les cavaliers qui purent arriver jusque-là se furent désaltérés, et qu'ils eurent remercié le saint d'avoir eu pitié d'eux, ils remplirent leurs *greb* (outres), et portèrent de l'eau aux gens de la caravane qui étaient restés en arrière. Ceux-ci rejoignirent peu à peu la tête du *rakeb*, et furent fort émerveillés, à leur tour, du miracle opéré par le saint. Ils en louèrent Dieu, et ils reconnurent qu'il n'abandonne jamais ceux qui marchent dans son sentier.

Dès que bêtes et gens se furent désaltérés et que les outres furent remplies, la caravane acheva de traverser le lac, et elle alla poser son camp au pied du djebel Oukat, sur le point que choisit le saint.

---

1. Petites écuelles faites de tiges de halfa.

Et, depuis lors, cette source porte le nom de Haci-Sidi-Aïça-ben-Mahammed.

L'eau jaillit aujourd'hui du centre d'une petite dune dont le sommet n'est jamais atteint par les eaux salées du lac, disposition qui permet à l'eau de la source de rester toujours potable. Les joncs croissent autour du *haci* dans la portion de la dune qui n'est pas soumise à l'action des sels.

Sidi Aïça-ben-Mahammed était évidemment un grand saint, excellent pour tous, et ne rechignant jamais lorsqu'on lui demandait un miracle; mais nous devons à la vérité de dire qu'il était d'une raideur et d'une sévérité extrêmes pour les siens, particulièrement pour son fils, Sidi El-Djenidi, qu'il laissa mourir dans la circonstance que nous allons rapporter, et alors qu'il lui était si facile, puisqu'il avait le don des miracles, d'empêcher ce funeste événement.

Sidi El-Djenidi paissait, un jour, ses troupeaux chez les Djebabra, fraction des Oulad-Amokran, où son père et lui avaient leurs campements. Or, à cette époque, c'est-à-dire il y a trois siècles, les gens de la Medjana vivaient volontiers du bien d'autrui, et ceux que la fortune n'avait pas comblés de richesses cherchaient à modifier cette situation en partageant avec ceux que cette même fortune avait gâtés. Il est inutile de dire qu'alors, comme aujourd'hui, ceux qui avaient tenaient infiniment à conserver; mais c'était absolument comme s'ils eussent été dans les idées contraires, attendu que les coupeurs de route ne les consultaient jamais quand ils se sentaient l'envie de manger du mouton ou d'en prendre.

Sidi El-Djenidi était donc, un jour, tranquillement assis sous un frêne, et absorbé dans la contemplation de ses troupeaux qu'il trouvait parfaitement en graisse; un sourire de satisfaction venait errer d'instant en instant sur ses lèvres, et témoigner de ce qui se passait dans son cœur. Comme cet examen ne pouvait être éternel, Sidi El-Djenidi passa à un autre ordre d'idées, et il prit dans son capuchon une *guesba* (flûte en roseau) dont il se mit à tirer des sons d'une douceur extrême; c'est au point que ses bêtes cessaient de brouter pour n'en pas perdre une note. La musique a toujours été très goûtée et fort appréciée par les bêtes à cornes.

Tout à coup, un gros nuage de sable se souleva dans l'est, et un bruit de ferraille retentit dans la même direction. Sidi El-Djenidi ne s'y trompa pas : ce ne pouvait être qu'un *r'ezou*[1]. Mais était-il ami? était-il ennemi? Le saint ne pouvait tarder à le savoir. A tout hasard, il massa ses troupeaux, qui étaient épars, dans les bouquets de lentisques. Quelques instants après, les cavaliers de la tête paraissaient debout sur leurs étriers, le fusil haut, et piquaient droit sur les troupeaux avec des intentions manifestement mauvaises.

Sidi El-Djenidi comprit très bien que, seul et sans autre arme que son bâton, il ne pouvait lutter avec quelque chance de succès contre le parti de coupeurs de route qui allait l'assaillir, et qui se composait de vingt cavaliers au moins: il sentit bien cela. Il résolut pourtant de chercher à s'opposer, autant qu'il serait en son pouvoir, aux projets de ces voleurs fils de voleurs; mais, par une prudente mesure de précaution, il pria Sidi Abd-el-Kader-El-Djilani de le rendre invulnérable.

Comme Sidi El-Djenidi l'avait prévu, le goum fondit sur les troupeaux, sans même daigner prendre garde au pasteur, et les poussa dans l'est. Comptant sur l'ef-

---

1. Parti de coupeurs de route en razia.

ficacité de sa prière au saint de Bar'dad, et se croyant invulnérable, Sidi El-Djenidi se précipita sur le groupe des cavaliers, et roua de coups de bâton tout ce qui se trouvait dans la longueur de cet instrument contondant. Les cavaliers ne firent d'abord qu'en rire; mais, voyant la persistance de l'assaillant, ils finirent par se lasser, et l'un d'eux, à bout de patience, lui vida son fusil dans la poitrine : Sidi El-Djenidi, percé d'outre en outre, allait rouler dans la poussière, et le goum chassait les troupeaux devant lui.

Sidi Aïça-ben-Mahammed, averti par la détonation, comprit de suite, par la direction d'où venait le bruit, qu'il s'agissait encore de quelque entreprise sur les troupeaux de son fils : il se hâta de se rendre sur les pâturages; mais, après quelques instants de recherche, il n'y trouva plus que Sidi El-Djenidi, son fils, qui se débattait dans les dernières convulsions de la mort et perdant tout son sang.

Il était peut-être un peu tard pour faire des remontrances et des reproches à son fils; mais Sidi Aïça-ben-Mahammed, qui était d'une grande sévérité pour ses enfants, en jugea tout autrement, et, au lieu de consoler Sidi El-Djenidi et d'essayer de lui donner des soins, il ne trouva rien de mieux à lui dire que ces paroles si peu paternelles : « Pourquoi t'es-tu adressé à Sidi Abd-el-Kader pour obtenir l'invulnérabilité?... *El-Kader kheir men âbd el-Kader* », c'est-à-dire : « Le Puissant vaut mieux que le serviteur du Puissant », ou, en d'autres termes : « Il vaut mieux s'adresser à Dieu qu'à son saint. »

Il est clair que ce n'était pas précisément le moment de faire des jeux de mots; mais Sidi Aïça-ben-Mahammed était comme cela, et les circonstances même les plus graves étaient totalement impuissantes pour l'arrêter dans cette déplorable manie.

6.

Non content du reproche qu'il venait d'adresser à son fils, qui râlait, le trop rigide marabouth ajouta durement: « Donc, puisque tu as eu moins de confiance en Dieu qu'en son serviteur, tu mourras de ta blessure. »

Sidi El-Djenidi mourut en effet, et son corps fut rapporté sur l'ouad El-Lahm, au sud du djebel Dira, où ses serviteurs religieux lui élevèrent une koubba.

Dans les dernières années de sa longue existence, Sidi Aïça, brisé par son grand âge, qui avait déjà dépassé les limites ordinaires de la vie humaine, ne pouvait ni faire usage de ses jambes, ni supporter les mouvements d'une bête de somme. Les Oulad-Barka sollicitèrent et obtinrent du saint le précieux privilège de le transporter sur leurs épaules, au moyen d'une vaste gueçda[1] à laquelle ils avaient adapté des brancards. Du reste, cette insigne et honorable faveur valut aux gens de cette fraction et à leurs descendants l'avantage d'avoir les omoplates plus saillantes et plus développées que celles de leurs voisins des autres fractions. Nous ajouterons qu'ils se montrent justement fiers de cette singulière particularité.

Sidi Aïça laissa, en mourant, huit fils et une fille, qui, presque tous, furent dignes de leur vénéré père; ils continuèrent la réputation de sainteté, — la fille comprise, — qu'il s'était acquise pendant sa longue carrière. Quelques-uns jouirent du don des miracles, Sidi Eth-Thaïyeb et Sidi Bel-Hout entre autres.

Les restes mortels de Sidi Aïça furent déposés sur la rive droite de l'ouad El-Djenan, au nord de la corne est du djebel En-Naga. Une koubba lui fut élevée par ses enfants, aidés de ses serviteurs religieux.

---

1. Grand plat de bois taillé dans la rondelle d'un frêne quatre ou cinq fois séculaire.

Une semblable construction, mais en briques et fort élégante, fut bâtie sur le tombeau de Sidi Bel-Hout, le huitième fils de Sidi Aïça, à côté de celle de son vénéré père; mais, soit modestie de la part de Sidi Bel-Hout, qui aurait trouvé peu décent de reposer dans une chapelle plus somptueuse que celle de son illustre père, soit que Sidi Aïça lui-même eût été froissé de se sentir plus mal traité que son fils sous le rapport de l'élégance de sa dernière demeure, quoi qu'il en soit de ces deux hypothèses, le fait est qu'il n'a jamais été possible de donner la solidité convenable à la voûte de la koubba de Sidi Bel-Hout, qu'elle s'écroula chaque fois que l'on tenta de la reconstruire, et qu'enfin on finit par renoncer à une œuvre qui ne paraissait pas avoir l'assentiment de l'un ou de l'autre saint; de sorte qu'à défaut de coupole le tombeau de Sidi Bel-Hout ne fut jamais abrité contre l'intempérie des saisons, et que la chapelle dans laquelle a été déposée sa dépouille mortelle a toujours ressemblé à une ruine.

De son vivant, Sidi Aïça recevait annuellement, des tribus comprises entre Sour-el-R'ouzlan (Aumale) et le djebel El-Eumour, la redevance appelée le *r'efeur*[1], espèce de dîme payée ordinairement en nature. Quelques jours avant sa mort, il répartit entre ses fils les contrées où ils devaient percevoir cette redevance, laquelle leur constituait une sorte d'apanage plus ou moins fructueux, selon la générosité des populations ou l'importance numérique des tribus qui s'y étaient soumises. Or, il arriva que, n'ayant point été compris dans ce partage, Abd-el-Ouhab, en fit l'observation à

---

[1]. Le *r'efeur*, c'est le pardon, l'absolution des péchés; c'est aussi la protection dont un saint marabouth couvre ses *khaddam*.

Sidi Aïça, son père, qui lui répondit : « J'accorde à tes descendants la science et l'érudition. » Il est de fait que, depuis cette époque, la fraction des Oulad-Abd-el-Ouhab a toujours fourni de savants jurisconsultes et des docteurs très estimés, notamment sous le gouvernement des Cheurfa, c'est-à-dire d'El-Hadj-Abd-el-Kader.

VI

SIDI ETH-THAÏYEB-BEN-SIDI-AÏÇA

Sidi Eth-Thaïyeb était le troisième fils de Sidi Aïça-ben-Mahammed, l'ancêtre des Oulad-Sidi-Aïça-Ech-Cheraga, ou de l'Est. Soit que Sidi Eth-Thaïyeb-ben-Aïça connût le mot de son homonyme, Sidi Aïça-ben-Meriem (Jésus, fils de Marie) : « Nul n'est prophète dans son pays », soit qu'il voulût s'éloigner des maîtres du Tell, tout ce que nous savons, c'est qu'il abandonna l'ouad El-Djenan, où était le tombeau de son père, pour s'enfoncer dans le Sud, et qu'il partit, avec sa famille, à la recherche des gras pâturages que lui avait choisi son père quelques années avant sa mort, et sans trop se préoccuper s'ils étaient la propriété, par une longue possession ou par la force, de quelque tribu plus ou moins disposée à s'en laisser déposséder. Sans doute, l'immense influence exercée par Sidi Aïça-ben-Mahammed sur toutes les populations nomades qui fréquentaient la zone comprise entre la ligne de ceinture du Tell et la région des oasis du Sud du Tithri devait, certainement, faciliter les transactions, si, toutefois, Sidi Eth-Thaïyeb était obligé d'en passer par là et de subir les exigences des premiers occupants : car, sur les Hauts-Plateaux et à leur Sud, l'eau, c'est la richesse, c'est la vie même, tandis que peu de pâturages, peu de troupeaux, c'est la misère pour tous.

Sidi Eth-Thaïyeb, qui s'était mis en route avec deux de ses frères, Sidi Yahya et Sidi Abd-Allah, prit une direction sud-ouest. Quatre jours après leur départ, les trois marabouths arrivaient sur les eaux de Serguin. Le pays plut sans doute à Sidi Eth-Thaïyeb, car il résolut de s'y fixer. Mais il se présentait une difficulté : le territoire de Serguin appartenait aux Maâref. Le fils de Sidi Aïça entra en pourparlers avec les chefs de cette tribu, et leur manifesta le désir de devenir acquéreur de leur territoire, si, toutefois, leurs prétentions n'étaient pas trop exagérées. Après avoir passablement surfait, les Maâref finirent pourtant par tomber d'accord sur le prix de vente avec Sidi Eth-Thaïyeb, lequel se hâta de payer la somme stipulée dans la crainte que les vendeurs ne vinssent à changer d'avis. Il faisait aussitôt acte de possession en dressant ses tentes sur l'emplacement où, plus tard, on construisit sa koubba, et il établissait ses deux frères et leurs familles auprès de lui.

Sidi Eth-Thaïyeb devenait ainsi l'ancêtre des Oulad-Sidi-Aïça-Ahel-Es-Souagui, ou de l'Ouest.

La réputation de sainteté de Sidi Eth-Thaïyeb s'accrut rapidement, et l'on n'hésitait pas à le comparer à son père, Sidi Aïça-ben-Mahammed, sous le rapport des vertus et de l'énergie des croyances. Bien que jeune encore, Sidi Eth-Thaïyeb avait pourtant beaucoup voyagé, beaucoup vu et beaucoup appris : il avait visité les écoles et les zaouïa les plus célèbres de son temps, et il avait reçu les leçons des plus savants *eulama* professant du Cheurg au R'arb, de l'Est à l'Ouest. Sidi Eth-Thaïyeb était, en outre, un conteur qu'on ne se lassait jamais d'entendre; on venait de fort loin pour écouter ses merveilleux récits. Le soir, dès qu'il s'asseyait sur le seuil de sa tente, les gens de son douar se réunissaient autour de lui, — il y avait souvent aussi des étrangers, — et, là, on le suppliait de raconter une de ces prodigieuses histoires qu'il disait avec tant de charme. Sidi Eth-Thaïyeb se faisait un peu prier, mais il finissait toujours par céder, et il entamait, — pour la centième fois souvent, — une *hakaïa* qui suspendait, pendant tout le temps qu'il parlait, ses auditeurs à ses lèvres.

Il est clair qu'avec tant de vertus, tant de science, tant de sagesse, Sidi Eth-Thaïyeb ne pouvait manquer de posséder le don des miracles; le fils de l'illustre Sidi Aïça-ben-Mahammed n'aurait pu se contenter d'être un simple mortel assujetti à toutes les misères humaines, et manquant d'influence sur les éléments. Aussi, le Dieu unique, qui se doutait de cela, lui avait-il laissé prendre un lambeau de son pouvoir. Et c'est fort heureux : car, sans la condescendance divine, les gens du djebel Es-Sahri en seraient encore à ignorer où prendre le goudron avec lequel ils traitent leurs chameaux galeux. Nous allons chercher à le prouver[1].

Il arrivait souvent à Sidi Eth-Thaïyeb de s'occuper, bien que saint, des choses de la terre, de ses intérêts terrestres. La piété des fidèles lui avait apporté la richesse, et l'on ne pouvait faire un pas dans un rayon de vingt lieues autour de Serguin sans rencontrer des troupeaux lui appartenant. Un jour, il était allé visiter

---

1. Nous ferons remarquer qu'un miracle de ce genre avait été opéré par Sidi Aïça-ben-Mahammed, son père; mais ce fut dans l'ouad El-Guetherini, chez les Oulad-Dris du djebel Dira.

ses troupeaux de chameaux qui paissaient dans le djebel Es-Sahri, de l'autre côté de l'ouad El-Hammam. Au lieu de les trouver en graisse et en poil, comme il l'espérait, on ne les lui montra que galeux, amaigris, et dépourvus de leur vêtement pileux.

Furieux contre ses gardiens, qui ont laissé se développer, sans y apporter remède, cette affection apyrétique, Sidi Eth-Thaïyeb leur reprocha durement leur négligence; il leva même, avec l'intention évidente de l'abaisser, son long bâton ferré sur le dos de ses gens. Devant l'imminence d'un châtiment qu'ils ne croient pas avoir mérité, les gardiens s'écrient avec assez d'ensemble : « Mais, Monseigneur, ce n'est point la faute de tes serviteurs, tes chiens, tes esclaves, si tes bêtes, qui valent mieux que nous, sont dans l'état où tu les trouves; juges-en toi-même, ô Monseigneur! Eh bien! nous manquons totalement de goudron pour arrêter le mal et empêcher la contagion. »

Le saint se préparait à leur dire : « Vous êtes toujours embarrassés, vous autres, fils de chiens! » Mais il réfléchit que, puisqu'il n'y avait pas de goudron dans tout le djebel Es-Sahri, il était à peu près impossible d'en oindre ses chameaux. Il se rappela justement qu'il avait le don des miracles, et qu'il ne lui était pas défendu de s'en servir dans son intérêt particulier. « Or, pensa-t-il, puisque je n'ai qu'à vouloir pour pouvoir, je ne vois pas pourquoi j'hésiterais à me procurer sur place le goudron qui m'est nécessaire pour traiter et guérir un troupeau dont Dieu lui-même m'a fait le propriétaire. — Creusez ici, dit le saint aux gardiens en leur indiquant le point de forage du bout de son bâton; creusez! »

Ils creusèrent le sol, et il en jaillit soudain une source de goudron, tout prêt à être employé.

Les gardiens n'en revenaient pas. Ils se mirent pourtant à louer Dieu, puis ils enduisirent de ce merveilleux goudron les chameaux galeux.

Le lendemain, ils furent fort surpris de trouver leurs bossus radicalement guéris, et fournis d'un poil soyeux pareil à la chevelure d'une femme de race. Sidi Eth-Thaïyeb avait tout simplement opéré un second miracle; les gardiens, qui s'en doutaient un peu, se mirent à relouer Dieu avec plus d'intensité encore que la veille.

Nous n'avons pas vu cette source de goudron; mais les Oulad-Sidi-Aïça-Es-Souagui nous ont juré, par Dieu et par son Prophète! qu'elle existait encore.

Ce qu'il y a de certain, c'est que, dans tout le Sahra algérien, voire même dans quelques tribus du Tell, Sidi Eth-Thaïyeb est en grande vénération parmi les goudronniers. Aujourd'hui encore, ses descendants jouissent du privilège de prélever un droit, — un droit religieux, — sur le goudron que viennent vendre les étrangers dans leur tribu. Partout, dans le Sud, la première *guerba* (outre) de goudron que font les gens qui travaillent ce produit est consacrée aux Oulad-Sidi-Aïça. Le goudronnier qui essaierait de se soustraire à cet impôt verrait infailliblement son commerce péricliter, et il pourrait compter que rien dorénavant ne lui réussirait. Mais les Sahriens en sont trop bien convaincus pour oser risquer un larcin qui ne pourrait manquer d'arriver à la connaissance du saint.

Tous les ans, dans les premiers jours du printemps, les serviteurs religieux de Sidi Eth-Thaïyeb-ben-Sidi-Aïça se réunissent sur son tombeau, et le fêtent par l'absorption d'un *thâam* (kousksou) pantagruélique. Les offrandes des fidèles sont partagées entre tous ses descendants.

En résumé, Sidi Eth-Thaïyeb est un saint de grande réputation. Aussi compte-t-il des *khoddam* (serviteurs religieux) des bords de la mer du Milieu [1] à Ouargla ; ils sont surtout en grand nombre chez les Bni-Hidja, les Bni-Zoug-Zoug, les Sindjès et les Bni-Ourar.

La piété et la vertu de ses descendants ne paraissent pas avoir suffi pour leur mériter le don des miracles. Aucun d'eux n'a laissé de traces de son passage sur la terre. Aujourd'hui, les maraboulhs des Oulad-Sidi-Aïça-Es-Souagui ne se distinguent guère de leurs voisins que par une collection plus complète des vices particuliers aux Sahriens.

C'est à faire rougir de honte, dans le séjour des bienheureux, leur saint ancêtre Sidi Eth-Thaïyeb-ben-Sidi-Aïça.

Après avoir illustré sa vie par de nombreux miracles, Sidi Eth-Thaïyeb entra dans la mort [2], et sa dépouille mortelle fut déposée non loin du ksar ruiné de Serguin. Ses descendants mirent un grand luxe architectural dans la construction de la koubba sous laquelle repose leur saint ancêtre, et leur puissant intercesseur auprès du Très-Haut.

Mais les Chrétiens, — que Dieu maudisse leur religion ! — ont voulu absolument, sous le spécieux prétexte de l'intérêt qu'ils prétendent porter aux choses de la religion musulmane, embellir le monument funéraire, et lui donner, disaient-ils, un cachet bien autre-

---

1. La Méditerranée.
2. D'après une autre version, Sidi Eth-Thaïyeb-er-Rernoug aurait été enseveli par les Oulad-Sliman-Ahel-Thebel-en-Nehas, qui habitaient les abords de l'ouad El-Lahm, et sa dépouille mortelle aurait été déposée à l'ouest du Djebel-En-Naga, où l'on voit encore les restes d'une koubba édifiée sous son vocable. Il s'agit là évidemment d'un autre Sidi Eth-Thaïyeb, du fils de Sidi Yahya-ben-Sidi-Aïça, qui portait le même nom que son oncle. Ce qui n'est pas mis en doute par les Oulad-Sidi-Aïça-Ahel-Es-Souagui, c'est que la koubba de Serguin renferme les restes mortels de Sidi Eth-Taïyeb-ben-Sidi-Aïça.

ment oriental que celui que lui avaient imprimé, — il y a de cela près de trois siècles, — les habiles maçons du Figuig chargés de son érection.

Le tombeau de Sidi Eth-Thaïyeb a été reconstruit en maçonnerie : il est rectangulaire, et s'élève d'environ cinquante centimètres au-dessus du niveau du sol. Les Croyants et les Croyantes l'ont émietté, écorné, grignoté, pour se faire, avec les débris qu'ils peuvent en extraire, des *heurouz*, ou préservatifs talismaniques contre les maux du corps et ceux de l'âme.

Il n'y a pas encore bien longtemps, le tombeau du saint n'en était pas réduit à la froide simplicité qui le caractérise aujourd'hui : un remarquable *tabout* (châsse-cercueil) de bois peint en vert, et découpé en colonnettes soutenant de gracieuses ogives, s'élevait sur le tombeau du vénéré marabouth; une tenture de soie verte et rouge l'enveloppait, et allait se rattacher au sommet d'une petite coupole formant dais au-dessus de la tête de Sidi Eth-Thaïyeb. C'était de la dernière élégance; mais la guerre, la terrible guerre, qui ne respecte rien, la guerre, avec ses dévastations sauvages, a amené la destruction de ces ornements dus à la piété des fidèles : les foulards ont été dérobés pour être employés, — prétendent les Oulad-Sidi-Aïça, — à un usage sans le moindre rapport avec leur pieuse destination primitive. Quant au cercueil, il aurait servi à faire bouillir la marmite de nos soldats. Est-ce bien là la vérité?... Dieu en sait là-dessus énormément plus que nous.

Tous les vendredis, des parfums sont brûlés sur le tombeau du saint : un tesson de poterie, qui a joué le rôle de la cassolette antique, contient encore des restes du *djaoui* (benjoin) dont a été récemment encensé le puissant intercesseur des Oulad-Sidi-Aïça-Ahel-Es-Sonagui.

Extérieurement, et à distance, la koubba de Sidi Eth-Thaïyeb ne manque pas d'une certaine élégance; elle est d'ailleurs solidement bâtie, et d'une blancheur immaculée qui atteste la piété des *khoddam* du saint. On voit de fort loin, en venant du Sud, sa coupole ovoïde surmontée d'une sphère sommée d'un croissant. Il est très regrettable que des restaurateurs inintelligents, — les maçons français, — aient cru devoir remplacer par des pleins-cintres les gracieuses ogives des entrées et fausses entrées du monument. C'est tout simplement un sacrilège.

VII

SIDI EL-HADJ-AÏÇA

Si, quittant Serguin, où s'élève la koubba de Sidi Eth-Thaïyeb-ben-Sidi-Aïça, nous piquons droit dans le Sahra en longeant le même méridien, nous rencontrerons inévitablement, au sud du Djebel-El-Eumour, le ksar d'Aïn-Madhi, où réside le chef de la famille maraboutho des Tedjedjena, dont l'ancêtre, Sidi Ahmed-ben-Mohammed-Et-Tedjini, a fondé un ordre religieux portant son nom, confrérie comptant un grand nombre de *khouan* (frères), particulièrement dans le Sud de nos possessions algériennes.

D'Aïn-Madhi, si nous voulons nous engager dans le Djebel-El-Eumour, nous prendrons une direction ouest; puis, arrivés sur l'ouad Er-Reddad, nous remonterons le lit rocailleux de ce torrent, lequel coule, —

quand il y a de l'eau, — dans un pays des plus affreusement bouleversés. Après deux heures de marche sur ce sol fuyant, pavé de cailloux roulés, votre guide ne manquera pas, lorsque vous aurez atteint le col de Guergour, de vous raconter la légende suivante :

« Il y a environ cent soixante ans de cela, une belle fontaine appelée Aïn-Trifia donnait de l'eau à deux ksour, — ruinés aujourd'hui, — Ksar-El-Ahmeur (le ksar rouge) et Ksar-El-Abiodh (le ksar blanc), situés au sud du col, et se déversait ensuite dans l'ouad Er-Reddad. Or, je veux vous dire pourquoi la source n'existe plus, ainsi que la cause pour laquelle ces deux villages ont été abandonnés par leur population.

« Un jour, le saint marabouth de Laghouath, Sidi El-Hadj-Aïça, en tournée chez ses khoddam du Djebel-El-Eumour, fut surpris par la nuit dans le pays des Oulad-Yakoub-Er-Rabaâ, — que nous traversons, — et s'égara. Il eût été on ne peut plus facile au saint de se tirer de là, puisqu'il avait le don des miracles; mais il préféra, dans cette conjoncture, ne pas faire usage de ce précieux privilège, et profiter de l'occasion pour éprouver les gens du Djebel-El-Eumour, et s'assurer par lui-même de la façon dont ils pratiquaient l'hospitalité. Le saint arrivait, — sans s'en douter, — au col de Guergour au moment où le jour entrait dans la nuit. Sidi El-Hadj-Aïça fit lentement un tour sur lui-même, en plongeant ses regards dans le fond des vallées pour chercher à découvrir quelque lumière révélant, à travers les ténèbres, la présence d'un vivant. Ce tour d'horizon n'ayant pas eu le résultat qu'en espérait le saint, il gravit un piton qui dominait au loin le pays qui l'entourait. Deux clartés rougeâtres, pareilles à des yeux de tigre, brillaient dans le sud à quelque distance au-dessous de lui : il y avait évidemment là une habitation, et le saint, se dirigeant sur ces clartés, reconnut bientôt qu'il était près du ksar El-Abiodh, chez les Oulad-Yâkoub-Er-Rabaâ. Il alla frapper à la porte de la maison éclairée en s'annonçant comme *dhif Reubbi* (invité de Dieu); mais, bien que la maison fût habitée, puisqu'on y entendait parler, la porte ne s'ouvrit cependant pas. Deux autres fois encore le saint réclama l'hospitalité par la formule ordinaire : « *Ia moul eddar, dhif Reubbi!* » — O maître de la maison, un invité de Dieu! — Et non seulement la porte resta close, mais, de plus, on répondit de l'intérieur à son appel par une injure. Sidi El-Hadj-Aïça se retira sans se plaindre et se dirigea sur le ksar El-Ahmeur, qui n'était qu'à une très courte distance du premier. Le saint fut reçu par les gens du ksar Rouge de la même manière qu'il l'avait été par ceux du ksar Blanc. L'épreuve était concluante, et il parut au saint que ce n'était pas leur façon de pratiquer l'hospitalité qui devait ruiner ces ksariens.

« Sidi El-Hadj-Aïça fut donc réduit à passer la nuit à la belle étoile : il alla s'abriter sous le feuillage d'un térébinthe, arbre qui, depuis, fut consacré par la piété des fidèles, et dont ils firent un *mkam* pour rappeler la station qu'y avait faite le saint marabouth.

« Pour être saint, Sidi El-Hadj-Aïça n'était pourtant pas exempt absolument de ces petits travers qui sont inhérents à la nature humaine ; ainsi, il était particulièrement enclin à la vengeance quand on l'avait offensé. Du reste, il faut dire que les Oulad-Yâkoub n'avaient pas volé le tour que leur ménageait le pieux ami de Dieu.

« Nous avons dit que les deux villages dont nous venons de parler n'avaient pour toute eau que celle que leur donnait l'Aïn-Trifia. Quand, au matin, les habitants de ces ksour furent sur pied, le saint marabouth se dirigea vert la fontaine, où il se mit à prier avec une grande ferveur. Les femmes des deux villages y arrivaient au moment où le saint cessait ses prosternations et se relevait; à la vue d'un homme, et surtout d'un étranger, elles s'arrêtèrent étonnées. Mais qu'on juge de leur stupéfaction quand le saint, mettant son bâton à l'œil de la source, elles virent ses eaux s'enrouler autour comme un serpent et se solidifier. Quelques instants suffirent pour embobiner entièrement sur le bâton du saint toutes les eaux de la fontaine. Ce ne fut pas tout, Sidi El-Hadj-Aïça, mettant son bâton sur son épaule, se dirigea, suivi par les femmes des deux ksour, vers un piton qui domine l'ouad Derdez, affluent du Reddad, et là, après une nouvelle prière, il lança son bâton dans le premier de ces torrents en répétant trois fois d'une voix tonnante la formule de la demande d'hospitalité. Depuis cette époque, ce petit ouad, qui ne se rafraîchissait habituellement que des larmes du ciel, est réputé pour l'abondance et la bonté de ses eaux.

« Les gens de Ksar-El-Ahmeur et de Ksar-El-Abiodh, à qui leurs femmes avaient raconté les divers incidents de ce prodige, comprirent toute l'étendue de leur faute, et ils s'en mordirent les doigts jusqu'à la deuxième phalange; mais il était trop tard. Leurs ksour n'étant plus dès lors habitables, ces inhospitaliers montagnards furent obligés de les abandonner et d'aller s'établir ailleurs. Personne ne les plaignit. »

C'est le saint marabouth Sidi El-Hadj-Aïça, illustre autant par ses vertus que par le don de prophétie qu'il possédait à un rare degré, qui avait prédit, vers l'an 1714 de notre ère, que les Français s'empareraient d'Alger, qu'ils viendraient camper sous les murs de Laghouath, et qu'ils pousseraient même jusqu'à l'ouad El-Heumar.

Quoi qu'il en soit, malgré son décousu, ses répétitions, malgré le vague de quelques-unes de ses parties, la prédiction[1] de Sidi El-Hadj-Aïça, qui est absolument authentique, n'en présente pas moins quelques passages fort remarquables, au point de vue, bien entendu, du don de prophétie qu'avait la prétention de posséder le saint homme. Il aurait pu ajouter, lui qui y voyait de si loin, que les canons qui devaient ouvrir la brèche de sa ville d'adoption seraient mis en batterie sur son tombeau. En effet, c'est dans la koubba même du saint, qui est située au sommet de l'arête qui commande la face sud-ouest de Laghouath, que fut établie la pièce de canon qui ouvrit la brèche par laquelle le général Pélissier donna l'assaut à ce ksar en décembre 1852.

Mais nous voulons dire ce qu'était ce saint homme, célèbre à plus d'un titre, et qui joua un rôle si prépondérant dans la région des ksour qui avoisinent l'oasis de Laghouath.

Sidi El-Hadj-Aïça naquit à Tlemsan en l'an 1668 de notre ère. Son frère se nommait Aïça-ben-Ibrahim, et sa mère, Mahbouba, était fille de Sidi El-Hadj-Bou-Hafs, personnage important de la tribu des Oulad-Chikh. Ce fut dans cette tribu, où il passa plusieurs années, que le jeune Aïça sentit se révéler sa vocation pour la vie religieuse. Il résolut donc de voyager et d'aller catéchiser les populations du Sahra, chez lesquelles la foi avait fait place à l'indifférence ou à l'erreur.

Il quitta Tlemsan en 1694; il passa par Oran, où il visita les marabouths les plus illustres et les plus savants de cette ville, si riche en hommes de science

---

[1]. Nous avons reproduit, en vers français, cette prédiction de Sidi El-Hadj-Aïça dans notre *Histoire de l'Insurrection des Oulad-Sidi-Ech-Chikh de 1864 à 1880* (SUD ALGÉRIEN), pages 73 et suivantes.

et de prière, puis il se rendit chez les Harar, tribu nomade saharienne, où il resta quelque temps ; enfin, il poussa jusqu'au ksar Ben-Bouta[1], où il se fixa définitivement.

Sidi Aïça avait promptement acquis, par sa science et par sa piété, une influence considérable sur les populations des ksour voisins, ainsi que sur les Nomades qui venaient paître leurs troupeaux sur l'ouad Mzi. Il obtint de ces Nomades, fort enclins à la razia, qu'ils cessassent leur honnête industrie et qu'ils respectassent, à l'avenir, le ksar Ben-Bouta, qu'il avait choisi pour résidence. Du reste, pour être plus certain qu'ils tiendraient leurs promesses, il avait pris la prudente résolution de faire couvrir ce ksar par une enceinte suffisante pour résister à un coup de main de ces gourmands du bien d'autrui. Aussi, Ben-Bouta, par sa situation au centre des autres ksour, par la sécurité que lui donnaient ses murailles et par le nombre de ses habitants, n'avait-il pas tardé à prendre une supériorité marquée sur les bourgades ouvertes qui l'entouraient. Incessamment en butte aux attaques des Nomades, les habitants de ces hameaux épars s'assemblèrent et vinrent demander à Sidi El-Hadj-Aïça sa protection et ses conseils. Le saint marabouth leur fit comprendre que le seul moyen de se mettre à l'abri des déprédations des Nomades et des coupeurs de routes était de se grouper, afin de ne plus former qu'un seul centre susceptible de résistance, et dans lequel ils pourraient renfermer leurs familles et leurs biens, et braver les attaques de tous les Nomades réunis. Persuadées que là était, en effet,

---

1. Ben-Bouta était une des trois ou quatre bourgades dont les populations se réunirent plus tard pour former le ksar de Laghouath.

le salut, les tribus de l'ouad El-Djedi vinrent se grouper en faisceau autour du ksar Ben-Bouta.

C'est de cette époque, — vers l'an 1700 de notre ère, — que date la fondation définitive de l'oasis et du ksar de Laghouath, et nous venons de montrer la part importante que prit Sidi El-Hadj-Aïça à cette création.

Quoi qu'il en soit, la nouvelle ville eut bien des attaques à repousser, des trahisons à éventer, des difficultés à vaincre, avant d'être solidement constituée, et il ne fallut rien moins que les puissantes interventions de son saint et prudent fondateur pour qu'elle ne succombât point sous les fréquentes attaques de ses opiniâtres ennemis.

Vers le même temps, commençait à renaître de sa ruine un ksar assez important. Situé dans l'est et à deux ou trois heures de marche de Laghouath, El-Açafia, qui, jadis détruite, avait été abandonnée, venait de se repeupler de ses anciens habitants. La population de ce ksar n'avait pas vu, sans en éprouver quelque dépit, l'importance qu'avait prise en peu de temps, et à son détriment, l'oasis de Laghouath; les premiers succès des populations réunies dans son enceinte achevèrent de transformer en haine implacable la jalousie des gens d'El-Açafia. Dès lors, des luttes continuelles entre les deux ksour vinrent arroser du sang des deux partis les rives sablonneuses de l'ouad Mzi. Dans ces combats incessants, les Bni-Laghouath, bien que souvent victorieux, n'en subissaient pas moins des pertes extrêmement sensibles, et ils sentaient que, s'il n'était promptement mis un terme à cet état de choses, ils ne pourraient plus, épuisés qu'ils étaient, continuer une guerre qui leur enlevait les plus vaillants de leurs enfants. Ils ne trouvèrent rien de mieux, dans cette circonstance, que de supplier leur saint protecteur, Sidi El-Hadj-Aïça, de les débarrasser de voisins aussi incommodes que l'étaient pour eux les gens d'El-Açafla. En lui promettant une somme assez ronde pour le payer de son intervention, ils ajoutaient qu'ils lui laissaient absolument le choix des moyens pour arriver à la destruction aussi complète que possible de leurs trop tenaces ennemis.

Nous ne voudrions pas avancer sans preuves certaines que cette promesse de rémunération fût pour quelque chose dans la détermination que prit le saint homme d'opérer selon le vœu des Bni-Laghouath; pourtant, la suite de ce récit semble prouver non qu'il tînt outre mesure à la somme stipulée, mais qu'il éprouvât tout au moins une sainte horreur pour les engagements qui n'étaient point tenus assez religieusement. Quoi qu'il en soit, le saint marabouth céda aux instances de ses enfants d'adoption. Il se mit, séance tenante, en prière pour demander au Dieu unique, dont il savait la bonté inépuisable, de daigner détruire sans retard, non seulement le ksar d'Açafla, mais encore la population qu'il renfermait. L'exposé des motifs était que l'un et l'autre gênaient considérablement les Bni-Laghouath, ses protégés.

Le Dieu unique, qui était bon jusqu'à la faiblesse pour son serviteur Sidi El-Hadj-Aïça, accéda instantanément à sa prière : tout à coup, et bien que le ciel fût d'une pureté absolue et que pas le moindre cirrus ne flottât sous sa coupole d'azur, une effroyable tempête, qui ne dura pas moins de trois jours, vint s'abattre sur le ksar, qu'elle foudroya de grêlons gros comme des œufs de poule : les maisons, bâties en briques rondes séchées au soleil, s'émiettèrent et s'écroulèrent avec fracas; les troupeaux de moutons et de chameaux, dispersés par la tempête, périrent asphyxiés par des trombes de sable, ou abattus par la grêle; les quelques palmiers-dattiers qui s'élevaient dans les jardins du ksar furent hachés et réduits en miettes. Quant aux gens d'El-Açafia, ils périrent en grand nombre, écrasés sous les ruines de leurs demeures ou foudroyés par la grêle. Lorsque les éléments déchaînés eurent cessé leur œuvre de dévastation et de mort, El-Açafia n'existait plus, et on eût eu quelque peine à en retrouver les vestiges. Sa ruine était donc aussi complète que l'avaient désiré les Bni-Laghouath, et ce qui restait de sa population ne pouvait songer de longtemps à se relever d'une pareille catastrophe.

Grâce à Sidi El-Hadj-Aïça, les Bni-Lagouath pouvaient donc désormais respirer, et se refaire dans la paix des pertes cruelles que leur avaient fait subir leurs terribles adversaires. C'était le moment de s'acquitter de la promesse qu'ils avaient faite à leur saint protecteur, et de reconnaître ainsi l'incomparable service qu'il leur avait rendu en détruisant aussi radicalement leurs infatigables ennemis. Mais, — c'est à ne pas y croire! — le danger passé, la cupidité et l'ingratitude avaient soufflé à l'oreille des Bni-Laghouath le mauvais et imprudent conseil de nier la promesse qu'ils avaient faite au saint lorsqu'ils étaient venus se jeter à ses genoux pour implorer son secours. Nous le répétons, l'*ouali* ne tenait pas à la somme promise, — il était bien au-dessus de cela, — mais la mauvaise foi de cette ingrate population l'avait mis dans tous ses états, et il ne put contenir sa trop juste indignation; du reste, il ne le leur envoya pas dire :

« Sachez, ô Bni-Laghouath! que le tort que vous avez voulu me faire retombera sur vous de tout son poids, leur jeta-t-il à la face : car vous avez brisé, par votre odieuse cupidité et votre ingratitude, le lien qui me rattachait à vous! Par Dieu! vous me faites

regretter tout le bien que je vous ai fait, et j'en suis arrivé à désirer pour vous le malheur qu'à votre sollicitation, à vos prières, j'ai fait tomber sur des gens qui, bien certainement, valaient mieux que vous. Rappelez-vous donc, ô gens de mauvaise foi ! les soucis que je vous ai évités, les maux que j'ai détournés de votre tête, et dont je vous ai préservés ! Ah ! que vous êtes bien de ces ingrats dont parle le Prophète ! de ceux dont il dit : « L'homme ne se lasse pas de solli-
« citer le bien auprès de Dieu... Mais si, après l'adver-
« sité, Dieu lui fait goûter les bienfaits de sa miséri-
« corde, il dit : « C'est ce qui m'était dû... » Lorsque
« Dieu a accordé une faveur à l'homme, il s'en éloigne
« et l'évite ; mais, lorsqu'un malheur l'atteint, il lui
« adresse une longue et ardente prière [1]... » Dieu a dit aussi : « Je vous châtierai à cause de vos engagements
« sérieux que vous violeriez. Observez donc vos enga-
« gements [2]... » J'avais résolu, continua le saint, de mourir au milieu de vous ; mais que Dieu me préserve, après ma mort, du contact de vos cadavres ! Je vous abandonnerai noyés dans la fange de votre avarice et de votre mauvaise foi, et je laisserai vos corps immondes, sans intercéder auprès de Dieu pour votre salut, rouler dans les gouffres infernaux pour y goûter les supplices que Dieu réserve aux méchants ! Et je jure par Dieu et par les serments les plus sacrés que jamais je ne vous rendrai la confiance que j'avais en vous, car vous êtes capables de manquer même à la foi due à Dieu et à son Prophète. L'humidité est désormais séchée entre moi et vous [3], ô Bni-

---

1. Le *Koran*, sourate XLI, versets 49, 50 et 51.
2. Le *Koran*, sourate V, verset 91.
3. L'humidité implique, chez les Arabes, l'idée de générosité ou de bons procédés, qui maintiennent l'amitié fraîche et vi-

Laghouath ! je ne vous connais plus, car vos cœurs sont aussi vides de sentiments généreux que l'est de son eau une outre qui a séjourné sur le sable ! »

Les Bni-Laghouath courbèrent la tête sous les paroles amères du saint; mais ce fut tout. Quant à s'acquitter de leur promesse envers lui, ils n'y songèrent même pas. Il n'y avait décidément rien à faire avec de pareils endurcis. Il est inutile d'ajouter que Sidi El-Hadj-Aïça, qui n'oubliait pas facilement une injure, ne pardonna jamais aux gens de Laghouath, qu'il avait comblés de biens, leur conduite coupable à son égard. Il quitta leur ksar, dont il était le fondateur, en les maudissant, et en leur laissant la prédiction suivante, qui s'accomplit de point en point :

« Le tourbillon de la puissance et de la volonté céleste m'a rendu victorieux. Le malheur et la destruction viennent de fondre sur nos ennemis. La victoire est descendue du ciel par l'intermédiaire du roi des Saints et des Prophètes, Sidna Mohammed. La tristesse, escortée du vent des souffrances, vient de les atteindre : les murs s'écroulent battus par le canon; la ville, en feu, ressemble à une fournaise; les cadavres restent la proie des vautours. Semblables à des lépreux, les cupides, les ingrats, les gens de mauvaise foi, sont forcés d'abandonner la bonne chère et l'eau pure.

« D'autres habiteront leurs demeures; la colère de Dieu atteindra tous ces chiens. Creuse des tombes, ô fossoyeur ! prépare des linceuls pour les femmes et pour les enfants ! Un monceau de cadavres noirs et blancs couvre la terre [1] ! La malédiction de Dieu a at-

---

vace, à l'opposé de la sécheresse, qui la dessèche et la fait périr.

1. Après l'assaut donné au ksar de Laghouath le 4 décembre 1852, par le général Pélissier, et qui fit tomber cette ville entre

teint le plus beau des ksour. Les habitants sont dépouillés de tous leurs biens!

« O toi qui possèdes des richesses, fuis promptement de la ville pendant le mois qui vient après celui d'*âchoura* (*safer*); j'y vois arriver des troupes innombrables, et ces troupes ne sont point musulmanes. N'attends pas les malheurs qui vont fondre sur cette ingrate cité, et va plutôt boire de l'eau d'Ouargla ou de ses environs. Des troupes vêtues de noir, semblables aux sauterelles par leur nombre, apparaissent du côté du Nord; elles sont envoyées par la volonté du Tout-Puissant. Leurs cavaliers et leurs chefs sont en tête; des anges dirigent leur marche. Ils abaisseront votre orgueil, ô ingrats! qui croyez que l'injure que vous m'avez faite va rester impunie! Avec l'aide de Dieu, je vous confondrai, et je vous enverrai le malheur et la souffrance. Les Envoyés de l'Éternel détruisent par la force de leurs bras les méchants et les ingrats. C'est en vain qu'ils ploient leurs cœurs pour cacher à Dieu leurs actions : Dieu sait tout et voit tout. Que le malheur les accable! Que Dieu les fasse monter sur les ailes de l'oiseau, et qu'il donne leurs omoplates à leurs ennemis [1]! »

---

nos mains, nos troupes relevèrent 1,200 cadavres dans l'intérieur de cette capitale du désert algérien. C'est le 50e de ligne qui fut chargé de la pénible et désagréable mission de les enterrer.

Voir le récit de l'assaut du ksar de Laghouath dans notre livre : *Le Général Yusuf*, IIe volume, pages 115 et 116.

1. Ces deux dernières phrases signifient : « Que Dieu les disperse de leurs habitations, et qu'il les mette en fuite devant leurs ennemis! »

Nous le répétons, Sidi El-Hadj-Aïça fit une autre prédiction beaucoup plus explicite que celle que nous venons de rapporter; mais son développement ne nous permet pas de la reproduire ici. On la trouvera tout entière dans notre *Histoire de l'Insurrection des Oulad-Sidi-Ech-Chikh de 1864 à 1880*.

Mais les gens de El-Açafia, qui avaient appris la conduite indigne des Bni-Laghouath à l'égard de Sidi El-Hadj-Aïça, ne laissèrent pas échapper l'occasion de faire leur paix avec le saint qui les avait traités si rigoureusement. Ils se rendirent auprès de lui, et le prièrent d'accepter la somme que lui avaient promise leurs stupides adversaires; ils ne lui demandaient en retour, — ils n'avaient pas de rancune, — que ses prières et ses conseils. « Bâtissez un ksar, leur dit-il, un peu au-dessus des ruines de l'ancien. Craignez Dieu, ajouta le pieux maraboùth, acquittez-vous de la prière, ne négligez point les bonnes œuvres, et ne manquez jamais aux égards que vous devez aux Envoyés de Dieu. En agissant ainsi, le Tout-Puissant vous rendra sa protection, et j'intercéderai auprès de lui pour que, par ses bienfaits, il vous fasse oublier le châtiment qu'il vous a infligé. »

Les Mghazi suivirent le conseil de Sidi El-Hadj-Aïça, et, vers l'an 1706, ils rebâtirent leur ksar un peu à l'ouest de celui qui avait été détruit. A dater de ce moment, ils n'eurent plus rien à redouter de la part des Bni-Laghouath, et ils purent jouir de quelques années de paix et de tranquillité qui les relevèrent et rétablirent leurs affaires. Ils n'eurent pas lieu de regretter le sacrifice qu'ils avaient fait pour détourner à leur profit le courant des faveurs célestes dont disposait Sidi El-Hadj-Aïça; du reste, ce saint était bon au fond, et, pourvu qu'on ne le contrariât pas et qu'on s'acquittât scrupuleusement de ses engagements envers lui, on était à peu près sûr de rester dans sa manche au moins jusqu'au coude. Les Mghazi, qui avaient parfaitement compris cela, dirigèrent leur conduite dans ce sens, et ils s'en trouvèrent bien assez longtemps. Nous disons « assez longtemps », parce que, dans le Sahra, il n'y avait guère de durable, à cette époque, que l'état de guerre de tribu à tribu ou de ksar à ksar, et que la paix ne s'y rencontrait qu'à titre d'exception ou de trêve, et d'une manière tout à fait intermittente.

Sidi El-Hadj-Aïça mourut à Laghouath, où il était revenu dans les derniers temps de sa vie, en 1737 de notre ère, laissant là ses soixante-neuf ans musulmans [1].

Les Bni-Laghouath, revenus à résipiscence, et comptant tirer quelque faveur de la présence au milieu d'eux des précieux restes mortels du saint fondateur de leur ksar, lui élevèrent une koubba sur l'une des apophyses de cette sorte d'épine dorsale qui pénètre dans la ville par le sud-ouest, et qui se nomme le Kaf-Tisgraria.

Il va sans dire que de nombreux miracles s'opérèrent sur le tombeau du saint marabouth, qui semble avoir pardonné aux descendants des Bni-Laghouath, dont il eut tant à se plaindre pendant sa vie, car ils participent à ses faveurs dans la même proportion que les nombreuses tribus sahriennes qui rayonnent autour de la capitale du désert algérien. Du reste, ces gens de Laghouath ont été assez sévèrement châtiés en 1852 pour que la rancune du saint en fût un peu apaisée, et cela d'autant mieux que sa vengeance ayant mis plus d'un siècle à se produire, elle avait atteint une génération qui, franchement, n'était pour rien dans la faute de ses ancêtres. Sans vouloir reprocher à Sidi El-Hadj-Aïça d'avoir frappé trop fort, nous pouvons dire tout au moins qu'il a frappé trop tard. Quoi qu'il en soit, les Bni-Laghouath [2] n'en sont pas moins très fiers de leur saint.

---

1. On sait que l'année musulmane ordinaire est de 354 jours, composant douze mois ou lunaisons de 29 et 30 jours.

2. Le mot *Ghouath* ou *R'ouath* désigne une *maison entourée*

VIII

SIDI MAMMAR-BEN-SLIMAN-EL-AALYA

C'est au commencement du XVᵉ siècle de notre ère que le chef de la famille d'où sortirent les Oulad-Sidi-Ech-Chikh, Sidi Mammar-ben-Sliman-el-Aalya, vint se fixer en un point de la rive gauche de l'ouad El-Gouleïta, où il établit sa kheloua. Contrairement à ses saints collègues, qui appartenaient au Maghreb, Sidi Mammar venait de Tunis, sa ville natale, où l'on voit encore le tombeau de son vénéré frère. La querelle qui détermina sa fuite de son pays était des plus futiles : si l'on en croit la tradition, ce serait à propos d'une pastèque que lui disputait son frère, sultan de l'Ifrikya (Tunisie). Quoi qu'il en soit, il vint s'établir, nous le répétons, sur l'ouad El-Gouleïta, au pied du versant ouest du djebel Bou-Nouktha.

Sidi Mammar était de la race d'Abou-Bekr, surnommé Es-Saddik [1], — le très véridique, — qui était le beau-frère du Prophète, et qui fut son successeur et le premier khalife, situation qui constitue à sa descendance une noblesse de second ordre [2].

---

d'un jardin. En ajoutant l'article *el*, on eut El-*Aghouath*, ou El-*Ar'ouath*, c'est-à-dire une *réunion de maisons* ou *fermes entourées de jardins.*

1. Le surnom de *le très Véridique* lui avait été donné par Mahomet pour avoir témoigné de la réalité du *Miradj*, ou voyage nocturne pendant lequel le Prophète fut transporté aux cieux.

2. La noblesse du premier ordre comprend les descendants

Sidi Mâmmar était un saint marabouth à qui Dieu avait accordé le don des miracles ; sa vie se passa en bonnes œuvres, et ses destinées ne furent pas sans quelque analogie avec celles de Sidna Ibrahim (Abraham). Il eut deux fils, Sâïd et Aïça, lesquels fondèrent, sur l'ouad El-Gouleïta, — pays des Bni-Ameur, — un ksar, aujourd'hui ruiné, et qu'on appela Ksar-Ech-Charef, — le vieux ksar, — quand, plus tard, les deux familles, s'étant partagées, se furent construit deux ksour, qui prirent les noms d'El-Arbâ-El-Foukani (l'Arbâ d'en haut) et d'El-Arbâ-Et-Tahtani (l'Arbâ d'en bas), ou des Arbâouat.

Sidi Mâmmar quitta ce côté-ci de la vie vers l'an 1420 de notre ère. Ses restes mortels furent déposés sur la rive droite de l'ouad El-Gouleïta, et en amont du ksar actuel de l'Arbâ-Et-Tahtani. Il fut le premier personnage des Bou-Bekria auquel on éleva un tombeau en Algérie.

Bien que Sidi Mâmmar-ben-Sliman-El-Aalya soit depuis plus de quatre cents ans dans le séjour des bienheureux, il n'oublie cependant pas ses enfants, les Oulad-Aïça et les Oulad-Saïd ; à différentes reprises, il en a donné des preuves tout à fait convaincantes. Ainsi, à la fin du siècle dernier, lorsque le bey d'Oran, Mohammed-El-Kebir, après avoir saccagé Chellala, s'apprêtait à faire subir le même sort aux Arbâouat, la protection du saint couvrit visiblement, dans cette circonstance, ses descendants bien-aimés. Le Bey était campé tout près du ksar Et-Tahtani ; il avait fixé au lendemain la destruction de cette bourgade. Au moment où il terminait ses dispositions d'attaque, un tourbillon noir et épais jaillit tout à coup de la

---

de Mahomet par les femmes, c'est-à-dire par Fathima-Zohra, sa fille, et la femme d'Ali ; ces descendants sont dits *Chorfa*, nobles.

koubba, et alla renverser la tente du bey Mohammed, en répandant en même temps dans tout le camp une odeur des plus infectes. C'était évidemment Sidi Mâmmar qui avait répondu ainsi à la demande de secours des assiégés. Ayant reconnu sans peine dans ce prodige l'intervention du saint, Mohammed-el-Kebir n'avait pas demandé son reste : il s'était hâté de décamper, jurant bien d'y regarder à deux fois avant de chercher à inquiéter des gens si puissamment protégés.

D'autres miracles qu'il est inutile de rapporter vinrent démontrer, dans diverses occasions, que le concours du saint était toujours acquis à ceux de sa descendance qui l'invoqueraient, et que la dent du temps était sans effet sur l'affection qu'il leur avait vouée.

IX

SIDI AÏÇA-BEN-SIDI-MAMMAR

Sidi Mâmmar-ben-Sliman-El-Aalya avait laissé deux fils, Aïça et Sâïd, lesquels donnèrent leurs noms à deux grandes familles établies dans le ksar Ech-Charef.

Sidi Aïça avait hérité la *baraka*, c'est-à-dire les faveurs du ciel dont jouissait, pendant sa vie, son vénéré père.

Sidi Aïça, qui, tout naturellement, avait le don des miracles, n'en usa pourtant que modérément pendant le cours de son existence terrestre; ce fut surtout après sa mort qu'il intervint miraculeusement dans les affaires de sa descendance, suivant en cela, d'ailleurs, l'exemple qui lui avait été donné par son modeste et vénéré père, Sidi Mâmmar-ben-El-Aalya.

Se sentant près de sa fin, Sidi Aïça fit appeler ses enfants, et leur donna le conseil de l'enterrer sur la face du ksar qui leur paraîtrait la plus menacée par un danger venant soit du fait des hommes, soit de celui des éléments. Selon le saint homme, sa dépouille mortelle devait être une barrière infranchissable contre laquelle viendrait infailliblement se briser toute tentative de la part de ces diverses sortes d'ennemis.

Après avoir longtemps discuté sur cette question du point le plus menacé, l'assemblée finit par décider, à la presque unanimité, que le côté faible de la place était sur la rive gauche de l'ouad, le point où ses eaux dévastaient les jardins du ksar par leurs trop fréquents débordements. Le corps de Sidi Aïça fut donc déposé en ce point.

Comme le saint l'avait prédit, la rivière, débordée à la suite d'un orage torrentiel, prit, dès lors, une autre direction, et ses eaux se déversèrent, sans cause apparente, sur la rive droite, celle où leurs débordements ne présentaient aucun danger; et elles en ont tellement pris l'habitude qu'aujourd'hui encore elles se répandent, par les temps d'ondées, ailleurs qu'en suivant leur thalweg naturel, et paraissent s'éloigner respectueusement du tombeau du saint marabouth.

Sidi Aïça-ben-Sidi-Mâmmar avait vidé sa coupe vers l'an 1450 de notre ère.

Une simple *haouïtha*[1] marqua longtemps la place

---

1. La *haouïtha* est une petite muraille en pierres sèches entourant la tombe d'un marabouth qu'on n'a pas jugé digne d'une koubba; quelquefois, c'est à la misère ou à l'avarice des khod-

où fut déposée la dépouille mortelle de Sidi Aïça, ainsi que celle de son vénéré père, et ce ne fut que vers le commencement du XVIIIe siècle que des *kbab*[1] en rapport avec l'importance de ces saints leur furent élevées par les soins de Sidi Ben-Ed-Din, marabouth de leur descendance.

Ce saint homme eut, à l'occasion de cet hommage, — un peu tardif, — rendu à ses ancêtres, une aventure assez piquante avec Sidi Bou-Tsekil, un *ouali* de la descendance de Sidi Abd-el-Kader El-Djilani, qui était mort aux Arbâouat, en revenant de faire une visite à l'illustre Sidi Ech-Chikh, et dont les précieux restes avaient été déposés auprès de ceux de Sidi Mâmmar et de Sidi Aïça, son fils.

Tout naturellement, Sidi Ben-Ed-Din ne s'était occupé que des saints de sa famille, de sorte que la tombe de Sidi Bou-Tsekil restait entourée de sa simple muraille de pierres sèches, pavoisée de loques et d'*ex-voto* que dédaignerait même un chiffonnier chrétien.

Sidi Bou-Tsekil, qui avait la légitime prétention d'être un saint d'une valeur au moins égale à celle des marabouths des Arbâouat, et professant d'ailleurs cette maxime, — devenue plus tard un dogme politique, — que tous les saints sont égaux, Sidi Bou-Tsekil, disons-nous, avait résolu de faire cesser un état de choses qui n'était pas sans nuire à sa considération, même dans le séjour des bienheureux. Sidi Ben-Ed-Din, ses constructions achevées, s'en retournait, se félicitant de son œuvre, à El-Abiodh-Sidi-Ech-Chikh. Tout à coup, un fantôme de proportions exagérées, et enveloppé d'un suaire d'une teinte terreuse qui indiquait un long usage dans

---

dam du saint qu'il convient d'attribuer cette coupable négligence.

2. Pluriel de *koubba*, chapelle funéraire ou commémorative.

le tombeau de celui qui le portait, se dressa sur le chemin que parcourait Sidi Ben-Ed-Din; un écart que fit sa mule, surprise par cette apparition, faillit le désarçonner. Selon l'usage des revenants de tous les pays, Sidi Bou-Tsekil arrêta Sidi Ben-Ed-Din en étendant les bras de toute leur longueur, ce qui augmentait encore les dimensions du fantôme, à faire croire qu'il n'en finissait plus. Le saint des Oulad-Sidi-Ech-Chikh en fut tellement saisi qu'il oublia tout à fait la formule par laquelle on éloigne les *djenoun*, car il était persuadé que ce ne pouvait être qu'un de ces mauvais génies qui ne cherchent qu'à tourmenter les mortels. Mais il fut bientôt détrompé : car, se débarrassant de son suaire, Sidi Bou-Tsekil lui dit qui il était, et se mit à lui reprocher, en termes que la tradition dit avoir été assez vifs, son manque d'égards envers lui. Sidi Ben-Ed-Din, qui ne savait trop que répondre à des reproches si mérités, balbutia quelques excuses que le saint trouva détestables. Enfin, sentant qu'en définitive, le plus court, pour l'apaiser, était de faire construire au trop susceptible *ouali* la koubba qu'il réclamait avec tant d'amertume, Sidi Ben-Ed-Din lui promit de s'occuper sans retard de l'objet de la demande qu'il lui adressait, et de retenir les maçons de Figuig qui venaient d'achever les *kbab* de Sidi Mâmmar et de Sidi Aïça.

A ces paroles, la colère du saint tomba comme du lait bouillant sur lequel on jetterait de l'eau froide, et il disparut aux yeux de Sidi Ben-Ed-Din, en laissant derrière lui une odeur de musc, — l'odeur de sainteté chez les Musulmans, — très caractérisée.

Quelque temps après, Sidi Bou-Tsekil eut sa coupole comme ses deux confrères en béatitude, et il en fut sans doute satisfait, car il ne dérangea plus, qu'on sache, sa dépouille mortelle dans un intérêt de satisfaction terrestre.

X

SIDI SLIMAN-ABOU-SMAHA [1]

Il y a de cela trois siècles et demi environ, au temps où vivait Sidi Sliman-Abou-Smaha, l'un des descendants les plus vénérés de la famille de Sidi Mammar-ben-Sliman-El-Aalya, deux fractions de la tribu des Meharza, les Zobeïrat et les Oubeïrat, paissaient leurs troupeaux et labouraient dans la large vallée de Mguiden, entre les *Areg* [2] et les rochers qui bordent le plateau d'El-Goléa.

Les Zobeïrat avaient sept puits ; chaque puits avait sept bassins ; à chaque bassin venaient boire sept troupeaux de chameaux, et chaque troupeau était suivi de sept chevaux.

Les Oubeïrat avaient sept tentes ; dans chaque tente il y avait sept *frachat* [3] ; sur chaque *frach* sept coussins, et sur chaque coussin dormaient sept guerriers.

Le chikh, le guerrier le plus écouté de ces deux familles, se nommait El-Hadj-Ez-Zobeïr.

Or, El-Hadj-Ez-Zobeïr et les siens avaient encouru la colère de Sidi Sliman-Abou-Smaha, qui leur reprochait de n'être ni assez respectueux à son égard, ni assez généreux pour sa Zaouïa.

---

1. *Exploration des Ksour et du Sahra de la province d'Oran*, par le capitaine de Colomb, le premier commandant supérieur du poste avancé de Géryville.
2. La région des dunes dans le Sahra.
3. Pluriel de *frach*, tapis à longue laine servant de couche aux Sahriens.

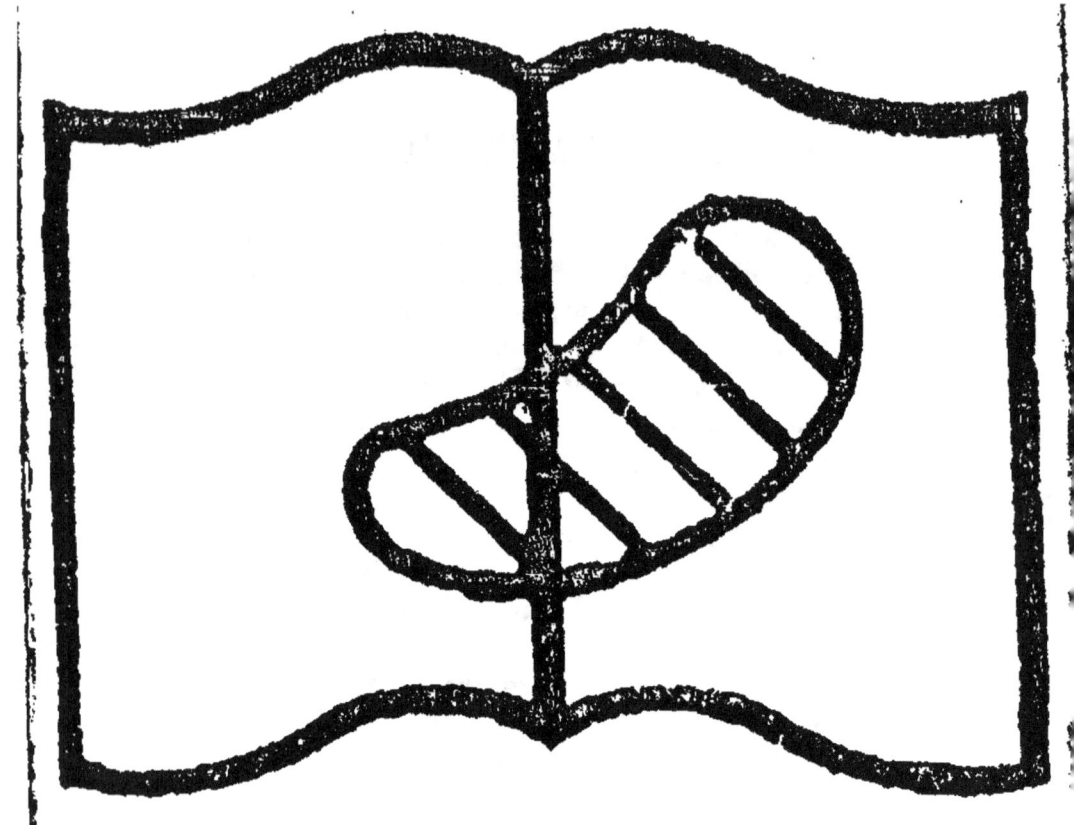

Illisibilité partielle

L'irascible marabouth, qui n'admettait pas volontiers ces deux genres d'avarice, résolut de châtier sévèrement ces insolents et pingres Sahriens. Sous l'influence de cette irritation, il prononça contre eux la malédiction suivante :

> Que Dieu aveugle l'esprit d'El-Hadj,
> Et le raye du nombre des vivants!
> Qu'il détruise les familles de ceux qui le suivent!
> Qu'il prépare une terre pour l'engloutir!
> Et qu'il ne laisse pas une femme de sa race
> Pour le pleurer!

On conviendra que le châtiment était bien disproportionné avec l'offense, et l'on trouvera peut-être exorbitant que le Dieu unique eût accédé à la prière de son *ouali* avec une si déplorable facilité. C'est cependant ce qui arriva.

A la suite de cette malédiction, la discorde se mit entre les Zobeïrat et les Oubeïrat, et ils en vinrent aux mains avec le plus vif acharnement. Les Oubeïrat, vaincus, se retirèrent avec leurs familles et leurs richesses; poursuivis impitoyablement par leurs ennemis, ils traversèrent péniblement les *Areg* et arrivèrent, pendant la nuit, à une *dhaïa*[1] dont le fond leur parut solide; ils s'y engagèrent; mais le sol céda sous leurs pieds, et bêtes et gens furent engloutis. Guidés par les traces des fuyards, les Zobeïrat arrivèrent sur la *dhaïa*, qu'ils voulurent traverser, et dans laquelle ils disparurent à leur tour jusqu'au dernier.

---

1. Bas-fond, dans le Sahra, où les eaux séjournent pendant la saison des pluies, et entretiennent quelque végétation quand elles ne reçoivent pas les eaux salées des ravins voisins. Généralement, les *dhaïa* sont garnies de quelques pistachiers de l'Atlas (térébinthes).

Le bas-fond maudit qui fut le théâtre de cet épouvantable événement se nomme *Dhaïet-El-Habsa*, c'est-à-dire la *dhaïa* qui absorbe, qui renferme, qui emprisonne. Elle est située au nord et au pied des *Areg*.

Mais la vengeance du terrible et implacable marabouth n'était pas satisfaite. On se rappelle que sa malédiction se terminait ainsi :

> Et qu'il ne laisse pas une femme de sa race
> Pour le pleurer !

Une femme, parente d'El-Hadj, mariée dans une autre fraction, avait ainsi échappé à la destruction des deux familles maudites. Un jour, Sidi Sliman-Abou-Smaha l'entendit pleurant et chantant la perte de ses proches en tournant la meule de son moulin. En apprenant qui elle était, l'impitoyable saint, qui, apparemment, ne voulait pas en avoir le démenti, s'écria d'une voix terrible : « Que la terre l'engloutisse, comme elle a englouti les siens! » Et la malheureuse femme, toujours pleurant et chantant et tournant la meule de son moulin, s'enfonça dans le sol, qui se referma sur elle, et son chant et le bruit de son moulin allèrent s'éteignant peu à peu.

Le vindicatif marabouth mourut à Fas (Fez),—Marok, — où l'on voit encore sa koubba, vers l'an 1540 de notre ère. Nous ajouterons qu'il ne fut que médiocrement pleuré.

XI

SIDI ECH-CHIKH [1]

Abd-el-Kader-ben-Mohammed, plus connu sous le nom de *Sidi Ech-Chikh*, est le saint le plus vénéré du Sud Algérien. Le Sahra est, en effet, rempli de son nom ; la tradition nous a conservé religieusement le détail des faits et actes par lesquels il s'est illustré, et à chaque pas, dans le désert, la légende arabe nous montre des témoins du passage du saint marabouth sur cette terre. Ici, c'est un *mkam* [2] venant rappeler le lieu où le saint marabouth s'arrêtait de préférence, soit pour prier, soit pour se reposer ; là, c'est une *kheloua* [3], ou une *bit* [4],

---

1. La plupart des détails qui composent la légende de Sidi Ech-Chikh ont été recueillies par nous auprès de Sid Hamza-Ould-Sidi-Abou-Bekr, notre ancien khelifa du Sud, — pendant l'expédition de janvier et février 1854, laquelle nous a donné cent lieues de Sud, entre Laghouath et Ouargla, — et le descendant en ligne directe de Sidi Ech-Chikh.
Nous ajouterons que nous avons complété nos renseignements plus récemment dans l'excellente et si intéressante étude du commandant L. Rinn, *Marabouts et Khouan*, et, particulièrement, dans un remarquable travail inédit dû aux patientes recherches et à la plume érudite de notre vieil et consciencieux ami L. Guin, interprète principal militaire en retraite, œuvre intitulée : *Ordre religieux des Chadoulia*. — CONFRÉRIE DES OULAD-SIDI-ECH-CHEIKH. (L'AUTEUR.)

2. *Mkam*, monument commémoratif élevé sur le lieu où s'est arrêté un saint personnage.

3. *Kheloua*, solitude, ermitage, où se serait retiré quelque saint marabouth.

4. *Bit*, demeure, case, habitation, réduit, cellule.

où il aurait vécu pendant quelques années de sa vie érémitique; plus loin, c'est un *redjem*[1] marquant une de ses stations; c'est encore les traces des pieds de sa mule restées empreintes dans le rocher; à côté, c'est l'*Aïn-El-Mar'sel*[2], où le corps de Sidi Ech-Chikh aurait été lavé après sa mort. Enfin, tout le pays parcouru par l'*ouali* est jalonné de ces points qu'a consacrés la piété des Croyants.

Mais disons tout d'abord les origines de la famille de ce grand saint, — famille dont nous nous sommes occupé dans les légendes précédentes, — qui devait remplir le Sahra algérien de son nom, de sa réputation de piété, de ses vertus et de sa puissance spirituelle, laquelle, en pays musulman comme ailleurs, a souvent eu raison du pouvoir temporel.

S'il faut en croire les descendants de ce saint personnage, — et pourquoi douterait-on de leur parole? — leur origine daterait d'Adam, qui, nous le savons, était fils du *limon*, et, par suite, le père du genre humain, puisque le Créateur le tira de la boue. Quant à leur origine islamique, elle remonterait à l'un des compagnons du Prophète Mohammed, le khelifa Abou-Bekr-Es-Saddik[3], et ils arriveraient, par vingt-sept degrés,

---

1. *Redjem*, amas de pierres marquant soit une direction dans le désert, soit la station d'un saint marabouth, soit encore un point où un meurtre a été commis.

2. Source de la lotion d'un cadavre.

3. Abou-Bekr fut un des premiers adeptes du Prophète; il se nommait *Abd-el-Kâba*, et il était très respecté parmi les Qoreïchites. En embrassant le nouveau culte, à peine ébauché, il prit le nom d'*Abd-Allah*, serviteur de Dieu, et, plus tard, lorsqu'il donna sa fille Aaïcha au Prophète Mohammed, il changea de nouveau son nom en celui d'*Abou-Bekr*, le père de la Vierge.

Le surnom d'*Es-Saddiq*, le très véridique, nous le répétons, lui fut donné par le Prophète pour avoir témoigné de la réa-

à Abd-el-Kader-ben-Mohammed, le saint homme dont nous allons essayer de raconter la vie, et qui devait s'illustrer neuf siècles plus tard sous le nom de Sidi Ech-Chikh. Ses descendants peuvent d'ailleurs faire la preuve authentique de cette illustre origine.

On retrouve des traces de cette famille dans notre Sud algérien à partir de la fin du XIII° siècle de notre ère.

A cette époque, ils étaient connus sous le nom originel de Bou-Bekria, Bouakria, Oulad-Abou-Bekr. Bientôt, cette importante tribu commença cette série de migrations qui ne devaient se terminer, dans notre Sud, qu'au commencement du XV° siècle de notre ère.

Les Bou-Bekria prétendent que, dès les premiers temps de l'Islam, ils habitaient Mekka, d'où ils auraient été expulsés à la suite de désordres religieux dont ils auraient été les instigateurs; ils se seraient dirigés vers l'Ouest, et auraient habité l'Égypte pendant quelques années.

Plus tard, dans le courant du XIV° siècle, on les retrouve en Tunisie, où, en raison de leur origine, ils jouissent d'une grande considération et d'une influence religieuse très marquée. Quoi qu'il en soit, les Bou-Bekria, très remuants, paraît-il, furent obligés de quitter la Tunisie vers le commencement du XV° siècle, et se dirigèrent dans l'Ouest, sous la conduite de Sidi Mâammar-ben-Sliman-El-Aalya, et, le pays leur ayant plu, ils s'établirent dans la vallée de l'ouad El-Gouleïla, où, plus tard, s'élevèrent deux ksour qui furent nommés El-Arbâ-Et-Tahtani, et El-Arbâ-El-Foukani, ou les Arbâouat.

Sidi Mâammar-ben-Sliman-El-Aalya avait été suivi

---

lité du *mâradj*, ou voyage nocturne, pendant lequel Mohammed fut transporté, à travers les sept cieux, jusqu'au trône de l'Éternel.

d'une clientèle considérable, dont seraient issus les Akerma, les Thrafi, les Oulad-Zyad et les Rzaïna, groupes devenus plus tard les fractions les plus importantes des Homeïan-Ech-Cheraga.

Or, comme Sidi Mâammar-ben-El-Aalya était un saint homme, et que sa réputation de piété et l'illustration de son origine étaient parfaitement établies dans cette partie du Moghreb, il y avait été accueilli, lui et les siens, avec les plus grands égards par les maîtres du pays, les Bni-Ameur, qui, évidemment, comptaient bien profiter de l'influence dont Sidi Mâammar jouissait auprès du Dieu unique.

Les Oulad-Bou-Bekria restèrent pendant quatre générations sur les rives de l'Ouad-El-Gouleïta, où leurs serviteurs avaient fondé, ainsi que nous l'avons dit plus haut, les deux ksour des Arbâouat [1]. Les tombeaux de Sidi Mâammar, de ses fils et petits-fils, Aïça, Abou-Lila, Bel-Haïa et Abou-Smaha. Ces tombeaux, disons-nous, qui ont été élevés près d'El-Arba-Et-Tahtani, attestent suffisamment l'authenticité de cette version.

Or, du temps d'Abou-Smaha, les Bou-Bekria vivaient de la vie nomade : fiers de la liberté du désert; heureux de voir flotter au-dessus de leurs têtes les grands étendards jaunes du *Mehdi;* sans autre protection que celle de leurs guerriers aux montures rapides, ils partageaient leur existence soit dans le repos sous leurs tentes de cuir ou de poil de chameau, ou à l'ombre des palmiers des oasis de Figuig, soit enfin dans les vastes solitudes où s'amoncellent les sables d'or du désert.

Fatigué de la vie nomade, Sidi Abou-Smaha l'abandonna bientôt pour se fixer à Figuig, où il pratiqua les

---

1. Chaque légende formant un chapitre particulier, il faut s'attendre à des répétitions de détail dans les mêmes familles.

règles de la plus sévère dévotion. Nous ajouterons que ce saint personnage avait eu un fils, Sidi Sliman, qui mourut dans cette oasis.

Sidi Sliman-ben-Abou-Smaha eut trois enfants : Sidi Mohammed, l'aîné, s'établit à Chellalat-Edh-Dhabrania ; le second des enfants de Ben-Abou-Smaha fut Sidi Ahmed-El-Medjeroud-Abou-R'amar ; son troisième enfant fut Lalla Sifia, mère de la tribu des Oulad-En-Nahr, et patronne du ksar Es-Sficifa.

Sidi Mohammed-ben-Sliman-ben-Abou-Smaha, à son tour, eut deux fils : l'aîné, qu'il nomma Ibrahim, et le second, qui fut Abd-el-Kader, lequel s'illustra sous le nom de *Sidi Ech-Chikh :* c'est le saint personnage dont nous allons nous occuper et raconter les exploits thaumaturgiques[1].

Sidi Mohammed-ben-Sidi-Sliman, qui, plus tard, devait être le père de Sidi Ech-Chikh, avait épousé la belle Chefiria, la fille de Sidi Ali-Abou-Saïd, lequel était aussi un saint homme, et qui, comme Sidi Mohammed, descendait, en ligne aussi directe que possible, de la fille bien-aimée du Prophète, Lalla-Fathima-Ez-Zohra.

Or, un jour, Lalla-Chefiria, alors enceinte de celui que le Dieu unique avait déjà décidé de compter au nombre de ses *oualia* (saints), et qui, à sa naissance, laquelle ne pouvait tarder, devait recevoir le nom d'Abd-el-Kader, Chefiria, disons-nous, se rendit chez son père, à El-R'açoul, accompagnée de son fils aîné, Ibrahim. Tout à coup, un lion vient leur barrer le passage en se couchant sur le ventre et en leur montrant

---

1. Le commandant RINN : *Marabouts et Khouan.* — Le colonel TRUMELET : *Les Français dans le Désert.* — L'Interprète principal militaire L. GUIN : Ouvrage manuscrit intitulé : *Ordre religieux des Chadoulia.* — *Confrérie des Oulad-Sidi-Ech-Cheïkr.*

deux rangées de dents des moins rassurantes : « O Ibrahim, s'écria du sein de sa mère l'intra-utérin Abd-el-Kader, défends notre mère, ou bien je le ferai moi-même ! — C'est moi qui le ferai », lui répondit Ibrahim. Et, saisissant par l'oreille le lion devenu subitement doux comme un agneau, Ibrahim le conduisit ainsi jusqu'à El-R'açoul [1].

Abd-el-Kader-ben-Mohammed naissait de cette union en l'an 951 [2] de l'*ère hégirienne* (1544-45 de l'ère grégorienne). Pressentant les hautes destinées de son fils, Sidi Mohammed-ben-Sliman, le voyant, malgré son jeune âge, passant ses journées dans le silence et le recueillement, les yeux fixés vers le ciel, et parfait déjà de la perfection des élus de Dieu, et ayant surtout horreur du mensonge, Sidi-ben-Sliman, disons-nous, en présence de la foule émerveillée, et disant que la fleur nouvellement éclose serait l'orgueil de la branche qui l'avait portée, son père, voulut lui faire donner sans retard l'initiation religieuse par quelques-uns des saints personnages les plus vénérés de son temps. C'est ainsi que, dès sa première enfance, il le présenta au chikh El-Hadj-Bel-Ameur, saint marabouth qui a son tombeau à une journée de marche au nord des Arbâouat. Celui-ci prit le jeune Abd-el-Kader entre ses bras, et, lui soufflant dans la bouche comme pour le pénétrer de son esprit, il dit, en le rendant à son père : « Je lui ai donné

---

1. Nous ferons remarquer au lecteur que nous tenons bien plutôt à suivre la légende, qui a l'avantage d'être unique, que de chercher à marcher dans les traces des commentateurs, lesquels sont loin d'être d'accord sur les faits qu'ils attribuent à Sidi Ech-Chikh.

2. Les biographes de Sidi Ech-Chikh et la légende sont loin de s'entendre sur les dates de sa naissance et de sa mort : il existe même un écart de vingt-cinq années entre les diverses dates qu'ils ont attribuées à ces deux faits.

l'alun, ou le mordant ; Sid Abd-er-Rahman lui donnera la teinture », ou, en d'autres termes : « Je l'ai commencé, c'est au chikh Abd-er-Rahman à le finir. »

Ainsi qu'il en avait reçu le conseil du chikh El-Hadj-Bel-Ameur, Sidi Mohammed-ben-Sliman alla présenter son fils au chikh Abd-er-Rahman, marabouth des plus savants et des plus vénérés, qui alors habitait Saguiet-El-Hamra, dans le pays de l'Ouad-Draâ (Sous-marokain), ainsi que nous le savons. L'enfant était désormais complet : il avait reçu l'alun et la teinture.

A l'âge de sept ans, Abd-el-Kader fut conduit par son père auprès de l'illustre chikh Abd-El-Djebbar, qui avait sa kheloua non loin de Chellalat-Edh-Dhahrania. A son arrivée devant la grotte qu'habitait le saint anachorète, Mohammed-ben-Sliman descendit de sa monture, et il invita son fils à en faire autant ; mais l'enfant, qui, sans doute, avait déjà conscience de sa supériorité sur un saint d'un modèle un peu démodé, refusa net d'obéir à l'ordre de son père. Le Chikh, qui était sorti sur le seuil de son ermitage, ne put faire autrement que de dire au père : « Est-ce donc ainsi, ô Mohammed ! que vous élevez vos enfants dans des sentiments d'orgueil et de présomption ? — Ce n'est point de l'orgueil, repartit le jeune Abd-el-Kader avec une dignité et un aplomb que, certes, on n'était pas en droit d'attendre de lui ; Dieu n'en souffre pas, dans le cœur de ses élus, la valeur d'une graine de moutarde. » Mécontent et froissé qu'un enfant eût l'air de lui donner une leçon, Sidi Abd-el-Djebbar, qui, bien que saint, n'en avait pas moins beaucoup d'amour-propre, gourmanda sévèrement le jeune Abd-el-Kader, lequel ne trouva rien de mieux, pour cacher la honte que lui faisait éprouver l'admonestation du saint, que d'user, à son égard, d'un moyen qui, de nos jours, semblerait peut-être un peu violent : partageant l'espace avec la main, la terre se fendit; il en sortit aussitôt des vagues bouillonnantes, et le sol s'enfonça sous les pieds de l'infortuné Chikh Abd-el-Djebbar. Bien que lui-même fût fort peu rassuré, Sidi Mohammed-ben-Sliman crut cependant faire observer à son impétueux fils que ce n'était pas une raison, parce que le Prophète avait fendu la lune en deux, pour en faire autant de la terre, surtout sous les pieds d'un vénéré marabouth; il ajouta que, dans tous les cas, il était peu convenable, quand on visitait quelqu'un, de l'accabler de sa supériorité.

L'enfant, qui, au fond, était excellent, fit signe à son père de ne pas se tracasser, attendu que son intention avait été tout simplement de donner à Sidi Abd-el-Djebbar une idée de son savoir-faire : partageant de nouveau, en effet, l'espace avec la main, les vagues disparurent, et le sol s'exhaussa sous les pieds du vieux marabouth, qui, un peu troublé par ce qui venait de lui arriver, parut néanmoins très satisfait de revoir la lumière du jour. Il n'hésita pas à avouer avec beaucoup de franchise au jeune Abd-el-Kader qu'il le reconnaissait pour son maître, et qu'il ne se sentait pas de force à faire un miracle de cette importance. Ce qui le consolait, ajoutait-il, c'est qu'il n'en voyait pas du tout la nécessité, pas plus, du reste, que l'utilité.

Mohammed-ben-Sliman, son frère Sid Abou-Bekr, et son cousin Sid Sliman-ben-Ahmed, enseignèrent au jeune Abd-el-Kader les premières sourates du Koran. Confié, quelque temps après, à Sid Ahmed-ben-Aïça-El-Kerzazi [1], jeune chikh très instruit, il surprit ses maîtres par ses étonnantes dispositions.

Les savants les plus renommés furent chargés de développer chez l'adolescent les branches de toutes les connaissances humaines.

---

1. De Kerzaz, au sud-ouest de Figuig.

A l'âge de quinze ans, désirant se rapprocher de plus en plus de la perfection, le jeune Abd-el-Kader se mit à la recherche d'un directeur : son choix se fixa sur Moul-Es-Sehoul[1], patron vénéré des Sehoul, et qu'on nommait Sidi Mohammed-ben-Abd-er-Rahman-ben-Abou-Hafs-Amr-ben-Yahya-ben-Sliman.

Abd-el-Kader approfondit les doctrines du soufisme, qu'un de ses maîtres, Sidi Ahmed-ben-Youcef, — celui qui repose à Meliana, — avait répandues dans une partie du Marok.

Autour de Moul-Es-Sehoul étaient venus se grouper de nouveaux disciples, qui formèrent la base d'une zaouïa, connue depuis sous le nom de *Zaouïet-Moul-Es-Sehoul*, la zaouïa du patron des *Sehoul*.

Abd-el-Kader se confondit parmi les plus obscurs disciples de la zaouïa et vécut dans la retraite et la solitude. Initié à l'ordre des Chadoulia, le directeur le distingua bientôt, et forma le projet de le charger d'une mission religieuse : « Prépare-toi, mon fils, lui dit-il, à visiter cette terre immense, qui est le domaine de ceux qui, comme toi, se vouent au culte de Dieu ! Tu te rendras au milieu de ces hommes qui s'agitent et se meuvent sans direction ; tu les instruiras, puis tu leur offriras, en mon nom, le gage protecteur que je t'ai confié, l'initiation à l'ordre des Chadoulia, selon ma règle. »

Abd-el-Kader le supplia de ne pas l'éloigner encore de la zaouïa, car, loin de lui, il se sentait incapable de se diriger.

---

[1]. Moul-Es-Sehoul mourut, à un âge très avancé, en 1070 de l'hégire (1639 de l'ère grégorienne). Son tombeau est près de l'ouad Guir, chez les Sehoul.

Plus tard, Sidi Abd-el-Kader fut fait mokaddem des Chadoulia. Le fondateur de l'ordre avait été Sidi Abou-Hacen-Ech-Chadeli.

Moul-Es-Sehoul le conserva encore sept ans, pendant lesquels il s'efforça d'élever son intelligence et de le diriger vers les hautes régions du spiritualisme. Enfin, le trouvant ferme dans sa foi, il lui ordonna de visiter le Sud et l'Ouest du Maghreb, et de pénétrer dans les milieux intellectuels et religieux, et de se prosterner dans les sanctuaires vénérés de ces contrées. Puis il devait, à son retour, se fixer à Mor'ar [1] et y jeter les bases d'un établissement religieux; de là, il agirait sur les divers groupes des Homeïan et leur donnerait l'initiation. Il promit à son directeur de jamais ne se départir de sa règle, et de s'éloigner sans même regarder derrière lui.

Il se rendit à Tafilalet, à Fas, au Touat et à Aïn-Madhi, et revint parmi les siens vers 1024 de l'hégire, 1612 de l'ère grégorienne.

C'est à cette époque de sa vie que Abd-el-Kader épouse Sâada-bent-El-Harets, laquelle appartenait à une famille des Bni-Toudjin établie à Aïn-Mahdi.

De cette union et d'autres, et de son commerce avec des esclaves, Abd-el-Kader eut dix-huit fils [2] et quatre ou douze filles.

Il fonda une zaouïa à Mor'ar, et, n'ayant pu fixer à son gré l'attention de ses élèves, il continua ses pérégrinations dans la région du Maghreb moyen [3] et de l'Est. Il tenait à explorer *cette terre que lèche le flot de la mer,* et qui, sillonnée par des cours d'eau comme les jardins du Paradis, produit de beaux fruits

---

1. Oasis du Sud oranais qui porte le nom de Mor'ar-ben-Medjahar des Soueïd.
2. Le manuscrit de *la Coquille nacrée* ne donne le nom que de onze de ses fils. (L. GUIN, *Interprète principal militaire* en retraite.)
3. Le Maghreb moyen comprenait le territoire actuel des divisions d'Oran et d'Alger.

et d'abondantes moissons. Il prend ensuite la route du Sud-Est; il se rend à Tlemsan et à Meliana; il fait ses dévotions et ses dévotes stations aux tombeaux de Sidi Abou-Median-el-R'outs et de Sidi Ahmed-ben-Yousef. Il visite le Zab, Constantine, Bougie, Alger, traverse la vallée du Chelef, qu'il trouve superbe, et où il veut s'installer, et la compare aux plaines sablonneuses et au désert caillouteux et aride où les Homeïan étendent leurs campements.

Il continue ses pérégrinations : il remonte les rives de la Manasfa, affluent du Chelef, s'arrête à Mendas, qui *produit du blé très estimé,* et il y prend pied.

Pour fixer les regards sur lui, il affecte une grande dévotion et un renoncement complet aux jouissances d'ici-bas. Il visite Sidi Mahammed-ben-Aouda, chez les Flita, et d'autres illustres théologiens; il dévoile ses projets à quelques adolescents qui s'étaient attachés à sa personne. Étendant la main dans la direction des pays aux vastes horizons, il leur dit : « Mieux vaut El-Abiodh[1] et vivre dans les honneurs, que de résider à Mendas et d'y savourer le goût du bon blé que produit son terroir. »

Abd-el-Kader se retire à Mor'ar pour gémir sur l'aveuglement des endurcis dans l'impiété et sur l'inutilité de ses efforts.

Des Arabes dont les troupeaux ont été décimés viennent se prosterner à ses pieds et lui faire une offrande; ils le prient d'être leur intercesseur auprès de Dieu, et d'éloigner d'eux les effets de sa colère. Sidi Abd-el-Kader veut profiter de l'occasion pour les initier à l'ordre des Chadoulia. Mais ils ne se soucient que des biens matériels de ce monde. Que leur importe

---

1. Il s'agit ici du point qui a été appelé plus tard *El-Abiodh-Sidi-Ech-Chikh.*

Moul-Es-Sehoul, dont ils savent à peine le nom ? Eux ne désirent, disent-ils, que les biens terrestres, afin de pouvoir en jouir dans cette vie.

La réputation de sainteté d'Abd-el-Kader-ben-Mohammed s'étend dans toutes les contrées où il a passé, et les offrandes et les cadeaux affluent de toutes parts dans les régions du Sud. La zaouïa de Mor'ar, en particulier, est dans le bien et la prospérité. Les serviteurs et les élèves de Sidi Mohammed le traitent avec les plus respectueux égards et ne l'appellent plus que le *Chikh*, le *Maître;* son influence religieuse est sans limite dans tout le Sud; puis il recommence ses pérégrinations, et, escorté de nombreux disciples, il pousse de nouveau jusqu'à Tafilala, semant sur son chemin la parole divine et les doctrines du soufisme.

Il ne semble point rechercher le pouvoir politique; pourtant, il s'attribue peu à peu, autour de lui, le privilège de prononcer dans les questions de commandement. « Vous m'appartenez, vous et les vôtres, disait-il parfois, sans paraître y attacher de l'importance, aux grands et aux chefs de la contrée. Vous êtes à moi comme je suis à Dieu. »

La zaouïa de Mor'ar fut bientôt encombrée de *ziarin* (pèlerins, visiteurs, nomades et ksariens), qui, en constatant la prospérité de leurs troupeaux et le rendement de leurs dattiers et de leurs jardins, remerciaient le Ciel de ses bienfaits, qu'ils ne manquaient point d'attribuer à la puissante influence de leur chikh Abd-el-Kader auprès du Tout-Puissant. Aussi était-ce à qui, parmi ses adhérents, s'approcherait de lui pour baiser le pan de son bernous; mais les fidèles Croyants ne communiquaient point avec le saint homme aussi facilement qu'ils l'eussent désiré : les *tholba* qui peuplaient ce sanctuaire de la prière, et qui lui composaient une sorte de garde, alléguaient toujours que leur Maître était en prière ou en conversation avec Dieu, et refusaient l'accès de l'humble demeure qu'il s'était réservée dans la zaouïa aux pèlerins qui avaient à solliciter quelque faveur du Ciel par son intermédiaire. Le régime sévère, l'abstinence, auxquels il s'était rigoureusement soumis, avaient provoqué chez lui des visions qui semblaient le rapprocher de la Divinité; il entendait des voix mystérieuses qui lui ordonnaient de prendre la direction spirituelle de tous ses serviteurs et d'en faire ses *khoddam*.

Déjà il ne semble plus appartenir au monde extérieur; il devient évident qu'il se spiritualise et se rapproche de Dieu. C'est à cette époque de sa vie qu'il convient de placer la vision que rapporte Sidi Amr-ben-Kerim-Et-Trari [1].

Une nuit, Abd-el-Kader était en prière, et il méditait sur le néant des choses humaines, quand, tout à coup, il vit la voûte céleste s'entr'ouvrir devant lui, et tandis qu'une douce lumière baignait des horizons de brouillard d'or et d'argent, divisés par une sorte de voie lactée d'une blancheur éblouissante, un homme montrait aux créatures qui arrivaient de tous côtés ce chemin aussi droit qu'il paraissait facile.

« Quelle est cette voie, et quel est cet homme? demanda-t-il au Prophète, qui venait de lui apparaître.

— Cette voie est celle que tu indiqueras à tes serviteurs, et cet homme qui est là, c'est toi-même. »

Il se prosternait en signe de soumission, quand il aperçut venant à lui son grand-père Sliman, qu'accompagnaient Sidi Abou-Median-El-R'outs et Sidi Bou-

---

[1]. Extrait du Commentaire *Le Diadème de la Iakouta*, traduction de M. l'interprète principal L. Guin.

Yaza-El-R'arbi[1]. Et, en désignant les créatures qui s'entre-croisaient sur cette voie sans direction, ils lui demandèrent : « As-tu besoin de nous, de notre appui, pour ramener ces égarés ?

— Votre appui mystique me suffira », leur répondit-il.

C'est aussi vers cette époque que commença à se manifester son pouvoir surnaturel, et voici, d'après une version populaire, les circonstances dans lesquelles Sidi Ech-Chikh aurait donné des preuves incontestables de son pouvoir thaumaturgique.

Il achevait une période de retraite, et il la terminait par une fervente prière, quand un grand bruit se fit entendre au dehors. Au même moment, son oratoire fut envahi par un grand nombre d'hommes qui, le visage bouleversé, poussaient des cris de désespoir.

L'un d'eux, leur chef apparemment, imposant silence à cette foule ahurie et hurlante, se jeta aux pieds du saint, et, baisant le bas de son bernous, lui dit en s'arrachant la barbe : « Le Très-Haut a déchaîné sur nous le fléau des sauterelles, et ces maudits insectes, — qui doivent porter le nom de Satan écrit sur leurs ailes, — ont dévoré une partie des jardins de notre oasis. La désolation règne parmi toute la nation. Viens à notre secours, toi qui es l'ami de Dieu ! Viens nous délivrer de ce fléau ! » Il n'y avait pas de temps à perdre ; Sidi Ech-Chikh le comprit, et il les suivit.

En approchant de l'oasis, il aperçut, en effet, des nuées de ces acridiens qui roulaient dans le ciel comme une trombe de sable poussée par la tempête, puis s'abattant comme la grêle et avec un bruit strident là où il y avait du vert à dévorer.

Une partie des jardins était déjà hachée, fauchée

---

[1]. Ces personnages figurent dans la chaîne des appuis mystiques de la Confrérie.

par les mandibules de ces voraces insectes, et l'autre était déjà sérieusement compromise.

Ech-Chikh, ayant remarqué qu'un vol considérable de ces insectes venait de se poser sur un banc de sable voisin, se porta seul vers ce point en invoquant Dieu et lui demandant son assistance; puis, étendant le bras dans leur direction, il les maudissait.

Les habitants de l'oasis, qui suivaient de loin les mouvements du saint, s'en approchèrent, et on jugera de leur étonnement et de leur joie quand ils s'aperçurent que ces terribles insectes étaient immobiles et comme cloués sur le sol où ils s'étaient abattus. « Dieu est grand! s'écrièrent-ils, et ce Chikh au pouvoir si étrange est assurément un de ses Envoyés! »

Cette manifestation surnaturelle, qui fut bientôt connue de tous, augmenta considérablement le prestige et l'influence de Sidi Ech-Chikh.

Sa mission n'étant pas encore entièrement accomplie, Sidi Abd-el-Kader songea à s'éloigner de Mor'ar et à fixer sa solitude à El-Abiodh, c'est-à-dire au milieu de populations qui avaient grand besoin de ses conseils.

C'est à partir de ce moment que commença sérieusement l'œuvre qu'il avait entreprise.

Il fonda une zaouïa à El-Abiodh, établissement religieux qui fut bientôt des plus célèbres dans cette partie du Sahra et au delà. Des adhérents y accouraient en foule pour entendre la parole du chikh, et lui demander son intervention auprès de Dieu quand ils avaient quelques affaires d'intérêt à régler. C'était à qui, — homme ou femme, — solliciterait auprès de lui l'initiation à l'ordre de Moul-Es-Sehoul, et le *diker* [1]

---

[1]. Prière particulière à un chef d'ordre religieux, et que doivent réciter un certain nombre de fois par jour ses *khoddam*, ou serviteurs religieux.

de ce saint homme. Les initiés, dont le nombre augmentait chaque jour, finirent par former une confrérie distincte, qui, au moindre signal du chikh, était prête pour une action commune.

Depuis qu'il s'était révélé, Abd-el-Kader était entouré des plus grandes marques de respect et de vénération, et ce fut à ce point qu'un grand nombre d'ignorants lui vouèrent une sorte de culte. Pour eux, ce personnage si spirituellement puissant, ce dispensateur des faveurs divines, ne pouvait être que le Prophète lui-même ; et c'est ainsi qu'un soir, des chanteurs, des *meddah*[1], venant de fort loin et s'étant arrêtés dans un campement des Homeïan, et faisant entendre un chant à l'éloge de l'Envoyé de Dieu, chant qui partout ailleurs avait captivé leur auditoire, était écouté d'une oreille des plus distraites.

Un vieillard, qui, depuis quelques instants, donnait des signes d'impatience, se dirigea vers les *meddah*, et leur demanda du ton de la plus mauvaise humeur :

« Mais de qui donc vous évertuez-vous à chanter ainsi les mérites ?

— Mais de notre saint Prophète, de Sidna-Mohammed lui-même.

— Si c'est là votre Prophète, à vous autres étrangers, vous pouvez vous dispenser de continuer votre chant. Nous, qui sommes de bons Musulmans, nous ne connaissons d'autre Envoyé de Dieu qu'Abd-el-Kader, notre Chikh. Et, sachez-le, à lui seul appartient la Toute-Puissance. Glorifiez ce soutien du Monde, cette âme d'élite, et nous vous écouterons ! »

Quand le vénéré patron des Sehoul apprit ce qui se passait à El-Abiodh, il en fut péniblement impressionné ;

---

[1]. Le *Meddah* est une espèce de trouvère religieux errant récitant des vers ; c'est aussi un poète religieux.

il refusa de croire à ce qu'il croyait n'être que des bruits, des calomnies; mais bientôt ses doutes furent dissipés, et il en ressentit un profond chagrin. « Est-il possible, s'écriait-il, que cet homme, que je considérais comme mon enfant, ait ainsi foulé aux pieds ses engagements les plus sacrés ! Mais il se perd, cet insensé, ce téméraire ! » Et les théologiens de l'ordre firent tous leurs efforts pour ramener à leur Chikh celui qu'ils traitaient de *novateur* et de *rebelle*.

Mais ce fut en vain : Abd-el-Kader, qui était devenu puissant, et qui voyait toutes les volontés se plier devant la sienne, ne fit aucun cas des menaces et injonctions qui lui étaient faites par les grands de l'ordre, dont il se fit des ennemis irréconciliables. S'il fallait les en croire, Abd-el-Kader, au fur et à mesure que son prestige s'étendait, perdait tout respect de la loi divine et de la tradition; on allait jusqu'à dire qu'il avait osé acheter des biens *habous*, des biens de mainmorte, à Figuig; on ajoutait qu'il s'acquittait tardivement de la prière de l'*âceur* [1], qu'il s'oubliait dans la société des femmes, et enfin qu'il ne touchait aux aliments secs qu'autant qu'ils avaient été broyés au mortier.

Malgré la gravité de ces accusations, l'*homme des Homeïan*, — c'est ainsi que le désignaient ses rivaux, — ne parut point en faire le moindre cas, et il se dirigea vers le Maghreb moyen, dans cette contrée riche et fertile où résidaient de préférence quelques-uns de ses fils et de ses disciples.

Un de ses contemporains, Sidi Ibrahim-ben-El-Fedjidji, dépeint Abd-el-Kader ainsi qu'il suit :

« Abd-el-Kader possédait alors cette beauté physique

---

[1]. Point du jour intermédiaire entre midi et le coucher du soleil, c'est-à-dire de trois à quatre heures de l'après-midi, suivant la saison.

qui est particulière aux hommes que Dieu a marqués de son sceau ; aussi, ne pouvait-on l'approcher sans se sentir naturellement attiré vers lui : son visage, d'un blanc mat, était éclairé par des yeux noirs d'une expression indéfinissable, et qui, parfois, pareils à la foudre, lançaient des éclairs ; sa voix était harmonieuse et pénétrante. La douceur de ses regards réconfortait l'âme, et sa parole, claire et limpide, agissait de telle sorte sur l'esprit qu'elle y apportait le calme et la confiance. Enfin, son extérieur et sa prestance étaient nobles et distingués, et ses goûts d'une simplicité extrême ; aussi, à son exemple, ses adhérents voulurent-ils tous porter, — et c'était là tout leur luxe, — un chapelet semé de grains de corail [1]. »

---

1. Nous voulons citer un singulier effet d'atavisme que nous retrouvons, après plus de deux siècles de distance, entre Sidi Chikh et son descendant direct, Sid Hamza-ould-Abou-Bekr, notre ancien khelifa du Sud, celui qui nous a ouvert les portes d'Ouargla en 1853, et qui mourut à Alger le 21 août 1861.

Disons d'abord quelques mots de ce personnage, qui a joué un grand rôle dans la province de l'Ouest de notre Sahra, rôle qui a été loin d'être continué par ses fils[*].

En avril 1850, Sid Hamza, le chef religieux des Oulad-Sidi-Ech-Chikh-Ech-Cheraga, chef que nous avions besoin de gagner à notre politique dans le Sud algérien, fut élevé à la dignité de khelifa des Oulad-Sidi-Ech-Chikh de l'Est, sous la condition de venir se présenter bientôt de sa personne à l'Autorité française pour en recevoir l'investiture. Sid Hamza avait consenti à une entrevue avec le chef du bureau arabe de Mâskara : elle eut lieu à Sfid, à 35 kilomètres au Sud de Sâïda. Mais, pendant l'entrevue, une balle, partie du groupe du chef du bureau arabe, vint siffler entre ce dernier et le khelifa, qui, grâce à un mouvement de son cheval, ne fut pas atteint.

Sid Hamza sentit de suite d'où venait le coup : c'était son frère, Sid En-Nâïmi, qui avait dirigé la main de l'assassin.

Cet attentat jeta naturellement un certain froid sur les rap-

[*] Voir nos livres *Les Français dans le Désert*, et l'*Histoire de l'Insurrection des Oulad-Sidi-Ech-Chikh*.

Le Chikh Abd-el-Kader continue ses pérégrinations : il s'arrête chez les Bni-Chougran, tribu voisine de Mâskara, où se trouvait son fils Sâïd ; il entre en relation avec le chef des R'eris, dont les campements s'étendaient au sud d'El-Kert (le vieux Mâskeur). Il cherche à s'attacher les populations indépendantes de cette

ports entre le chef du bureau arabe et Sid Hamza, et l'on s'aperçut, dès 1851, que le khelifa échappait à notre influence pour subir celle du nouveau sultan d'Ouargla, Mohammed-ben-Abd-Allah. Ses menées ne tardèrent pas à arriver à la connaissance de l'Autorité française, qui résolut de le faire arrêter avant que sa défection fût consommée.

Une petite colonne, aux ordres du chef du bureau arabe divisionnaire de la province d'Oran, l'énergique commandant Deligny, fut envoyée dans le Sud en avril 1852 sous un prétexte quelconque, et se dirigea vers El-R'açoul, petit ksar, dans les environs duquel campait Sid Hamza. Le chef du Bureau arabe le fit prier de venir le voir à son camp, où il avait une communication à lui faire. Ne soupçonnant pas le but de la sortie de cette colonne, et croyant, d'ailleurs, ses projets de trahison ignorés de l'autorité française, Sid Hamza, malgré une forte attaque de cette affection que les Arabes appellent *da el-melouk*, — le mal des rois, *la goutte*, — se fit hisser sur une mule, et se rendit à la tente de son ami *Deli*, avec lequel il était en relations. Le commandant lui fit comprendre qu'il était temps qu'il remplît sa promesse de se rendre à Oran, où le général Pélissier, — qui désirait absolument faire sa connaissance, — l'attendait impatiemment. Sid Hamza fit quelques difficultés : il fit remarquer au commandant Deligny qu'il n'avait point la disposition de ses jambes, lesquelles, en effet, étaient enveloppées dans de la flanelle, et présentaient un volume considérable. Mais le commandant chef du bureau arabe divisionnaire lui fit remarquer qu'il pouvait être rendu facilement près du général commandant la province en quatre ou cinq jours de marche ; et, sans lui donner le temps de retourner dans son campement, le commandant Deligny le fit remonter sur sa mule, et mit le marabouth en route sous une bonne escorte de chasseurs d'Afrique, qui, le quatrième jour, au soir, arrivait à Mâskara, où il devait apprendre le sort qui l'attendait, c'est-à-dire la décision du général Pélissier à son égard, laquelle devait être son interne-

région, et à les amener à accepter l'initiation à la voie qu'il avait tracée. Mais il échoua dans cette œuvre : « Nous ne saurions vraiment t'écouter, lui faisaient-ils observer avec fierté ; un homme des R'eris, sache-le bien, en toutes choses ne prend conseil que de sa tête. Il admet qu'on agisse comme lui, mais il ne saurait

ment à Oran pendant un temps qu'il déterminerait. C'était le général commandant la subdivision de Máskara, — dont nous étions alors l'officier d'ordonnance, — qui devait l'en instruire.

Le général avait décidé de recevoir le khelifa des Oulad Sidi-Ech-Chikh-Ech-Cheraga le lendemain à dix heures du matin, à l'hôtel de la subdivision. Il y était, en effet, transporté à dos de mule, et sous escorte de cavaliers français, et il était mis en présence du général, qui l'interrogeait avec son aménité ordinaire, mais qui se refusa absolument à lui faire connaître qu'il était prisonnier, et qu'il devait être interné pendant deux ans à Oran. Ses scrupules chevaleresques, — exagérés sans doute, — ne lui permettaient pas, disait-il, de tremper dans ce qu'il appelait la petite trahison qu'on avait employée à l'égard du khelifa pour l'attirer dans le camp du commandant de la colonne.

Le lendemain, de grand matin, Sid Hamza fut embarqué dans la diligence de Máskara à Oran ; or, comme on pouvait craindre une tentative de délivrance du descendant de Sidi Ech-Chikh de la part des *khoddam* du saint, très nombreux dans la subdivision de Máskara, on le fit accompagner par le capitaine de spahis Siquot, — armé jusqu'aux dents, — jusqu'à Oran.

Nous le répétons, dans la peinture que nous a laissée de Sidi Ech-Chikh Sidi Ibrahim-ben-El-Fedjidji, son contemporain, nous y avons retrouvé les traits de Sid Hamza, le descendant direct du saint et illustre patron des Oulad-Sidi-Ech-Chikh. Le lecteur pourra en juger.

Sid Hamza, qui pouvait être âgé de trente à trente-trois ans en 1852, était un homme superbe, et de traits on ne peut plus attachants. Paraissant énorme par l'effet des nombreux bernous et cafetans superposés dont il était revêtu ; d'une taille assez élevée et distinguée ; tout l'air enfin d'un grand seigneur musulman ; les yeux grands, noirs et d'une douceur extrême, tempérés encore par des sourcils épais, longs, soyeux, et des cils de plusieurs rangs tamisant son regard troublant ; la barbe noire,

9.

se soumettre à la volonté d'un autre : *El-R'eris itebâ la itebâ.* »

Ech-Chikh traverse la vallée du Chélef, et va se prosterner sur le tombeau de Sidi Ahmed-ben-Youcef. Sa réputation de thaumaturge s'étend de jour en jour : c'est ainsi qu'ayant séjourné chez son disciple, Maham-

---

fournie, coupée à l'arabe, et tranchant sur le teint mat de son visage; les dents magnifiques, nacrées et bien rangées; les lèvres un peu épaisses; la tête forte, et rendue volumineuse par le nombre de ses chachias et de ses haïk laine et soie. Sa voix est douce, harmonieuse, sans éclats; le geste est moelleux, sobre et plein de dignité; les allures cherifiennes plutôt que guerrières. Cet ensemble mettait le général, — un créole de la Guadeloupe, — mal à son aise: car, chevaleresque à l'excès, il trouvait que le moyen dont on s'était servi pour l'arrêter, surtout dans l'état de perclusion où il se trouvait, n'était pas des plus conformes aux usages français; aussi, ne se soucia-t-il pas de remplir la mission dont l'avait chargé le général Pélissier, celle de lui annoncer son internement à Oran, soin qu'il laissa au général commandant la province d'Oran lui-même, lequel lui en fit le reproche.

En notre qualité d'officier d'ordonnance du général commandant la subdivision du Mâskara à cette époque, nous avons assisté à cette scène, que nous nous rappelons comme si elle était d'hier. Nous avons revu plusieurs fois le khelifa Sid Hamza depuis, notamment pendant l'expédition d'Ouargla en 1854 (janvier et février), pendant la colonne dans les ksour du cercle de Géryville en 1855, et dans d'autres circonstances, et toujours nous l'avons trouvé le même.

Sid Hamza est décédé à Alger, où il était venu rendre visite au maréchal Pélissier, le 21 août 1861 [*].

[*] Voir notre livre « *Les Français dans le Désert* ». — *Journal de la première Expédition sur Ouargla (Extrême-Sud algérien)*, dirigée par le colonel d'état-major *Durrieu*, expédition admirablement conduite, et avec des moyens arabes seulement, et qui fut d'autant plus importante et fructueuse pour la France qu'elle poussait d'un seul bond notre frontière dans le Sud à 100 lieues de Laghouath, et qu'elle nous ouvrait définitivement le Sahra algérien, limite qu'aucune colonne n'a dépassée depuis cette époque (1853-1854).

med-ben-Aouda[1], il lui prédit l'influence surnaturelle dont il jouirait, dans l'avenir, sur les populations du pays; et il commençait sans retard à établir cette influence par ses prédications : « Que ceux d'entre vous, disait-il, qui veulent jouir du pouvoir visitent la demeure de Mahammed-ben-Aouda[2]. »

A un autre de ses disciples, Bel-Kacem-El-Mezrer'ani, qui résidait à El-R'omra, il lui prédit qu'il serait le patron des pasteurs. Aussi, jetait-il dans toutes les oreilles qui l'écoutaient cet intéressant conseil : « Que celui qui désire devenir riche en troupeaux fasse une offrande à Bel-Kacem. »

A Bou-Ez-Zin-Belaha, dont il change le nom en Feraha (joie), il donne tout pouvoir pour assurer, dans le pays, la prospérité des champs et des troupeaux.

Enfin, Ech-Chikh va visiter ses fils Mohammed à Bou-Aaïth, et Bou-Saïd chez les Oulad-Mimoun, et se rend de nouveau, pour y faire ses dévotions, sur le tombeau de Sidi Abou-Median-El-R'outs. Enfin, ayant terminé ses pérégrinations, il regagna El-Abiodh, où il vécut dans les honneurs, et en semant le bien sur ses pas.

Son pouvoir auprès du Dieu unique était devenu presque sans limites : c'est sur lui que le Tout-Puissant paraissait se reposer pour les détails de la vie des mortels dans la contrée qu'il habitait. Aussi, cite-t-on de lui de nombreux miracles qui attestent sa qualité d'*ouali*. Nous avons vu plus haut qu'il était prédestiné dès le ventre de sa mère, et cette puissance ne fit que

---

1. Le futur patron des Flita. Il était le fils de Sidi Yahya-ben-Rached; mais il portait le nom de sa mère, Aouda.

2. Littéralement : Que celui qui veut (qu'on lui amène) des chevaux de soumission, visite la demeure de Mahammed-ben-Aouda.

croître au fur et à mesure qu'il croissait en âge et en vertus.

Personne autant que lui ne prit soin des siens et de ses serviteurs; son existence était acquise à tous, et, de près comme de loin, par lui-même comme par intermédiaire, il soulageait ou tirait du péril tous ceux qui l'invoquaient dans le danger.

C'est ainsi qu'un jour il sauva d'un péril imminent, — du naufrage, — un navire chargé de Musulmans revenant sur Alger du saint pèlerinage de Mekka : « Le navire des Chrétiens qui nous portait, raconte Yahya-ben-Ahmed, un des disciples de Sidi Abd-el-Kader-ben-Mohammed, approchait d'Alger; le vent nous avait été favorable depuis notre départ d'Alexandrie, et nous pouvions prévoir déjà le moment où nous aborderions la terre. Soudain, la mer devint houleuse, et les vagues, roulant les unes sur les autres, se cabraient avec fureur, paraissant vouloir donner l'assaut à notre navire, qui craquait et gémissait sous les coups de la lame, laquelle menaçait de l'engloutir.

« Les marins des Chrétiens, croyant que leur dernière heure était proche, imploraient l'aide de leur Dieu et le secours de tous leurs saints : ils s'agenouillaient et se frappaient la poitrine en poussant des appels désespérés.

« Le fidèle disciple d'Ech-Chikh, froid et impassible devant la tempête, et plein de confiance dans la puissance de son saint patron, portait distraitement son regard tantôt sur la mer en courroux, et tantôt sur ces marins démoralisés.

« — Hé quoi? lui dit l'un d'eux, tu n'as donc pas peur?

« — Non, lui répondit Yahya-ben-Ahmed, je suis inac-
« cessible à la crainte, car j'ai un haut protecteur qui
« saura bien me soustraire au péril qui vous menace,
« vous autres Chrétiens.

« — Si ton protecteur est aussi puissant que tu veux
« bien le dire, reprit le marin, tu devrais te hâter de nous
« recommander à lui, car nous sommes en perdition. »

« Le pèlerin fit une courte prière mentale, invoquant
le nom de son saint patron, et les vagues retombèrent
inertes et sans force sur la mer expirante et subitement calmée. »

Il lui arriva, un jour, de décupler les forces physiques, et à ce point que des enfants auraient pu avoir raison d'une armée.

C'est ainsi qu'à ce propos on rappelle l'aventure arrivée à des jeunes gens d'El-Ar'ouath qui avaient reçu l'initiation des mains du vénéré Chikh Abd-el-Kader-ben-Mohammed. Ils rentraient dans leurs familles, pleins de joie et la paix dans l'âme, quand, tout à coup, ils furent entourés par une nuée de coupeurs de routes. Bien que sans armes, ces adolescents n'hésitèrent pas un instant, se sentant subitement animés d'une vigueur sans pareille, à faire face de toutes parts et à se précipiter sur les brigands avec une vigueur dont ils ne se croyaient pas capables, et les balayèrent comme le vent disperse les amas de sable dans le désert.

En pareille circonstance, Sidi Khaled-ben-Anter-El-Amouri, ayant fait appel à l'assistance de son saint patron, put ainsi échapper aux coups de ses nombreux ennemis, et continuer sans être inquiété son voyage dans le Maghreb.

Un jour, une femme d'El-Abiodh, puisant de l'eau dans un puits profond, y laissa tomber son enfant. Désespérée, la pauvre mère invoque aussitôt Sidi Abdel-Kader. Sans se faire prier, le saint d'El-Abiodh s'élance souterrainement dans la direction du puits : il saisit l'enfant avant même qu'il eût touché la surface de l'eau, et le remet à sa mère.

La légende ajoute qu'il poussa la bienveillance jusqu'à rapporter, en même temps, le turban tombé de la tête d'un Arabe qui s'était penché sur le puits au moment de l'accident.

Mais l'invocation de la pauvre mère avait été également entendue de Sidi Abd-el-Kader-El-Djilani [1], le saint de Bar'dad, le Sultan des parfaits, le Prince des justes, celui que, nous le savons, les pauvres et les affligés n'invoquent jamais en vain. A l'appel de la mère, il était accouru fendant la terre et les mers; mais bien que, sans doute, il eût pris la ligne la plus directe, la besogne était faite quand il arriva, de sorte que son assistance était devenue absolument inutile. Nous ne voulons pas le cacher; à quoi bon? Sidi-Abd-el-Kader-El-Djilani, — tout parfait qu'il était, — ne fut pas sans éprouver quelque dépit de voir qu'il s'était dérangé pour rien. Le fait est que, de Bar'dad à El-Abiodh, il y a une fameuse trotte, même par la traverse.

« Alors, pourquoi m'a-t-on appelé? » demanda-t-il avec quelque aigreur. Sidi Abd-el-Kader le Sahrien lui expliqua l'affaire en deux mots : « C'est bien, lui répondit le saint de Bar'dad; mais pour éviter, à l'avenir, toute confusion de ce genre, tu t'appelleras dorénavant *Sidi Ech-Chikh* seulement. »

Un des disciples du saint d'El-Abiodh rapporte la même légende, mais avec la variante suivante : « Un des nôtres, traversant le Sahra par une température accablante, et étant à bout de forces, s'écria, au moment où il allait rendre le dernier soupir : « Sidi Abd-
« el-Kader, soutiens-moi! Sidi Abd-el-Kader, protège-
« moi! »

---

1. Mort en 561 de l'hégire (1165 de l'ère grégorienne).

« A son appel, Sidi Abd-el-Kader-El-Djilani, le saint de Bar'dad, le soutien de l'Islam, celui dont l'âme plane entre le ciel et la terre, lui apparut.

« Est-ce mon appui que tu réclames? demanda-t-il à
« cet homme, est-ce Abd-el-Kader-El-Djilani que tu in-
« voques?

« — Je demandais le secours de mon patron, Sidi Abd-
« el-Kader-ben-Mohammed », répondit-il très intimidé.

« Celui-ci se présenta à ce moment.

« Hé quoi? lui dit le saint de Bar'dad, un des tiens
« implore ton aide, et tu ne l'assistes point aussitôt? »

« Abd-el-Kader d'El-Abiodh se tira de là assez adroitement : « Je vous ai aperçu, soutien de l'Islam ; je
« n'ai pas cru devoir m'avancer.

« — C'est bien ! reprit El-Bar'dadi un peu radouci ;
« mais, pour éviter à l'avenir toute confusion, tu t'ap-
« pelleras désormais : *Ech-Chikh!* »

Depuis cet événement, Sidi Abd-el-Kader-ben-Mohammed ne fut plus appelé que du surnom que lui avait prescrit de porter Sidi Abd-el-Kader-El-Djilani.

Pourtant, ses disciples, ses serviteurs religieux, ses biographes, le désignèrent sous d'autres surnoms et qualifications que nous allons indiquer ci-après :

Sidi Ech-Chikh. — Monseigneur le Maître ;

Sidi Ech-Chikh-el-Kebir. — Monseigneur le Grand Maître, pour ne point le confondre avec son petit-fils, Ben-Ed-Din, surnommé Ech-Chikh-Es-Sr'ir ;

Sidi El-Kebir. — Monseigneur le Grand, surnom qui est l'abréviation de Sidi Ech-Chikh-El-Kebir ;

Bou-Chikhi. — L'homme des Oulad-Sidi-Ech-Chikh, des enfants de Sidi Ech-Chikh.

Sa descendance, aussi bien en Algérie qu'au Marok, a conservé l'appellation de *El-Oulad-Sidi-Ech-Chikh,* — les enfants de Sidi Ech-Chikh.

Sidi Abd-el-Kader est encore qualifié de : *Ould-Bou-*

Bekr-Es-Saddik, enfant de Bou-Bekr-Es-Saddik, en souvenir de son illustre ascendant, le compagnon du Prophète.

On le désigne encore sous les surnoms de *Bou-Smahi* et de *Bou-Smaha*, pour rappeler son aïeul Bou-Smaha.

On le désigne aussi sous les surnoms de : *El-Homeïani*, celui qui appartient au groupe des Homeïan ; — *El-Aref*, celui qui obtient des perceptions spirituelles ; — *El-Mrabeth*, l'homme voué au culte de Dieu ; — *Bou-Amama*, l'homme au turban ; — *Er-Rehal-el-Beidha*, le cavalier à la jument blanche.

Cette dernière qualification rappelle que Sidi Abd-el-Kader-El-Djilani, le saint de Bar'dad, est désigné souvent par les *meddah* (trouvères) sous le surnom de *Rakeb-el-Hamra*, le cavalier à la jument baie.

Ainsi que nous l'avons dit plus haut, Sidi Ech-Chikh se fit beaucoup d'ennemis, surtout parmi les théologiens les plus célèbres de son temps : ses doctrines nouvelles le firent traiter de menteur, de parjure. Ils composèrent des livres pour réfuter et combattre ses opinions religieuses. Parmi ces acharnés défenseurs de ce qu'ils appelaient l'orthodoxie, nous citerons particulièrement le *hafodh*[1] Bou-Ras, et le flambeau de l'époque, Sidi Ahmed-ben-Bou-Mehalli-El-Meçaouri, qui fit de vains efforts pour ramener dans la bonne voie Abd-el-Kader-ben-Mohammed-El-Homeïani le Novateur. El-Meçaouri composa, dans ce but, deux livres, — merveilles d'érudition, — auxquels il donna les titres de : « *Le Glaive tranchant qui égorge le génie puissant et malfaisant* », et « *La Catapulte qui pulvérise les édifices élevés par le Chikh que l'erreur aveugle.* »

A son exemple, Sidi Brahim-ben-Youcef composa

---

1. *Hafodh*, celui qui sait tout le Koran de mémoire.

un livre qu'il intitula : « *Le Manuel parfumé, ou Réfutation des arguments d'Abd-el-Kader-ben-Mohammed des Homeïan, qui a perdu la raison.* »

Il serait fastidieux de citer tous les ouvrages que firent surgir, dans le Maghreb et ailleurs, les nouvelles doctrines de Sidi Chikh, lequel se posait hardiment en chef d'école. Nous devons dire pourtant que ce déchaînement des vieilles idées et des vieux théologiens contre le thaumaturge d'El-Abiodh ne portèrent à son prestige qu'une atteinte insignifiante; la querelle se localisa dans le Maghreb, et la réputation de sainteté de Sidi Ech-Chikh s'étendit du littoral méditerranéen aux oasis du Sahra avec une telle rapidité que, pareille aux rayons du soleil qui fondent les flocons de neige, elle finit par faire disparaître les ennemis du puissant *ouali* que le Dieu unique, — il n'y avait pas à en douter, — avait choisi pour l'exécution de ses grands desseins.

Il avait toujours vaillamment répondu aux très vives attaques des hommes de science et de religion du Sud et de l'Ouest.

Il faut dire que Sidi Ech-Chikh n'avait jamais douté de lui un seul instant : il était persuadé, — et il le répétait à qui voulait l'entendre, — qu'il était le personnage de son siècle, et que Dieu lui ayant accordé toutes ses faveurs et tous ses dons, lui seul était capable de diriger les hommes dans sa voie spirituelle : « Ma piété et ma ferveur, disait-il fréquemment, égalent celles de Aouïs-ben-Amer-El-Karani[1]. Je suis réellement et visiblement éclairé d'en-haut, et nul mieux que moi ne peut diriger une âme avide de perfection. »

L'œuvre de Sidi Ech-Chikh fut considérable : son

---

1. Savant célèbre de Koufa, qui vécut dans l'isolement et la prière, agissant en vue de Dieu seul.

poème mystique, entre autres, qu'il avait fait connaître sous le titre d'*El-Iakouta*, — la Perle, — est une petite merveille de logique et d'élégance.

C'est dans ce poème que se trouvent condensés ses arguments; il pouvait servir de base à qui avait adopté sa règle; il se termine par l'indication de la chaîne non interrompue de ses appuis, ceux des Chadoulia, et il établit, en parlant de Dieu lui-même, le principe de toutes choses, cette chaîne de ses bases orthodoxes.

Le poème *El-Iakouta* eut plusieurs commentateurs, dont le plus célèbre fut Mohammed-ben-Mârouf, lettré affilié à l'ordre des Derkaoua, et lequel se donne la qualité d'Imam.

Indépendamment d'*El-Iakouta*, Sidi Chikh composa plusieurs autres ouvrages ou recueils : il aurait laissé, entre autres, divers travaux sur le soufisme, sur les mérites de ses ancêtres, les vertus de Moul-Es-Sehoul, son maître, les grâces que recueillent ses disciples, etc.

Mais revenons à la phase légendaire de la vie de Sidi Ech-Chikh, c'est-à-dire à l'histoire populaire de ce grand saint.

Comme tous ceux qui se distinguent de la foule par quelque vertu, par la science, ou par des qualités exceptionnelles, Sidi Ech-Chikh, nous l'avons vu, s'était fait de nombreux ennemis; ses parents même ne craignirent point de conspirer contre lui, et ce fut à ce point qu'un jour ils se mirent à sa poursuite avec les plus mauvaises intentions; épuisé de fatigue, le saint allait tomber entre leurs mains; il ne pouvait être sauvé que par l'intervention divine. Il pria Dieu, — qui, du reste, n'avait rien à lui refuser, — de le tirer de là : la terre s'entr'ouvrit soudain sous les pieds du saint homme qui, quelques instants après, en ressortait à une heure de marche plus loin, au lieu même où depuis s'est élevée la koubba sous laquelle il repose.

Sa monture l'avait suivi à la piste dans sa marche souterraine. Quant aux coquins qui le poursuivaient, ils furent changés en *bethoum* (pistachiers atlantiques). On vous montre encore, dans l'ouad El-Kheloua, et non loin de l'orifice du souterrain par lequel s'échappa Sidi Ech-Chikh, on montre encore, disons-nous, ces vieux arbres levant leurs branches vers le ciel, et dans l'attitude de stupéfaction qu'ont dû prendre les persécuteurs du vénéré marabouth quand il disparut à leurs yeux.

Une autre fois encore, il réprima les injustes agressions de ses ennemis en les engloutissant dans la terre, — c'était le miracle qu'il réussissait le mieux ; — mais, comme il ne voulait pas leur mort, il les fit reparaître aussitôt, se contentant de leur jeter cette malédiction à la face : « Il ne sortira jamais de vous ni saint, ni conquérant. »

Monté sur sa mule, Sidi Ech-Chikh entreprit, un jour, un voyage dans le Tell ; il poussa ainsi jusque dans les montagnes des Trara, tribu kabile qui, bien que voisine du Marok, la terre des saints, ne s'occupait pas plus du Dieu unique que s'il n'eût jamais existé. Le but du saint marabouth était le même que celui du missionnaire de Saguiet-El-Hamra : faire pénétrer l'élément arabe dans les montagnes des Berber par une intervention pacifique, puisqu'on ne pouvait le faire par la violence et de vive force, et c'était avec la clef de la religion qu'on voulait s'en faire ouvrir les portes. Cette entreprise, qui, d'ailleurs, avait déjà réussi dans d'autres parties du Maghreb, se complétait peu à peu, et l'on pouvait prévoir le moment où cette œuvre gigantesque de pénétration, qui s'accomplissait par instillation, serait arrivée à terminaison.

Sidi Ech-Chikh avait compris qu'un miracle lui faciliterait singulièrement la mission qu'il s'était donnée.

Or, cette année, la sécheresse était grande dans le pays, et presque tous les puits et fontaines étaient taris. En arrivant chez les Bni-Deddouch, à l'est de Nedroma, il descendit de sa monture, et demanda qu'on la fît boire. On lui répondit qu'il n'y avait plus d'eau dans la contrée. « Eh bien! dit-il, jetez-lui la bride sur le cou, et laissez-la faire. » La mule, suivie par les grands de la tribu, gravit une montagne; arrivée à son sommet, elle frappa le sol de son sabot, et elle en fit jaillir une source abondante qui coule encore.

Ne doutant pas, en présence de ce miracle, que le saint homme n'ait l'oreille de Dieu, les Bni-Deddouch essayèrent de retenir dans leur pays un puissant qui disposait ainsi à son gré des bénédictions du Ciel; mais Sidi Ech-Chikh, qui n'avait eu d'autre but, en opérant ce miracle, que de prendre pied dans la tribu des Trara, eut l'habileté de refuser d'accéder au désir manifesté par les Kabils, lesquels, pour le faire revenir sur sa décision, lui firent des offres superbes, qu'il refusa avec une sorte d'indignation qui acheva de lui conquérir toute la tribu, car pas un d'eux ne se sentait capable d'une pareille abnégation et d'un tel désintéressement : « Je ne fais point commerce de la parole de Dieu, ô Kabils! et, en vous l'apportant, je n'y ai d'autre intérêt que le salut de vos âmes. » Les Trara étaient tout à fait émerveillés des vertus de Sidi Ech-Chikh, et ces montagnards étaient désormais à lui. Il voulut bien consentir à rester quelque temps parmi eux pour achever d'ouvrir leur pays aux marabouths, qui n'attendaient que le résultat de sa tentative pour s'introduire à leur tour, et sous sa protection, dans le massif trarien. D'ailleurs, la mule de Sidi Ech-Chikh, qu'il consultait souvent quand il était embarrassé, n'était pas d'avis qu'il s'éternisât dans ces montagnes; elle avait la nostalgie des oasis et des palmiers, et elle ne s'était pas gênée pour faire connaître à son maître son opinion sur cette affaire, puisqu'il la lui avait demandée; elle s'en expliqua par des signes et des braiments dont le saint avait seul la clef.

Sidi Ech-Chikh donnait beaucoup de temps à la prière et à la contemplation; pour y vaquer plus à l'aise, il se retirait dans des grottes ou cavernes, dont on a compté jusqu'à cent vingt. Le saint homme mettait dans son ascétisme un raffinement qui laisse bien loin derrière lui les pieuses folies, les excès de dévotion des anachorètes chrétiens : ainsi, pour ne point céder au sommeil, il nouait à sa *guethaïa*[1] une corde qu'il fixait en même temps au faîte de sa cellule; lorsque, vaincu par la fatigue, il s'abandonnait à l'assoupissement, cette corde, en l'empêchant de s'étendre sur la natte qui lui servait de couche, le réveillait infailliblement par l'effet de la traction douloureuse qu'elle exerçait sur sa touffe de cheveux; il pouvait, dès lors, continuer ses entretiens avec Dieu.

Il est évident que c'était là de l'exagération, car si le Prophète a dit : « Et, dans la nuit, consacre tes veilles à la prière; il se peut que Dieu t'élève, dans ces veilles, une place glorieuse », il n'a certainement pas prétendu que les Croyants dussent se passer de sommeil : car il n'est pas indispensable que nos sens soient éveillés pour nous entretenir avec Dieu, et c'est souvent, au contraire, le moment de leur repos, de leur inactivité, qu'il choisit pour nous envoyer ses révélations et s'entretenir avec nous.

La dernière des kheloua habitée par Sidi Ech-Chikh était au pays d'Antar. Il y demeura cinq ans, cinq mois, cinq jours et cinq heures.

---

1. Touffe de cheveux laissée sur le sommet de la tête rasée d'un Arabe.

Cependant, Sidi Ech-Chikh dut payer son tribut à la mort. Ce fut en l'an 1615 de notre ère, — 1023 de l'hégire, — âgé de soixante-douze ans, qu'il rendit à Dieu une âme dont il s'était si merveilleusement servi pendant sa longue existence de piété, de bonnes œuvres et de pratique de toutes les vertus musulmanes. Ce fut à Stiten, ksar situé à cinq lieues à l'est d'El-Beïodh du Ksal[1], qu'il termina sa vie. Sentant sa fin approcher, il recommanda à ceux qui l'entouraient de placer son corps, dès qu'il aurait exhalé le dernier soupir, sur une chamelle blanche à laquelle ils laisseraient le choix de sa direction. A la première station de la chamelle, on devrait lotionner le corps du saint, et, à la seconde, l'enterrer sur le lieu même où elle se serait arrêtée. Les gens de Stiten firent selon les suprêmes volontés du saint marabouth. Cinq d'entre eux suivirent la chamelle, — tout en se tenant cependant respectueusement à une certaine distance derrière elle, dans la crainte qu'elle ne pensât qu'ils voulaient l'influencer, — pour rendre les derniers devoirs à celui que Dieu venait de rappeler à lui. Après avoir marché tout le jour dans la direction du Sud, la chamelle s'arrêta, et s'accroupit non loin d'un point où Sidi Ech-Chikh était venu souvent se recueillir et prier.

Sachant qu'il n'y avait pas d'eau dans les environs, les Stiteniens furent fort embarrassés pour satisfaire à la première des recommandations du saint homme. Ils se consultèrent, et décidèrent à l'unanimité qu'il fallait inviter la chamelle, — en y mettant des formes, bien entendu, — à se lever et à pousser jusqu'au Khèneg-Bou-Djelal, où, infailliblement, ils trouveraient de l'eau dans quelque anfractuosité de rocher. Malgré les prières,

---

[1]. Ce fut près des ruines de ce ksar que fut bâti, en 1853, le poste avancé de Géryville.

les exhortations les plus pressantes, l'animal ne bougea pas. Persuadé que la bête y mettait de l'entêtement, l'un des Stiteniens levait déjà son bâton pour l'en frapper, quand un chacal apparut soudain à quelques pas de la chamelle, et jeta un glapissement plaintif que répéta l'écho. Le corps du saint fit, en même temps, un mouvement qui rompit ses liens, et il glissa doucement à terre, comme s'il y eût été déposé par des mains invisibles. Tout aussitôt, le chacal gratta le sol, et il en jaillit une source limpide et abondante qui, depuis, n'a pas tari.

Les témoins de ce prodige comprirent alors qu'ils avaient eu tort de douter, et ils se mirent en devoir de procéder à la lotion du corps de l'*ouali* avec les eaux de cette source, laquelle, pour perpétuer le souvenir de ce miracle, fut appelée « *Aïn El-Mar'sel-Sidi-Ech-Chikh* », c'est-à-dire « Source de la Lotion de Sidi Ech-Chikh ».

Les Stiteniens enveloppèrent ensuite le corps du saint marabouth dans son bernous, et le déposèrent sous un thuya pour y passer la nuit. Le lendemain, à l'heure de la prière du *fedjeur* (point du jour), la dépouille mortelle de Sidi Ech-Chikh fut de nouveau chargée sur la chamelle blanche, qui prit, sans hésiter, une direction sud-ouest. Elle marcha sans s'arrêter pendant tout le jour et toute la nuit, prenant les meilleurs chemins avec un étonnant instinct que ceux qui la suivaient ne pouvaient se lasser d'admirer. Bien qu'ils fissent la route à pied, nos Stiteniens n'en ressentaient cependant aucune fatigue. Ils n'en furent pas surpris un seul instant, car ils se doutaient bien qu'ils ne devaient cette miraculeuse disposition qu'à la puissante intervention de Sidi Ech-Chikh. Enfin, vers l'heure de la prière du *dhohor*[1] du second jour, ils arrivèrent chez

---

1. Le *dhohor* est le milieu du jour, entre midi et une heure.

les Oulad-Sidi-Ech-Chikh, au milieu des parents et des serviteurs religieux du saint homme. La chamelle s'agenouilla au centre de leurs cinq ksour; les cordes qui retenaient sur son dos le précieux fardeau se dénouèrent d'elles-mêmes, et elle le déposa doucement à terre.

Les *khoddam*[1] de Sidi Ech-Chikh accoururent en foule dès qu'ils surent l'arrivée des restes mortels de leur saint patron. Les gens de Stiten les instruisirent des dernières volontés de leur chef vénéré, et leur racontèrent les prodiges dont ils avaient été témoins pendant leur voyage. Une fosse fut creusée sur le lieu même où la chamelle avait déposé la précieuse dépouille du saint marabouth. Mais qu'on juge de l'admiration et de la surprise des Oulad-Sidi-Ech-Chikh quand, le lendemain, aux premiers feux du jour, ils s'aperçurent qu'une merveilleuse koubba, — celle que l'on voit encore aujourd'hui[2], — avait été élevée, sans

---

1. *Serviteurs religieux*, les gens qui ont pris le saint pour patron topique.

2. Cette assertion n'est pas rigoureusement exacte : car la koubba miraculeuse qui avait reçu la dépouille mortelle du saint, restes que, dans la crainte qu'ils ne fussent profanés par nous, les chefs des Oulad-Sidi-Ech-Chikh—en insurrection—avaient enlevés et transportés au Marok en 1869; cette koubba, disons-nous, a été détruite et rasée en 1881, par un commandant de colonne qui, dans la pensée qu'en transportant sous le bordj de Géryville ce qu'il croyait être les ossements de l'ouali, il y amènerait ses khoddam, ce qui était mal connaître les indigènes musulmans, tandis que cette destruction ne pouvait, au contraire, qu'éterniser l'insurrection.

Heureusement que, trois ans plus tard, le commandant de la province d'Oran, plus au fait des mœurs religieuses des Sahriens, et aussi diplomatiquement mieux avisé, demanda et obtint, en 1884, que cette faute fût réparée, et que cette koubba fût reconstruite sur son ancien emplacement, et sur le même modèle que celle qui avait été si malencontreusement détruite par la colonne dont nous venons de parler.

le secours de la main de l'homme, sur la tombe de l'illustre et saint marabouth. C'étaient, disait-on, des anges qui avaient voulu se charger de cette besogne.

Les singulières vertus de Sidi Ech-Chikh l'élevèrent si haut au-dessus des marabouths de sa race qu'ils tinrent à honneur de porter son nom et de se dire ses enfants ; c'est ainsi que, réunis en tribu, ils se firent appeler, après sa mort, Oulad-Sidi-Ech-Chikh, et se groupèrent, autour de son tombeau, dans les cinq ksour qui composent l'oasis d'El-Abiodh-Sidi-Ech-Chikh.

Le vénéré marabouth avait fondé à El-Abiodh [1] une zaouïa qui n'avait pas tardé à devenir célèbre et qui était fréquentée par un grand nombre de savants et de Croyants qu'attiraient auprès de lui sa réputation de sainteté, de science et de justice. Il constitua à cette zaouïa, pour subvenir à ses frais d'hospitalité, des redevances qui, encore aujourd'hui, sont fidèlement payées par les descendants de ceux qui les consentirent lors de leur fondation. Mais, craignant, sans doute, que ses enfants, s'il leur laissait le maniement des ressources de cet établissement, n'en détournassent les revenus à leur profit au lieu de les employer en œuvres pieuses et en aumônes, il en confia l'administration à des Nègres affranchis. Il faut dire qu'à cette époque, les Nègres étaient, — ce qu'ils sont loin d'être aujourd'hui, — des serviteurs dévoués faisant partie de la famille de leur maître, et traités comme tels; aussi n'était-il pas rare alors que les grands personnages eussent plus de confiance en eux qu'en leurs propres enfants, et nous voyons, du reste, qu'aux yeux de Sidi Ech-Chikh une lignée de Nègres

---

1. Il s'agit de la zaouïa dont nous avons parlé plus haut.

valait mieux qu'une lignée de marabouths. Les temps sont, hélas! bien changés, et les Nègres qui ont aujourd'hui la garde de la zaouïa et du tombeau du saint homme font tout juste ce que Sidi Ech-Chikh craignait que ne fissent ses descendants, c'est-à-dire qu'extrêmement avides pour recueillir les dons, ces *âbid* mettent très peu d'empressement à offrir aux pauvres et aux pèlerins qui visitent les tombeaux du vénéré chikh et de ses enfants l'hospitalité qu'ils leur doivent.

Il va sans dire qu'étant l'œuvre de Dieu lui-même ou de ses anges la koubba sous laquelle repose Sidi Ech-Chikh est la merveille de notre Sahra. C'est, en effet, un monument dépassant de beaucoup en dimensions et en art architectural ceux de ce genre qu'on rencontre dans l'étendue de nos possessions algériennes. Bien que d'origine céleste, cette chapelle funéraire ne saurait pourtant, — au point de vue de l'art, bien entendu, — donner la moindre jalousie à la mosquée de Cordoue; on comprend de suite et sans effort que le Dieu unique n'a point voulu, en faisant trop beau, dégoûter du métier les maçons de l'avenir et leur faire jeter le manche après la truelle.

La koubba[1] de Sidi Ech-Chikh peut mesurer une dizaine de mètres d'élévation, dont trois pour la grande coupole, qui est taillée à huit faces, et sept pour la partie cubique. Aux quatre angles de la terrasse se dressent de petits dômes d'ornementation donnant une grande élégance au monument. On pénètre à l'intérieur de la chapelle par un escalier de quelques marches donnant accès dans une sorte de

---

1. Elle était ainsi lorsque, en 1855, nous l'avons visitée avec la colonne du général Durrieu, dont nous étions l'officier d'ordonnance.

vestibule précédant le sanctuaire. Cette première partie de l'édifice, qui est soutenue par des colonnes, est ornée d'une glace à cadre doré qui jure un peu avec l'affectation du monument; des tableaux illustrés de versets du Koran en écriture polychrome, et dont l'un représente l'empreinte des pieds du saint marabouth, composent, avec la glace, tout le luxe ornemental de ce vestibule. Les murailles de la chambre funéraire sont absolument nues; la terrasse de cette partie de la chapelle est soutenue par quatre piliers s'épanouissant en arcades, et au centre desquels s'élève le tombeau de Sidi Ech-Chikh. Le *tabout* (cercueil), qui est entouré d'une galerie en bois sculptée à jour, est placé sous une tenture de mousseline de couleurs verte et jaune, terminée, dans le bas et latéralement, par de larges bandes d'indienne fleurie. Des tapis recouvrent le sol. On pourrait, sans trop de sévérité, reprocher aux Nègres gardiens du tombeau de les laisser par trop vieillir.

De petites lucarnes, ne laissant pénétrer qu'un jour crépusculaire sur le tombeau de l'*ouali*, donnent à la chapelle funéraire quelque chose de mystérieux, qui ajoute encore au sentiment d'admiration dont on se sent involontairement pénétré, en présence des restes mortels d'un homme dont l'illustration a le don d'amener ainsi les foules de toutes les parties du Sahra autour de son tombeau.

La koubba est renfermée entre les quatre faces d'un mur d'enceinte d'un mètre d'élévation, relevé en pyramidions à ses angles et sur le milieu de chacun de ses côtés.

Les khouan de l'ordre secondaire de Sidi Ech-Chikh, ou des Chikhya, qui date de la mort du saint (1615 de notre ère), sont très nombreux dans toutes les tribus sahriennes; cet ordre compte des affiliés depuis les Hauts-Plateaux jusqu'au Gourara et au Touat; le Marok a aussi un certain nombre de Croyants qui sont fiers de se dire ses *khoddam* et de réciter son *diker*. La foule des pèlerins qui viennent en *ziara* (visite) au tombeau du saint a valu au ksar d'El-Abiodh-Sidi-Ech-Chikh le surnom de Mekka du désert. C'est, en effet, un va-et-vient incessant de visiteurs qui accourent des quatre points cardinaux pour solliciter sa puissante intercession auprès du Dieu unique, et recueillir pieusement sous son tombeau une poignée de terre pour en faire des *heurouz*, talismans précieux ne manquant jamais leur effet quand la foi des pèlerins est suffisamment robuste. Cette terre possède d'ailleurs des vertus merveilleuses, aussi bien pour garantir les fidèles croyants de tout mal que pour préserver et guérir de toutes blessures les animaux domestiques ou les troupeaux. La profonde excavation qu'on remarque sous le tombeau du saint témoigne de l'énorme consommation qui en est faite, de la foi des *ziar* (visiteurs) dans les bienfaisantes propriétés de cette terre, laquelle est saturée, en effet, de tous les vivifiants effluves qui se dégagent, depuis deux cent soixante-quinze ans, des précieux restes du saint.

L'illustration de Sidi Ech-Chikh est d'un excellent rapport pour ses descendants, car il n'est pas une famille dans le Sahra qui ne leur apporte annuellement son offrande, et cela indépendamment des dons en argent et en nature qui sont remis aux Nègres chargés de l'administration de la zaouïa de Sidi Ech-Chikh, et de l'entretien de son tombeau. Pour ces derniers, c'est, au printemps, une brebis avec son agneau, ou un agneau seulement, suivant les ressources du donateur; c'est une mesure de beurre et de dattes quand les caravanes reviennent du Gourara; ou bien une mesure de blé ou d'orge quand elles rentrent du Tell.

Dans bien des tribus même, plusieurs familles aisées se cotisent pour offrir un chameau. Les habitants des ksour donnent des chevreaux, et une dîme sur tous les produits de leurs jardins. Les ksour du Gourara et certaines autres tribus remplacent souvent leur offrande en nature par un don en argent de pareille valeur. En résumé, les descendants des Nègres que Sidi Ech-Chikh avait chargés, à l'exclusion des membres de sa famille, de la gestion des intérêts de son œuvre, se font ainsi un revenu annuel qui peut être estimé de soixante-dix à quatre-vingt mille francs. Aussi vivent-ils largement, grassement, de leur saint [1].

L'héritier de la *baraka*, qui est toujours le chef de la famille des descendants de Sidi Ech-Chikh, possédait, avant 1864, c'est à dire antérieurement à la défection des Oulad-Sidi-Hamza, des magasins dans les principaux ksour de son khalifalik, dépôts où il entassait pêle-mêle, et sans profit pour personne, les offrandes en nature des *khoddam* de son saint ancêtre; c'étaient des capharnaüms où se gâtaient, se pourrissaient rapidement tous ces biens de Dieu qui tombaient si inutilement du ciel, et dont faisaient un si pauvre usage les héritiers indignes de Sidi Ech-Chikh [2].

Sidi Ech-Chikh fit un grand nombre de miracles après sa mort, et, aujourd'hui encore, sa puissance thaumaturgique ne paraît pas s'être sensiblement affaiblie : car, dans le Sahra, contrairement à ce qui se passe dans la vieille Europe, les dieux ne semblent pas du tout disposés à s'en aller. Sans doute, les miracles

---

1. *Exploration des Ksour et du Sahra de la province d'Oran*, par M. le capitaine de Colomb, le premier commandant supérieur du Cercle de Géryville.

2. Voir, pour plus de détails sur les descendants de Sidi Ech-Chikh, et particulièrement sur le khalifa Sid Hamza-Ould-Sidi-Bou-Bekr, notre livre « *Les Français dans le Désert* ».

n'y ont plus le brillant, le prodigieux, le retentissant, le foudroyant de ceux d'autrefois ; mais, pour être plus modestes, ils n'en sont pas moins réels, patents, manifestes, indéniables : en effet, que de paralytiques ayant recouvré l'usage de leurs membres après un pèlerinage au tombeau du saint! que de stériles devenues fécondes! que d'impuissants redevenus puissants! que de chameaux perdus retrouvés! que de maux guéris! que de souhaits exaucés! et tout cela par l'effet évident de l'intercession du saint ami de Dieu! Aussi, quelle averse d'offrandes sur la tête de ses descendants! Car ils reçoivent tout et de toutes mains, ces saints à l'engrais, d'ailleurs si dégénérés, et ils trouvent aujourd'hui autant de valeur au *douro* [1] du Chrétien qu'à celui du plus pur Musulman. A quoi pense donc là-haut Sidi Ech-Chikh, qu'il ne met pas un terme, par un bon miracle, au scandaleux gaspillage que fait des offrandes du Croyant son indigne descendance, et celle des Nègres affranchis à qui il a confié la garde de son tombeau?

Sidi Ech-Chikh, nous le répétons, eut dix-huit enfants, dont les plus célèbres furent : Sidi El-Hadj-Abou-Hafs, Sidi Mohammed-Abd-Allah, Sidi El-Hadj-Abd-el-Hakem, Sidi Ben-Ed-Din, Sidi El-Hadj-ben-Ech-Chikh, Sidi Abd-er-Rahman.

Le don des miracles ne se manifesta pas au même degré chez tous les enfants de Sidi Ech-Chikh ; la tradition en a pourtant retenu quelques-uns attribués particulièrement à Sidi El-Hadj-Abou-Hafs, son troisième fils, et à son frère Sidi Mohammed-Abd-Allah.

---

1. La pièce de 5 francs.

XII

SIDI EL-HADJ ABOU-HAFS [1]

S'il faut en croire le Mr'arbi [2] Aïachi, qui, faisant le pèlerinage de Mekka dans la seconde moitié du XVIIe siècle, traversa, en 1661, le pays illustré par Sidi Ech-Chikh, Sidi El-Hadj-Abou-Hafs, son troisième fils, qui habitait le ksar d'El-Goleïâa, situé dans le sud-ouest d'Ouargla, et qui était mort l'année précédente, jouissait d'une influence religieuse considérable aussi bien dans le Tell que dans le Sahra. C'était un homme vertueux et d'une grande piété, et qui avait passé presque toute sa vie en pèlerinages aux Villes Saintes. La tradition rapporte qu'en effet il exécuta trente-trois fois celui de Mekka. Cette dernière fois, il y mourut et y fut enterré. Mais son père, Sidi Ech-Chikh, obtint du Ciel qu'il serait rendu à la vie, à la condition, toutefois, qu'il concourrait à l'érection d'une mosquée qu'il désirait voir bâtir à El-Abiodh-Sidi-Ech-Chikh.

Sidi Abou-Hafs accepta la condition avec enthousiasme, et il se mit en route; il fit le trajet de Mekka à El-Abiodh sans boire ni manger. Arrivé dans ce dernier ksar, il s'occupa sans retard de la construction de la mosquée que désirait son vénéré père, puis il mourut de nouveau, et fut définitivement enterré près du ksar Ech-Chergui, l'un des cinq ksour composant le groupe d'El-Abiodh-Sidi-Ech-Chikh.

---

1. Dans l'usage, Ba-Haous.
2. Marokain.

Sidi Abou-Hafs, qui, pour sa part, aimait tant les voyages, voulut, un jour, contraindre son frère Abd-el-Hakem à se fixer à El-Abiodh. Sur le refus absolu de ce dernier d'obtempérer à un ordre exprimé d'une façon si tyrannique, Abou-Hafs enchaîna son frère et le chargea sur un chameau, que son intention était d'abandonner dans le désert. Mais Sidi Abd-el-Hakem, qui jouissait quelque peu du don des miracles, se mit à invoquer le Dieu unique et à le prendre à témoin de la violence que lui faisait son frère. Dieu, qui exècre l'injustice, bien que ce soit lui pourtant qui l'ait imaginée, agréa la prière de Sidi Abd-el-Hakem : le chameau fut frappé de mort, les chaînes dont était chargée la victime tombèrent d'elles-mêmes, et, comme il n'était pas tout à fait rassuré sur les intentions de son frère à son égard, Sidi Abd-el-Hakem marcha en l'air absoment comme sur le sol, et ce ne fut que lorsque Sidi Abou-Hafs lui eut assuré qu'il renonçait à le persécuter qu'il consentit à remettre pied à terre.

XIII

SIDI EN-NACEUR

Nous avons dit, dans une des légendes précédentes, que le ksar de Laghouath avait été formé de la réunion sur un seul point de tribus diverses qui s'étaient établies sur l'ouad Mzi, et qui, sur le conseil de Sidi El-Hadj-Aïça, étaient venues se grouper autour de Ben-Bouta, afin de présenter plus de cohésion et pouvoir opposer une résistance plus sérieuse aux attaques des Nomades, que la nécessité de paître leurs troupeaux appelait sur les eaux de cette rivière.

Ces hameaux, ainsi disséminés, se nommaient Bou-Mendala, Bedla et Kasbet-Ben-Fetah. Indépendamment des attaques des Nomades, les populations de ces villages étaient entre elles en querelles incessantes, et, le plus souvent, le sang coulait pour la défense d'intérêts insignifiants, et dans des proportions qui étaient sans rapport avec la cause ou le motif du litige. Et ce fut à ce point que les Oulad-Ioucef, qui habitaient le ksar de Bedla, furent obligés d'abandonner leur pays et d'aller, en 1666, fonder le ksar de Tadjmout, sur l'ouad Mzi supérieur, à une journée de marche nord-ouest de Bedla.

Or, à cette époque, vivait, dans le ksar Ben-Bouta, un marabouth célèbre par sa science, par sa piété, et par son influence auprès du Dieu unique. Il se nommait Sidi En-Naceur. Ce saint homme avait tout naturellement le don des miracles, et il l'exerçait surtout en faveur des gens de Ben-Bouta. Sidi En-Naceur, qui était la bonté même, ne savait rien refuser, et tout solliciteur, le petit comme le grand, se retirait satisfait de son entretien avec le saint homme.

Tout allait donc pour le mieux chez les gens de Ksar-Ben-Bouta; aussi adoraient-ils le saint marabouth que Dieu leur avait fait la grâce de diriger vers le point du globe qu'ils habitaient, tandis qu'il eût pu s'abattre tout aussi bien ailleurs. Ils ne se lassaient pas d'en louer Dieu, et c'était de toute justice, car il n'était point de femme stérile qui s'adressât à lui qui ne devint féconde, point de bossu qui ne fût remis dans la verticale, point de perclus qui ne reprît l'usage de ses membres, point de malade qui ne recouvrât la santé, point de femme infidèle qui ne revînt à la vertu, comme si elle n'eût jamais fait que cela, point de mari qui ne fût capable de donner à ses femmes légitimes *la part de Dieu*, c'est-à-dire ce qui leur revient des faveurs conjugales; enfin, tout le monde était content, tout le monde, à l'exception pourtant du fils du chikh de Kasbet-Ben-Fetah, Ali-ben-Bellag, à l'égard duquel le saint marabouth s'était toujours montré inflexible, inexorable; malgré toutes ses instances, ce jeune homme n'avait pu obtenir de Sidi En-Naceur la moindre des faveurs dont il était si prodigue à l'égard des autres.

Or, le vertueux marabouth avait une fille d'une rare beauté : c'était son orgueil, son trésor, et cela d'autant plus que la perfection de son esprit, — détail sans importance aux yeux d'Ali-ben-Bellag, — ne le cédait en rien à celle de son visage; c'était, en un mot, une véritable merveille. Parmi les jeunes Ksariens à qui la belle Djohora fit *manger de la cervelle d'hyène*[1], le fils du chikh de Ben-Fetah fut un des plus touchés[2]; il résolut donc de la demander en mariage à son père, bien que pourtant il n'espérât pas être plus heureux cette fois dans sa démarche auprès du marabouth qu'il ne l'avait été dans les autres circonstances. En effet, le cruel Sidi En-Naceur repoussait durement la demande d'Ali-ben-Bellag, et lui perçait le cœur en ajoutant férocement que sa fille était fiancée depuis longtemps déjà au jeune Saïd-ben-Bou-Zahar, du ksar Ben-Bouta.

Désespéré de voir sa demande repoussée, et surtout d'apprendre que celle qu'il adorait allait passer dans les bras d'un autre, Ali-ben-Bellag jura de se venger et d'obtenir par la violence ce que l'impitoyable marabouth refusait à son amour.

---

1. Rendre amoureux.
2. Les filles et les femmes des Sahriens ne sont généralement pas voilées.

Le jour des noces est arrivé; Ali-ben-Bellag a pu réunir quelques-uns de ses amis qui, également amoureux de la belle Djohora, se sont associés avec frénésie à ses projets de vengeance contre leur odieux rival, l'heureux Saïd-ben-Bou-Zahar. La nuit est sombre, et favorable à tous les genres d'expéditions qui ne s'accommodent point de la lumière; les conjurés se glissent en silence vers la maison du nouvel époux; les matrones qui viennent d'introduire la jeune mariée dans la chambre nuptiale se sont retirées. Saïd, tout frémissant de bonheur, vient d'enlever le voile qui lui dérobait les charmes de la ravissante Djohora, et il en est émerveillé; elle frissonne des pieds à la tête aux premiers attouchements du beau Saïd. Quant à lui, l'amour ruisselle dans ses yeux; les effluences qui s'exhalent de ce beau corps lui montent au cerveau et l'enivrent; son sang bat impétueusement dans ses artères, et cette trusion lui allume tous les sens. Elle est à lui enfin, cette merveilleuse beauté dont tout le ksar raffole; c'est son bien, cette délicieuse créature de Dieu qui, toute tremblante, rougit déjà du bonheur qu'elle pressent; ses belles chairs nues vibrent sous les doigts de son époux, et son épiderme de satin distille déjà les capiteuses essences de l'amour; leurs lèvres, humides de volupté, se cherchent et se trouvent; les haleines et les salives s'échangent et mettent le feu partout. Mais tout à coup la porte de la maison cède sous les coups et va tomber avec fracas dans la cour, qui est aussitôt envahie par les compagnons d'Ali. Une vigoureuse poussée jette en dedans celle de la chambre nuptiale. D'un brutal et violent mouvement, le fils du chikh détache Djohora des bras de Saïd et la renverse en arrière sur les tapis, puis il se précipite sur son époux, et fait de sa poitrine une gaine à son couteau, et le coup est si vigoureusement porté que, bien certainement, Saïd ne sentit point le goût de la mort. Ali ramasse Djohora évanouie, la jette sur son épaule, l'emporte dans sa demeure, et la viole.

Se sentant cerné par les gens du marabouth, qui se sont mis à sa poursuite, et ne voulant point que Djohora appartienne à un autre qu'à lui, Ali lui plonge dans le sein l'arme toute chaude encore du sang de son époux. Mais les gens du marabouth sont là; la fuite lui est impossible, il va tomber entre leurs mains; il se saisit du couteau qu'il a planté dans la poitrine de sa bien-aimée, s'en frappe lui-même avec fureur, et tombe inanimé sur le cadavre de Djohora, au moment où ceux qui s'étaient mis à sa poursuite abattaient la porte de la chambre où Ali-ben-Bellag venait de consommer son double crime, et d'en demander l'expiation à son couteau.

A la nouvelle de la mort de sa fille chérie, l'infortuné marabouth, fou de douleur et de colère, ramassa une poignée de sable, et, soufflant dessus de tout son souffle, il lança cette malédiction sur le meurtrier et tous les siens : « Que Dieu, s'écria-t-il, disperse les habitants de Ben-Fetah comme mon souffle a dispersé ces grains de sable ! » Les effets de cette malédiction ne se firent point attendre : dès le lendemain, le ksar Ben-Fetah était désert, et ses habitants, jetés soudainement à près de trois cents lieues de leur pays, étaient tout surpris de se trouver sur le point où fut bâtie plus tard la ville de R'adamès. Là ils avaient trouvé, installées depuis longtemps, quelques familles chassées du Fezzan pour avoir assassiné un de leurs frères. Surpris de la brusque arrivée de gens de l'ouad Mzi, les Fezzanais leur demandèrent d'où ils venaient, et depuis combien de temps ils avaient quitté leur pays. « Nous venons de Kasbet-Ben-Fetah, où nous étions encore à notre dîner d'hier », répondirent les nouveaux arrivés.

Bien que cette réponse dût avoir lieu de les surprendre, les gens du Fezzan ne leur en demandèrent pas davantage, dans la crainte, sans doute, d'être obligés, à leur tour, de répondre à pareille question.

C'est, du reste, ajoutait le narrateur, de cette réponse « *reda amès* », — dîner hier, — que les gens du Fezzan et les Oulad-Salem tirèrent le nom de la ville de *R'edamès*, que, selon la tradition, ils fondèrent en commun dans le courant du XIII° siècle de notre ère.

Après le départ des gens de Kasbet-Ben-Fetah, il ne resta plus sur l'ouad Mzi que quatre ksour, qui continuèrent à vivre dans le plus parfait désaccord, et qui finirent, après de longues luttes, par disparaître épuisés et ruinés.

Quant à Sidi En-Naceur, le pays qui lui rappelait le souvenir de sa fille chérie lui étant devenu odieux, il avait abandonné le ksar Ben-Bouta le lendemain du jour où il avait vidé de ses gens le ksar Ben-Fetah, et il s'était dirigé dans l'Ouest sans but déterminé, et sans avoir fixé le terme de son voyage. Enfin, mourant de fatigue et de tristesse, il s'était arrêté, après dix jours de marche, sur un ouad entre le ksar de Stiten et le chothth Ech-Chergui, au-dessus de Dhayet-El-Amra. Voulant vivre désormais de la vie anachorétique et renoncer au monde, cette mère du crime et de la puanteur, il établit sa kheloua sur les bords de l'ouad. Mais sa retraite fut bientôt découverte par les Harar, qui ont leurs campements de ce côté. Ils ne tardèrent pas à reconnaître que l'ascète qui était venu s'établir dans leurs sables était un *ouali*, un ami de Dieu, et ils en éprouvèrent une grande joie, car ils savaient que la *baraka*, ou la bénédiction de Dieu, est toujours avec ses saints. La kheloua fut dès lors le but des pieuses visites des Nomades de cette région.

Après quelques années de cette vie de privations et

de prières, Sidi En-Naceur finit, cédant aux instances des Harar, par consentir à rentrer dans un monde que le chagrin seul lui avait fait abandonner, et à se fixer au milieu d'eux ; or, comme ils désiraient l'y retenir, ils l'engagèrent à se choisir des épouses parmi leurs filles. Sidi En-Naceur, qui n'avait pas encore dépassé la soixantaine, voulut bien, pour ne pas déplaire aux Harar, reconstituer son *harim* sur les bases de la loi islamique. De ses quatre femmes, il eut d'abord quatre filles, dont l'arrivée au monde ne le combla que d'une joie médiocre, car il savait d'expérience le mal que donnent et les embarras que causent ces délicieuses créatures. Comme il attribuait à ses femmes seules ce fâcheux résultat, il les répudia pour en prendre quatre autres, dont il espérait au moins un fils. Son nouveau *harim* lui donnait bientôt, — c'est-à-dire après le temps nécessaire pour cela, — quatre autres enfants, parmi lesquels, fort heureusement, se trouvait un garçon. Sidi En-Naceur en loua Dieu, car il avait reconnu sa main dans ce miraculeux événement.

Sidi En-Naceur était la générosité même, et toujours, observant scrupuleusement les recommandations du Prophète, il n'avait jamais manqué de refouler le regard malveillant du mendiant avec une bouchée. Aussi était-il considéré dans tout le pays comme la providence des pauvres et des malheureux.

Sidi En-Naceur mourut, à l'âge de soixante-dix ans, en odeur de sainteté. Les Harar, envers lesquels il s'était montré si largement bienveillant, lui élevèrent une koubba sur l'emplacement même où il avait établi sa kheloua en arrivant dans le pays. Le saint ne cessa pas pour cela de s'occuper de ses pauvres et des Croyants qui implorent son secours. Ainsi, qu'un voyageur épuisé de fatigue, l'estomac et le *me-*

zoued[1] vides, s'arrête sur le tombeau de l'hospitalier marabouth, un murmure monotone comme un chant arabe le plonge insensiblement dans un doux sommeil : c'est, assure-t-on, Sidi En-Naceur qui prie. Le système olfactif du Croyant s'épanouit bientôt sous l'influence d'appétissants fumets ; sa bouche s'ouvre, et les mets les plus savoureux que puisse rêver la gourmandise sahrienne lui sont servis par le saint marabouth lui-même, dont la prière a été exaucée. A son réveil, le pauvre ou le voyageur sent ses forces revenues et son estomac garni, miracle qui prouve une fois de plus la vérité de notre proverbe : « Qui dort dîne [2]. »

Plus tard, les descendants du saint, qui avait fait souche dans le pays, groupèrent leurs tentes et leurs sépultures autour de la koubba de leur ancêtre ; ils avaient fini, avec le temps, par former la tribu religieuse du Oulad-Sidi-En-Naceur.

La rivière qui coule, — quand il tombe de l'eau, — au pied de la koubba du saint marabouth a pris le nom, après sa mort, de « Ouad Sidi-En-Naceur ».

---

1. *Mezoued*, sac à provisions fait d'une peau de chevreau.
2. Voir notre livre : « *Les Français dans le Désert* », 2ᵉ édition, pages 245 et 246.

XIV

SIDI ALI-ABOU-SAÏD

Si, partant du ksar de Sidi El-Hadj-Ed-Din, nous remontons dans le nord, en passant par le Kheneg-El-Ar'oura, nous rencontrons, à deux journées de marche, le ksar El-R'açoul. A cent pas en avant de Bab-el-R'arbi (porte de l'Ouest) s'élève la koubba de l'*ouali* Sidi Ali-Bou-Saïd, le saint fondateur du ksar, et son puissant protecteur.

Sidi Ali fut un de ces marabouths missionnaires qui se répandirent dans la partie de l'Algérie que nous occupons aujourd'hui, au commencement du XVI° siècle de notre ère, soit pour y porter la parole de Dieu, soit, en s'introduisant dans les ksour Berber du Sahra, pour y recruter des khouan à l'ordre de Sidi Abd-el-Kader-El-Djilani.

Sidi Ali faisait partie des premiers groupes partis de Saguiet-El-Hamra; sa zone de prédication était cette partie mamelonnée du Sahra qui est au sud du Djebel-Ksal. La mission du saint homme était aussi d'agir sur les tribus nomades qui avaient leurs terres de parcours dans ces parages, et qui emmagasinent dans les ksour qui en sont voisins. Après avoir parcouru la région dans laquelle il devait opérer, le saint marabouth se fixa définitivement sur un ruisseau qui était connu sous le nom d'ouad El-R'açoul, de la présence sur les lieux de cette argile smectique, qui est appelée également savon naturel ou terre à foulon. Ce point plut au saint, et il y établit sa kheloua.

Sidi Ali n'avait pas tardé à édifier les Nomades par l'austérité de sa vie, par sa science et par son ardente piété. Ils ne se lassaient pas d'écouter sa parole sacrée, bien que, pourtant, il prêchât à ces grossiers Bédouins la vertu et le retour aux pratiques religieuses qu'ils avaient presque entièrement oubliées. Plus tard, quelques miracles opérés par le saint lui mirent ces populations dans la main, car elles sentaient bien qu'elles avaient tout à gagner avec un *ouali* qui avait à ce point l'oreille de Dieu.

Sidi Ali ayant manifesté l'intention de se marier, tous les Oulad-Moumen qui possédaient des filles à peu près d'âge à faire des femmes vinrent lui faire leurs offres de services; il est de fait que d'avoir pour gendre un saint de cette valeur ne pouvait être qu'une bonne affaire pour les pères qui seraient assez heureux pour voir accepter leurs filles par le puissant marabouth. Comme ces pères désintéressés n'exigeaient pas de dot de Sidi Ali, il profita de l'occasion pour se constituer sans retard son *harim* réglementaire, c'est-à-dire les quatre femmes légales. Pour décider le saint homme à se fixer tout à fait sur l'ouad El-R'açoul et lui ôter toute envie ultérieure de quitter le pays, les Oulad-Moumen lui firent élever une maison sur l'emplacement même de sa kheloua. Le ksar d'El-R'açoul était fondé. Sidi Ali s'occupa sérieusement de se constituer une descendance, et, tous les dix-huit mois l'un dans l'autre, il voyait sa maison s'accroître de quatre héritiers. Au bout de quelques années, il comptait une très respectable postérité, laquelle, en s'alliant aux Bni-Zeroual et aux El-Ar'ouath-Ksal, finit par constituer une fraction religieuse considérable, qui s'était groupée autour de son saint parent.

Avant sa mort, le saint put admirer son œuvre et en louer Dieu : plus de cinquante maisons bâties en mottes de terre séchées au soleil s'élevaient en amphithéâtre sur la rive gauche de l'ouad El-R'açoul; une muraille d'enceinte défendait le ksar entre les tentatives si fréquentes des écumeurs du désert, des Zegdou[1] particulièrement, ces pirates du Sahra occidental. Tant que vécut le saint, ces affreux sacripants n'osèrent rien tenter contre El-R'açoul : ils savaient trop bien qu'ils ne pouvaient rien contre un saint qui disposait de tout l'arsenal de destruction du Dieu unique.

Enfin, chargé d'ans, et à la tête d'une descendance aussi nombreuse que celle qui fut promise au patriarche Sidna Ibrahim (Abraham), Sidi Ali fut rendu à la terre dont il avait été formé. Une koubba fut élevée sur son tombeau à proximité du point où le saint avait vécu de la vie érémitique à son arrivée dans le pays, et les gens d'El-R'açoul la blanchissent annuellement à la chaux quelques jours avant la grande *Ziara* (pèlerinag) au tombeau du saint, lequel n'a point cessé de s'occuper activement des intérêts de sa descendance et de ses serviteurs religieux.

Un jour surtout, il en donna une preuve manifeste et décisive. Les Zegdou, qui, pendant la vie de Sidi Ali, n'avaient point osé tenter quoi que ce soit sur le ksar, crurent qu'ils n'avaient plus à se gêner avec les

---

1. On donne le nom de Zegdou aux contingents des tribus du Sud marokain, Doui-Menei, Eumour, Oulad-Djerir, Bni-Guil, qui se réunissaient pour faire dans l'Est des incursions qu'ils ont souvent poussées jusqu'au pied du Djebel-El-Amour. Battus à diverses reprises par le capitaine de Colomb, commandant supérieur du cercle de Géryville, pourchassés jusqu'aux limites extrêmes de leurs immenses territoires de parcours, ils paraissent avoir renoncé maintenant à ces agressions qui, avant, se renouvelaient tous les hivers.

gens d'El-R'açoul, qui passaient, à bon droit, pour être fort à leur aise ; ces terribles ennemis se présentent donc inopinément, dès le point du jour, devant le ksar, qu'ils investissent d'abord afin de n'en laisser s'échapper âme qui vive ; ils étaient tellement nombreux qu'ils en couvraient le pays jusqu'à l'horizon, c'est-à-dire aussi loin que le regard pût s'étendre. Ils ne doutaient pas que cette riche proie ne tombât entre leurs mains maudites, et déjà ils se partageaient par la pensée l'opulente dépouille des Oulad-El-R'açoul et des Oulad-Moumen qui emmagasinaient dans le ksar, et ils s'en pourléchaient les babines. Bien qu'ils comptassent un peu sur leur ancêtre, les assiégés n'étaient cependant pas tout à fait à leur aise : car il y avait quelque temps déjà que le saint n'avait fait de miracles, et, peut-être, avait-il oublié ses enfants.

Tout à coup, et à un signal donné par le chef de ces bandits, ils se ruent à l'attaque du ksar dans la direction de la face ouest, c'est-à-dire du côté où s'élève la koubba de Sidi Ali, qu'ils semblent vouloir défier, ces impies fils d'impies. C'est une houle hurlante et grimaçante de maudits blasphémant Dieu et ses saints, et avides de sang et de butin. Quelques-uns seulement, — les chefs de ces hordes, — sont armés du fusil à mèche ; le *r'achi* (la canaille) n'a pour toutes armes que des *dhabez* ou des *guezazel*[1], des *tchangal*[2] ou de simples *heuraouat*[3] ; un certain nombre brandissaient des *mzareg,* espèce de javelines dont ils se servaient habituellement comme de lances.

Quant aux gens d'El-R'açoul, ils avaient préparé,

---

1. Espèces de massues ayant leur gros bout garni de clous.
2. Crocs pour enlever du butin, ou pour harponner et désarçonner les cavaliers.
3. Triques.

pour la défense de leurs murailles, de l'eau bouillante et du sable chauffé à une température très élevée qu'ils se disposaient à verser ou à répandre sur les assaillants au moment où ils tenteraient l'assaut des murailles. Hommes, femmes, enfants en couronnaient le sommet, et les guerriers les plus jeunes et les plus braves étaient chargés de la défense des deux portes de l'est et de l'ouest, ainsi que de quelques brèches qu'on avait négligé de réparer. Les descendants de Sidi Ali-Bou-Saïd, comme on leur supposait plus d'influence qu'à tous autres sur leur saint ancêtre, furent chargés de le prier de venir au secours de ses serviteurs.

Il était temps, car les Zegdou allaient arriver à hauteur de la koubba du saint marabouth; ils semblaient une fourmilière, tant ils étaient nombreux, et ils commençaient à insulter les assiégés, qui leur répondaient par des malédictions. Mais, ô prodige! au moment où ces réprouvés n'étaient plus qu'à quelques pas du pied de la muraille, et alors qu'ils croyaient toucher au but, une colonne de feu jaillit en sifflant du tombeau du saint marabouth, se précipita comme un torrent au milieu des Zegdou, qui, bientôt enveloppés par les flammes, ne formaient plus qu'un immense brasier alimenté par leur peau et leurs bernous graisseux, et d'où s'exhalait une odeur fétide de chair et de laine brûlées. Les gens d'El-R'açoul pouvaient apercevoir leurs ennemis se livrant à d'horribles contorsions dans leur enveloppe de feu, et goûtant par avance des supplices de l'Enfer, auquel ils étaient d'ailleurs destinés. Les hurlements qu'ils poussaient, mêlés aux crépitations des flammes, formaient un concert horriblement étrange et plein d'une terrifiante grandeur; chaque homme était une torche qui flambait, et que le vent, qui faisait rage, courbait violemment, hâtant ainsi la communication dans cette masse rôtissante, dans ce brasier infernal de corps humains en combustion. Quelques-uns de ces Zegdou, qui étaient parvenus à s'échapper du gouffre de flammes dans lequel ils étaient plongés, cherchèrent à s'enfuir dans la direction de leurs campements; mais, atteints par les langues de feu qui les poursuivaient, ils ne réussirent qu'à communiquer l'incendie à leurs tentes, qui, en un clin d'œil, furent entièrement consumées.

Les Oulad-El-R'açoul se mirent à louer Dieu et leur saint patron du secours inespéré qu'il leur avait apporté dans cette circonstance difficile, et ils se félicitèrent hautement d'en être quittes à si bon marché; car, en définitive, le seul désagrément dont ils auraient pu avoir à se plaindre, c'était celui d'être infectés pendant plus ou moins longtemps, — surtout quand le vent soufflait de l'ouest, — par l'atroce odeur qui se dégageait des corps de ces Zegdou, bien que pourtant ils fussent calcinés jusqu'aux os. Mais, en résumé, ils préféraient de beaucoup les voir en cet état que de les sentir vivants et affamés de butin, — du leur surtout.

Voulant reconnaître solennellement l'immense service que leur avait rendu Sidi Ali-Bou-Sâïd, leur saint patron et protecteur, les gens d'El-R'açoul et les Nomades qui déposaient leurs biens dans ce ksar décidèrent à l'unanimité que la koubba de l'*ouali* serait blanchie extraordinairement au lait de chaux, bien qu'il n'y eût pas encore un an révolu que cette opération avait été faite. Quoique leur saint, de son vivant, n'aimât ni le gaspillage, ni la prodigalité, ils supposèrent que, pour cette fois et en raison de la circonstance, il leur pardonnerait leur somptuosité.

Quant aux Zegdou, cette leçon leur avait suffi sans doute, car jamais ils ne revinrent se frotter au ksar El-R'açoul.

XV

SIDI NAÏL[1]

Les terres de parcours des nombreuses tribus nomades désignées sous l'appellation collective d'*Oulad-Naïl* sont comprises entre Biskra, Bou-Sâada, les djebal (montagnes) Sendjas, Sebâa-Rous et Oukit, la limite de la province d'Oran jusqu'au djebel Serdoun, le djebel El-Eumour, Laghouath, l'ouad El-Djedi et Touggourt. Mais ces limites sont loin d'être absolues, et le besoin de paître leurs troupeaux oblige les populations nomades de les dépasser, soit au nord, quand la sécheresse a rongé les fourrages du Sahra, soit au sud, quand les pluies y ont fait pousser l'herbe, née presque instantanément sous la fraîcheur d'une ondée bienfaisante.

C'est dans ces immenses espaces bossués de dunes que se meuvent les descendants de Sidi Naïl, l'un des saints les plus illustres de notre Sahra algérien, et le premier auteur de ces ravissantes créatures de Dieu

---

[1]. L'excellente étude de M. l'interprète militaire Arnaud sur les Oulad-Naïl nous a été d'un grand secours pour fixer plusieurs points de la légende des saints Naïliens, que notre conteur avait laissés, soit par ignorance, soit pour toute autre cause, dans une obscurité enlevant une grande partie de son charme à la tradition. Grâce au consciencieux travail du savant interprète, nous avons pu rétablir dans toute leur intégrité les faits miraculeux que notre *raoui* (narrateur) avait tronqués ou altérés.

qu'on appelle les Naïliat, lesquelles, de tout temps, ont joui du don funeste d'incendier les cœurs des Croyants, voire même de ceux qui ne le sont pas.

Sidi Naïl était de noblesse religieuse ; il descendait en ligne directe de Moula Idris-el-Kebir, celui qui jeta les premiers fondements du royaume de Fas, et qui était de la descendance d'Ali, le gendre du Prophète Mohammed. Sidi Naïl était donc *cherif,* et il pouvait prouver par sa *chedjara* (arbre généalogique) qu'il était noble à vingt-deux degrés en remontant jusqu'au Prophète seulement, ce qui lui faisait déjà un nombre de quartiers assez raisonnable ; mais, comme il lui était on ne peut plus facile de remonter la chaîne du temps jusqu'au premier homme, — notre seigneur Adem, — on voit de suite à quel chiffre vertigineux de ces quartiers cela menacerait de nous conduire, si l'on remarque que Louis XVI, qui n'était qu'au vingt-neuvième degré depuis Robert-le-Fort, en comptait pourtant 536,870,912.

D'après la tradition, Sidi Naïl serait né à Figuig, vers l'an 1565 de notre ère. Lors de l'expulsion des Mores de l'Espagne, il était gouverneur de la province de Sous[1], non loin de laquelle se trouvait la célèbre zaouïa de Saguiet-El-Hamra, foyer religieux d'où, — nous le savons, — s'élancèrent les marabouths missionnaires qui entreprirent d'introduire l'élément arabe chez les soupçonneux Berber ou Kabils qui habitaient les montagnes du Tell et les ksour du Sahra, et de réveiller la foi musulmane dans des contrées où elle n'avait jamais été bien assise. C'est évidemment dans la fréquentation des saints marabouths du Sud marokain que Sidi Naïl puisa ces principes de piété qui, plus tard, lui valurent

---

1. Province située sur la côte occidentale du Marok.

une réputation de sainteté dont il jouit surtout dans les dernières années de sa vie.

La tradition rapporte que Sidi Naïl était fort bien en cour, et que son souverain, le sultan Haçan, le tenait en haute estime et considération, et ce fut à ce point que de graves différends s'étant élevés entre Marok et Tunis, et les deux sultans ayant résolu de s'en remettre au sort des armes pour vider leur querelle, Haçan fit choix de Sidi Naïl pour le seconder, en qualité de premier lieutenant, dans cette lointaine et aventureuse expédition. Le sultan marokain envahit donc, à la tête d'une puissante armée, les possessions tunisiennes par le Sud; mais il fut battu, et il périt dans la mêlée. Sidi Naïl parvint à réunir quelques débris de l'armée du sultan de l'Ouest; mais, craignant que le successeur de Haçan ne lui imputât un désastre dans lequel sa responsabilité était bien un peu engagée, Sidi Naïl, disons-nous, décidé à ne point rentrer au Marok, résolut de se fixer à Blad-Mendas, dans les montagnes des Flita, où il fut bientôt rejoint par sa famille et par sa nombreuse parenté.

Un jour, Sidi Naïl eut l'imprudence de descendre dans la plaine, avec une partie de sa famille, pour traiter avec les Flita d'un achat de blé dont il avait besoin pour la nourriture de la fraction qui s'était groupée autour de lui; mais, enflammés spontanément par les charmes irrésistibles des filles de Naïl et de ses compagnons, ces grossiers Flitiens, qui, en fait de femmes, n'avaient jamais rien vu, même dans leurs rêves, de si séduisant et de si parfait, ne voulurent livrer leur blé qu'autant que les Naïliens leur laisseraient en échange quelques exemplaires de ces ravissantes houris. Indigné de cette proposition, Sidi Naïl refusa de souscrire à ce honteux marché : des filles de cherifs à ces mangeurs de glands!... Vraiment, ces Kabils ne doutent de rien ! Sidi Naïl, disons-nous, leva son camp sans retard, ne voulant pas rester un instant de plus au milieu d'une population si effrontément immorale. En quittant le pays des Flita, le chef des Oulad-Naïl s'écriait avec une amertume qui attestait toute la profondeur de la pureté de ses mœurs : « L'immoralité et l'abjection des gens du Mendas ont atteint un tel développement que l'étendue de mon regard ne saurait en apercevoir les limites. Mieux vaut l'existence pénible du *bou-biadha*[1], qui vit dans les sables, que Mendas et son blé. »

En quittant le pays des Flita, Sidi Naïl, accompagné de tout son monde, avait pris une direction Sud, qu'il suivit longtemps sans trouver un pays qui le satisfît complètement. Pourtant, El-Atba, près d'Aïn-Er-Rich, dans le sud de Bou-Sâada, parut lui convenir et remplir les conditions cherchées[2]. Il s'y fixa, du moins temporairement, sans trop demander le consentement des fractions qui s'y étaient installées, et qui, du reste, n'y avaient qu'un droit de priorité.

Cependant, quelques années plus tard, Sidi Naïl s'aperçut qu'El-Atba n'était pas tout à fait encore le pays qu'il avait rêvé ; il remonta vers le nord, dans la direction de Sour-El-R'ouzlan[3], et se mit à la recherche d'une contrée plus riche en herbages, en terres

---

1. Le *bou-biadha* est un petit lézard qui vit dans les touffes de *guethaf*, plante du Sahra qu'on rencontre plus particulièrement dans les terrains salants.

2. Lorsqu'un chef prenait possession d'un pâturage, il n'employait d'autre formalité que de faire aboyer sa meute. Le rayon sonore de cette proclamation traçait aussitôt celui d'un domaine interdit aux troupeaux d'alentour. (SÉDILLOT, *Histoire des Arabes*.)

3. Point sur lequel nous avons bâti, en 1846, la ville d'Aumale.

cultivables et en eaux. C'est en explorant la vallée de l'ouad El-Lahm que la mort le surprit sur l'ouad Sbiceb, affluent de ce premier cours d'eau. Sa dépouille mortelle fut déposée sur le point même où il avait cessé de vivre, et la piété de ses descendants lui éleva une koubba sur son tombeau.

Pendant sa vie terrestre, Sidi Naïl eut beaucoup à souffrir de l'injustice et de la méchanceté des hommes; aussi ne le leur a-t-il point pardonné, même au delà du tombeau. En effet, il ne tolère autour de ses restes mortels que la dépouille de jeunes enfants, et pour cette raison qu'ils n'ont pu encore ni connaître le péché, ni persécuter leurs contemporains. Et c'est tellement vrai que, chaque fois qu'on a tenté d'enterrer un homme fait près de la koubba de l'implacable *ouali*, la terre en a rejeté le cadavre, ou elle l'a englouti sans en laisser la moindre trace.

Sidi Naïl laissa quatre fils : Ahmed, Zekri, Iahya et Melik. A l'exception d'Ahmed, qui mourut sans postérité, les trois autres et leurs descendants devinrent la source des nombreuses tribus qui composent la grande fraction des Oulad-Naïl. Cependant, un accident conjugal arrivé à Sidi Naïl, — hélas! les saints n'en sont pas exempts! — a fait élever quelques doutes sur l'authenticité de la descendance de l'illustre et pieux cherif. Voici comment les choses se seraient passées : un jour, dans les dernières années de sa vie, il songea avec une certaine terreur que, lui, descendant du Prophète, n'avait point encore accompli le pèlerinage au tombeau de son illustre ancêtre, pèlerinage qui est d'obligation pour tout bon Musulman, car le Prophète a dit : « Accomplissez le pèlerinage de Mekka et la visite des Lieux Saints [1]. » A son âge, il n'y avait plus à re-

---

1. Le *Koran*, sourate II, verset 192.

culer, car la mort pouvait le surprendre d'un jour à l'autre. Il se décida donc à se mettre en route pour les Villes saintes et respectées. Avant d'entreprendre ce voyage, qui pouvait être fort long, Sidi Naïl confia sa femme et ses enfants à Sidi Melik, qui était son ami et son confident. Le saint homme partit ensuite tout à fait rassuré sur le sort de sa maison pendant son absence.

Mais les jours succédaient aux jours, et les mois aux mois, et pourtant Sidi Naïl ne revenait point, ni ne donnait de ses nouvelles; sa veuve, tout naturellement, se persuada que son saint époux avait rendu son âme à Dieu; ce fut aussi l'avis de Sidi Melik, qui, — nous ne pouvons le dissimuler, — brûlait d'une flamme criminelle pour la femme de son ami. Du reste, le bruit de la mort de Sidi Naïl courait depuis longtemps déjà dans le pays; on prétendait qu'il avait été apporté par un *thaleb* arrivé récemment d'Orient. Sans se donner la peine de prendre des informations plus précises, la belle Cheliha, pressée par Sidi Melik, à qui, dit la légende, elle avait donné déjà quelques preuves de son amour, consentit à devenir sa femme tout à fait. Mais, au bout de trois années d'absence, Sidi Naïl revint à l'improviste et sans s'être fait annoncer. En faisant le compte de ses enfants, le saint homme ne fut pas sans s'apercevoir qu'il en avait un de plus qu'à son départ, et que l'âge de cette créature, même en exagérant de beaucoup le temps qu'elle avait dû passer dans le sein de sa mère, ne lui permettait guère de s'en attribuer la paternité. Après cela, il pouvait bien y avoir là un miracle : Dieu est si bon pour ses serviteurs! Quoi qu'il en soit, Sidi Naïl, qui détestait le scandale, reprit sa femme sans faire la moindre allusion à cette augmentation de personnel, et il considéra comme sien l'enfant dont le Ciel avait enrichi sa demeure.

Quant à Sidi Melik, il n'avait pas jugé à propos d'attendre les explications qu'aurait pu lui demander son ami sur la multiplication qui s'était opérée, pendant son absence, dans sa progéniture : il avait disparu, et jamais on ne sut ce qu'il était devenu.

Les intéressés dans cette affaire cherchèrent bien à démontrer que la belle Cheliha était *avec le ventre*[1] au moment du départ de Sidi Naïl pour le pèlerinage aux Villes saintes; pourtant, la possibilité du séjour de l'enfant pendant près de deux ans et demi dans les entrailles de sa mère trouva quelques incrédules dans les tribus voisines. Il est indubitable que le fait n'est pas commun; « mais, en résumé, disaient la femme et les enfants de Sidi Naïl, Dieu ne fait-il pas ce qu'il veut? » Quoi qu'il en soit, et dans la crainte de commettre une erreur d'attribution, on nomma l'enfant litigieux Melik-ben-Naïl. Aussi, quand les populations qui avoisinent les tribus de la descendance de ce dernier veulent les injurier, ne manquent-elles pas de les traiter dédaigneusement d'Oulad-Melik, dénomination qu'ils ne supportent d'ailleurs que très difficilement.

Sidi Naïl avait vécu encore quelques années après son retour de Mekka. Sa réputation de sainteté s'était accrue considérablement par son long séjour à la *Bit Allah*[2]. Il avait, en outre, visité l'Égypte et la Syrie, et il avait pu entrer en relations avec les plus savants théologiens et les plus remarquables jurisconsultes musulmans, dont il avait suivi les doctes leçons. Aussi,

---

[1] Expression par laquelle les Arabes expriment qu'une femme est enceinte.

[2] *La Maison de Dieu*. C'est le temple de la *Kâba*, à Mekka, dont la fondation est attribuée à Abraham, aidé de son fils Ismaïl.

sa science et sa profonde piété lui avaient-elles mérité le don des miracles. Dieu, qui l'avait comblé de ses faveurs, lui avait accordé, entre autres, une sorte de double vue qui sensibilisait à ses yeux les choses incorporelles et immatérielles; ainsi, comme Sidi Ali-El-Khaououas [1], dont parle l'illustre chikh Ech-Chârani, il voyait dans l'eau de la piscine où des Croyants faisaient leurs ablutions avant la prière les fautes qui y tombaient, et qui leur étaient pardonnées. « Je n'ai jamais rien rencontré de plus repoussant, répétait-il souvent, que ce qui venait des individus qui, avant leurs ablutions, s'étaient livrés à la pédérastie, ou qui avaient noirci l'honneur des autres, ou donné la mort à quelqu'un dont Dieu a ordonné de respecter la vie. »

Sidi Naïl avait aussi la faculté de voir, sous une forme matérielle, les actes ou œuvres des hommes, et d'en reconnaître les auteurs lorsque ces actes ou œuvres montaient au ciel. Il lui était également donné de distinguer les actions mauvaises que commettaient les gens dans leurs demeures, et il disait au coupable : « Repens-toi de telle ou telle action coupable. » Et le pécheur, qui se sentait découvert jusqu'au fond de sa conscience, se repentait et faisait pénitence.

Enfin, Sidi Naïl lisait dans l'avenir comme dans un livre ouvert. Cela n'a rien qui doive nous surprendre, puisqu'il était en communication directe avec le Prophète. Ainsi, il prédisait les accidents, les événements, les épidémies, les disettes, la mort d'un sultan, et jamais il ne se trompait dans ses prédictions. Pour en donner un exemple : Quelques jours après son retour à Aïn-Er-Rich, il rencontre un individu portant un suaire pour un chikh d'une tribu voisine de ses cam-

---

[1]. Voir la traduction de *la Balance musulmane*, par M. le Dr Perron, pour ce qui concerne Ali-El-Khaououas.

pements, lequel était à l'article de la mort : « Remporte ce suaire, lui dit Sidi Naïl, le chikh a encore sept mois à vivre. » Et il en fut ainsi qu'il l'avait annoncé.

Comme à tous les saints qui jouissent du don de prescience, il lui était interdit de pénétrer, pour ce qui le concernait, dans les secrets de l'avenir. Le Dieu unique avait vu, sans doute, des inconvénients dans la révélation à ses élus du sort qui les attendait. Peut-être eussent-ils cherché à modifier leur destinée, et, comme c'était écrit, ils eussent ainsi obligé les anges chargés de la comptabilité divine de faire des ratures ou des surcharges sur le Livre des Décrets éternels. Nous devons dire que cette opinion nous est entièrement particulière, et qu'elle ne s'appuie que sur une sorte de logique humaine qui, probablement, n'a pas le moindre rapport avec celle d'en-haut. Il est clair que tout le monde se sera fait la réflexion suivante : « Mais, puisque Sidi Naïl y voyait de si loin, pourquoi ne s'est-il pas aperçu de ce qui se passait chez lui pendant son absence? » Nous venons de répondre à cette question par notre hypothèse. Il nous serait facile d'en hasarder une autre tout aussi terrestre que la précédente, et de dire que, par cette raison que nous ne pouvons distinguer notre nez que d'une manière confuse et fort imparfaite, bien que cependant il soit bien près de notre œil, de même il se pourrait que, par analogie, ce fut à cette proximité de ce qui les touche personnellement qu'il conviendrait d'attribuer le manque de prescience et de pénétration qu'on remarque chez les saints relativement à ce qui les concerne particulièrement. Mais « *O Allahou aâlamou* », — Dieu là-dessus en sait plus long que nous.

Sidi Naïl ne craignait ni le scorpion, ni la vipère cornue, bien que la morsure de cette dernière fût mortelle. Souvent, ces animaux, qui sont si communs dans le Sahra, venaient se réchauffer dans ses bernous quand il était couché dans sa tente, et jamais ils ne lui faisaient aucun mal. Quand on lui demandait comment il s'y prenait pour échapper à la piqûre ou à la morsure de ces espèces venimeuses, il répondait tout simplement : « C'est que j'ai la ferme croyance qu'un céraste ne mord personne si Dieu ne lui donne l'envie de le faire, et ne lui dit dans le langage de sa divine puissance : « Va près d'un tel, et mords-le à tel en« droit du corps, afin qu'il devienne malade, ou qu'il « perde la vue, ou qu'il meure. » La vipère ne va donc mordre qui que ce soit sans qu'il n'y ait volonté et permission de Dieu. »

Enfin, après avoir opéré de nombreux miracles, Sidi Naïl termina son existence terrestre dans la vallée de l'ouad El-Lahm, ainsi que nous l'avons dit plus haut, et sa dépouille mortelle fut, selon sa volonté suprême, déposée sur le lieu même où Dieu avait jugé convenable de marquer le terme de sa vie.

De nombreux pèlerins visitent, deux fois par an, le tombeau de Sidi Naïl, et ses descendants y affluent de tous les points des espaces immenses qu'ils se sont successivement attribués comme terrains de parcours.

Bien que les mœurs des filles des Oulad-Naïl n'aient pas, généralement, la pureté du cristal, Sidi Naïl n'en est pas moins extrêmement bon pour elles, bon jusqu'à la faiblesse : car il est rare qu'il n'exauce pas leurs vœux, bien que, le plus souvent, ils aient pour mobile la satisfaction de leurs intérêts charnels. Mais le saint a assez fait, à ses dépens, l'expérience de la fragilité de la vertu féminine pour ne point être disposé à pardonner et à oublier. Aussi sa koubba est-elle extrêmement fréquentée par les femmes et les filles de ses descendants, lesquelles ont toujours quelque chose à demander au saint fondateur de la tribu.

Un certain nombre des descendants du saint ont joui du don des miracles, et, chose bizarre, cette précieuse faculté s'est surtout continuée dans la descendance de Sidi Melik-ben-Naïl, l'enfant que Cheliha donna à son saint époux avec la collaboration, — présumée, — de Sidi Melik. Nous citerons, parmi ceux de ces saints qui sont arrivés à la célébrité, Sidi Salem-ben-Sidi-Melik, Sidi Abd-er-Rahman-ben-Salem, son fils, Sidi Mahammed-ben-Abd-er-Rahman, et Sidi Tameur-ben-Mahammed.

La légende ne nous a conservé le souvenir que d'un seul miracle opéré par le dernier de ces saints marabouths.

XVI

SIDI
MAHAMMED-BEN-SIDI-ABD-ER-RAHMAN

La cause des guerres incessantes entre les Sahri et les Oulad-Naïl était la possession de la Sebkha-Zar'ez et des plantureuses prairies qui entourent ce lac salé. Il faut dire aussi que le monopole de la fourniture du sel aux tribus sahriennes présentait un avantage qui n'était point à dédaigner. Pendant de longues années, ces richesses mirent les armes à la main aux Sahri et aux tribus zaréziennes. Les Oulad-Naïl attendirent le moment opportun pour faire valoir leurs prétentions ; ils ne doutaient pas que ces luttes acharnées entre les populations que nous venons de citer ne finissent par les user, les épuiser, et les mettre, à un moment qui ne pouvait plus guère se faire attendre, hors d'état de leur opposer une résistance sérieuse. Malgré ce que ce calcul pouvait avoir de machiavélique, il n'en dénotait pas moins, de la part des Oulad-Naïl, une certaine habileté politique. Les Sahri, en fin de compte, avaient réussi à avoir raison de leurs adversaires zaréziens et à les expulser de la Sebkha. Un incident, que nous allons rapporter, fit tomber cette riche proie entre les mains des Oulad-Naïl.

Un jour, Sidi Mohammed-ben-Alya[1], marabouth vénéré qui vivait au milieu des Sahri, fut pris de l'envie de renforcer son *harim*, devenu incomplet par le divorce de l'une de ses femmes, en demandant en mariage la fille d'un riche propriétaire de troupeaux de la montagne. Sa demande fut rejetée avec hauteur, et sans même que le père de la jeune fille daignât mettre dans son refus les ménagements auxquels avait droit le saint marabouth, et que, d'ailleurs, les plus simples convenances lui prescrivaient de ne point négliger. Sidi Mohammed, on le comprend, fut sensiblement froissé de ce grossier manque d'égards à son endroit; aussi résolut-il de se venger. Il ne trouva rien de mieux, pour faire payer aux Sahri le refus offensant dont il avait été l'objet, que de vendre le Zar'ez aux Oulad-Naïl, moyennant quarante brebis tachées de noir, un chameau, deux sacs de blé, quarante *chachia*[2], quarante aiguilles et deux *r'erair*[3]. C'était pour rien. Les tribus les plus voisines du Zar'ez l'occupèrent sans retard. Les Sahri essayèrent bien de s'y

---

1. Plusieurs saints personnages ont porté ce nom.
2. Calotte de laine ou de tissu feutré de couleur rouge.
3. Sacs en tissus de laine pour le transport des dattes ou des céréales.

opposer, mais ils furent battus à plate couture, et ils durent s'estimer très heureux que les vainqueurs voulussent bien ne pas les expulser de leurs montagnes.

Sidi Mahammed-ben-Sidi-Abd-er-Rahman fut un héros dont les prouesses rappellent les temps chevaleresques ou antéislamiques, et la tradition lui attribue les actions les plus témérairement surprenantes ; quelques-uns de ses exploits rentrent aussi dans le domaine des faits surnaturels. Ainsi, dans une affaire contre les Sahri, la victoire flottait incertaine entre les deux partis ; le combat avait commencé après la prière du *fedjeur* (point du jour), et, à l'heure de celle du *moghreb* (coucher du soleil), elle n'était point encore décidée : Sidi Mahammed était resté en prières sur une colline dominant le champ du combat et ne paraissait point se préoccuper le moins du monde du sort des siens. Il sortit tout à coup de son extase, demanda leurs chapelets aux cavaliers qui l'entouraient, et dont les chevaux, ivres de poudre, piaffaient d'impatience depuis le commencement de la lutte en attendant le signal de fondre sur l'ennemi. Le saint marabouth se mit à rompre le cordon qui retenait les grains de son chapelet, et, ô miracle ! à chaque grain qui tombait à terre, c'était un guerrier qui tombait mortellement frappé du côté de l'ennemi. Au bout de l'égrenage du troisième chapelet, trois cents cadavres jonchaient le sol, pareils à des gerbes dans un champ moissonné, et un grand nombre de chevaux sans cavaliers erraient en tourbillonnant sur le lieu de la lutte. La terreur des Sahri était d'autant plus intense que leurs morts ne portaient pas trace de blessures ; seulement, leurs visages avaient noirci subitement, et les cadavres exhalaient une odeur insupportable. Aussi, tous ceux qui n'avaient pas succombé s'enfuirent-ils épouvantés dans la direction de leurs montagnes, s'empressant de chercher un abri contre cet ennemi invisible qui leur faisait éprouver de si effroyables pertes. Ils ne doutèrent pas qu'ils n'eussent eu affaire à une armée de *djenoun* (génies) que Sidi Mahammed avait prié Dieu de mettre à sa disposition pour les combattre. Ce prodige fit grand bruit dans le pays et bien au delà, et les Sahri ne s'avisèrent plus de provoquer un saint pouvant disposer d'une telle puissance, et étant aussi avancé dans la familiarité du Dieu unique.

Une autre fois, ce furent les Rahman, les Bou-Aïch, les Zenakhra et les Mouïadat qui essayèrent de disputer à Sidi Mahammed l'une des parties les plus fertiles du Zar'ez. Ces tribus avaient pris position à Korirech, c'est-à-dire sur le terrain même qu'elles convoitaient, entre la Sebkha occidentale et l'Aïn-El-Bsiça. Les cavaliers des goums[1] ennemis étaient aussi nombreux, d'après la tradition, que les étoiles du ciel, et la plaine, sur une étendue que ne saurait embrasser le regard, était couverte de leurs contingents. Le succès des tribus confédérées paraissait assuré : car c'est à peine si toutes les tribus réunies des Oulad-Naïl, du moins de celles qui avaient leurs campements à proximité du Zar'ez, auraient pu mettre sur pied un pareil nombre de cavaliers; et puis, d'ailleurs, cette incursion des tribus du nord de la sebkha était une surprise que rien n'avait pu faire prévoir, puisqu'on était sinon en pleine paix, tout au moins en pleine trêve des deux côtés.

En présence d'une invasion aussi formidable qu'elle était imprévue, les tribus des Oulad-Naïl ne pouvaient songer à la résistance, et elles s'apprêtaient déjà à

---

1. Contingents de cavaliers arabes levés pour une circonstance de guerre.

s'enfoncer dans le Sud, lorsque Sidi Mahammed, suivi de dix guerriers de la *Nesiet el-Fahla* (fraction des Preux), apparut tout à coup au milieu des tribus, qui décampaient en désordre, et leur ordonna d'aller rejoindre leurs emplacements. Malgré la réputation d'héroïsme des Preux qui suivaient Sidi Mahammed, les Oulad-Naïl ne purent s'empêcher de penser qu'il pouvait y avoir quelque témérité de leur part à marcher à la rencontre d'un pareil nombre d'ennemis, et ce n'est qu'après se l'être fait répéter une seconde fois qu'ils se disposèrent à aller reprendre les campements qu'ils venaient de quitter.

Sidi Mahammed et ses dix compagnons piquèrent droit sur le djebel Ouâchba, et escaladèrent la pointe nord de cette montagne, qui dominait toute l'armée ennemie, laquelle avait pris un ordre de bataille d'autant plus vicieux que, dans le cas d'une retraite, — que, sans doute, elle n'avait pas prévue, — elle courait le risque d'être jetée dans le Zar'ez, auquel elle s'était aussi maladroitement qu'imprudemment adossée; or, il est extrêmement dangereux de traverser la Sebkha, surtout pendant la nuit, car on y a vu des cavaliers disparaître presque instantanément, eux et leurs bêtes, dans des trous vaseux [1].

En arrivant au sommet de la croupe qui comman-

---

[1]. On trouve dans le *Zar'ez* deux *sebakh* (étangs salés) qui sont dites *Sebkha de l'Est* et *Sebkha de l'Ouest*. L'eau de ces étangs est très chargée de sel que leur apportent les rivières qui y affluent. L'évaporation spontanée de ces eaux laisse sur le fond de chacune de ces sebkha une couche de sel qui s'élève jusqu'à 0m40 centimètres d'épaisseur. Nous avons dit, dans la légende de Sidi Aïça-Mahammed, dans quelle circonstance s'était produite la source d'eau douce qu'on rencontre sur l'îlot du Moktha-El-Djedian.

Le Zar'ez de l'Est a 36 kilomètres de longueur sur 14 de lardait la position des contingents confédérés, Sidi Mahammed, qui était de première force en tactique militaire, comprit de suite le parti qu'il pouvait tirer de cette disposition vicieuse de ses ennemis pour rendre leur défaite plus complète. Il attendit donc le coucher du soleil pour opérer.

Du côté de l'ennemi, les affaires ne paraissaient pas marcher avec tout l'ordre désirable : cette grande ligne de cavaliers ondulait, flottait sans direction dans la plaine; on sentait que l'unité de commandement faisait défaut dans cette masse de cavalerie on ne peut plus irrégulière. Chacun des kaïds, en effet, voulait y commander et opérer pour son propre compte, afin de garder pour son contingent la part du butin qu'il comptait conquérir. Il y avait là aussi les pressés et les prudents, et la catégorie de ces derniers paraissait la plus nombreuse, car ce n'était pas sans une certaine appréhension qu'ils allaient s'attaquer à Sidi Mahammed et à la terrible fraction des Preux. Mais, nous le répétons, ils espéraient surprendre les Oulad-Naïl et, la razia opérée, rejoindre rapidement leurs campements.

Dès que le jour fut entré dans la nuit, Sidi Mahammed, se tournant vers ses compagnons, après qu'ils eurent fait ensemble la prière du *moghreb*, s'écria, radieux et l'œil en feu : « Enfants ! ces fils du péché sont à nous ! » Les *Fahla* se doutèrent bien qu'il s'agissait de quelque miracle, car ils ne voyaient pas comment le saint pouvait avoir raison de cette masse de cavaliers; mais, comme ils avaient été les témoins

---

geur moyenne; le Zar'ez de l'Ouest a 40 kilomètres de longueur sur 14 de largeur moyenne.

C'est surtout dans ces deux lacs salés que les caravanes viennent s'approvisionner du sel qui est nécessaire à leurs besoins.

de choses au moins aussi extraordinaires que celle que leur annonçait le saint marabouth, ils n'hésitèrent pas un seul instant à être convaincus que ces fils de Satan étaient, en effet, à eux.

Sidi Mahammed portait toujours en bandoulière, et sans son fourreau, un sabre d'une forme particulière, qui, déjà, s'était abreuvé jusqu'à l'ivresse du sang de ses ennemis; ce sabre, exactement semblable à celui que le Prophète Mohammed nommait *dzou-'l-fikar*, et qui, à sa mort, passa à son gendre Ali, était à deux lames divergentes vers la pointe. Sidi Mahammed prétendait bien que c'était le sabre même du Prophète, et un grand nombre de ses partisans ou contribules n'en doutaient pas, malgré que cette noble origine de son arme manquât pourtant d'authenticité. Quoi qu'il en soit, quand, dans une affaire de sang, le saint guerrier mettait le sabre à la main pour se lancer dans la mêlée, l'ennemi était frappé subitement d'épouvante et prenait honteusement la fuite. Maintes fois, on en avait vu des exemples.

Nous l'avons dit, les querelles entre les chefs des divers contingents ennemis, pour savoir à qui revenait le commandement général des goums, leur avaient pris tant de temps que la nuit était arrivée avant qu'ils eussent pu se porter en avant; mais, comme ils étaient réunis, ils ne voulaient point attendre jusqu'au lendemain pour tenter l'aventure. Le moment leur paraissait d'ailleurs on ne peut plus propice pour tomber sur les Oulad-Naïl, surtout s'ils voulaient conserver à leur mouvement le caractère de la surprise : car ils semblaient persuadés que ceux qu'ils se proposaient d'attaquer n'avaient pas eu connaissance de leur arrivée sur le Korirech. En effet, leurs *chouaf*[1] ne s'étaient

---

1. De *chaf*, il a vu. — C'est ainsi que sont désignés les éclaireurs.

XVI. — SIDI MAHAMMED-BEN-SIDI-ABD-ER-RAHMAN

encore montrés nulle part. Dans tous les cas, les Oulad-Naïl manquaient du temps nécessaire pour organiser la résistance, et les contingents confédérés avaient, tout au moins, l'espoir de les surprendre en marche, et chargés de tous leurs biens. C'est ainsi que raisonnait le kaïd des Mouïadat, qui, dans la réunion des chefs de fractions en conseil de guerre, avait été appelé à donner son avis sur l'opportunité de l'attaque.

Les confédérés parvinrent cependant à se mettre en mouvement, mais chaque goum marchant à peu près pour son compte, et dans un désordre parfait. La direction générale paraissait être la vallée de l'ouad El-Hadjia, où étaient les campements les plus importants des Oulad-Naïl. Ils approchaient pleins de sécurité, et en songeant aux gras troupeaux qui allaient infailliblement, pensaient-ils, tomber entre leurs mains; ils approchaient, disons-nous, du djebel Ouâchba, sur le sommet duquel se trouvaient Sidi Mahammed et ses dix compagnons, circonstance dont les goums n'avaient pas même le soupçon, quand, tout à coup, un éclair, ayant la forme si connue du sabre du saint, sillonna le ciel de fulgurantes lueurs, et, en même temps, une voix paraissant venir d'en haut, pareille à celle du tonnerre, et retentissante comme le son de l'éclatante et terrible trompette qu'embouchera l'ange Srafil au jugement dernier, cette voix, disons-nous, fit entendre cette terrifiante menace : « O maudits fils de maudits ! retirez-vous ! où je jure, par Dieu, que je vais débarrasser de vos charognes infectes le dos de vos chameaux ! »

A cette immense et aveuglante fulguration qui venait inonder de ses feux la plaine bossuée de dunes dans laquelle se développaient les goums, et qui, se répandant sur la surface de sel de la sebkha, s'y réfléchissait comme dans un vaste miroir, les chevaux s'arrêtèrent épouvantés. Quelques cavaliers, — des esprits forts, — essayèrent de les pousser en avant, mais ils répondirent à leurs efforts par des cabrers, des renversés et des volte-face. La plupart de ces animaux se pelotonnèrent, se ruèrent les uns contre les autres comme un troupeau de moutons pris de panique, et, les naseaux et les yeux dilatés, ils se mirent à souffler d'une manière étrange. Aux premières paroles du saint, l'effroi s'était mis dans les âmes les mieux trempées ; les cavaliers avaient reconnu cette voix terrible dont, pour la plupart, ils avaient déjà éprouvé les désastreux effets : Sidi Mahammed était donc là, et avec des forces supérieures aux leurs peut-être ; les guerriers de la fraction des Preux, dont chaque coup de sabre partageait un homme en deux, allaient inévitablement fondre sur eux avec la violence d'une trombe poussée par le *guebli,* cet irrésistible vent du désert, et les disperser comme il le fait des grains de sable des dunes. Ajoutez à cette effroyable perspective la puissance d'un ami de Dieu ayant à sa disposition tous les éléments, que, sans doute, il allait liguer contre eux. Ils commençaient déjà à reconnaître qu'ils avaient eu tort de se lancer aussi inconsidérément dans une pareille aventure.

Dès que le saint eut achevé de lancer sur les goums ennemis son effroyable malédiction, ils commencèrent à tournoyer sur eux-mêmes, puis ils se débandèrent par tronçons, et s'enfuirent honteusement à travers les sables, et dans une direction absolument opposée à celle qu'ils avaient prise pour aller *manger* les Oulad-Naïl. Comme le saint l'avait prévu, leur mouvement de retraite s'était opéré vers la sebkha occidentale, dans laquelle, croyant avoir toute la fraction des Preux sur leurs talons, ils s'engagèrent, affolés, à une allure vertigineuse. La plupart de ces cavaliers s'y engloutirent et y disparurent, bêtes et gens. Un petit nombre seulement de ces imprudents agresseurs purent rejoindre leurs tribus, et y raconter les faits merveilleux dont ils avaient failli être les victimes.

Les échos du Zar'ez répétèrent pendant sept jours les malédictions du saint.

« Si, ajoute le narrateur, par une nuit claire vous mettez l'oreille à terre sur la rive sud de la Sebkha-Zar'ez, vous entendez encore le tintement des *chabir*[1] contre les étriers, et les imprécations des cavaliers contre leur vainqueur, Sidi Mahammed-ben-Sidi-Abd-er-Rahman. »

Une autre fois, le même *ouali* eut raison des Turks, qui voulaient exiger des Oulad-Naïl le payement d'une capitation annuelle, imposition à laquelle ils refusaient obstinément de se soumettre. Les Turks, renforcés par les tribus makhzen ou auxiliaires, étaient venus poser leur camp sur le Zar'ez, résolus de demander à la force ce qu'ils ne pouvaient obtenir autrement.

La colonne turke était formidable et vigoureusement composée. Sidi Mahammed était loin de pouvoir mettre en ligne des forces suffisantes pour pouvoir lutter avantageusement contre les maîtres du Tell ; mais, heureusement, son répertoire de stratagèmes était loin d'être épuisé, et puis, en cas d'insuccès, il lui restait toujours le recours à l'aide puissante du Dieu unique. Mais, cette fois, il n'en eut pas besoin. Selon son habitude, le saint opéra à la nuit close : il attendit que les Turks et leurs auxiliaires fussent endormis, puis, ayant fait envelopper un cheval d'un vêtement de halfa desséchée, il y mit le feu, et le lança tout allumé au milieu de leur camp. En un clin d'œil, l'incendie s'était

---

1. Éperons arabes, se composant d'une tige de fer pointue longue de 15 ou 16 centimètres.

communiqué à toutes les tentes : un grand nombre d'hommes périrent dans les flammes, et la colonne n'eut que le temps de prendre la fuite, en laissant au feu tous ses bagages et ses approvisionnements.

Bien que ce stratagème rappelle par un de ses côtés celui qu'employa l'Hébreu Samson contre les Philistins, il n'en produisit pas moins un effet considérable sur les Turks et sur les tribus makhzen du Tithri, leurs auxiliaires.

Quelques-uns des nombreux descendants de Sidi Naïl signalèrent leur passage sur la terre par des miracles ou par des actes d'héroïsme rappelant l'époque de nos paladins. Citer tous les exploits des marabouths guerriers de cette descendance nous entraînerait trop loin. Nous nous bornerons, pour terminer la légende des saints Naïliens, à rappeler quelques traits de la vie de Sidi Tameur, qui était un des fils de Sidi Mahammed-ben-Sidi-Abd-er-Rahman.

XVII

SIDI TAMEUR-BEN-SIDI-ABD-ER-RAHMAN.

Sidi Tameur, qui naquit de la troisième femme de Sidi Mahammed-ben-Sidi-Abd-Er-Rahman, la ravissante Oumm-Hani, et qui fut le fondateur de la tribu de ce nom, s'illustra par de nombreux actes de dévouement, et par une piété transcendante qui lui valut le don des miracles; Sidi Tameur fut un des saints les plus populaires des Oulad-Naïl. Il appartenait à l'une de ces fractions militantes qui fournirent une si longue suite de héros, parmi lesquels on citait déjà de son temps Hoceïn et Abd-es-Selam, qui, par leurs prouesses, avaient valu à la fraction des Oulad-El-R'erbi, de la tribu des Oulad-R'ouïni, le glorieux surnom de *Nezlet el-Fahla*, fraction des Preux.

L'esprit belliqueux des Oulad-Naïl, joint à leur besoin de s'étendre, ne les disposait que trop à chercher, par des agressions continuelles, à lasser la patience des tribus qui les avoisinaient, et à les amener à prendre les armes pour tâcher d'en finir avec leurs turbulents voisins. A cet effet, toutes les tribus qui avaient eu plus ou moins à souffrir des incursions des Oulad-Naïl sur leur territoire firent alliance entre elles, et leur déclarèrent la guerre. N'ayant pas prévu cette redoutable coalition, et ne se sentant pas assez forts pour lui faire tête, les Oulad-Naïl se retirèrent devant leurs adversaires, non sans se promettre toutefois de prendre leur revanche dès que les circonstances le leur permettraient.

Pour se mettre plus promptement à l'abri de l'ardente poursuite des tribus confédérées, les Oulad-Naïl se dirigèrent vers le djebel Bou-Kahil, véritable labyrinthe hérissé d'obstacles de toute nature. Ils s'étaient à peine engagés dans une des gorges de ce pays convulsé, qu'un immense rocher à pic venait leur en barrer subitement le passage. Les Oulad-Naïl étaient perdus, car cet obstacle ne pouvait être ni franchi ni tourné: massés en désordre au fond de cette gorge, il leur était, en outre, impossible de faire usage de leurs armes, et l'ennemi était sur leurs talons. Ils commençaient à se repentir d'avoir attiré ainsi sur leurs têtes le malheur auquel ils ne paraissaient pas pouvoir échapper, quand Sidi Tameur, se dépouillant de son bernous, le roula et le lança avec force contre le malencontreux rocher, lequel s'entr'ouvrit avec fracas, et livra ainsi passage aux fuyards, qui s'y engouffrèrent dans un pêle-mêle épouvantable. Pour protéger la retraite des tribus naïliennes, et leur donner le temps de s'enfoncer dans la montagne, Sidi Tameur, avec l'aide de quelques-uns des Preux de sa tribu, défendit le miraculeux défilé le temps qu'il avait jugé nécessaire pour mettre les Oulad-Naïl hors des atteintes de l'ennemi. Malheureusement, il paya de sa vie son héroïque dévouement. Il est hors de doute que son heure était arrivée, et que Dieu avait voulu en profiter pour lui faire la faveur de lui donner la mort des martyrs.

Il va sans dire que les Oulad-Naïl ne tardèrent pas à se reconstituer, et que, bientôt, fondant sur leurs vainqueurs des sommets où ils avaient établi leurs repaires, ils purent prendre leur revanche en leur infligeant à diverses reprises des pertes cruelles, et en faisant sur eux un butin considérable. Ce fut en les attaquant séparément qu'il triomphèrent définitivement de leurs voisins, et qu'ils purent s'étendre dans le Sahra sur les territoires qu'ils occupent encore aujourd'hui.

XVIII

SIDI MAHAMMED-BEN-ALYA [1]

A présent que nous connaissons les principaux saints des Oulad-Naïl, occupons-nous du plus illustre *ouali* de leurs infortunés adversaires, les montagnards du djebel Es-Sahri, population qui a pris le nom de cette montagne, et qui a ses campements au sud du Zar'ez oriental.

Sidi Mahammed-ben-Alya est d'origine cherifienne, puisqu'il descend en ligne droite du Sultan des Saints et du Prince des Parfaits, l'illustrissime Sidi Djâfar-ben-Hoceïn-ben-Mohammed-ben-Abd-el-Kader-El-Djilani, lequel, comme nous le savons, naquit, vécut et mourut à Baghdad dans le VI° siècle de l'hégire, le XII° de l'ère chrétienne, et fut le fondateur d'un ordre religieux qui compte des khouan (frères) dans tout le pays musulman.

Le grand-père de Sidi Mahammed-ben-Alya, Sidi Ahmed-ben-Ibrahim, sortit de Baghdad, accompagné de ses trois frères, vers la fin du VIII° siècle de l'hégire (XV° de l'ère chrétienne), et parcourut l'Afrique septentrionale. Après avoir visité successivement Tlemsan, Oudjda, Fas et Merrakech (Marok), il fut tué à Asmil, dans les environs de Sfidj, par des soldats

---

[1]. Cette légende a été recueillie par M. l'interprète militaire Arnaud, et citée dans un intéressant travail sur la tribu des Sahri.

marokains auxquels s'étaient joints des hommes des Oulad-Haçan. Abd-el-Kader, un de ses fils, eut de son mariage avec Meriem-bent-Rahal, de la tribu des Sahri, où il était venu se fixer après la mort de son père, deux fils qui furent nommés, l'un Khemouïkhem, et l'autre Mahammed. Le premier fut tué par les Sahri; la tradition resta muette sur les causes et les circonstances de sa mort. Quant au second, Mahammed, tout jeune encore et laissé sans soutien par la mort de son frère, il fut recueilli par une *Adjouza* (vieille femme) de la tribu des Bou-Aïch, Alya, qui lui donna son nom, et auprès de laquelle il resta pendant sept années.

Quand il fut d'âge à pouvoir voyager, il quitta sa mère adoptive, la Bou-Aïchia, et se rendit à Merrakech (Marok), où il se maria. Plus tard, il revint dans les Sahri, où son origine, sa science et ses vertus, lui donnèrent bientôt une grande influence sur ces montagnards, lesquels, — il faut bien l'avouer, — n'établissaient pas alors une très grande différence entre le bien d'autrui et le leur, et jouaient volontiers du couteau pour un oui, pour un non. En définitive, c'était une mauvaise population. D'ailleurs, Sidi Ben-Alya n'avait pas oublié que ces Sahri avaient tué son frère Khemouïkhem; aussi s'était-il promis de se montrer à leur égard d'une sévérité excessive, afin de les ramener au sentiment du juste et de l'injuste et au respect de la propriété. Quelques miracles qu'opéra Sidi Ben-Alya, — car il avait le don des miracles, — avec assez d'opportunité, lui mirent les Sahri tout à fait dans la main. Il put donc dès lors accomplir, sans trop de difficultés, la réforme qu'il avait entreprise dans les mœurs et dans les habitudes de ces grossiers montagnards.

Déjà sa réputation de sainteté s'est répandue dans

tout le pays et parmi les tribus nomades qui ont leurs campements autour du Zar'ez : c'est ainsi que les Bou-Aïch, les Arbaâ et tant d'autres, lui apportent d'abondantes et copieuses *ziara*[1] en nature et en argent. Il est vrai que l'*ouali* Ben-Alya savait reconnaître les pieux procédés des fidèles en leur donnant de la pluie, — dans le Sahra, c'est du beau temps, — des pâturages pour leurs troupeaux, une postérité raisonnable, et son puissant secours pour faire réussir les razias qu'ils pouvaient avoir à tenter de temps à autre sur leurs voisins. Bref, Sidi Ben-Alya était devenu la providence du djebel Mechentel, et l'amour que les habitants de cette montagne professent pour leur saint protecteur et intercesseur ne tarda pas à tourner à l'idolâtrie, au fétichisme.

Sidi Ben-Alya s'est fixé définitivement chez les Sahri, et s'y marie raisonnablement, c'est-à-dire qu'il se contente de deux femmes, Zineb et Fathima, lesquelles lui donnent huit fils. Les cinq provenant du fait de Zineb, Ameur, Mbarek, Mohammed, Sahya et El-Hadj, forment la souche des fractions des Oulad-Ben-Alya : ce furent des gens suffisamment vertueux, craignant Dieu, et vivant grassement de la sainteté de leur vénéré père. Quant aux trois fils de Fathima, Aïça, Rabah et Yahya, ce ne furent que des gueux, des gredins, qui ne donnèrent que de médiocres satisfactions au vénérable et saint auteur de leurs jours.

Mais, pour prouver que nous n'exagérons rien en les

---

1. *Ziara* signifie visite, pèlerinage au tombeau d'un saint. On désigne également sous ce nom les offrandes et cadeaux qu'apportent aux saints marabouths les Croyants qui désirent obtenir, par leur intermédiaire, les faveurs du ciel. La *Ziara* est un impôt volontaire qui n'est pas sans analogie avec celui que, sous le nom de *dîme*, nos pères payaient aux frères des ordres mendiants.

gratifiant de ces épithètes, nous voulons raconter le tour indigne qu'ils osèrent jouer à leur respectable père. Un jour, ayant à ensiler des grains provenant d'offrandes de ziara, Sidi Ben-Alya demanda aux trois fils de Fathima de venir l'aider dans cette pénible, mais intéressante besogne; or, ces trois vauriens, que fatiguaient depuis longtemps les reproches incessants de leur père, et qui avaient conçu l'horrible projet de s'en défaire, ces trois sacripants, disons-nous, qui pensèrent que l'occasion qu'ils cherchaient ne pouvait être plus belle, acceptèrent la proposition avec un enthousiasme mal contenu qui aurait dû donner à réfléchir au saint : car, habituellement, ce n'était qu'en rechignant qu'ils accueillaient les ordres ou les prières de leur père; mais, dans tous les temps, il y eut des pères aveugles à l'égard de leurs enfants. Ils chargent donc les chameaux de *r'eraïr*[1] contenant les grains, et ils se dirigent vers les *mthamir*[2] où ils doivent être déposés. Sidi Ben-Alya, sans défiance, se fait descendre dans le silo pour s'assurer de l'état dans lequel il se trouve. Pendant qu'il était au fond, procédant à son examen, ses trois fils, sur un signe d'Aïça, l'aîné, se hâtent de décharger les trois chameaux et de vider les six sacs de grains sur leur infortuné père, qu'ils enterrent littéralement sous le poids de leur contenu. Aux cris, aux plaintes du vieillard, ils répondent par des rires indécents et par des plaisanteries d'un goût douteux, et tout au moins déplacés en pareille circonstance; puis ils ajoutent encore à leur forfait en dansant autour du silo, et prêts à repousser celui qui leur avait donné l'être, — ce dont il s'était repenti plus d'une fois, —

---

1. Sacs en laine, servant à transporter soit les grains, soit les dattes.
2. Silos.

s'il parvenait à se dépêtrer de sa fâcheuse position, hypothèse qui n'était guère admissible : car ce n'était pas à son âge, avec plus de 300 kilogrammes de céréales sur son pauvre corps, qu'il pouvait tenter une pareille entreprise. Après avoir attendu un bon moment, dans le même état d'allégresse, au bord du silo, et rien n'ayant bougé au fond de cette fosse à céréales, ils en conclurent, le sourire aux lèvres, qu'ils étaient débarrassés de leur père, et ils eurent l'infamie d'en exprimer toute leur joie par des danses et des chants qui démontrèrent que, du côté du cœur, ils avaient été extrêmement mal partagés.

Mais ces trois parricides paraissaient avoir tout à fait oublié que leur saint homme de père possédait le don des miracles, et que, pour lui, c'était le cas ou jamais de faire usage de ce précieux privilège. Aussi, au lieu de sortir du silo par son orifice, Sidi Ben-Alya, qui trouvait, sans doute, le moyen par trop primitif, s'était frayé un chemin souterrainement, et était allé déboucher à un *farsekh*[1] (parasange) de là.

Après un pareil crime, le saint homme eût été autorisé à détruire ses trois scélérats de fils, et, bien certainement, personne n'y eût trouvé à redire; mais, nous le répétons, Sidi Ben-Alya était père, c'est-à-dire faible : il ne voulut point s'en défaire; il se contenta de les faire appeler devant lui et de les maudire en ces termes : « Enfants d'esclave! votre infamie mourra

---

1. La *parasange* est une mesure itinéraire qui, chez les anciens Arabes, valait quatre milles de trois mille pas chacun.
Les Sahri montrent encore, à 20 kilomètres N.-E. de Djelfa, le silo dans lequel fut enterré Sidi Ben-Alya par ses trois fils. Il se trouve sur le bord de la route qui aboutit à Griga. Il se nomme Bir-El-Hemam, le puits des Pigeons, à cause des nombreux pigeons qui s'y réfugient.

avec vous! » Ce qui signifiait clairement qu'ils n'auraient point de postérité. En effet, ces trois garnements finirent mal, et, malgré leurs efforts pour conjurer les conséquences de la malédiction qui pesait sur eux, ils ne purent parvenir à se procurer la moindre descendance. Nous ne perdrons pas notre temps à les plaindre.

Sidi Ben-Alya n'était point fâché de montrer à ceux de ses collègues qui venaient le visiter toute l'étendue de sa puissance thaumaturgique. On ne peut le nier, il avait ce genre d'amour-propre à un degré très prononcé. Un jour que les illustres Sidi Zeyan, Sidi Mahammed-Es-Sahih et Sidi Nadji-ben-Mahammed, étaient venus lui rendre visite, il leur proposa une petite excursion dans une partie du Sahra qu'ils ne connaissaient pas. Les saints marabouths acceptent. Mais, au bout de deux ou trois jours de cette promenade, Sidi Ben-Alya avoue, avec un certain embarras, à ces vénérés collègues qu'il est égaré et qu'il ne reconnaît plus son chemin. Or, il avait attendu, pour leur faire cet aveu, l'heure la plus chaude de la journée, et justement au moment où les trois saints venaient de manifester le désir de se rafraîchir un peu, car ils mouraient de soif. Sidi Ben-Alya les laissa se plaindre pendant quelques instants, puis il finit par leur dire qu'il se repent de les avoir entraînés dans des parages qui lui sont inconnus, et cela d'autant mieux que rien autour d'eux ne révèle la proximité d'une source ou d'un *r'dir* [1].
« Il serait dur, à mon âge, de mourir de soif », fit remarquer Sidi Zeyan, qui était encore jeune. Sidi Es-Sahih et Sidi Nadji ne paraissaient pas non plus très rassurés; aussi les trois marabouths commençaient-ils à se regarder avec inquiétude. « Vous avez peut-être

---

1. Citerne naturelle dans le Sahra.

été un peu léger, ô Monseigneur! permettez-moi de vous le dire, continua Sidi Zeyan en s'adressant à Sidi Ben-Alya, car, lorsqu'on ne connaît point un pays, on doit tout au moins éviter les distractions. — Monseigneur Zeyan est parfaitement dans le vrai, ajouta Sidi Nadji avec onction, en léchant d'un regard sévère Sidi Ben-Alya. — Dieu, — que son saint nom soit glorifié! — n'aurait pas l'affreux courage de laisser mourir de soif ses meilleurs serviteurs, répondit Sidi Ben-Alya en riant dans sa barbe. Rassurez-vous donc, ô Messeigneurs! et buvez à votre soif! » L'*ouali* des Sahri piquait en même temps le sol de son bâton ferré, et il en jaillissait une eau qui, sans exagération, avait la pureté du cristal, et qui était aussi douce au goût que celle du puits d'Aris, à El-Medina, après, bien entendu, que le Prophète y eut craché.

A la vue d'un tel prodige, les trois saints, qui ignoraient que la spécialité de faire jaillir des sources fît partie du lot de miracles dont le Tout-Puissant avait donné la jouissance à Sidi Ben-Alya, les trois *ouali*, disons-nous, se mirent à louer Dieu. Mais ils reprochèrent doucement au marabouth des Sahri de les avoir mis dans une fausse position vis-à-vis de lui, en les faisant douter des bontés de la Providence. Quoi qu'il en soit, ils burent à gosier que veux-tu; et, comme il était l'heure du *dhohor*, ils firent leurs ablutions et la prière qui les suit. Sidi Zeyan ne pardonna jamais ce mauvais tour à Sidi Ben-Alya. Quant à la source, elle n'a pas tari depuis : c'est celle qu'on nomme El-Mengoub [1], et qui se trouve au sud de la Sebkha-Zar'ez de l'ouest.

Un autre jour, Sidi Ben-Alya était allé visiter son

---

1. On donne le nom de *mengoub* à un puits en forme d'entonnoir.

saint collègue de l'ouad El-Djenan, au sud de Sour-El-R'ouzlan, Sidi Mahammed-ben-Aïça, qui fut l'ancêtre du Oulad-Sidi-Aïça-Ehel-El-Guethfa. Après une conversation très intéressante sur la façon dont l'Esprit de Dieu avait été jeté dans la vierge Meriem (Marie) par l'intermédiaire de l'ange Djebril, Sidi Ben-Alya interrogea Sidi Aïça sur ce qu'il aimait le mieux parmi les choses qui n'étaient point hors de sa portée, et auxquelles il pouvait atteindre. Sidi Aïça lui répondit qu'il aimait beaucoup les biens de ce monde, et ceux de l'autre aussi, ajoutait le saint de l'ouad El-Djenan. Ils étaient, à ce moment, à Tamezlit, où son hôte avait dressé ses tentes. La terre s'entr'ouvrit aussitôt sur un signe de Sidi Ben-Alya, et se mit à vomir en abondance des valeurs monnayées. Bien que stupéfait, Sidi Aïça put néanmoins charger deux chameaux des richesses qu'elle avait dégorgées.

Dans un voyage que fit Sidi Ben-Alya au djebel El-Eumour, il avait remarqué, avec un sentiment très prononcé de tristesse, que non seulement le tombeau de l'illustre et vénéré marabouth Sidi Bou-Zid avait disparu, en s'enfonçant sous terre, prétendaient les gens du ksar de ce nom, mais qu'en même temps les pratiques les plus élémentaires de la religion et la foi mulsumane n'étaient plus chez eux qu'à l'état de lettre morte. D'un mot, Sidi Ben-Alya fit reparaître le tombeau de l'*ouali* du djebel El-Eumour, et sa parole ramena la foi et la piété parmi les habitants du ksar. La garde du tombeau de Sidi Bou-Zid fut confiée aux Oulad-Kacer, qui l'ont conservée pendant très longtemps.

Depuis quelques années, Sidi Ben-Alya avait formé le projet d'aller visiter les Bni-Mzab, qui sont schismatiques. Espérait-il les ramener à l'orthodoxie? La tradition n'en dit rien. Quoi qu'il en soit, ces Khouamès l'accueillirent parfaitement, et le traitèrent avec tous les égards dus à son illustration et au degré qu'il occupait sur l'échelle des saints musulmans. Sidi Ben-Alya en fut tellement touché qu'avant de les quitter il leur fit la prédiction suivante : « Des goums ennemis fondront sur vous avec la rapidité de l'éclair, mais ils se retireront avec une rapidité plus grande encore. » Ce qui signifiait probablement qu'ils étaient inattaquables. Les Bni-Mzab furent tellement ravis, à leur tour, de la prédiction du saint que, pour perpétuer le souvenir de son passage dans leur pays, ils construisirent, à Argoub-Chouïkat, une *haouïtha*[1] sur l'emplacement où il avait dressé sa tente.

Une autre fois, étant en tournée pastorale chez les Oulad-Mimoun, une jeune femme, menacée du divorce par son mari pour cause de stérilité persistante, vint se précipiter aux pieds du saint marabouth en lui demandant, avec tous les accents du désespoir, de mettre un terme à une situation qui non seulement la couvrait de honte, mais qui, en outre, lui valait le mépris de son mari. Touché de ses larmes et de son chagrin, le saint la renversa sur le sol, s'étendit sur elle, et l'insuffla en lui appliquant ses lèvres sur les siennes. La jeune femme ressentait immédiatement les douleurs de l'enfantement, et mettait au monde un garçon qui fut appelé Dir-es-Slougui[2], nom qui est encore aujourd'hui le sobriquet des Oulad-Mimoun, ou Mouamin, fraction des Sahri.

Sidi Ben-Alya n'avait rien à refuser à ceux de ses saints collègues qui ne jouissaient pas au même degré

---

1. Petite muraille circulaire en pierres sèches élevée sur un emplacement consacré par la station qu'y a faite un saint, et pour en rappeler le souvenir.
2. Prolongement des vertèbres du lévrier.

que lui du don des miracles. Sidi Nadji était, un jour, en visite auprès de lui dans le djebel Sahri, dont les hauteurs étaient, à cette époque, couvertes de superbes pins d'Alep. A l'aspect de cette merveilleuse végétation, Sidi Nadji poussa un soupir et exprima le regret que son pays, Berouaguïa, fut complètement nu et dépourvu de verdure et d'ombre. Il avait à peine manifesté son désir qu'en un tour de main Sidi Ben-Alya déracine les pins qui couvraient le djebel Hariga (portion du djebel Sahri), et il en reboise instantanément les environs de Berouaguïa. C'est depuis cette époque que le pin fut appelé, dans le pays, zkoukia Ben-Alya. C'est ainsi qu'à la demande de Sidi Farhat il boise également en pins d'Alep, et par le même procédé, tout le territoire compris entre Boghar et Aïn-Tlata.

Un autre jour, c'est un *r'ezou*[1] des Oulad-Mensour-El-Mahdi qui fond sur les Oulad-Ben-Alya et leur enlève leurs troupeaux. Le saint marabouth se mit seul à la poursuite de ces impies, qui avaient atteint déjà, au moment où il les joignit, le milieu de la Sebkha-Zar'ez de l'est. Tout à coup, les eaux salées du lac se changent en une boue épaisse et gluante, et les razeurs y sont engloutis jusqu'au dernier. Il est inutile d'ajouter que les troupeaux des enfants du saint ne partagèrent pas le sort de ces téméraires bandits, et que Sidi Ben-Alya put les ramener et les restituer à leurs propriétaires légitimes. Le gué où le *r'ezou* fut ainsi détruit reçut le nom de Fercha (lit) des Oulad-Mensour-El-Mahdi. Cette tribu se garda bien de tenter une seconde fois pareille aventure.

Sidi Ali-ben-Mbarek, le célèbre marabouth d'El-Koléïda (Koléa), avale, un jour, dans un moment de colère,

---

[1]. Parti de cavaliers armés en course de razia.

un des serviteurs de Sidi Ben-Alya. Celui-ci l'apprend instantanément par ce serviteur, qui l'avait invoqué au moment où l'irascible saint de Koléa l'avait déjà absorbé jusqu'au nombril. Sidi Ben-Alya charge, sans retard, sur son dos le djebel Mena (du Sahri), qu'il avait justement sous la main, et vole à Koléa pour en écraser son imprudent collègue. Sidi Mbarek, qui avait également le don des miracles, entend la voix du saint des Sahri, qui proférait d'effroyables menaces, ainsi que le fracas terrifiant des rochers qui s'entre-choquaient dans sa course précipitée.

Sidi Mbarek, qui commence à s'apercevoir qu'il s'est engagé dans une mauvaise affaire, et qui sait que son vénéré collègue ne badine pas quand il sagit de défendre les siens, fait des efforts inouïs pour expectorer ce qu'il a déjà avalé du serviteur ; mais ce dernier est déjà trop engagé dans le gosier du saint, et c'est en vain que Sidi Ali cherche à le pousser dehors, et d'autant mieux que l'avalé, qui, sans doute, n'était pas fâché que le marabouth de Koléa fût pris en flagrant délit, ne faisait absolument rien pour aider à la manœuvre expectorale de cet *ouali*.

Mais Sidi Ben-Alya vient d'arriver ; il est là, brandissant au-dessus de la tête de Sidi Ali l'épouvantable djebel Mena. Celui-ci, qui, pourtant, est un saint de ressources, ne trouve pas un mot pour s'excuser, — il est vrai qu'il avait la bouche pleine, — il ne fait que baisser la tête et verser d'abondantes larmes. Sidi Ben-Alya, qui n'est pas fâché d'avoir humilié son collègue vénéré, trouve pourtant que son supplice a assez duré ; il en a pitié : il prend donc entre le pouce et l'index le long nez de Sidi Ali, le secoue et le tire à lui. Le serviteur en profite habilement pour sortir par les fosses nasales du saint marabouth de Koléa, lequel, par un violent éternuement, avait précipité la solution.

Quant à Sidi Ben-Alya, il ramassait tranquillement sa montagne, dont il ne voulait pas priver son pays, et il reprenait le chemin du Sahra sans même avoir daigné accepter un rafraîchissement que lui offrait son respecté collègue, bien heureux d'en être quitte à si bon marché.

Sidi Ben-Alya eut bien souvent à intervenir dans les querelles que soulevaient entre elles, à tout propos, les diverses fractions de la turbulente population du djebel Sahri, querelles qui avaient toujours pour conséquence de leur mettre les armes à la main, car on pouvait dire de toute la tribu ce que Sidi Ben-Alya disait de la fraction des Yahya :

« Ils ressemblent à un mélange désordonné de faucilles,
« Enfermées dans un tellis (sac). »

Un jour, deux fractions des Sahri-Oulad-Brahim, les Oulad-Daoud et les Oulad-Tabet, en avaient appelé aux armes pour vider une querelle dont le motif était des plus insignifiants. Informé de cette nouvelle levée de boucliers, Sidi Ben-Alya court se jeter au milieu des combattants, et leur ordonne de cesser une lutte aussi déraisonnable, aussi impie, puisqu'ils appartiennent à la même tribu. Mais les deux partis sont sourds à sa voix et repoussent ses conseils. Sous l'influence d'une sainte fureur, Sidi Ben-Alya, qui voit son autorité et son caractère méconnus par ces assoiffés de sang, arrache des flancs du djebel Sendjas un bloc de rocher que cent hommes robustes n'auraient pu ébranler, et le soulève sur les deux fractions, les menaçant de les en écraser s'ils ne cessent à l'instant le combat. Les deux partis étaient tellement acharnés l'un contre l'autre que le danger qui est suspendu sur leurs têtes ne suffit pas pour leur faire lâcher prise ; ils hésitent encore; pourtant, craignant que le saint n'accomplisse sa menace, ils finissent par se séparer, tout en maugréant contre le saint marabouth, qui, outré de ce manque de respect envers lui, les maudit, et les condamne à ne plus vivre que du fruit amer du genévrier. « Votre bonheur, leur dit-il, a cessé d'exister; je l'enfouis sous ce rocher ! » Et il laissa retomber le bloc de rocher, lequel pénétra profondément dans la terre. Malgré tous leurs efforts réunis, les deux fractions rebelles ne purent jamais parvenir à reprendre le bonheur que le saint avait enfermé sous le rocher arraché au djebel Sendjas. En effet, depuis lors, les pauvres des Sahri ne vivent que des baies du genévrier. Tout en restant dans la formule de la malédiction qui les avait condamnés à n'avoir d'autres moyens de subsistance que le fruit amer du juniperus, les Sahri-El-Athaïa ont réussi, par une habile interprétation du sens de la malédiction, à améliorer leur nourriture et leur situation : ils vivent bien effectivement du genévrier, mais c'est en en tirant du goudron, qu'ils vendent d'autant plus facilement que ce produit est fort employé dans le Sahra, aussi bien pour traiter la gale du chameau que pour goudronner l'intérieur des *greb* (outres).

Quoi qu'il en soit, la malédiction lancée sur les Sahri par Sidi Ben-Alya a porté tous ses maux et produit son plein effet : car, à partir de l'époque où elle a été prononcée, cette malheureuse tribu n'a cessé d'être harcelée, pillée et dépecée par ses puissants et impitoyables voisins, les Oulad-Naïl, et c'est grâce à notre prise de possession du pays qu'ils se sont vus enfin délivrés de leurs opiniâtres adversaires.

Avant de mourir, Sidi Ben-Alya avait désigné l'emplacement de sa sépulture : c'était Rerizem-El-Hothob, *koudia* (butte) située à une heure et à l'est de Mesran;

mais la chamelle qui portait son corps dans un *ath-thouch* (palanquin) amblait du côté de Temad, sans que cris et coups parvinssent à la détourner du chemin qu'elle avait choisi. Soupçonnant que, sans doute, le saint avait changé d'avis, les conducteurs se soumirent à la décision outre-tombe du vénéré marabouth, et sa dépouille mortelle fut déposée à Temad, dans ce djebel Sahri où il était né, et où il avait toujours vécu. Une koubba s'éleva plus tard sur son tombeau, lequel devint le but du pèlerinage de ses nombreux khoddam, répandus depuis Boghar jusqu'à Laghouath.

La mort de ce saint homme date de la fin du XI° siècle de l'hégire (XVI° de notre ère).

XIX

SIDI EL-HADJ-IBRAHIM

Quelques-uns des descendants de Sidi Ben-Alya possédèrent le don des miracles; mais, comme leurs opérations thaumaturgiques n'eurent généralement rien de bien retentissant, nous nous dispenserons de les raconter. Nous ferons pourtant une exception en faveur de Sidi El-Hadj-Ibrahim, des Oulad Ben-Alya, qui fut un fort chasseur devant le Seigneur, et dont les exploits cynégétiques dépassent de cent coudées ceux du célèbre Nimroud (Nemrod) de l'Écriture, cet inventeur du pain et du savon [1].

---

1. Selon les Arabes, ce serait Nemrod qui aurait inventé la

Il y a environ un siècle et demi de cela, que naquit dans le djebel Sahri un enfant à qui l'on donna le nom d'Ibrahim. Il était tellement fort et de dimensions si extraordinaires au moment où il se présenta dans ce monde qu'on fut obligé de sacrifier la mère pour permettre au fruit qu'elle avait porté trois fois neuf mois dans ses entrailles d'en sortir vivant. Il était évident qu'un enfant qui tuait sa mère en naissant, et qui avait déjà toutes les apparences d'un *quinagénaire*, ne pouvait manquer de devenir par la suite un homme extraordinaire. C'est, en effet, ce qui arriva... Mais, n'anticipons pas.

Orphelin de mère en naissant, il fallut chercher à Ibrahim une nourrice parmi les femmes esclaves, car une femme libre ne vit pas du revenu de ses soins. Haoua, négresse à la gorge plantureuse et bouffie de lait, fut chargée de cette mission alimentaire. Mais la malheureuse nourrice fut bientôt à bout de forces : car, outre que son nourrisson était nuit et jour suspendu à son sein, il avait pris la regrettable habitude de mordiller jusqu'au sang les sources mêmes de la vie, et il saccageait et mettait au pillage les appareils galactophores de l'infortunée laitière, en les pétrissant dans ses grosses et larges mains. Elle eût eu encore toutes les peines du monde à suffire à un pareil appétit, quand bien même elle eût été, comme l'agouti, pourvue de sept paires de mamelles. Enfin, n'y pouvant tenir, la malheureuse fut forcée d'abandonner des fonctions sous le poids desquelles elle eut infailliblement succombé.

---

préparation du pain, et qui aurait découvert la propriété du savon à Salomon. Il y aurait bien un petit écart de près de quinze cents ans entre l'apparition de ces deux souverains sur la terre; mais, en matière de chronologie, les Arabes n'y regardent pas de si près.

Cependant, il fallait que le terrible enfant trouvât sa nourriture quelque part, et aucune esclave ne se sentait la force de remplacer Haoua. Fort heureusement, Dieu s'en mêla, et vint tirer d'embarras le père de l'enfant et sa pauvre nourrice : le lendemain matin, on trouvait Ibrahim couché entre les pattes d'une lionne qui l'allaitait avec tendresse. On se donna bien de garde de troubler, dans son opération, cette singulière nourrice, qui disparaissait, — on ne sait trop comment, — à la pointe du jour, et qui revenait à la tombée de la nuit remplir ses fonctions nourricières près du jeune Ibrahim.

On se doute bien de ce que dut devenir cet enfant avec un pareil régime : il grossissait et grandissait à vue d'œil; mais, en même temps, il prenait des habitudes de férocité qui annonçaient que Dieu l'avait créé tout exprès pour l'exécution de quelque grand dessein. Pendant son enfance, — et ce fut heureux pour les Sahri, — sa cruauté ne s'exerça guère que sur les animaux, bien que, pourtant, il semblait que la façon dont il avait été élevé et nourri dans sa première année dût le rapprocher instinctivement des bêtes féroces ou des grands fauves des forêts. Ainsi, il n'y avait point de tortures qu'il ne fît subir aux animaux domestiques qui lui tombaient sous la main.

Quand il eut atteint l'âge de puberté, on ne le vit plus que très rarement sous la tente ou sous le gourbi : passant ses jours et ses nuits à cheval, ou à parcourir les montagnes des Sahri et celles du Bou-Kahil, il faisait une guerre acharnée à tous les habitants des bois.

A cette époque, le djebel Sahri était encore infesté de carnassiers qui portaient le ravage parmi les troupeaux de ses habitants; il n'y avait point de nuit où l'on n'eût à constater la disparition, dans chacune des fractions, soit des plus belles bêtes des troupeaux, soit d'un cheval, d'un mulet ou d'un chameau. Ce lourd impôt pesait depuis longtemps de tout son poids sur ces malheureuses populations, et elles ne savaient à quel saint se vouer pour être débarrassées de ces coûteux et terribles maraudeurs. Plusieurs battues avaient été organisées, mais elles n'avaient eu d'autre résultat que le passage de vie à trépas de quelques-uns des infortunés qui s'étaient lancés dans ces périlleuses aventures. Enfin, à tout hasard, ils s'adressèrent à leur saint patron, Sidi Ben-Alya, qui, depuis longtemps, n'avait rien fait pour eux. Il se rendirent solennellement en *ziara* à son tombeau, et, après une journée passée à se bourrer de *metred forthas*[1], — les carnassiers leur avaient tellement dévoré de moutons qu'eux-mêmes étaient obligés de s'en passer, — et avoir offert une quantité assez copieuse de douros[2] au chef de la famille des descendants du saint, ils se retirèrent, attendant avec une certaine anxiété les effets de leur pieuse démarche sur le puissant ami de Dieu. Sa réponse ne se fit pas trop désirer, car, dès la nuit suivante, il apparaissait en songe à Sidi Ibrahim, et lui ordonnait de détruire tous les lions ou panthères qui étaient les auteurs des méfaits dont se plaignaient à si juste titre ses serviteurs bien-aimés.

Le saint chasseur ne se le fit pas dire deux fois, attendu que son ancêtre vénéré ne pouvait pas lui donner une mission qui fût plus dans ses goûts et dans ses aptitudes. Alors il commença cette guerre d'extermination contre les lions et les panthères dont on parle

---

1. *Plat teigneux*, c'est-à-dire plat de kousksou sans viande.
2. Pièce de monnaie espagnole ayant cours autrefois dans les États barbaresques, et dont la valeur était de 5 fr. 40 cent. Les indigènes algériens ont continué de donner le nom de *douro* à notre pièce de 5 francs actuelle.

encore aujourd'hui sous la tente ou sous le gourbi. Presque toujours sans arme, ou n'ayant qu'un bâton ferré ou un mauvais fusil à mèche[1] d'une précision plus que douteuse, et plus dangereuse pour le tireur que pour le tiré, le plus souvent, quand il apercevait un lion ou une panthère, il se précipitait résolument sur l'animal et l'étouffait entre ses bras. Il en était redouté à ce point que ces terribles félins fuyaient son approche en poussant des rugissements et des rauquements désespérés. Enfin, un jour, Sidi Ibrahim venait d'étrangler son deux centième lion, et sa trois cent cinquante-quatrième panthère, les survivants de ces deux espèces se réunirent et vinrent en députation, l'oreille et la queue basses, auprès de leur terrible ennemi, pour en solliciter l'autorisation de quitter la contrée, devenue malsaine pour eux. Le saint allait refuser d'accéder à leur demande, — car la mission qu'il avait reçue d'en haut n'était point terminée tant qu'il resterait dans le djebel Sahri un seul des animaux de leur espèce, — lorsqu'une lionne énorme, qui paraissait succomber sous le poids des ans et des infirmités, vint se rouler péniblement à ses pieds en poussant un soupir suffisamment déchirant pour amollir le cœur du plus cruel des tueurs; le saint, disons-nous, s'apprêtait à faire un mauvais parti à la députation, lorsque, dans cette vieille lionne, il reconnut sa nourrice. Il n'y avait pas à s'y tromper, c'était bien elle. Elle était d'ailleurs reconnaissable à un grain de beauté très apparent qu'elle avait sur une de ses mamelles de droite; or, comme Sidi Ibrahim n'avait été sevré qu'à l'âge de trois ans, il n'est pas étonnant qu'ayant été aussi longtemps en tête-à-tête avec cette marque particulière, il en eût conservé le souvenir.

A l'aspect de ce signe que, d'ailleurs, la lionne, en se roulant, semblait mettre en évidence avec une sorte d'affectation, le dur Sidi Ibrahim sentit se détendre l'arc de sa colère ; une larme, — la première peut-être qu'il eût versée de sa vie, — vint perler sur les bords de son œil gauche, et la terrible massue qu'il portait habituellement dans ses expéditions de destruction lui tomba des mains. Il releva ensuite la vieille lionne avec bonté et lui dit, en *léoniglotte* probablement, car, comme au grand Salomon, Dieu avait accordé à Sidi Ibrahim l'insigne et inappréciable faveur de comprendre et de parler assez correctement le langage de tous les animaux : « A cause de toi, ô Loubba! j'accorde à tes pareils l'autorisation de quitter le pays, sans esprit de retour bien entendu. Ils se retireront dans les montagnes de Takdimt, où ils trouveront des bois très convenables pour les recevoir et les abriter; là, ils pourront manger du mouton tant qu'ils en voudront, et le plus qu'ils le pourront : car je ne suis pas fâché de me venger d'une grossièreté que m'a faite, dans le temps, mon saint collègue Sidi Djilali-ben-Amar... Pour ce qui est de toi, ô Loubba! comme ton âge et tes forces ne te permettraient pas d'entreprendre un pareil voyage, je te garde auprès de moi en souvenir de ce que tu as fait pour ton nourrisson : car, en me prêtant ton sein, tu m'as sauvé la vie en me permettant de vivre de ton lait... » « Et nous en avons été bien récompensés!... » pensa la vieille lionne avec amertume. « Quant aux panthères, — bien qu'elles ne le méritent guère, car elles manquent tout à fait de noblesse et de dignité, — ajouta Sidi Ibrahim, — je les exile dans le djebel Dira, près de Sour-El-R'ouzlan[1]; là, elles s'arrangeront avec *l'ouali* vénéré Sidi Aïça... Je fixe le départ des uns et des autres à aujourd'hui même, à l'heure où le jour revêtira la

---

1. Où devait s'élever plus tard la ville d'Aumale.

nuit... Allez, et que surtout je ne vous revoie plus! »

Bien qu'il leur en coûtât de quitter le djebel Sahri, dont ils avaient l'habitude, et où ils s'étaient régalés de si succulents morceaux, ils se retirèrent néanmoins avec de grands transports de joie, en gambadant, — les jeunes, — et en poussant des cris d'allégresse, et leurs regrets furent d'autant moins amers qu'il n'y avait plus grand'chose à manger dans le pays. A partir de cette époque, les lions et les panthères ont complètement disparu dans le Sahri, où, d'ailleurs, depuis l'occupation française surtout, la vie ne leur serait plus possible.

Quant à la vieille nourrice de Sidi Ibrahim, la nostalgie des siens la tua au bout de quelques mois, bien que pourtant le saint eût pour elle tous les égards et tous les soins qui sont dus à celle qui nous a nourri de son lait.

Comme Sidi Ibrahim n'avait plus ni lions ni panthères à tuer, ce qui n'avait diminué en rien sa fureur de détruire, le saint homme se rabattit sur les autres animaux; c'est ainsi que, s'enfonçant dans le Sud, il mit à mort, en un temps relativement court, deux cent vingt-trois mouflons à manchettes, cent quatre-vingt-trois autruches, et un nombre incalculable de gazelles. Pour ce qui est des sangliers qu'il a fait passer de vie à trépas dans les chênaies de Bestamia, il ne les a pas comptés.

Déjà avancé en âge, le saint marabouth s'aperçut qu'il n'avait pas encore accompli le pèlerinage aux Villes saintes; craignant que la mort ne le surprît avant d'avoir rempli ce pieux devoir, il s'empressa de réparer cette regrettable omission. Il revint ensuite dans le djebel Sahri, où il ne s'occupa plus que de prières et de bonnes œuvres, obligations qu'il avait fort négligées, — lui marabouth d'origine, — pendant son existence de destruction. Enfin, il trouva la mort à son tour, rendant du sang par tous les pores, une partie, sans doute, de celui qu'il avait versé. Il fut inhumé auprès de son ancêtre Sidi Mahammed-ben-Alya. Il fut longtemps, — et il l'est encore, — en grande vénération dans le djebel Sahri, qu'il avait purgé de ses lions et de ses panthères, « et cela avec l'aide puissante de Dieu », ajoute la légende.

EN PÈLERINAGE
DE L'EST A L'OUEST

Nous avons dit plus haut que le nombre des saints allait en décroissant de l'ouest à l'est de l'Afrique septentrionale, c'est-à-dire du Marok à la Tunisie. Il est incontestable que le véritable foyer de l'Islam est l'empire de l'Ouest, ou du Moghreb. Il est facile, d'ailleurs, de s'en convaincre, nous le répétons, à la simple inspection d'une carte de cette région : les *kbab*[1] y sont les unes sur les autres, et souvent réunies par grappes sur le même point; elles vont en diminuant de nombre au fur et à mesure qu'on s'avance dans l'Est. Déjà très rares dans la Tunisie, on n'en rencontre presque plus dans la régence de Tripoli. Cette particularité trouve son explication dans ce fait que le point de départ des marabouths qui se sont donné la mission de pénétrer dans les Kabilies, et de *koraniser* les populations montagnardes du Tell africain et celles de la région des ksour Sahriens, ce point de départ, disons-nous, a été la province de Sous, ou le pays de Drâa, dans le sud du Tell marokain, et que ces reli-

---

1. Pluriel de *koubba*.

gieux n'ont guère dépassé les limites de notre province de Constantine.

Ce point étant admis, nous allons reprendre notre pèlerinage de l'est à l'ouest, ne nous occupant que des saints qui ont illustré leur vie terrestre par des miracles d'une certaine originalité, ou présentant quelque singularité. Nous ne ferons d'ailleurs qu'une visite rapide aux tombeaux de ces amis de Dieu, ou aux lieux qu'ils ont rendus célèbres par quelques faits miraculeux conservés par la tradition, laquelle d'ailleurs, pour les indigènes de l'Algérie, n'est pas autre chose que de l'histoire. Il est bien entendu que nous ne reviendrons plus sur la vie des thaumaturges dont nous avons déjà raconté les prodiges que leur attribue la croyance populaire, générale plutôt, et dont les descendants sont si intéressés à conserver et à transmettre le souvenir.

XX

SIDI ABID [1]

Nous nous transporterons d'abord dans le pays des Nememcha, sur la frontière de la régence de Tunis. Vers le centre de ce vaste territoire s'élève le djebel Foua : c'est le sommet de cette montagne que choisit Sidi Abid pour en faire sa *kheloua*, ermitage où il séjourna pendant quarante années de sa vie.

---

1. La prononciation locale est *Obéid*.
Cette légende est racontée par le très regretté Charles Féraud, ancien interprète principal militaire, et, plus tard, mi-

XX. — SIDI ABID

Disons de suite qui était Sidi Abid, et racontons ce que nous apprend la légende sur cet illustre marabouth, qui fut l'ancêtre de la tribu cherifienne des Oulad-Abid, laquelle est enclavée au centre du territoire des Nememcha.

Il y a environ vingt-cinq générations de cela, un saint homme du nom de Sidi Abid-ben-Khoudir se présentait au *ribath* (monastère) de Negrin, qu'avait fondé tout récemment le marabouth Sidi Salem.

Soit que la vie monastique ne convînt pas à Sidi Abid, soit qu'il lui préférât la solitude la plus absolue, il n'en est pas moins vrai qu'après un court séjour dans le monastère dont nous venons de parler il reprit son bâton de voyage et se dirigea vers le Nord. Arrivé au pied du djebel Foua, le saint homme en

---

nistre plénipotentiaire au Marok, écrivain charmant, travailleur infatigable, qui, en littérature algérienne, a poussé le *bénédictinisme* jusqu'à ses dernières limites, et qui a mis toute sa science d'orientaliste à la disposition de l'histoire de notre Algérie, que, grâce à lui, nous commençons enfin à connaître. On ne se doute pas de ce qu'il a fallu à cet intelligent et savant *bûcheur* de tact, de patience, de persévérance, de ténacité pour fouiller, comme il l'a fait, dans les manuscrits poudreux et jaunis par le temps, si difficiles à faire sortir de leurs cachettes, ou dans la mémoire si hermétiquement close pour nous, pauvres Chrétiens que nous sommes! des vieux conservateurs de la tradition. Il faut avoir passé par là pour se faire une idée des ruses à employer, surtout lorsqu'il s'agit de questions religieuses, — et, chez les Musulmans, la religion est dans tout, — pour délier la langue d'un indigène qui ne veut pas parler. Mais, grâce à sa science profonde des hommes et des choses de l'Algérie, grâce à son opiniâtreté de *thaleb*, c'est-à-dire de *demandeur*, de *chercheur*, d'*étudieur*, — qu'on me pardonne ce barbarisme! nous sommes dans le pays, — M. Féraud a fait la lumière sur l'histoire si obscure de la partie de l'Afrique septentrionale que nous a donnée la conquête, et il a doté notre chère Algérie de documents précieux qui seront de la besogne toute faite pour les historiens de l'avenir.

escalada les pentes; parvenu à grand'peine à son sommet, le marabouth reconnut que ce point était on ne peut plus favorable pour y vivre de la vie érémitique, et pour converser avec Dieu sans être troublé par la langue des hommes et par les bruits du monde. Il s'y construisit un gourbi en pierres sèches, et s'y livra aux pratiques religieuses les plus austères et les plus dures. Ainsi, il passait les nuits et les jours en prières, et, quand le sommeil le dominait, il se fouettait les cuisses avec une verge faite des branches d'un arbuste épineux; il lui arrivait aussi, dans le même cas, de mouiller ses vêtements, en plein hiver, avec de l'eau froide, et de se les appliquer ainsi sur le corps. Quand ces moyens ne lui suffisaient pas encore pour lutter contre le sommeil, le saint marabouth se mettait du sel dans les yeux.

Il ne consentait à recevoir d'aliments que des bergers qui paissaient leurs troupeaux de chèvres dans la montagne, et encore n'obéissait-il aux cris de son estomac que pour occuper ses intestins, qui se mordaient les uns les autres.

Sidi Abid en était arrivé au dénuement le plus complet, et à ce point qu'il lui restait à peine de son bernous de quoi couvrir sa nudité. Il est certain que, sous l'influence d'un pareil régime, le corps du saint anachorète dut s'affaiblir considérablement : en effet, la matière finit par céder la place à l'esprit, lequel se renforça au point de lui permettre, dans ses transports religieux, de s'enlever sans effort au sommet de l'un des pins au milieu desquels se cachait sa kheloua, et d'y passer la nuit tout entière sans fatigue. Enfin, au bout de quelques années, l'austère marabouth, après avoir passé successivement par le *breuk*, qui n'est que l'éclair des manifestations de Dieu, et le *hark*, qui est cet état de brûlement qui suit l'état précédent, avait atteint cette situation que les mystiques appellent *et-thems fi 'd-dat*, c'est-à-dire l'anéantissement dans l'essence divine.

Il est clair qu'une telle perfection dans la pratique des austérités et des mortifications de la chair ne pouvait manquer d'établir autour du djebel Foua, et, plus tard, dans tout le pays des Nememcha, la réputation de sainteté de Sidi Abid, laquelle d'ailleurs finit par franchir la frontière tunisienne. Tout naturellement, le saint marabouth jouissait du don des miracles ; Dieu, du reste, ne pouvait faire moins que d'accorder un lambeau de sa toute-puissance à un homme qui cherchait à s'en rapprocher chaque jour en se dématérialisant. Bientôt, les pèlerins affluèrent de tous côtés à son ermitage pour lui demander une part dans la distribution des faveurs célestes dont il tenait un dépôt.

Sidi Abid, qui paraissait avoir renoncé à la parole, avait adopté une singulière façon de répondre à ceux des pèlerins qui lui demandaient des conseils ou des faveurs. Nous avons dit que, par suite de ses privations, de ses jeûnes et de ses mortifications, le saint homme était arrivé à un état de maigreur qui ne lui avait littéralement laissé que la peau et les os. Son corps était d'une telle diaphanéité qu'on voyait distinctement une lumière placée derrière lui. C'était toujours à partir du coucher du soleil que Sidi Abid donnait ses consultations dans son obscure retraite : nu jusqu'à la ceinture, le saint était assis à l'arabe sur une vieille natte de halfa au centre de sa kheloua ; une lampe, — c'est-à-dire un tesson de poterie, — dans laquelle un peu d'huile baignait une mèche faite d'un lambeau roulé de la guenille qui lui servait de bernous, cette lampe, disons-nous, était placée devant la partie supérieure du corps du saint. Quand un visiteur lui demandait ou une faveur ou un conseil, la réponse de l'*ouali* apparaissait immédiatement en caractères lumineux sur la muraille du fond de sa cellule : la pensée du saint se matérialisait dans sa poitrine, et la transparence de son corps en permettait la reproduction sur la muraille.

Il est inutile d'insister sur l'effet que produisait ce prodige sur les diverses tribus des Nememcha, lesquelles se félicitèrent de posséder au milieu d'elles un saint ayant à ce point l'oreille de Dieu; et sa réputation de sainteté s'affirma avec une telle énergie parmi les populations de cette région que le djebel Foua lui-même est considéré, depuis cette époque, comme marabouth, ou sacré, et que les indigènes qui avoisinent cette montagne se sont toujours fait un cas de conscience de toucher soit à une branche d'arbre de la merveilleuse forêt de pins maritimes qui couronne le sommet du djebel, soit aux animaux de toute espèce qui y vivent [1].

C'est vraiment inouï le nombre de miracles qui sont attribués à Sidi Abid! C'est à ce point que Dieu paraît lui avoir laissé carte blanche pour intervertir à son

---

[1]. Nous avons déjà eu l'occasion de faire remarquer, dans un travail précédent, que, dans toute l'Afrique septentrionale, il existe, autour des tombeaux des saints, une zone sacrée qui est, avec tout ce qu'elle renferme, sous la protection du saint. Malheur à l'esprit fort qui en enlèverait un brin d'herbe, ou qui en détruirait le plus infime, le plus tracassier des insectes! On cite de nombreux et graves accidents dont ont été victimes certains impies qui avaient osé se faire un fagot avec du bois coupé dans le périmètre sacré, ou tuer un oiseau l'ayant choisi pour y nicher. Aussi, dans ces conditions, arbres et animaux n'y meurent-ils que de vieillesse. Dans l'intérêt de la conservation des forêts de l'Algérie, il serait bien à désirer qu'elles fussent toutes ainsi placées sous la protection de quelques saints marabouths.

gré les lois de la nature. En effet, il ne se gênait nullement soit pour arrêter la marche de notre planète, soit pour faire remonter les eaux d'une rivière vers leur source, malgré les inconvénients que pouvait présenter, pour les personnes qui n'avaient aucun intérêt dans ces sortes de miracles, ce désordre apporté dans l'harmonie générale de l'œuvre de Dieu.

Rappeler ici tous les *karamat* (miracles) accomplis par Sidi Abid serait fastidieux et nous entraînerait trop loin. Nous n'en rapporterons donc que quelques-uns des plus intéressants.

Un jour, la guerre ayant éclaté entre les Bni-Zid et les Hamama, tribus tunisiennes, ces derniers implorèrent la protection de Sidi Abid contre leurs adversaires, que soutenait un autre marabouth du nom de Sidi Guenaoua. L'amour-propre du premier de ces saints étant mis en jeu, il s'agissait pour lui, et dans l'intérêt de sa réputation de thaumaturge, de démontrer que Sidi Guenaoua ne lui allait pas à la cheville en fait de pouvoir surnaturel, et qu'il n'était qu'un saint de qualité tout à fait inférieure. Sidi Abid résolut donc de profiter de l'occasion pour humilier le marabouth tunisien, et le dégoûter à jamais de toute tentative de lutte avec lui. En effet, au moment où les deux partis en venaient aux mains, une détonation épouvantable se fit entendre dans la direction du djebel Foua, et un monstrueux projectile de calcaire, — qui, du reste, se voit encore sur le point où il est tombé, — vint s'abattre sur la zaouïa de Sidi Guenaoua, qu'il réduisit en poussière.

Voyant, à ce trait, à qui il avait affaire, ce dernier marabouth vint aussitôt, accompagné de ses protégés les Bni-Zid, se prosterner aux pieds de Sidi Abid, et s'excuser d'avoir eu la témérité de se mesurer avec lui. Sidi Abid, qui ne savait pas ce que c'était que la rancune, pardonna d'autant plus volontiers à son infortuné confrère qu'il l'avait battu aussi complètement que possible.

Il y avait quarante ans que Sidi Abid habitait le sommet du djebel Foua, lorsqu'un jour, pris de dégoût pour cette résidence un peu trop en l'air, surtout pendant la saison d'hiver, il résolut de demeurer dans la plaine; il s'y construisit, de ses propres mains, une kheloua en briques cuites au soleil. Un de ses trois fils, Abd-el-Malek, vint l'y rejoindre peu de temps après. Pris tout à coup, malgré son grand âge, de la manie de voyager, il se mit en route, accompagné de son fils et de quelques disciples avides d'entendre ses pieuses et savantes leçons, et de recevoir, par la même occasion, sous forme de dons ou d'aumônes, les bienfaits que leur valaient, auprès des Croyants, les effluves rayonnants dont les inondait constamment l'état de sainteté de leur glorieux patron.

Sidi Abid avait pris la direction du Sud : il visita successivement l'Ouad-R'ir et le Souf, où sa réputation de sainteté, sa science et ses vertus, lui firent de nombreux prosélytes qui le suivaient dans toutes ses pérégrinations. C'était, parmi les populations dont il visitait le territoire, à qui chercherait à le retenir au milieu d'elles : car on savait qu'il portait avec lui la bénédiction de Dieu, et que la contrée dans laquelle il s'arrêtait bénéficiait toujours des émanations divines qui s'échappaient, comme une rosée bienfaisante, du corps du saint marabouth. Il avait consenti pourtant à se reposer de ses longues pérégrinations dans une retraite qu'il s'était choisie sur les bords de l'ouad Guentas, sur le point où s'élève aujourd'hui le village auquel il a donné son nom.

Après quelques années de séjour sur les rives du Guentas, Sidi Abid reprit de nouveau le bâton du voyageur, et se remit à parcourir, bien qu'il fût d'un âge exagéré, les contrées où il avait semé naguère la parole divine ; il voulait surtout s'assurer si la semence avait fructifié, et si son grain ne s'était point égaré sur le rocher. Le saint était à peu près satisfait du résultat de son œuvre, et il se proposait de la compléter, lorsque la mort vint le surprendre dans la vallée de Meskiana. Ainsi que l'ont fait plus tard Sidi Ech-Chikh et plusieurs autres saints, il recommanda à son fils, Sidi Abd-el-Malek, et à ses disciples, avant de rendre le dernier soupir, de ne point enterrer son corps là où il allait mourir, mais de le charger, au contraire, sur un chameau, et de laisser alors toute liberté à l'animal, que Dieu saurait bien guider vers le lieu où il voulait que son serviteur reposât du dernier sommeil.

Chargé de la précieuse dépouille du saint marabouth, le chameau se dirigea, sans hésiter, vers la kheloua où Sidi Abid avait passé quarante années de sa vie terrestre. Arrivé sur le point où s'éleva depuis la mosquée de Sidi Abid, le chameau s'embarrassa tellement, avec son précieux fardeau, dans les arbres de la forêt qui couvrait alors le pays qu'il lui fut impossible de pousser plus loin. Abd-el-Malek et ses compagnons comprirent de suite que c'était là le point désigné par le saint ascète, et ils se mirent à creuser sa tombe là où le chameau s'était arrêté.

Dans la nuit qui suivit l'inhumation des restes du saint, un maçon de Tunis, qui était fort habile dans l'art des constructions, vit en songe Sidi Abid, qui lui ordonna de se rendre sans retard sur le lieu où avait été déposée sa dépouille mortelle, et de lui élever un tombeau tout à fait digne d'un élu de Dieu. Le pieux architecte se mit aussitôt en route pour exécuter l'ordre du saint, et, bien que ce dernier ne l'eût que médiocrement renseigné sur le lieu où il trouverait sa cendre, il n'en arriva pas moins, et sans s'être attardé à demander des renseignements, à l'endroit renfermant les restes du bienheureux Sidi Abid. Il ne lui vint même pas à l'idée, dit la légende, de chercher des ouvrier maçons, bien que la mosquée qu'il avait l'intention de construire dût cependant avoir une certaine importance. Il commença, sans plus tarder, le tracé des fondations ; mais, ô miracle ! au fur et à mesure qu'il creusait le double sillon devant marquer l'épaisseur du mur, la terre en sortait d'elle-même, comme poussée de bas en haut par des mains invisibles. Il en fut de même des pierres, qu'il lui suffisait d'appeler pour qu'elles vinssent aussitôt se placer d'elles-mêmes là où l'architecte l'indiquait du doigt. On ne douta point, dans le pays, que ces invisibles travailleurs ne fussent des anges embauchés par le saint pour accomplir cette mystérieuse besogne. C'est, en effet, fort probable : car, autrement, il serait difficile de s'expliquer comment une mosquée aurait pu se construire sans le concours des *ashab el-djeurma*[1].

Cette merveilleuse chapelle, dont la construction ne demanda que trois jours, devint promptement, et est encore aujourd'hui l'un des lieux de pèlerinage les plus fréquentés de cette région, aussi bien par les Tunisiens que par les Algériens. De nombreux miracles, dus à la puissante intercession du saint auprès de Dieu, sont constatés journellement, depuis sa mort, par les Croyants qui visitent son tombeau. Sans doute, ces faits surnaturels ne sont pas des prodiges de première grandeur comme ceux du temps où vivait Sidi Abid ; mais pourtant, le cul-de-jatte qui a retrouvé l'usage de ses jambes, la stérile qui est devenue féconde, l'im-

---

[1]. Compagnons de la truelle.

puissant qui a repris quelque puissance, le malade à qui la santé a été rendue, le pauvre qui a mis la main sur un trésor, tous ces infortunés, disons-nous, préfèrent certainement, pour leur propre compte, un miracle utile, et qui les concerne ou les touche particulièrement, à ces prodiges qui bouleversent le ciel et la terre, et qui ne profitent guère qu'à la vanité du saint qui les exécutent.

Deux des fils de Sidi Abid, Doueïb et Abd-el-Malek, furent inhumés dans la chapelle où avaient été déposés les restes de leur vénéré père. Une partie des descendants du troisième de ses fils se fixèrent auprès de cet édifice funéraire, et y construisirent un ksar auquel ils donnèrent le nom du saint marabouth; l'autre partie de sa famille occupa les vastes solitudes qui s'étendent autour du djebel Foua, et prit la dénomination d'Oulad-Sidi-Abid.

Les faits que nous venons de rapporter se seraient passés vers la fin du X° siècle de notre ère, c'est-à-dire au temps de la grande invasion des Nomades arabes.

La légende rapporte encore un miracle d'une certaine importance qu'elle attribue à Sidi Abid, ou, du moins, qu'il aurait exécuté par l'intermédiaire d'un de ses descendants. Bien qu'il nous soit difficile de rattacher à l'histoire le fait miraculeux dont il s'agit, nous voulons cependant le raconter dans tous ses singuliers détails.

Cela se serait passé au temps où les Turks, maîtres d'Alger, étendirent leur domination dans la province de l'Est.

A cette époque donc, un pacha, à la tête d'une nombreuse armée, avait poussé jusqu'au pays occupé par les Oulad-Sidi-Abid. Or, l'expédition de ce pacha n'avait pas été précisément heureuse : ses bagages et ses approvisionnements venaient d'être enlevés par les

Nememcha, qui, ensuite, s'étaient mis à le harceler avec fureur. Sans vivres pour sa troupe dans un pays dépourvu de ressources, et en présence d'une population si impitoyablement hostile, le pacha se trouvait, comme on le pense bien, dans une situation des plus terriblement critiques. Un miracle pouvait seul le tirer de ce mauvais pas. Il songea donc, dans cette affreuse conjoncture, à implorer le secours du chef de la famille des Oulad-Sidi-Abid, qu'il priait d'intervenir en sa faveur auprès de son saint ancêtre, que, par hasard, le pacha savait être un puissant intercesseur et l'un des plus influents amis de Dieu. Bien qu'il s'agît de l'envahisseur de son pays, l'héritier de Sidi Abid consentit cependant à tenter cette démarche, du succès de laquelle il ne répondait pas, d'ailleurs, d'une façon absolue. Le descendant de Sidi Abid se retira un peu à l'écart pour exposer à son saint ancêtre la prière que lui adressait le pacha d'Alger, et s'inspirer de ses conseils dans une affaire aussi épineuse. La réponse du saint fut sans doute favorable, car l'héritier de sa *baraka*, qui avait une grande influence sur les Nememcha, leur ordonna de cesser le combat et d'arrêter la poursuite de l'armée du pacha. Il est vrai de dire que son intervention pacifique dans cette affaire, comme nous le verrons plus loin, n'était pas tout à fait désintéressée, et qu'il comptait bien faire payer au malheureux pacha le service qu'il allait lui rendre. Mais n'anticipons pas. Après avoir, comme nous l'avons dit, arrêté la poursuite, le marabouth Abidi se mit à la tête des troupes algériennes, et les guida vers un monticule qui se dressait à quelque distance dans la plaine. Arrivé au pied de cette éminence, il pria de nouveau; au fur et à mesure qu'il égrenait son chapelet, on pouvait remarquer que le monticule était soumis à une opération de transmutation bien singulière : en effet, la roche s'émiettait, se désagrégeait peu à peu, et ses débris se changeaient instantanément en grains de blé sur un versant et en grains d'orge sur la pente opposée; de sorte qu'au moment où le saint marabouth eut achevé son oraison, l'élévation ne formait plus que deux monceaux de céréales, l'un de blé pour les hommes, et l'autre d'orge pour les chevaux.

Émerveillé de ce prodige, le pacha se jeta aux genoux du marabouth en lui jurant, par Dieu, de lui accorder tout ce qu'il lui demanderait. « Je veux, répondit le saint homme, que tu me délivres un diplôme établissant que moi et ma postérité nous sommes à tout jamais exempts d'impôts, et que, pour que personne n'en ignore, copie de cet acte soit placardée à la porte d'Azzoun, à Alger. » C'était là, apparemment, le conseil qu'avait soufflé à son descendant le bienheureux Sidi Abid quand il l'avait consulté.

Heureux de s'en tirer à si bon marché, le pacha accéda on ne peut plus volontiers à la demande du saint marabouth, et, après s'être approvisionné de ces précieuses céréales aussi lourdement que le lui permettaient ses moyens de transport, il reprit avec son armée la direction d'Alger. Mais à peine avait-il fait deux ou trois marches dans l'Ouest que l'oublieux pacha, qui était désormais assuré de revoir la capitale de son pachalik, ne pensa plus du tout à la promesse qu'il avait faite au saint marabouth des Oulad-Sidi-Abid, de sorte qu'il allait franchir l'arceau de Bab-Azzoun sans y faire placarder le diplôme d'exemption d'impôts qu'il avait souscrit en faveur de son sauveur et de sa postérité. Mais le saint, qui, sans doute, connaissait la légèreté du pacha, et qui n'avait en lui qu'une confiance des plus limitées, s'était mis à le suivre, tout en gardant, bien entendu, la plus stricte invisibilité.

Furieux d'une pareille ingratitude, le saint apparut tout à coup au pacha, lui barrant la porte de la ville dans une attitude tout à fait menaçante; en même temps, un bruit de chaînes se faisait entendre, et le cheval du chef de la Régence se trouvait subitement entravé et dans l'impossibilité de faire un pas. Quant à l'oublieux pacha, frappé de terreur en présence du marabouth et de son saint ancêtre, qui avait voulu l'accompagner pour le cas où les circonstances exigeraient des miracles d'importance supérieure et dépassant sa compétence, quant au pacha, disons-nous, terrifié en présence du saint qui l'avait sauvé lui et son armée, et envers lequel il se montrait si peu reconnaissant et si noir d'ingratitude, il se sentit subitement dépourvu des attributs de la virilité, et métamorphosé en femme. Il avait bien compris que c'était pour avoir failli à sa parole qu'il s'était attiré ce honteux et terrible châtiment. Aussi s'empressa-t-il de convoquer, sur la place même où il paraissait cloué, les *eulama* d'Alger, qu'il chargea de faire sur-le-champ deux copies du diplôme en lettres d'or. Ils en placardèrent une à la porte d'Azzoun, ainsi que cela avait été convenu entre le pacha et le marabouth; l'autre fut remise en grande pompe au descendant de Sidi Abid, qui avait repris sa forme matérielle dès que le pacha s'était acquitté de la première partie de sa promesse. Sidi Abid, qui n'avait plus rien à voir dans cette affaire, en avait profité pour regagner le séjour des bienheureux. Quant au pacha, désormais en règle avec le saint marabouth, qui lui avait rendu son sexe, il put dès lors sans encombre faire son entrée dans sa capitale.

Nous venons de le voir, la mort de Sidi Abid n'avait point arrêté son action miraculeuse; jamais, d'ailleurs, sa postérité et ses *koddam* ne se virent refuser l'intervention du saint quand ils eurent recours à sa puissante intercession auprès du Dieu unique. Un autre miracle, relativement récent, et que nous allons raconter, fera la preuve de ce que nous avançons.

C'était en 1770, au temps où le célèbre Salah-Bey était à la tête du Baïlik de Constantine. Les Nememcha, toujours légers et turbulents, et ne se faisant aucun scrupule de fausser leurs promesses et leurs engagements, continuaient à vivre indépendants et à piller et rançonner les tribus voisines de leur pays. Salah-Bey, qui avait résolu de mettre un terme à cette situation, qu'il trouvait intolérable, tenta contre eux une expédition qui, malheureusement, fut inefficace, car il ne put parvenir à les joindre. Cependant, une caravane de gens des Oulad-Sidi-Abid, qui étaient venus chercher des approvisionnements de grains dans le Tell, lui ayant été signalée non loin de son camp, et son entourage lui ayant fait remarquer que, les Oulad-Sidi-Abid et les Nememcha vivant sur le même territoire, frapper les uns serait le moyen d'atteindre les autres, le bey Salah ordonna de s'emparer de la caravane et d'appliquer aux chameaux la marque du Baïlik. Malgré les observations et les réclamations du chef de la caravane, la mesure prescrite fut exécutée dans toute sa rigueur. Mais au moment où, le fer rouge à la main, les palefreniers apposaient cette marque à l'encolure des chameaux des Oulad-Sidi-Abid, le marabouth-conducteur se mit à psalmodier les paroles suivantes :

« O troupeau de chameaux ! mes pleurs et les tiens vont faire fondre et trembler la terre !

« A cause des oppressions qui nous accablent. Ce qui m'afflige, c'est l'humiliation ; ce qui me désole, c'est de voir combien peu nous sommes respectés.

« Mais nous sommes à tes côtés, ô troupeau de chameaux ! nous adressons nos plaintes à Dieu, car nous ne trouvons ici personne qui veuille nous écouter.

« Mais nous invoquons l'intervention de ton maître Bou-Obéïd, qui habite la montagne,

« Pour qu'il tourne son canon contre ton ennemi. Il fera promptement disparaître Salah de ce monde.

« Ô toi, Sidi Obéïd! dont les mérites sont connus de tous, emplis de poudre ton canon;

« En outre, ajoutes-y une bombe, et pointe, sans avoir besoin de l'appuyer, ton arme sur Salah.

« Vise à la tête et frappe-le, afin qu'il puisse dire : « C'est Obéïd qui me frappe! »

« Le coup lui sera porté par une main invisible aux hommes, ô Sidi Obéïd! dont les mérites sont connus de tous!

« Brandissant ta lance, frappes-en Salah, en l'étreignant corps à corps.

« Tu seras témoin de son trépas sept jours après l'aïd.

« Dans le mois d'Achoura prochain, frappe celui-ci, puis celui-là, Ben-Gana et le bey El-Azel, ses kaïds, qui sont tous des chiens. Ce sont eux qui ont conseillé, et c'est lui qui a exécuté. »

Informé de ce que le marabouth des Oulad-Sidi-Abid venait de chanter, Salah-Bey le manda devant lui, et lui fit répéter ses paroles. Comprenant dès lors combien il avait été injuste à son égard, le bey lui annonça qu'il lui rendait son bien. « Ce qui est dit est dit, répondit l'implacable Obéïdi. Je n'accepterai la restitution de ce qui m'appartient ni de toi, ni de ton successeur; mais je le prendrai quand viendra le troisième bey, celui qui doit vous remplacer tous deux. »

La prophétie du marabouth des Oulad-Sidi-Abid se vérifia de point en point. Destitué au mois d'août 1792, Salah-Bey fit assassiner le bey Ibrahim, venu à Constantine pour le remplacer. Un nouveau bey, Hoçaïn-ben-Bou-Hanek, envoyé en toute hâte d'Alger pour avoir raison de la résistance de Salah, l'assiégea dans son palais. Toute résistance lui étant impossible, ce dernier consentit à se rendre, mais à la condition qu'on le laisserait sortir en compagnie et sous la sauvegarde du Chikh-el-Islam, Abd-er-Rahman-ben-El-Fekoun, dont il tint un pan du bernous; mais, à peine hors du palais, le Chikh secoua son vêtement et abandonna Salah aux chaouch, qui l'étranglèrent. Or, ceci se passait le 1er septembre, c'est-à-dire le 14 du mois d'âchoura, ainsi que le lui avait prédit le marabouth des Oulad-Sidi-Abid.

Quant au kaïd El-Azel-ben-Zekri, contre lequel le même marabouth avait porté de graves accusations, il eut les membres rompus en place publique. Ben-Gana fut destitué de ses fonctions de Chikh-el-Arab, qui lui avaient été confiées depuis peu de temps.

Le don des miracles et celui de prophétie, que possédèrent pendant de longues années les descendants de Sidi Abid, paraissent ne pas avoir été accordés aux successeurs du marabouth qui prophétisa la mort de Salah-Bey, car la tradition n'a conservé le souvenir d'aucun fait surnaturel valant la peine d'être raconté. Serait-ce au manque de vertu ou de piété de ces indignes descendants de Sidi Abid qu'il convient d'attribuer le retrait des faveurs du Tout-Puissant à cette race dégénérée? Nous serions fort embarrassés de le préciser. Dieu, d'ailleurs, en sait là-dessus bien plus que nous!...

XXI

SIDI ABD-ER-RAHMAN-BEN-MENATEKI

Sidi Abd-er-Rahman-El-Menâteki est surtout célèbre dans la ville de Constantine, où il arriva vers la fin du XVI⁰ siècle. Comme la plupart des illustrations religieuses de l'Islam, il venait du Marok, cette vaste pépinière de saints maraboulhs qui a été surnommée avec tant de raison *Es-Skifet el-Djenna*, le vestibule du ciel.

Sidi Abd-er-Rahman passa dix-sept ans de sa vie dans la mosquée des Ferranin (chaufourniers), laquelle était située dans le quartier des Halfadjin (vanniers). Retiré au fond d'une cellule froide et délabrée, fuyant toute créature humaine, n'ayant pour tout vêtement qu'un bernous, une loque plutôt, ne cachant que médiocrement ce qui ne devait pas être montré, passant trois jours et plus dans l'abstinence, et résistant jusqu'à la dernière extrémité aux exigences de son corps, n'acceptant d'autre nourriture que des détritus de légumes ou des morceaux de pain durci ou moisi, se refusant le sommeil et cherchant tous les moyens de s'y soustraire ou de s'en laisser accabler, tantôt s'enfonçant des aiguilles dans les chairs, tantôt se flagellant de verges composées de branchages de bois épineux, se torturant l'esprit à la recherche des moyens de macération et de mortification les plus bizarrement douloureux, donnant le temps qui lui restait à la prière et à la lecture des livres saints; tuant, en un mot, le corps au profit de l'âme : tel était le saint anachorète dont nous parlons.

Il va sans dire que sa réputation de sainteté dépassa bientôt les murs de Constantine, et que, de toute la province du Cheurg (Est), la foule accourut à sa cellule pour aspirer, à défaut de sa parole,—car il avait fait vœu de mutisme, — les émanations bienfaisantes qui se dégagent toujours du corps des saints, et dont l'absorption est aussi favorable à la santé corporelle qu'à celle de l'esprit.

Dieu ne pouvait moins faire que d'accorder le don des miracles à un saint qui torturait ainsi sa chair, dans le but de se rapprocher de lui en échappant à la terre par l'effet de l'impondérabilité. Sidi Abd-er-Rahman n'abusa pas de ce précieux privilège de pouvoir intervertir à son gré les lois de la nature. La tradition n'a d'ailleurs retenu de cet *ouali* que quelques miracles à la portée de tous les saints. Il serait donc sans intérêt de nous y arrêter.

Sidi El-Menâteki mourut, et fut enterré dans sa cellule de la mosquée des Ferranin en l'an 1611 de notre ère. Un de ses riches et fervents adeptes, qui exerçait la grasse fonction de Kaïd-El-Bab (directeur de l'octroi de la ville), et qui était gros de péchés dont il tenait à se débarrasser, voulut faire mettre à son acquit une œuvre pie d'une certaine importance par son ange de droite, celui qui est chargé de l'inscription des bonnes actions. Nous ajouterons que ce Kaïd-El-Bab n'avait jamais donné beaucoup de besogne à ce comptable céleste. Quoi qu'il en soit, le directeur de l'octroi de Constantine consacra sa fortune à l'édification d'une mosquée qui fut placée sous le vocable de Sidi Abder-Rahman. L'emplacement choisi fut celui de la mosquée des Ferranin, qui tombait de vétusté, et qu'il fit abattre, en respectant, bien entendu, la cellule funéraire où reposaient les restes mortels du saint. Cette mosquée prit dès lors le nom de *djamâ Sidi-Abd-er-Rahman-El-Mendteki*.

Le tombeau de ce saint est très fréquenté, non seulement par les gens de la ville de Constantine, mais encore par de nombreux pèlerins accourant de tous les points de la province de l'Est, voire même de la Tunisie. Du reste, jurer par Sidi Abd-er-Rahman, « *ou hakk Sidi Abd-er-Rahman!* », est un des serments les plus usités dans la population indigène constantinoise, bien que les conséquences de sa violation n'entraînent rien moins que la cécité. Et c'est ce qui a fait dire au savant et spirituel orientaliste Cherbonneau : « Je ne m'étonne plus qu'il y ait tant d'aveugles à Constantine ! »

XXII

SIDI MOHAMMED-EL-R'ORAB [1]

On remarque, à trois kilomètres nord-ouest de Constantine, sur la route de Mila, au hameau de Salah-Bey, une élégante et blanche koubba renfermant le tombeau d'un saint marabouth qui, de son vivant, se nommait Sidi Mohammed.

Nous voulons dire quelques mots de la vie, et surtout de la mort de cet *ouali* vénéré.

---

1. Cette légende est racontée par le savant orientaliste Cherbonneau, qui joignait à une rare érudition un remarquable talent d'écrivain. Le regretté professeur Cherbonneau a été l'un des vulgarisateurs les plus distingués des choses de l'Algérie.

C'était vers la fin du siècle dernier, le célèbre Salah-Bey administrait le Baïlik de l'Est de la Régence d'Alger. Son gouvernement fut d'autant plus difficile, plus tourmenté, qu'il avait à écraser la révolte incessante des tribus, et qu'il s'était donné la tâche impossible de lutter contre les préjugés de son temps, en allumant le flambeau des sciences dans la capitale du Baïlik. Cette dernière entreprise devait infailliblement lui créer de nombreux ennemis parmi les vieux Croyants, et surtout dans le groupe religieux intéressé au maintien des traditions de l'Islam.

Or, parmi les opposants les plus acharnés ou les plus convaincus, se faisait surtout remarquer Sidi Mohammed, marabouth des plus influents et des plus écoutés, et auquel la sainteté de sa vie et son éloquence persuasive avaient donné de nombreux et solides adhérents. Sidi Mohammed avait ainsi réussi à former autour de lui un parti formidable et prêt à tout. Le saint homme en était arrivé à prêcher ouvertement la résistance à ce qu'il appelait les tentatives *chitanesques*[1] du Bey, et, par suite, à mettre en péril son autorité.

Salah-Bey, qui, d'ailleurs, suivait attentivement la marche des dissidents et celle de leur chef, jugea qu'il était temps d'enrayer le mouvement, et de mettre fin à l'audacieuse entreprise suscitée contre lui par Sidi Mohammed. Il le fit donc arrêter, et, malgré l'immense popularité du saint homme, il décida sa mort. C'était hardi.

Au jour marqué pour l'exécution, une foule nombreuse de partisans du saint marabouth se ruait vers le lieu du supplice comme pour protester contre la décision du Bey. Mais les mesures étaient bien prises :

---

1. De *Chithan*, Satan.

une force imposante, capable de s'opposer à toute entreprise tentée pour la délivrance du vénéré Sidi Mohammed, entourait le lieu où la justice du Bey devait recevoir satisfaction. Le chaouch put donc, en toute sécurité, accomplir sa sanglante besogne et faire du marabouth un glorieux et saint martyr. Après l'avoir prié de s'agenouiller sur la pièce de cuir qui devait recevoir son sang, l'exécuteur passa derrière lui, lui glissa dans l'oreille les paroles suivantes : « Tendez le cou, ô Monseigneur, voici le glaive ! », le piqua vivement de la pointe de son yataghan à la première vertèbre de l'épine dorsale pour lui faire relever la tête, que, d'un coup de revers, il envoya rouler à dix pas devant lui. Mais, ô prodige ! à ce moment même, le corps décapité du saint se transformait en corbeau, et l'oiseau de sinistre augure, après avoir poussé des croassements lamentables, s'élançait à tire d'aile vers la maison de plaisance que venait de faire construire le Bey Salah ; il s'abattait un instant près de ce palais, y répandait sa malédiction, puis il disparaissait à tout jamais.

Averti de ce miracle, Salah-Bey, qui, sans doute, commençait à reconnaître qu'il avait été un peu trop sévère à l'égard de Sidi Mohammed, et qui tenait à réparer, autant que cela était possible, la faute que lui reprochait déjà sa conscience envahie par le remords, le Bey, disons-nous, faisait élever sans retard, sur le point même où s'était abattu le corbeau, une merveilleuse chapelle expiatoire à dôme éclatant de blancheur, que l'on désigna sous le nom de *Koubbet Sidi Mohammed-El-R'orab*, c'est-à-dire chapelle de Monseigneur Mohammed-le-Corbeau.

Quoi qu'il en soit, si le vénéré martyr Sidi Mohammed pardonna, le parti religieux n'oublia point que Salah-Bey l'avait frappé, et nous avons vu, dans la légende de Sidi Abid, comment, en 1792, le Chikh el-Islam, Sidi Abd-er-Rahman-ben-El-Fekoun, abandonna le malheureux Bey, en lui refusant sa sauvegarde, aux chaouch qui étaient chargés de l'étrangler. Si le marabouth Sidi Mohammed fit, dans cette circonstance, la triste expérience que, comme le dit le proverbe arabe : « La langue est souvent l'ennemie de la nuque », le Bey Salah put, à son tour, constater, à ses dépens, qu'il n'était pas toujours sans danger de s'attaquer aux marabouths ou aux gens de religion, surtout quand s'ajoutait à leur caractère sacré une popularité aussi sérieuse que celle dont jouissait Sidi Mohammed.

XXIII

SIDI KACEM [1]

Mais transportons-nous dans l'ouest de Batna, et au sud de Sethif et du djebel Bou-Thaleb, pour y visiter l'ancienne ville de Ngaous (quelquefois Mgaous), si riche de ses grands arbres, de ses belles eaux, et surtout de ses souvenirs.

Outre son intérêt archéologique, Ngaous, bâtie sur des ruines romaines, possède encore, ainsi que nous le verrons plus loin, le curieux avantage de rappeler des souvenirs préislamiques.

Ngaous a deux mosquées : l'une, celle de Sidi Bel-

---

1. Cette légende a été recueillie par M. l'interprète principal militaire Ch. Féraud.

Kacem-ben-Djenan, située au centre de la bourgade actuelle, a été construite avec les pierres de la ville romaine ; l'autre, celle de Sidi Kacem, beaucoup plus connue sous le nom de djamâ Es-Sebâ-er-Rekoud, mosquée des Sept-Dormants, et située à l'extrémité nord de la *dechera*, a été bâtie avec des matériaux de même origine que le premier de ces édifices religieux. Elle est divisée intérieurement par trois rangées de cinq colonnes chacune. Le *tabout*, ou châsse qui renferme les restes mortels de Sidi Kacem, le fondateur de la mosquée qui porte son nom, est placé dans le fond, à droite en entrant. Un linteau mobile, placé sur le cercueil, porte une légende en caractères barbaresques gravés en relief, indiquant que Sidi Kacem a vidé sa coupe [1] au commencement de l'an 1033 de l'hégire (novembre 1623 de l'ère chrétienne).

Selon la tradition, Sidi Kacem, qui avait vu le jour dans le Hodhna, était un marabouth d'une grande piété et de beaucoup de science ; rejetant bien loin derrière lui les choses de ce monde, et ne s'occupant que de celles du Ciel, il s'en allait de tente en tente pour y raviver le zèle religieux, lequel tendait sensiblement à s'attiédir, et menaçait de faire place à une complète indifférence relativement à la pratique des pieuses prescriptions contenues dans le Livre sacré.

Quelques années avant qu'il vînt à Ngaous, sept jeunes gens de la ville, d'une réputation parfaite et de mœurs excellentes, disparurent tout à coup sans qu'on pût savoir ce qu'ils étaient devenus. Ngaous en avait fait son deuil, et leurs parents eux-mêmes avaient terminé de les pleurer. Cette catastrophe n'était donc déjà plus que de l'histoire ancienne quand Sidi Kacem se présenta dans cette *dechera* pour en catéchiser la

---

1. Est mort.

population. Après avoir parcouru la bourgade, il se rendait chez un de ses notables, et l'engageait à le suivre. Ils marchèrent ainsi quelque temps, puis, arrivé auprès d'une petite butte qui paraissait formée d'un dépôt d'ordures d'un certain âge, le saint marabouth faisait au Ngaouci le reproche suivant sur un ton plein de sévérité : « Comment souffrez-vous qu'on jette des immondices en cet endroit?... Fouillez, ajoutait le saint homme, et vous verrez ce que recouvrent ces détritus. »

On se mit aussitôt à creuser cet amas d'ordures, et on y découvrit les sept jeunes gens, — *Sebâ rekoud*, — dont l'inexplicable disparition avait naguère jeté les gens de Ngaous dans une stupéfaction intense. Mais, chose singulière ! étendus sur le dos et placés côte à côte, ces jeunes gens semblaient bien plutôt plongés dans le sommeil que dans la mort.

Ce miracle, on le pense bien, fit grand bruit non seulement dans le pays, mais encore dans tout l'Est. Aussi, pour en perpétuer le souvenir, fut-il décidé qu'on bâtirait sans retard une mosquée sur le lieu même de la découverte de ces jeunes Ngaoucin, et qu'elle porterait le nom de *Djamâ es-Sebâ-er-Rekoud*, c'est-à-dire, Mosquée des Sept-Dormants [1].

---

1. La légende des Sept-Dormants, que les gens de Ngaous ont singulièrement rajeunie, n'est pas spéciale à cette localité. Les Arabes des environs d'Alger prétendent que c'est Rusgunia, qu'ils nomment Medinet-Takious (ruines situées à 16 kilomètres d'Alger), qui aurait été le théâtre du martyre des Sept-Dormants. Ce serait là que les *Ashab El-Kahf*, les Compagnons de la Caverne, auraient dormi, selon les uns, pendant deux cents ans; suivant le Prophète Mohammed, trois cents ans plus neuf, et, d'après Métaphraste, trois cent douze ans. Au reste, dans une question pareille, ce n'est pas une centaine d'années de plus ou de moins qui ajoute beaucoup au merveilleux de la chose, et les martyrs de l'empereur Cn.-Messius De-

Il existe en effet, dans la mosquée des Sept-Dormants, à gauche en entrant, une galerie de bois presque vermoulu, et formant une sorte de petite salle réservée dans laquelle on pénètre par deux ouvertures. Là sont rangés l'un auprès de l'autre sept cercueils ou châsses en bois de mêmes dimensions que l'on dit contenir les restes mortels des Sept-Dormants.

Mais la merveille de la mosquée n'est point, pour les gens de Ngaous, les tombeaux des Sept-Dormants

---

cius, ce cruel persécuteur des Chrétiens, n'eussent-ils dormi que deux cents ans, que ce serait déjà fort raisonnable. Malheureusement, on ne paraît pas plus d'accord sur le nombre de ces Sept-Dormants d'Éphèse que sur la durée de leur sommeil. Ainsi, voici ce qu'en dit le Prophète Mohammed dans les versets 21 et 22 de la sourate XVIII° du Koran, qui a pour titre : *La Caverne.* « On disputera sur leur nombre. Tel dira : Ils étaient trois, leur chien était le quatrième; tel autre dit : Ils étaient cinq, leur chien était le sixième. On scrutera le mystère. Tel dira : Ils étaient sept, et leur chien le huitième. Dis : Dieu sait mieux que personne combien ils étaient. Il n'y a qu'un petit nombre qui le sache. Aussi, ne dispute point à ce sujet, si ce n'est pour la forme, et surtout ne demande à aucun Chrétien des avis à cet égard. »

Quant à nous, bien que chrétiens, nous n'en dirons pas moins notre avis sur cette affaire : Nous en connaissons sept, y compris le chien, et nous nous en contentons; nous pouvons même citer leur noms, pour prouver que nous ne nous avançons pas au delà de nos connaissances. Ils se nommaient donc : Temlika, Dbernouch, Kafichthathiouch, Mitsilin, Mikchilina, Rakim et Kithmir. Ce dernier est le chien.

La légende chrétienne diffère essentiellement de celle rapportée par le Prophète, lequel, d'ailleurs, n'y regardait pas de si près quand il s'agissait de faire de l'histoire, ou des emprunts aux légendes juives ou chrétiennes. Les Sept-Dormants étaient sept frères,—rien du chien,—qui souffrirent le martyre à Éphèse, en 251 de notre ère, sous l'empereur Decius. S'étant cachés dans une caverne pour fuir la persécution, ils y furent murés par ordre de ce tyran sanguinaire. On les y retrouva cent cinquante-sept ans après; ils paraissaient n'être qu'endormis.

trouvés dans les immondices ; ce qui fait surtout l'admiration des Croyants, c'est une immense *gueçda* [1], dans laquelle Sidi Kacem, qui, à la nourriture de l'esprit ajoutait encore celle du corps, faisait servir le kousksou aux cinq cents *tholba* qui suivaient ses intéressantes leçons : car Sidi Kacem était, de son temps, un des flambeaux de l'Islam, et les plus savants docteurs ne dédaignaient pas de venir s'asseoir, dans la Zaouïa de Ngaous, au milieu de ses élèves, pour y recueillir les précieuses paroles qui tombaient de sa bouche comme une pluie de perles et de diamants. Nous ne voulons pas dire que l'appât du kousksou ne soit pas entré pour quelque chose dans l'assiduité et le goût pour l'étude que manifestaient les nombreux auditeurs qui se pressaient aux cours de Sidi Kacem ; il est évident que quelques bonnes cuillerées, — des cuillerées arabes, — de ce mets divin étaient bien préférables, — surtout pour des gens qui avaient horreur de l'abstinence, — à la mesquine bouchée de galette cuite sous la cendre, ou à la boulette de *rouina* [2] que la plupart des *tholba* se mettaient habituellement sous la dent, et encore quand ils n'en étaient pas réduits aux figues ou aux glands que les montagnards étaient obligés de disputer aux singes et aux sangliers.

Ce gigantesque plat, qui ne mesurait pas moins de trois *drad* [3] de diamètre extérieur et d'un demi-*drad* de profondeur, était tout simplement une sorte de large cuvette en calcaire grisâtre dont l'usage avait été

---

1. Grand plat taillé ordinairement dans le tronc d'un frêne plusieurs fois séculaire.
2. Farine d'orge ou de blé grillé qu'on détrempe dans l'eau pour la manger. On en fait des boulettes de la grosseur d'une noix pour la facilité de l'absorption.
3. Le *drad*, ou coudée, est de 0^{m}50 centimètres de longueur environ.

15.

de recevoir l'huile d'un moulin des Romains. Ce récipient avait été trouvé dans les ruines, et, plus tard, les gens de Ngaous n'avaient pas hésité à en faire la *gueçda* dans laquelle le généreux Sidi Kacem faisait distribuer le *thadm* [1] aux nombreux étudiants qui fréquentaient sa Zaouïa.

Après une existence toute remplie de bonnes œuvres, après avoir beaucoup prié et fait des génuflexions à en contracter des callosités, et à ce point de mériter, comme Hoceïn-ben-Ali, le surnom de « *dou et-tsefnat* », après avoir professé magistralement l'*eulm el-blara*, qui est la science de l'éloquence, l'*eulm er-roboubiya*, qui est la théologie, et l'*eulm el-msaha*, qui est la science des dimensions ; après avoir fait de nombreux miracles, Sidi Kacem s'absenta de la vie, comme nous l'avons dit plus haut, en l'an 1623 de notre ère, et sa dépouille mortelle fut déposée dans la mosquée qu'il avait fondée. Deux fois chaque année, son tombeau est le but du pèlerinage de ses *khoddam* et des visiteuses qui ont à implorer en leur faveur l'intercession du saint. Nous ajouterons que c'est rarement en vain, surtout si les Croyantes sont encore jeunes, si elles sont douées d'une foi suffisante, et si leur main s'ouvre facilement pour l'offrande en faveur de l'*oukil* (l'administrateur de la mosquée).

---

1. Mets, pitance, nourriture. Ce mot est souvent employé avec le sens de kousksou, aliment qui, au reste, est le mets par excellence.

XXIV

SIDI MEGRIS

Autrefois, les Amer de Sethif étaient divisés en deux fractions, les Amer-Ech-Cheraga (de l'Est), et les Amer-El-R'eraba (de l'Ouest); aujourd'hui, ils sont partagés en Amer-Edh-Dhabra (du Nord) et en Amer-El-Guebala (du Sud).

Un saint marabouth, venu du R'arb (Ouest), — la tradition n'en indique pas l'époque, — s'était établi sur le territoire de la fraction des Amer-El-R'eraba, où il savait que l'impiété des hommes et l'impudicité des femmes étaient poussées jusqu'à leurs dernières limites. Son but était, — bien qu'il n'en espérât pas le succès, — de remettre les uns et les autres dans la voie droite, et, dans tous les cas, de les avertir qu'ils avaient lassé Dieu par le mépris de sa loi, et qu'il ne tarderait pas à les frapper s'ils persistaient à lui donner des regrets de les avoir créés. En effet, les femmes, affirmait-on, ne songeaient exclusivement qu'à la satisfaction de leurs appétits charnels, et, s'il fallait en croire les tribus voisines, elles allaient même jusqu'à violenter les voyageurs qui passaient sur leur territoire. On ajoutait encore, — mais Dieu seul le sait, — qu'à défaut d'hommes elles poussaient, dans leurs fureurs utérines, la gulosité de la chair jusqu'à rechercher et même provoquer les caresses bestiales de certains animaux domestiques.

Quant aux maris, dégoûtés jusqu'aux nausées de

l'ignoble luxure de leurs femmes, ajoutait-on, ils avaient cherché en dehors d'elles, et dans des amours monstrueuses, les plaisirs qu'ils ne trouvaient plus auprès de leurs méprisables compagnes.

C'était une rude et difficile tâche, on le voit, qu'avait entrepris là Sidi Megris, et il était plus que douteux qu'il réussît dans sa mission, et qu'il arrivât à guérir ces corps gangrenés jusqu'aux moelles et ces âmes en putréfaction. Il était bien tard, en effet, pour tenter une telle cure.

Quoi qu'il en soit, Sidi Megris ne se rebuta pas, et, soutenu par son zèle religieux et par l'ardeur de sa foi, il commença son œuvre de conversion. Ce fut aux hommes qu'il s'adressa d'abord : il leur fit honte de la conduite de leurs femmes, et de la complaisance qu'ils mettaient à supporter leurs débordements ; ils étaient la risée et l'objet du mépris des tribus voisines. Ce n'était pas seulement de la faiblesse qu'ils montraient dans cette circonstance, c'était de la couardise et de la lâcheté. « Les moyens vous manquent-ils donc, s'écriait l'*ouali* d'un ton plein de sévérité, pour réprimer les honteux déportements et les mœurs dissolues de vos femmes, et le Prophète ne vous a-t-il pas indiqué les moyens de vaincre leurs résistances, de les dompter, de les corriger ? N'a-t-il pas dit dans le Livre : « Si vos femmes commettent l'action infâme (la forni« cation et l'adultère), appelez quatre témoins. Si leurs « témoignages se réunissent contre elles, enfermez-les « dans vos maisons jusqu'à ce que la mort les enlève, « ou que Dieu leur procure quelques moyens de salut [1]. » Et ailleurs : « Vous réprimanderez celles dont vous « aurez à craindre la désobéissance ; vous les reléguerez

---

1. *Le Koran*, sourate IV, verset 19.

« dans des lits à part ; vous les battrez[1] » Ne vous trouvez-vous pas suffisamment armés pour réprimer leur scandaleuse conduite ?... Et vous-mêmes, ô Amer ! que dirai-je de la vôtre ? N'avez-vous donc rien à vous reprocher ? N'est-ce point parce que, dans le principe, vous vous êtes éloignés de vos femmes, parce que, ne tenant aucun compte des prescriptions du Prophète, vous vous êtes acquittés avec trop de parcimonie de vos devoirs conjugaux envers elles, parce que, oubliant que notre seigneur Mohammed a dit : « Le mari qui « embrasse sa femme gagne, pour chaque baiser, trente « bienfaits du ciel », vous leur avez trop mesuré vos caresses ? N'est-ce point pour ces causes qu'elles ont cherché ailleurs qu'au foyer conjugal les satisfactions charnelles que vous ne pouviez ou ne vouliez leur donner ?... Peut-être aussi, continua le saint homme, n'avez-vous point tenu la balance égale entre elles dans la distribution de vos faveurs ? Rappelez-vous que le Prophète a dit à ce sujet : « Gardez-vous donc de suivre « entièrement la pente à l'endroit de vos femmes, et « d'en laisser une comme en suspens[2]. » C'est-à-dire que celui qui a deux femmes ne doit pas se laisser tellement entraîner par son amour pour l'une, qu'il néglige tout à fait l'autre. Ai-je besoin de vous remettre en mémoire le supplice honteux dont le Prophète menace ceux qui transgressent ainsi sa loi ? Est-il indispensable que je vous rappelle que ceux qui se laissent aller à commettre cette faute paraîtront, au jour de la résurrection, avec des fesses inégales ?... Quelle honte que sera celle qu'éprouveront ces maris criminels !...

« Je n'en ai point encore fini avec vous, ô Amer !

---

1. *Le Koran*, sourate IV, verset 38.
2. *Le Koran*, sourate IV, verset 128.

ajouta Sidi Megris, et avant de vous abandonner à votre repentir, je veux vous rappeler aussi la flétrissure qu'inflige le Prophète à ceux qui commettent le crime contre nature : « Si deux individus parmi vous com-« mettent une action infâme, faites-leur du mal à tous « deux [1] », c'est-à-dire réprimandez-les publiquement, et souffletez-les avec leurs pantoufles. Sans doute, continua le saint homme, ce châtiment n'a rien d'excessif ; mais cela vous prouve que Dieu est bon, et qu'il y regarde à deux fois avant de frapper ses serviteurs. Pourtant, ne vous y fiez pas, car ses colères sont terribles. Souvenez-vous de la façon dont il a traité les vicieux habitants des *villes renversées* [2], à qui il avait envoyé le prophète Loth comme aujourd'hui il m'envoie vers vous pour vous porter ses avertissements ; et je vous dirai comme ce prophète à son peuple : « Abuserez-vous des hommes au lieu de femmes pour « assouvir vos appétits charnels ? En vérité, vous êtes « un peuple livré aux excès [3]. » Mais le peuple de Loth méprisa ses avertissements, et Dieu fit pleuvoir une pluie de feu sur ces méchants. »

Sous l'effet des menaces terribles de Sidi Megris, les Amer furent saisis par la peur ; leurs jambes débiles flageolèrent sous eux, leurs yeux devinrent hagards, et leurs bouches grimacèrent des paroles de repentir. Ils promirent au saint d'user envers leurs femmes des moyens de châtiment recommandés par le Prophète, et de mettre leurs reins en rapport avec le bâton.

Bien que l'*ouali* ne comptât pas beaucoup sur les promesses de ces abrutis, de ces tarés auxquels le

---

1. *Le Koran*, sourate IV, verset 20.
2. Les cinq villes de la Pentapole, Sodome, Gomorrhe, etc., situées sur la mer Morte.
3. *Le Koran*, sourate VI, verset 79.

vice avait enlevé toute force, toute énergie, il parut néanmoins ne pas douter de leur repentir, et de leur résolution de tenir compte de ses conseils et de ses avertissements.

Avant de réunir les Amryat pour leur porter la parole de Dieu, Sidi Megris voulut attendre l'effet des promesses que lui avaient faites leurs maris. Quelques-uns d'entre eux s'étaient empressés de commencer le traitement indiqué par le saint : car, à diverses reprises, on entendait des cris de femmes alternant avec des bruits sourds qui semblaient produits par la rencontre d'un instrument contondant avec un corps mou.

Quand Sidi Megris jugea que le nouveau régime auquel les Amryat avaient été soumises devait avoir produit son effet, sur le plus grand nombre du moins, il leur donna rendez-vous sur l'Aïn-El-Kelba. La curiosité et un autre motif dont nous parlerons plus bas les décidèrent à répondre à cet appel, auquel aucune d'elles, jeune ou vieille, ne voulut manquer.

Lorsque le saint arriva sur le lieu qu'il avait assigné, les Amryat y étaient déjà réunies. Les linges de nuance terreuse qui leur servaient de vêtements les faisaient se confondre avec le sol sur lequel elles étaient assises dans diverses attitudes, qui n'avaient rien de commun avec ce que nous appelons la décence ou la pudeur. Quelques-unes, — très peu, — portaient un enfant amarré sur leurs reins. Il y avait là aussi des adolescentes qui, pour la malpropreté et l'effronterie, ne le cédaient en rien aux femmes faites. C'était un bruit assourdissant de voix appartenant à toutes les gammes, surtout à celles qui se rapprochent le plus du cri des oiseaux... domestiques. Ces voix exprimaient divers sentiments, diverses impressions ; mais celui de la colère et de l'irritation y était en dominance ; on sentait la haine sourdre de ce milieu houleux, auquel l'agitation et le balancement des corps donnait l'aspect de hautes herbes desséchées tourmentées par le vent.

Ces femmes portaient toutes les marques du vice dans ce qu'il a de plus hideux, et tous ces visages exprimaient la charnalité dans ce qu'elle a de plus matériel, de plus bestial : corps exsangues, émaciés, anémes ; pannosité des chairs à tons céracés, peau molle comme celles des malacodermes, et dépourvue d'élasticité, seins flasques et avachis se balançant sur des poitrines osseuses comme des vessies dégonflées, membres grêles supportant une chute de reins exagérée, traits du visage tirés et contractés, yeux tantôt ternes et sans éclat, et tantôt lançant des étincelles du fond de leurs cavernes de koheul, lippitude des paupières, béance de la lèvre inférieure, tous les désordres enfin qu'amènent chez la femme les excès génitaux.

Dès que parut Sidi Megris sur les hauteurs qui dominent l'Aïn-El-Kelba, sa haute taille se profilant sur le ciel à l'horizon, son long bâton ferré à la main, un murmure confus s'éleva du milieu de l'assemblée des femmes : « Le voilà, monseigneur le conseilleur ! monseigneur du bâton ! » s'écrièrent quelques-unes d'entre elles, faisant ainsi allusion au conseil qu'avait donné le saint homme à leurs maris de les châtier pour les ramener à l'obéissance et à la vertu. « Par Dieu ! nous te ferons manger ton *eukkaza* [1] d'un bout à l'autre, ô Sidi *Meuslouh* [2] ?... D'où vient donc cet *ouali* de Cheïthan [3] ?... et pourquoi s'est-il abattu chez nous plutôt qu'ailleurs ce frappeur de femmes ?... Par Dieu !

---

1. Long bâton formant crosse pour s'appuyer.
2. Castrat.
3. Ce saint de Satan, du diable.

nous allons lui donner une *dhifa*[1] dont il se souviendra, à ce maudit, fils de maudit ! »

Le saint s'était arrêté dès qu'il avait été en vue des Amryat, et, appuyé sur son bâton, il parut contempler le spectacle qu'il avait sous les yeux ; il semblait hésiter à descendre au milieu de ce groupe impur de *chahouanyat* (lubriques) ; on aurait dit qu'il redoutait de pénétrer dans cette zone gynéenne, d'où se dégageait cette odeur fade et nauséabonde qui est particulière aux lieux de débauche. Mais l'ardeur de sa foi l'emporta sur sa répugnance. Contrairement à l'usage, lorsqu'il s'agissait d'un homme de Dieu, Sidi Megris n'était plus qu'à une centaine de pas de ces femmes, et cependant pas une seule n'avait bougé ; aucune d'elles n'était venue au-devant du saint pour lui baiser le genou ou le pan de son bernous. « Par ma tête ! ces filles du péché, pensa le saint, sont bien perverses ! Elles ont besoin de goûter au châtiment, et, certes, ce n'est pas moi qui détournerai d'elles le bras de Dieu ! » Sidi Megris avança encore de quelques pas, espérant toujours qu'elles se décideraient à venir à lui ; mais ce fut en vain : elles affectèrent, au contraire, de continuer leurs réflexions inconvenantes à l'endroit du saint homme, et sur un ton assez élevé pour lui permettre d'en saisir quelques-unes au vol. Outré de la conduite et de l'attitude déplorable de ces chiennes impies, le saint se décida à les interpeller : « O les filles de celles qui n'ont jamais dit : « Non ! » s'écria le saint d'une voix tonnante, est-ce ainsi que vous oubliez le respect que vous devez à l'homme d'abord, et ensuite à celui qui est l'Envoyé de Dieu ? » Elles ne bougèrent pas plus que si le saint n'eût jamais existé ;

---

[1]. Le repas de l'hospitalité.

elles mirent le comble à leur insolence en ricanant d'une façon des plus méprisantes; quelques-unes même répondirent par des obscénités.

C'en était trop! A bout de patience, Sidi Megris se mit en prière, demandant à Dieu de faire respecter son serviteur. Il avait à peine achevé sa dernière prosternation qu'un épouvantable bruit souterrain se faisait entendre, qu'une violente poussée de bas en haut, se produisait sur la croûte du sol où étaient groupées ces femmes, et venait les jeter, la face contre terre, au pied du tertre sur lequel s'était arrêté le saint.

Ce miracle était certainement de nature à les faire rentrer en elles-mêmes, et à leur faire comprendre qu'il pouvait y avoir quelque danger à s'attaquer à un saint pouvant disposer d'une telle puissance; mais ces femmes étaient si profondément tarées, si radicalement corrompues, qu'elles ne voulurent pas se rendre à l'évidence, et qu'elles osèrent entamer la lutte avec le saint : « O Amryat! leur dit Sidi Megris, Dieu m'a envoyé vers vous pour vous avertir et vous porter ses commandements.... Vous avez abandonné la voie droite, ô femmes! et vous avez pris celle du péché... Certes, sachez-le bien, ce n'est point que Dieu tienne tant que cela à vous sauver : car, pour ce que vous feriez dans son paradis, il peut parfaitement se passer de vous; seulement, en vous perdant, vous causez également la perte de vos époux, qui, eux aussi, et par votre faute, traînent une existence d'opprobre et d'ignominie!... Je vous en avertis, ô femmes! renoncez au péché de *zna*[1], car Dieu hait la fornication!... Rappelez-vous qu'un saint Imam a dit : « Gar- « dez-vous de forniquer; car la fornication a quatre

---

[1]. Relations illégitimes entre personnes de sexe différent, fornication.

« résultats : elle fait disparaître la beauté du visage;
« elle est la mère de toutes les maladies; elle irrite le
« Dieu Très-Clément, et elle entraîne au feu éternel. »
Retournez à vos époux, ô femmes! et ne donnez point
à d'autres ce qui leur appartient intégralement; eux
reviendront alors à vous. Mettez un sceau à votre chair,
et éteignez, par la prière et les mortifications, le feu
des mauvaises passions qui alimente vos sens et les
consume en même temps; apaisez-les en pensant à
Dieu, et n'attendez pas que le mal soit irrémédiable.
Surtout, je vous le recommande, n'écoutez point les
conseils du fils d'Iblis, le démon Zalanbour, qui ne
cesse de souffler le désordre dans les ménages, et de
moissonner ainsi des âmes pour remplir les domaines
infernaux de son père. Fermez l'oreille aux suggestions
de Saïdana, ce démon femelle, et de Lobaïna, la fille
de Satan, qui allument vos sens des feux de l'impudicité!... Il en est temps encore; hâtez-vous de reprendre la voie droite et de vous repentir, et Dieu, qui est
Clément et Miséricordieux, vous accordera votre pardon. Demain, il serait peut-être trop tard. »

Revenues bientôt de la terreur que leur avait inspiré le mouvement terrestre qui les avait jetées aux
pieds de Sidi Megris, et mettant ses paroles derrière
leurs oreilles, les Amryat, frappées de démence, reprirent leurs insolents ricanements et leurs inconvenantes réflexions. L'une d'elles se leva, mue comme
par un mouvement de détente, et, trouant la foule qui
l'entourait, elle se précipita, ardente, l'œil en feu, la
bouche chargée d'imprécations, vers le point où se
tenait le saint. Elle avait vingt-cinq ans environ;
c'était donc une femme terminée, finie. La débauche
et la malpropreté corporelle l'avaient usée jusqu'à la
corde. Son visage est livide et zébré de crasse; sa lèvre
inférieure est lippue, ce qui est la marque de la sen-

sualité bestiale; sa tête est entignassée d'une chevelure noire poudrée de toutes les déjections de l'air; le koheul dont sont chargées ses paupières donne à ses yeux l'aspect de deux puits au fond desquels étincelle un tison; ses *harkous*[1] noirs, réunis en un seul, et pareils à une sangsue repue, obombrent son regard et le cavent encore davantage. Un turban fait d'une bande de linge de nuance terreuse enveloppe sa chevelure, et une corde de poil de chameau ne formant qu'un tour fixe à la coiffure le haïk, grand voile de cotonnade, maculé de toutes les impuretés de la débauche et se répandant le long du dos comme une cascade de café au lait. Deux pièces de même étoffe que le voile, retenu aux épaules par des boucles d'argent oxydé et aux hanches par une ceinture, s'ouvrent sur le côté droit, et produisent un décolleté vertical qui, des aisselles, se prolonge jusqu'aux mallioles. Le sein droit profite de cette ouverture pour reprendre sa liberté et flageller la hanche du même côté, selon le rythme des mouvements de l'Amryat, laquelle laisse également à découvert une cuisse maigre et cannelée de nuance lard ranci, s'articulant à un genou ridé, et se continuant par un tibia meublé de chairs flasques tremblotant, pendant la marche, comme un amas de gélatine. Son cou, ses bras sont chargés d'amulettes; elle porte sur les reins celle qui préserve de la conception. C'est bien là la précaution inutile : car, lorsque, comme elle, on est une *oualda meflouta*[2], on n'a point à redouter cette sorte d'accident.

Cette femme, c'est la fameuse El-Faceda-bent-El-Faceda, le vice incarné; aussi son corps porte-t-il les

---

1. Sourcils factices soit en couleur, soit en or.
2. *Utérus vidé.* C'est ainsi que les Arabes désignent les femmes stériles, et celles qui ont atteint l'âge de la ménopause.

stigmates de la salacité malsaine et des accouplements cloacaux. On se demande pourquoi, dans une question qui concerne particulièrement les jeunes, elle semble vouloir prendre une part si importante; on voudrait savoir en quoi ses intérêts charnels peuvent bien se trouver lésés dans cette affaire. D'abord, El-Faceda n'a point encore renoncé aux choses de l'amour; c'est encore une travailleuse de son corps qui, les jours de marché, n'est point la moins occupée dans les ravins du voisinage; et puis, d'ailleurs, elle est toujours disposée, quand elle ne peut suffire à la besogne, à repasser ses restes à ses compagnes. Comme Dhilma, la fameuse entremetteuse de l'ancienne tribu des Houdhéïlites, elle fait marcher parallèlement l'amour et l'intérêt. En outre, elle est de celles dont les maris, se conformant aux conseils de Sidi Megris, ont essayé du traitement contondant sur son pauvre corps. On comprend dès lors les dispositions dans lesquelles elle doit se trouver à l'égard du saint marabouth. Aussi est-ce elle qui a voulu entamer l'action, et reprocher devant toutes à cet étranger la conduite indigne qu'il avait tenue à leur égard.

Elle est là en face du saint homme, l'œil menaçant et les poings fermés; la colère fait trembler ses membres qui craquent comme des bois neufs soumis à l'action de la chaleur; ses bras s'agitent avec violence; elle veut parler; mais elle ne trouve pas ses paroles; sa voix finit pourtant par s'échapper de son gosier brûlant; elle est d'abord rauque, voilée, puis elle devient perçante, aiguë; elle semble sortir d'un larynx métallique.

Appuyé sur son bâton, le saint est calme comme la force devant cette furie déchaînée. Les Amryat sont là, l'œil sur leur compagne, et attendant anxieuses le moment d'entrer en ligne et de se mêler à la lutte qu'entame contre Sidi Megris l'imprudente et téméraire El-Faceda.

« O Monseigneur, l'ami des hommes! ô le donneur de conseils! ô le trouble-ménage! s'écrie El-Faceda d'une voix d'abord étranglée par la colère, quel est le démon qui t'a poussé vers notre tribu? Quel est le vent empesté qui t'a vomi sur notre pays? Qui es-tu? D'où viens-tu? Que nous veux-tu?

— O femme! répond le saint avec le plus grand calme et les mains appuyées sur son bâton, la colère t'aveugle et te fait m'outrager; mais j'ai pitié de toi à cause de l'imperfection de ta nature et de l'infériorité de ton espèce : car, comme tous les autres animaux, tu es une créature de Dieu... Qui je suis? me demandes-tu; eh bien! je vais te le dire : Je suis un avertisseur, un Envoyé de Dieu. Tu veux savoir d'où je viens? je te le dirai encore : J'arrive de l'Occident, jusqu'où est parvenu le bruit de vos infâmes débauches et de votre abandon de la voie droite... Ce que je vous veux? Vous avertir que vous avez lassé Dieu, et qu'il demande votre repentir ou un prompt châtiment... J'ai répondu, ô femme! à tes questions.

— Nous n'avons que faire de tes avertissements, ô Monseigneur l'imposteur! répliqua El-Faceda avec mépris. Nous ne sommes point des enfants dont on a besoin de soutenir les pas chancelants et mal assurés; nous sommes des créatures raisonnables, sachant nous conduire et nous diriger sans être dans l'obligation d'avoir recours à des étrangers comme toi. Retourne donc dans ton Occident, et va porter tes conseils et tes avertissements à ceux qui te les demandent...

— Le Prophète a dit : « La femme, à cause de sa « raison défectueuse, est toujours disposée à disputer « sans raison », reprit Sidi Megris sans sortir de sa sérénité. L'homme doit donc la traiter comme on traite un être déraisonnable. Je continue : Il vous faut quitter, ô femmes! la voie d'opprobre et d'abjection dans laquelle vous êtes engagées : vous rendrez à vos époux ce qui leur appartient, et vous cesserez d'en trafiquer à prix d'argent ou d'en user par débauche. Vous oubliez trop que, si Dieu vous a donné des organes de plaisir, c'est exclusivement pour la satisfaction de l'homme, et non pour la vôtre, de même qu'il lui a donné le cheval pour sa satisfaction personnelle, et non pour celle de cet utile animal... Évitez donc, ô femmes! de faire labourer le champ conjugal par la charrue d'autrui.

— Quand la charrue conjugale ne vaut rien, répondit effrontément El-Faceda, on est bien obligée de se pourvoir ailleurs, si l'on ne veut pas laisser le champ sans culture... Nos époux ne sont point des hommes... et leur laideur égale leur impuissance auprès de nous...

— C'est la vérité! s'écrièrent à la fois un grand nombre des assistantes en se rapprochant du saint.

— Je vous rappellerai, ô femmes! que le Prophète, s'adressant à Aïcha, la plus aimée de ses dix-sept épouses, s'est exprimé en ces termes : « Toute femme « qui aura dit à son mari : « Que laide est ta face! que « tu es vilain!... » Cette femme, Dieu lui tordra l'œil « et le fera louche; il lui allongera et déformera le « corps, la tête; il la posera, cette femme, en lourde « et ignoble pyramide, masse repoussante, viande dé- « goûtante, salement accroupie sur sa grosse base aux « chairs flasques, fripées, affaissées, pendantes. »

Un frisson d'horreur courut parmi les Amryat et leur cloua, pour un instant, la langue au palais. Mais El-Faceda n'était pas femme à s'émouvoir pour si peu. Aussi reprit-elle aussitôt, en élevant la voix : « Par la vérité de Dieu! ce ne sont pas des hommes, et nous les méprisons trop pour leur obéir...

— Jamais !... » s'écrièrent les Amryat en se rapprochant toujours du saint marabouth.

— Alors, ô filles du péché ! ce sera pour vous le châtiment dans ce monde et dans l'autre ! » s'écria d'une voix formidable le sévère Envoyé de Dieu, qui était aussi à bout de patience que de conseils.

Sous le coup de fouet de cette terrible menace, les femmes se précipitèrent, bondissantes, vers le saint homme, et l'entourèrent, furieuses, en lui montrant les dents et le poing. Elles ressemblaient ainsi à un troupeau de panthères qui auraient senti une proie.

« Par ta faute, ô Monseigneur le conseilleur ! il a déjà commencé, le châtiment de ce monde ! expectora d'une voix rauque la fougueuse El-Faceda en se découvrant fébrilement les reins ; tu peux toi-même, ô Monseigneur le troubleur de ménages ! te réjouir de ton œuvre en en comptant les marques !... Tiens ! regarde !... »

En effet, la région de son corps qu'elle montrait au marabouth était marbrée de larges ecchymoses, qui ne démontraient que trop l'efficacité de ses recommandations aux époux des Amryat.

Cent autres de ces femmes, imitant l'exemple d'El-Faceda, firent tomber leur vêtement et montrèrent à Sidi Megris leurs corps violacés et meurtris de coups de bâton. « Tiens, regarde, ô Cheïthan [1], s'écriaient-elles furieuses, en mettant sous les yeux du saint les parties attaquées. C'est là le fruit de ton ouvrage, ô le pervers ! ô le méchant ! ô le fauteur de désordre !... »

Sidi Megris ne broncha pas et resta ferme comme un roc devant cette exhibition des charmes des Amryat, et ce fut de sa part d'autant plus méritoire qu'un assez

---

1. Satan, le démon.

grand nombre de ces filles du péché n'avaient point le moindre bleu sur le corps, et que leur but ne pouvait être évidemment qu'une tentative de séduction exercée sur le cœur du saint homme, lequel n'avait point encore dépassé l'âge des passions. Du reste, la lasciveté que ces dernières mettaient dans leurs poses et dans leurs mouvements indiquait assez clairement où elles voulaient en venir. Le marabouth le comprit parfaitement, mais il en avait vu bien d'autres, et ce n'étaient pas les Amryat qui étaient capables de faire sombrer sa vertu ; et puis il n'oubliait pas qu'il avait une mission à remplir, et rien au monde n'eût pu l'en détourner ou l'empêcher de la mener jusqu'à terminaison.

Le saint resta donc calme et froid au milieu de ce déchaînement de toutes les passions charnelles, au milieu de cette houle de chairs, de ces torsions de reins ; son visage austère ne trahissait aucun des mouvements de son âme, laquelle pourtant était pleine à déborder. Il allait prouver, d'ailleurs, en accentuant son attitude d'avertisseur, qu'il ne les redoutait pas et que rien ne pouvait le détourner de son devoir. « Ces châtiments dont vous vous plaignez, ô impures ! vous les avez mérités ! » s'écriait-il d'une voix tonnante.

C'était la goutte d'eau qui fait déborder le vase, et la fureur des ecchymosées et de celles qui ne l'étaient pas allait atteindre son paroxysme. « Par Dieu ! il faut le tuer comme un chien, ce maudit, et jeter sa charogne en pâture aux hyènes et aux chacals ! disaient les premières. — Ce n'est point là un homme ! répétaient les secondes, et nous avions bien raison de dire que c'était un castrat... » D'autres lui lançaient des obscénités en plein visage ; toutes s'apprêtaient à se précipiter sur lui et à le mettre en pièces, ou — les plus éloignées — ramassaient des pierres pour l'en lapider. El-Faceda donna le signal de l'attaque en le saisissant par son bernous. Après un moment d'hésitation, celles qui étaient le plus près de Sidi Megris se ruèrent sur lui et s'accrochèrent, furibondes, à son vêtement. Mais le saint, sans se troubler, toucha du doigt, au front, celles qui étaient dans le rayon de son bras, et elles tombaient à la renverse en vomissant contre lui d'affreuses imprécations ; puis, le bras tendu, il fit un tour sur lui-même en s'écriant d'une voix vibrante, qui retentit dans la montagne avec la violence de celle de la foudre : « Arrière, ô filles de Satan ! Arrière, ô filles de la débauche et de la luxure ! Arrière, ô filles pourries du corps et de l'âme !... Je vous maudis jusqu'à la dernière génération ! » Et les malheureuses Amryat firent le vide autour du saint en reculant et en se voilant les yeux avec la main, car le visage du saint marabouth était, à ce moment, nimbé d'une auréole lumineuse dont elles ne pouvaient soutenir l'éclat. « Oui, je vous maudis, filles de l'impureté et des amours immondes !... Désormais, pareilles à des chiennes, filles de chiennes en chaleur, vous courrez, haletantes et la langue pendante, dans la trace des hommes ! Vous vous roulerez à leurs pieds, le corps embrasé, le gosier brûlant, la tête en feu, les sens dévorés de désirs ! Vous leur ouvrirez vos bras tremblants de passion inassouvie, et vos bras se refermeront sur le vide, car les hommes vous repousseront avec dégoût ! Pour satisfaire vos insatiables désirs, vous en arriverez à solliciter des accouplements infects avec des êtres vils et abjects, et ceux-là aussi mépriseront vos provocations impudiques ! Vous vous consumerez en vain sur un brasier inextinguible et dans des ardeurs inassouvissables, et tous passeront sans vous porter secours et en crachant sur vos corps convulsés, comme on crache sur une chose qui répugne! Vous serez, enfin, l'objet de l'aversion de tous les hommes, et Tâabbota-Charran lui-même, ce poëte pillard du désert, qui eut commerce avec une goule, vous repousserait du pied avec mépris!... Tel est l'arrêt de Dieu! »

Pendant que Sidi Megris leur lançait cette terrible malédiction, les malheureuses Amryat, atterrées, courbées sous le poids de la parole vengeresse du saint homme, sentaient déjà monter à leurs cerveaux les ivresses douloureuses de la nymphomanie; leur sang bouillonnait impétueusement et avec une trusion extrême; bientôt elles se roulèrent sur le sol en jetant, de leurs gosiers en feu, des cris rauques, gutturaux, strangulés, et leurs corps entrèrent dans d'effrayantes convulsions; entrelacées comme des paquets de reptiles, la bouche foisonnante de bave, elles se déchiraient et se mordaient jusqu'au sang. C'était un spectacle hideux que ce fouillis de membres qui s'agitaient, crispés, et d'où émergeaient des torses nus, cherchant, mais en vain, à se mouvoir dans le rythme des amours célestes : rien d'affreux comme ces bouches tordues et grimaçantes, comme ces rires convulsifs et ces pleurs pareils à des bêlements. Cette effroyable scène se prolongea jusqu'à la chute du jour; le froid de la nuit vint arrêter ce dévergondage du sang, ces scènes d'impudicité épileptique; les corps se dénouèrent peu à peu. Brisées de fatigue pour s'être consumées en stériles efforts, honteuses d'elles-mêmes, les Amryat se dispersèrent, affolées, dans toutes les directions, les unes regagnant leurs douars, les autres tombant, à bout de forces, au fond de quelque ravin, où elles passèrent la nuit.

Les effets de la malédiction du saint ne s'étaient pas fait attendre.

Quant à Sidi Megris, il avait disparu, et jamais on

ne le revit dans le pays. Les Amryat étaient donc définitivement et irrévocablement condamnées.

Dès le lendemain, elles se répandaient sur tous les points où elles savaient trouver des hommes, à la croisière des chemins et autour des marchés particulièrement, et là elles sollicitaient par des paroles obscènes et par des gestes impudiques la satisfaction de leur lubricité. Mais tous, jeunes et vieux, se détournaient d'elles avec dégoût, et pourtant c'était gratuitement qu'elles proposaient leurs faveurs; eh bien! même à cette condition, elles ne pouvaient parvenir à en trouver le placement. Elles pleuraient de rage de se voir ainsi dédaignées, méprisées; et cette intolérable situation ne devait point avoir de fin!

Plusieurs années déjà s'étaient écoulées depuis que l'impitoyable Sidi Megris avait lancé sa terrible malédiction sur les femmes des Amer-El-R'eraba; les malheureuses, on le pense bien, n'étaient plus que l'ombre d'elles-mêmes. Un soir, un Moghrebi[1] se présentait comme hôte de Dieu dans un douar des Amer-El-R'eraba, et y demandait l'hospitalité pour la nuit. Toutes les femmes du douar, en entendant la voix d'un étranger, s'étaient précipitées hors de leurs tentes, et elles s'apprêtaient à se disputer ses faveurs. Surpris de la singulière attitude de ces femmes, le voyageur demanda le nom de la tribu dans laquelle il se trouvait. On lui répondit qu'il était chez les Amer-El-R'eraba. Or, le Marokain, qui avait entendu parler de la malédiction prononcée par Sidi Megris, — un saint de son pays, — sur les femmes de cette tribu, s'expliqua dès lors aisément la bizarrerie de la réception qui lui était faite. La vue de ces infortunées l'avait touché

---

1. Homme de l'Ouest, du Marok.

assez profondément, et il s'était senti ému de pitié en présence de ces femmes maudites non seulement dans elles, mais encore dans leur postérité. Il est vrai que le Moghrebi n'était pas un saint, au contraire. Il pénétra dans la tente devant laquelle il s'était présenté. C'était justement celle d'El-Faceda-bent-El-Faceda, que nous connaissons déjà. Il est inutile de faire remarquer que l'accès d'énergie dont les hommes de la tribu avaient fait preuve à l'égard de leurs femmes, d'après les conseils de Sidi Megris, n'avait pas eu de suite, et qu'ils étaient retombés plus que jamais dans le vice et dans le mépris de leurs compagnes, pour lesquelles, d'ailleurs, ils n'étaient pas des hommes. Aussi, les reléguaient-elles dans un des coins de la tente, où elles ne s'occupaient pas plus d'eux que s'ils n'eussent jamais existé. Les femmes du douar étaient donc entrées sur les pas de l'étranger dans la tente d'El-Faceda, laquelle jouissait toujours d'une grande influence sur toute la tribu.

Le voyageur n'eut pas besoin d'insister beaucoup pour se faire raconter de point en point comment les choses s'étaient passées avec le marabouth Sidi Megris. Toutes voulaient parler à la fois, comme cela se fait toujours d'ailleurs dans les réunions de femmes; mais El-Faceda leur imposa silence d'un geste qui n'admettait pas la réplique, et ce fut elle qui prit la parole. Pendant son récit, ses malheureuses compagnes dévoraient du regard le bel étranger, et un mouvement convulsif du torse, accompagné d'un coup d'œil chargé de concupiscence, et d'un coup de langue passé sur leurs lèvres desséchées comme pour les modifier et leur rendre leur humidité, disaient assez quelle pouvait être la nature de leurs sensations.

Quand El-Faceda eut terminé son récit, le Marokain lui donna à entendre que, peut-être, il pourrait atténuer la rigueur de la malédiction qui pesait sur elles. « Non pas, disait-il, qu'il me soit possible d'annuler les effets de cette malédiction, car ce pouvoir n'appartient qu'à Dieu ; mais ma science, je le répète, et mes relations avec les *djenoun* (génies) me permettent d'apporter quelque adoucissement à votre triste situation, et à vous relever à vos propres yeux en échangeant l'état d'abjection dans lequel vous a placées la malédiction de Sidi Mogris contre un pouvoir qui fasse des hommes dont vous désirerez les caresses vos esclaves et vos serviteurs.

A cette révélation, les yeux des Amryat, devenus pyroboliques par l'éruption de tous les feux que renfermait leurs corps, éclairèrent subitement la tente, où régnait une quasi-obscurité. Sans qu'elles pussent se rendre compte des moyens qu'allait employer le *sahhar*[1] pour leur soumettre les hommes, leurs cœurs n'en débordaient pas moins d'une joie intense et d'un bonheur suprême. Comme elles allaient se venger, pensaient-elles, de leurs mépris, de leurs brutalités, de leurs dédains, de leurs dégoûts ! El-Faceda ne fut pas la dernière à remercier le sorcier marokain, qui ne leur demandait, pour prix de l'immense service qu'il se promettait de leur rendre, que de faire succomber le plus d'hommes possible, — elles ne demandaient que cela, — afin de justifier la menace que fit Iblis[2] au Seigneur quand celui-ci le chassa du Paradis, pour n'avoir point voulu s'incliner devant le premier homme, Adam. « Sors d'ici, lui avait dit le Seigneur ; il ne te sied point de t'enfler d'orgueil dans ces lieux !... Sors d'ici !... Tu seras au nombre des méprisables !

---

1. Magicien, sorcier.
2. Iblis est le chef des mauvais génies : c'est Cheïthan ou Satan lui-même.

— Donne-moi du répit, avait répondu Iblis, jusqu'au jour où les hommes seront ressuscités.

— Tu l'as, avait repris le Seigneur, un peu étourdiment peut-être.

— Et parce que tu m'as égaré, reprenait Iblis, je guetterai les hommes dans ton sentier droit, puis je les assaillirai par devant et par derrière; je me présenterai à leur droite et à leur gauche, et, certes, il s'en trouvera peu qui te seront reconnaissants.

— Sors d'ici! lui répétait le Seigneur, couvert d'opprobre et repoussé au loin!... Je remplirai l'Enfer de toi et de tous ceux qui te suivront[1]. »

Et c'est ainsi que le pauvre genre humain, qui n'en pouvait mais, était appelé de très bonne heure à supporter les conséquences de la désobéissance de Satan. Enfin!

Comme tous les sorciers, le Marokain était quelque peu le suppôt de Satanas; mais qu'importait aux Amryat que le soulagement à leurs maux leur vînt de là ou d'ailleurs, puisqu'elles n'avaient rien à espérer du côté des saints.

Le savant magicien remit à la nuit du lendemain les opérations qui devaient donner aux Amryat tout pouvoir sur les hommes, et les mettre à leur entière discrétion. Comme Sidi Megris, le magicien allait réunir les femmes de la tribu des Amer-El-R'eraba, et apporter aux rigueurs du terrible verdict du saint marabouth un adoucissement qui, pour ne pas être d'une moralité exagérée, — mais la vertu n'entre pas dans la spécialité de Satan, il n'en a pas la fourniture, — n'en présentait pas moins, pour ces malheureuses maudites, un avantage des plus appréciables.

---

1. *Le Koran*, sourate VII, versets de 12 à 17.

Le lendemain, à minuit, toutes les Amryat étaient rassemblées sur le Bir-Hamza. La lune, pareille à un chaudron de cuivre rouge mal écuré, se hissait péniblement le long de la paroi de la coupole céleste. Sa lumière, qui prenait d'écharpe le groupe des Amryat, donnait des tons fauves à leurs vêtements jaune sale, lesquels, d'ailleurs, se confondaient avec le terrain où elles étaient réunies. Ce n'étaient plus ces cris, ces mouvements désordonnés qui avaient marqué le rendez-vous que leur avait donné Sidi Megris sur l'Aïn-El-Kelba; on n'entendait de leur côté qu'un susurrement pareil au bruissement que produit le vent dans le feuillage des grands arbres. Elles attendaient anxieuses, et sous l'influence de cette crainte mystérieuse que donne le silence des nuits éclairées par la lune, la révélation que leur apportait le magicien. Il apparut tout à coup au-dessus d'elles, guidé par El-Faceda. Il semblait d'une taille gigantesque; ses vêtements étaient teintés de feu, mais d'un feu qu'on aurait alimenté avec du sang. Il tenait à la main un long bâton ferré à l'aide duquel il gravissait les rochers.

Il descendit vers le plateau inférieur sur lequel les femmes étaient groupées; lorsqu'il en fut tout proche, elles se levèrent soudainement et coururent se précipiter aux pieds du *sahhar*, dont elles baisèrent avec avidité tout ce qu'elles purent en saisir, c'est-à-dire tout ce qui était dans le rayon de leurs lèvres ardentes. Le magicien les calma au moyen de signes de la main qui ressemblaient assez à des passes magnétiques; elles reprirent leurs places aussitôt, puis il traça autour d'elles avec son bâton un grand cercle qui se marquait sur le sol par une lueur phosphorescente de laquelle se dégageait une forte odeur de soufre; il murmurait, en même temps, des paroles appartenant à une langue inconnue : c'était, évidemment, la formule des enchantements. El-Faceda suivait avec anxiété tous les mouvements du Marokain, qui, sa cérémonie préparatoire terminée, pénétra au milieu du groupe. Ce que ses pieds et son bernous reçurent de baisers dans cette traversée est incalculable ; du reste, tout porte à croire qu'on n'en saura jamais le nombre, les femmes arabes ou kabiles étant d'une ignorance déplorable en matière de statistique.

Le magicien lança ensuite dans les airs, de sa voix métallique, la *dâoua*[1] des incantations : « O Amryat ! s'écria-t-il, vous avez été maudites par une divinité implacable, impitoyable ; et pourquoi ? parce que vous avez trop aimé son œuvre, l'homme, qu'elle avait créé pour vous !... Pourquoi a-t-elle jeté dans vos corps tous les feux dévorants de la passion de la chair, toutes les ardeurs des jouissances sensuelles, si c'était pour, plus tard, vous faire un crime de chercher à les apaiser ?... Est-ce vous qui lui aviez demandé, à cette divinité, d'infuser dans vos veines un sang chauffé jusqu'à l'excès ?... Est-ce votre faute à vous, je vous le demande, ô Amryat ! si, chez vous, la chair est exigeante et irrassasiable ?... Non, n'est-ce pas ?... »

— Par Dieu ! cet homme est avec le vrai ! se dirent les Amryat en se regardant l'une l'autre.

— Eh bien ! alors, continua le Marokain, ce n'est réellement pas la peine de se dire le Dieu unique pour manquer de logique à ce point, et pour se montrer aussi souverainement injuste envers sa créature... Vraiment, notre Seigneur Iblis, — qu'il réussisse, un jour, à détrôner son rival ! — est plus rationnel dans son œuvre, et jamais, depuis que celui qu'on nomme le Dieu unique l'a expulsé de son paradis, — et cela

---

[1]. La formule des incantations, l'anathème, la sentence.

pour ne pas être exposé à le voir rire de ses inconséquences, — on n'a eu à lui reprocher de pareilles sottises...

— Cet homme est la vérité même! répétèrent les Amryat en se frappant dans les mains.

— Notre Seigneur Iblis, qui aime la justice, et dont le bonheur est de secourir les persécutés, poursuivit le magicien, m'a envoyé vers vous, — je ne veux point vous le cacher plus longtemps, — pour atténuer, autant qu'il est en son pouvoir, les terribles effets de la malédiction que l'*ouali* Sidi Megris a été chargé de prononcer contre vous... »

Toutes les Amryat, au comble de la joie, firent retentir les airs de leurs *toulouïl*[1] les plus suraigus.

« Eh bien! ô Amryat! voici ce que me charge de vous communiquer le chef des *djenoun :* Tout homme que vous aimerez dans votre cœur, et qui refusera de satisfaire votre chair, à celui-là vous lui direz : « *Koun* « *kifi !* » — Sois comme moi ! — et, soudain, il deviendra comme vous. » Ce qui signifiait que tout homme qui refuserait de satisfaire au désir que lui exprimerait une Amrya de se livrer avec elle à l'acte du *zna*[2] se trouverait dès lors dévoré d'un désir de même nature à l'endroit des hommes, qui, tous, pour compléter la similitude avec les femmes des Amer de l'Ouest, les repousseraient avec dégoût.

Après avoir prononcé sa formule, le magicien marokain, — qui, dit-on, était Iblis en personne, — avait disparu par une sorte d'évaporation n'ayant laissé après elle qu'un léger nuage qui plana pendant quelque

---

1. Cris applaudifs des femmes arabes ou kabiles, et qu'elles expriment par des *you! you!* qu'elles vont chercher à cent piques au-dessus de leurs têtes.
2. L'amour pratique illégitime.

temps au-dessus du groupe des Amryat, et qui finit par se dissiper : il avait voulu, sans doute, se dérober à l'enthousiasme de celles dont il venait de faire le bonheur.

Armées de cet étrange pouvoir, les Amryat ne mirent plus aucune retenue dans leurs emportements luxurieux; aucun frein ne pouvait arrêter leur fougueuse lubricité : embusquées dans les plis de terrain, dans les ruisseaux, dans les ravins, dans les broussailles, à l'affût sur le bord des chemins les plus fréquentés, elles choisissent leur proie, et le choisi, fût-il le pacha lui-même, est obligé de s'exécuter et d'en passer par toutes les exigences, par tous les caprices de l'Amryat; sinon, il se sent pris subitement de l'horrible et infect prurit qui annonce sa métamorphose, son changement de sexe. A son tour, il recherche les hommes, et tous repoussent le misérable réfractaire, devenu abject, avec le plus profond mépris et le dégoût le moins dissimulé. Et il n'est d'autre remède à cette hideuse affection que dans la satisfaction donnée à la salacité de l'Amryat qu'il a dédaignée, et qu'il faut retrouver. S'il réussit à remettre la main sur sa transformatrice, celle-ci invoque alors Iblis, qui, toujours, exauce sa prière, et la malheureuse victime est délivrée de son affreuse infirmité, après, toutefois, avoir accompli la formalité exigée.

Dieu n'a point encore retiré la terrible sentence qu'il a rendue contre les Amryat il y a près de quatre cents ans; toujours, et avant même qu'elles aient atteint l'âge de la nubilité, les filles de cette malheureuse tribu ressentent les effets de la malédiction prononcée contre leurs ancêtres; elles se livrent de bonne heure à une débauche effrénée et toujours inassouvie, et les glaces de l'âge ne parviennent même pas à éteindre le feu qui les dévore jusque dans leurs moelles. Depuis longtemps déjà, les Amryat ont choisi, pour tendre leurs lacs, un ravin voisin du marché de l'etnin (du lundi), près de Sethif, et qui est connu sous le nom de *Châbet-En-Nik,* ravin de l'accouplement.

Il serait grand temps que le Dieu unique se lassât de frapper de malheureuses femmes qui ne sauraient être responsables des actes de leurs bisaïeules, et cela d'autant mieux que Satan, qui se dit effrontément son rival, ne paraît pas devoir le détrôner de sitôt. Si nous jouissions de quelque crédit auprès de celui que les Mahométans appellent le Clément, le Miséricordieux, nous demanderions grâce pour ces infortunées et misérables créatures. Nous le prierions de prendre en considération que la présence des femmes des Amer-El-R'eraba aux environs de Sethif est un danger permanent pour les indigènes de cette localité et de sa banlieue, menacés qu'ils sont à chaque instant d'être métamorphosés en femmes. Pourvu qu'il ne soit pas déjà trop tard!!

XXV

SIDI AÏÇA

Vers l'an 1560 de notre ère, Sid Ahmed-Amokran[1] succédait à son frère, Abd-el-Aziz, dans la principauté des Bni-Abbas. La légende est remplie de son nom;

---

1. En kabil, le mot *Amokran* signifie *grand, chef.* Le surnom d'Amokran, changé en *Mokrani,* sert, depuis cette époque, de nom patronymique aux seigneurs d'El-Kalâa et des Bni-Abbas.

elle le montre comme un prince humain, généreux, juste et valeureux. Après le désastre qui avait envoyé la tête de son père aux crochets de Bab-Azzoun, Sid Ahmed-Amokran avait résolu de se ménager un appui sur les populations du Sud, et, au besoin, une retraite dans le Sahra, pour, en cas de revers, mettre ses ennemis dans l'impossibilité de l'atteindre. C'est dans ce but qu'il organisa une armée relativement considérable, et qu'il se lança hardiment dans la région des Oasis pour y faire reconnaître son autorité. Le succès ayant couronné son audace, et les ksour lui ayant ouvert leurs portes, il y plaça des chioukh et y mit des garnisons; enfin, il investit des fonctions de khalifa dans le Sahra un homme à oreilles fermées et à main de fer, Abd-el-Kader-ben-Dia, lequel maintint le Sud dans l'obéissance, et fournit de précieux auxiliaires à Mokrani lorsqu'il eut besoin de se défendre contre les attaques de ses turbulents voisins.

A la mort du khalifa Abd-el-Kader-ben-Dya, Sid Ahmed-El-Mokrani lui donna pour successeur Sidi Aïça, marabouth d'une grande piété, mais dont l'ambition était démesurée. Il rêva, en effet, de substituer son autorité dans le Sahra à celle de son maître et souverain, et il mit dès lors tous ses efforts à gagner à sa cause les Nomades de son khalifalik. Quand il se crut certain du succès, il leva l'étendard de la révolte, et réunit autour de lui de nombreux contingents qui devaient lui permettre de résister à Mokrani, et d'asseoir son autorité sur la région que lui donnait sa trahison.

Mais, contrairement à ses prévisions, le marabouth essuya une défaite complète à sa première rencontre avec les forces de Mokrani, et il tomba en son pouvoir.

Le marabouth Sidi Aïça fut condamné à périr par le feu, et, malgré son caractère sacré, on l'amena sur le lieu où il devait être livré au supplice. Vainqueurs et vaincus étaient réunis pour assister à une exécution dont Mokrani voulait que les uns et les autres gardassent le souvenir. Le saint marabouth paraissait aussi calme, aussi serein que s'il se fût agi de la mort d'un autre que lui ; un sourire dédaigneux vint même plisser sa lèvre quand il comprit quel était le genre de supplice qu'on s'apprêtait à lui faire endurer. En effet, on avait apporté un vaste *tellis*[1] à moitié rempli de poudre dans lequel il devait être renfermé. Pendant que se faisaient ces funèbres préparatifs, le saint, qui semblait toujours étranger à ce qui se passait autour de lui, se mit en prière, et récita à plusieurs reprises la *chehada,* qui est la formule de l'Islam; puis, sur un signe de Mokrani, des hommes s'emparèrent du saint, qui, à ce moment, semblait transfiguré, et l'introduisirent dans le tellis, en ne lui laissant dehors que la tête. Ils mirent ensuite le feu à la poudre, qui fit explosion avec une épouvantable détonation qui ébranla le sol à une grande profondeur; en même temps, un nuage d'azur enveloppait le tellis, et s'élevait majestueusement dans les airs. Mais, ô prodige! quand ce nuage se fut dissipé, on reconnut que le saint marabouth était absolument intact. Le tellis seulement avait souffert, car il n'en restait plus la moindre trace.

Sid Ahmed-Mokrani, témoin de ce miracle, comprit qu'il y aurait imprudence de sa part à recommencer l'épreuve, et qu'il n'était pas de force, tout puissant qu'il était, à lutter avec un saint que Dieu protégeait si visiblement; il aima mieux se montrer généreux à l'égard d'un homme auquel il ne pouvait faire aucun

---

1. Sac de laine employé généralement au transport des céréales et des dattes.

mal, et lui pardonner. Devant son impuissance, il ne put s'empêcher de faire tout haut la réflexion suivante :

> « Les marabouths sont les chardons,
> Et nous les chameaux ;
> Ils nous piquent
> Quand nous les touchons. »

Nous devons dire que, pourtant, Sid Ahmed-Amokrani ne poussa pas la démence jusqu'à lui rendre son khalifalik du Sahra.

Sidi Aïça se voua entièrement, après cette aventure, à la vie anachorétique et à la prédication. C'était le moins qu'il pût faire de se consacrer absolument à Dieu, qui, en somme, l'avait tiré d'un assez mauvais pas. Après quelques années de cette pieuse et austère existence, Sidi Aïça mourut en odeur de sainteté, laquelle, nous le répétons, est la même que celle du musc, l'odeur favorite du Prophète.

XXVI

SIDI MOHAMMED-OU-ALI

ET SIDI BOU-DJEMLIN

Le vénéré Sidi Bou-Djemlin, si susceptible, dit-on, lorsque sa puissance surnaturelle était mise en doute, c'est-à-dire lorsque son amour-propre était en jeu, ne craignait pas cependant de froisser quelquefois ses saints collègues, et de leur manquer d'égards quand bien même ils lui eussent été supérieurs dans la hiérarchie des saints.

Ainsi, ce ne serait rien moins qu'à son incivilité qu'il faudrait attribuer le manque d'eau dont est affligée aujourd'hui la région du Hodhna, autrefois si riche en céréales et en biens de toute nature. Nous allons dire dans quelles circonstances s'est produite cette ruineuse catastrophe.

Autrefois, nous le répétons, le Hodhna rivalisait avec les plus riches plaines du Tell pour l'abondance de ses blés et ses gras pâturages. C'était une terre de bénédiction qui faisait l'admiration et l'envie de toutes les populations du Sahra de la Régence d'Alger. En effet, il y a quelques siècles, le Bou-Sellam, rivière qui prend sa source au nord-est de Sethif, se jetait, selon la légende, dans l'ouad El-Ksob par la vallée qui court vers Ras-El-Ouad en passant par Ksar-Eth-Thaïr. Le Hodhna recevait également les eaux du Bou-Thaleb et celles du versant sud du Megris.

Nous allons dire dans quelles circonstances le Hodhna fut dépossédé de ces précieuses ressources.

A une époque que la légende ne précise pas, mais qui pourtant ne doit pas être antérieure au XVIe siècle de notre ère, vivait, dans la vallée de l'Ouad-Sahel, un marabouth vénéré, et suffisamment l'ami du Dieu unique pour que celui-ci lui eût octroyé une part de sa puissance divine, c'est-à-dire le don des miracles. Son nom était Sidi Mohammed-ou-Ali. Certes, ce ne sont pas les vertus qui lui manquaient, car il les avait toutes, à l'exception pourtant de celle qu'on appelle la modestie, qualité précieuse dont il n'avait aucune idée.

Or, un jour que l'intérêt de la religion, — du moins, nous le supposons, — l'appelait dans le Hodhna, il s'arrêtait à Msila pour visiter ce ksar qu'il ne connaissait pas. A cette même époque, un autre saint, non moins vénéré que Sidi Mohammed-ou-Ali, habitait cette localité dont il édifiait la population en donnant l'exemple d'une ardente piété, jointe à une science incomparable qui atteignait aux dernières limites de l'esprit humain. Sidi Bou-Djemlin, — c'était son nom, — jouissait tout naturellement du don des miracles, mais pas au même degré, paraît-il, que Sidi Mohammed-ou-Ali, lequel semblait occuper, dans les catégories des saints, une situation tout à fait hors ligne, et ressusciter une poule cuite, — comme le faisait Sidi Bou-Djemlin, — appartenait à un genre de miracles que Sidi Mohammed-ou-Ali se fût cru déshonoré d'opérer. Son bonheur à lui était de jeter le désordre dans les éléments, et cela sans la moindre utilité, et pour des raisons d'une valeur plus que douteuse, de sorte que son œuvre paraissait bien plutôt devoir être attribuée à l'esprit du mal qu'à l'intervention bienveillante de la puissance divine.

En arrivant à Msila, Sidi Mohammed parut on ne peut plus surpris que Sidi Bou-Djemlin ne fût pas venu au-devant de lui, — son supérieur près de l'oreille de Dieu, — pour lui faire hommage et lui rendre les honneurs qu'il croyait dus à son caractère et à sa position sur l'échelle des saints en mission ici-bas. Aveuglé par la colère, Sidi Mohammed se rendit sans retard à la Zaouïa dont Sidi Bou-Djemlin était le chikh, et, avant même d'avoir reçu ses explications ou ses excuses, il l'apostropha brutalement devant ses disciples, ce qui, on le pense bien, produisit le plus déplorable effet : car, de tout temps, les élèves ont été enchantés quand leur maître a reçu un camouflet : « Tu n'es pas venu au-devant de moi, lui dit-il, l'œil plein de colère et de haine, et tu m'as laissé entrer dans Msila comme un berger, comme le premier venu, et c'est moi, ô grossier! qui ai été contraint de venir à toi, puisque tu n'as pas craint de me laisser l'initiative de cette démarche... Ne me connais-tu donc pas?... Ignorerais-tu qu'il est en mon pouvoir de transformer ton pays si riche et si fertile en un désert de sable et de dunes, où toi et les populations inhospitalières de ce pays seront condamnés à mourir de soif et de faim?... Eh bien! ô Bou-Djemlin! puisque tu ne sais trouver ni une excuse, ni une parole de regret ou de repentir, — comme on voit bien que c'était un parti pris! — tu apprendras à me connaître à tes dépens et à ceux des gens du Hodhna, qui sont aussi grossiers que toi!... Demain, ajouta Sidi Mohammed-ou-Ali, qui se grisait de ses propres paroles, pas plus tard que demain, je détournerai de son cours l'ouad Bou-Sellam, ce fleuve béni qui est votre richesse et votre vie, et dont chaque *guerba* (outre) d'eau vous donne des milliers de charges de blé. Par Dieu! je le ferai comme je te le dis, car vous ne méritez aucune pitié! »

Soit que Sidi Bou-Djemlin n'eût aucune bonne raison à faire valoir auprès son saint collègue, soit que, n'acceptant pas sa supériorité hiérarchique, il dédaignât de se défendre, quoi qu'il en soit de ces deux hypothèses, le marabouth de Msila n'en essuya pas moins les injures de son flanc[1], et cela sans le moindre murmure, sans la moindre récrimination Peut-être ne croyait-il pas que la puissance de Sidi Mohammed fût suffisante pour lui permettre d'opérer un miracle de cette importance.

Après avoir jeté à la face de Sidi Bou-Djemlin cette effroyable menace, Sidi Mohammed-ou-Ali quitta Msila et se rendit en toute hâte à El-Hammam. Arrivé en ce point, il frappa le rocher de son bâton ferré; aussitôt

---

1. Il supporta les injures sans se plaindre.

un épouvantable bruit souterrain se fit entendre, la terre parut chanceler sur sa base ; les roches, obéissant à une sorte de poussée exercée de bas en haut sur l'écorce terrestre, se disloquèrent et se séparèrent violemment, en laissant une large crevasse dans toute l'épaisseur du rocher qui faisait obstacle au Bou-Sellam, et qui le forçait à s'infléchir vers le Sud. Calme au milieu de cet effrayant bouleversement, Sidi Mohammed-ou-Ali ordonna au Bou-Sellam de couler vers le Nord. Aussitôt, bien qu'après avoir hésité un instant, les eaux de cet ouad bondirent écumeuses et avec un horrible fracas dans la direction de l'Ouest ; elles se précipitèrent sur la chaîne du Guergour, qu'elles éventrèrent, et se perdirent en serpentant dans de profonds ravins, où elles coulent depuis lors sans aucune utilité pour les montagnards dont elles traversent le pays.

Certes, nous ne voulons point contredire aux œuvres du Dieu unique ou de ses délégués ; nous avons trop, d'ailleurs, le respect de la chose jugée et la résignation des faits accomplis pour faire la critique des décisions divines : « *Allahou adlamou.* » Dieu là-dessus en sait plus que nous ! — comme disent les Musulmans lorsqu'une chose leur paraît manquer de clarté. Pourtant, il nous semble qu'il pourrait apporter un peu plus de soin dans la distribution de ses dons, et y regarder à deux fois avant de confier une puissance exorbitante à certains de ses Envoyés sur cette terre de misères, lesquels en abusent souvent d'une façon extravagante, susceptible de le compromettre aux yeux des simples mortels. En effet, dans le cas de Sidi Mohammed-ou-Ali, le châtiment est complètement en disproportion avec la faute ; aussi, cela a-t-il fait beaucoup crier à l'époque où s'est produit le détournement du Bou-Sellam, lequel a été dirigé, il faut bien le dire, en dépit du bon sens, et contrairement à toutes les règles de l'art des irrigations, puisqu'il n'arrose absolument rien depuis le point où il a été détourné jusqu'à celui de sa chute dans l'Ouad-Sahel.

Aussi dirons-nous, sans craindre d'être démenti, que, bien que la ruine de la région du Hodhna remonte déjà à une date fort éloignée de nous, les populations de cette contrée n'ont point encore oublié le mauvais tour que leur a joué le vénéré Sidi Mohammed-ou-Ali, et nous n'étonnerons personne quand nous affirmerons qu'il n'y est point en odeur de sainteté.

XXVII

SIDI HAMLA

Puisque nous sommes dans le Hodhna, disons quelques mots de Sidi Hamla, marabouth vénéré, qui a son tombeau sur la route de Bou-Sâada, entre Msila et la *sebkha*[1] qui est au sud de ce dernier ksar.

L'ancêtre des Oulad-Sidi-Hamla était cherif et descendait du Prophète par Idris, le fondateur de la dynastie idrissite qui régna dans le Maghreb, c'est-à-dire dans l'Ouest de l'Afrique septentrionale.

Sidi Hamla vivait au XIe siècle de notre ère. Tout ce que la tradition en a conservé, c'est que ce fut un grand saint, auquel ses vertus et son ardente piété

---

1. Lac salé. Cette sebkha porte aussi le nom de *Chothth-Es-Sâida*.

avaient valu le don des miracles. Le fait le plus miraculeux de son existence, c'est son amour pour les travaux de la terre, et surtout sa passion pour le défrichement. Nous dirons bien vite qu'il n'a pas fait école dans cette partie des travaux des champs, et qu'il est probablement le seul Arabe qui, dans la suite des siècles, se soit livré à cette fatigante besogne. Aussi la tradition nous représente-t-elle Sidi Hamla dirigeant d'une main sa charrue et, de l'autre, extirpant les plantes ou arbustes nuisibles qui tigraient le sol de leurs touffes ou de leurs buissons. Nous ferons remarquer cependant que, s'il ne se servait que d'une seule main pour cette opération du défrichement, il devait nécessairement négliger l'arrachage de la *sedra*[1], et de tant d'autres plantes ligneuses qui se cramponnent au sol avec toute l'énergie du désespoir. Après cela, il se peut qu'ayant le don des miracles, Sidi Hamla pût, avec une seule main, mener à bonne fin un travail dont il est si difficile de venir à bout, même avec deux bons bras et une pioche solidement emmanchée. Quoi qu'il en soit, c'était d'un bon exemple ; mais, nous le répétons, cela n'a pas eu d'autre suite.

Un autre miracle de Sidi Hamla prouve combien il comptait sur l'intervention du Maître des Mondes pour lui venir en aide quand il avait besoin de son puissant secours.

A l'époque où vivait Sidi Hamla, les terres fertiles et les eaux étaient vivement disputées entre les tribus qui, à la suite des invasions successives, s'établissaient sur des terrains à leur convenance ; naturellement, les meilleures terres restaient aux groupes les plus nombreux et les plus fortement constitués. D'après ce principe koranique que la terre est à Dieu et que, l'homme

---

[1]. *Zyzyphus lotus*, jujubier sauvage.

n'en ayant que l'usufruit, le Tout-Puissant la donne à qui lui plaît, c'est-à-dire au plus fort, les petites fractions ne pouvaient occuper tel ou tel point qu'à titre essentiellement provisoire. Aussi, le répétons-nous, les tribus étaient-elles constamment en état de querelle ou d'hostilité. Souvent ces groupes de populations étaient obligés, pour jouir d'un peu de repos, de se placer sous la protection d'une agglomération importante, et même de se fusionner avec elle en prenant le nom d'origine de la tribu principale.

Un jour, les Oulad-Madhi, qui avaient leurs campements sur la rive droite de l'Ouad-Msila, résolurent de s'étendre sur l'autre rive, où Sidi Hamla et sa famille étaient établis depuis longtemps déjà. En présence de la disproportion des forces qui se disposaient à se ruer sur les quelques cavaliers que Sidi Hamla avait à opposer à ses agresseurs, il ne fallait pas songer à la résistance. Aussi le saint marabouth ne fit-il aucun préparatif pour essayer de lutter.

Les Oulad-Madhi s'approchèrent, nombreux, du point de l'Ouad-Msila où ils avaient décidé de le franchir, et ils s'avançaient avec d'autant plus d'audace qu'ils savaient n'avoir rien à redouter de la fraction des Oulad-Sidi-Hamla qu'ils se préparaient à *manger* en un tour de main. Mais une crue subite du torrent, que rien ne faisait prévoir, vint les arrêter au moment où les cavaliers de l'avant-garde se disposaient à franchir ce cours d'eau. Ils soupçonnèrent déjà, dans ce fait, une marque de l'intervention divine, aussi leur ardeur commença-t-elle à s'éteindre très sensiblement; mais ce fut bien autre chose quand ils aperçurent Sidi Hamla, seul sur la rive opposée, imposer les mains au torrent, qui sembla se cabrer sous cet obstacle, et qui fut subitement absorbé au point de le rendre instantanément guéable.

En présence de ce prodige, à l'aspect de ce saint homme qu'ils allaient attaquer si injustement, et qui, au lieu de profiter de l'obstacle que leur opposait la crue du torrent, aplanissait, au contraire, la difficulté en arrêtant les eaux fougueuses de l'ouad, les Oulad-Madhi jugèrent qu'il n'était pas prudent de s'attaquer à un homme qui disposait d'une telle puissance, et ils ne virent rien de mieux que de lui demander son pardon et sa bénédiction, et de se retirer. C'était évidemment le parti le plus sage qu'ils pussent prendre.

Plus tard, la fraction des Oulad-Sidi-Hamla se fondit dans la tribu des Oulad-Madhi, qui finit par se l'annexer par juxtaposition. On rencontre, en effet, dans un grand nombre de tribus *djouad* [1], une fraction maraboute qui fait corps avec le groupe principal, sans pourtant n'avoir de commun avec lui que les terres de parcours et les lieux de campements. Ce fait se reproduit d'ailleurs également dans presque toutes les tribus kabiles.

Après une existence toute remplie de bonnes œuvres et de miracles attestant sa sainteté et son influence auprès du Dieu unique, Sidi Hamla s'éteignit doucement dans un âge fort avancé, et ses restes mortels furent déposés sur la rive droite de l'Ouad-Msila, en face du point où s'effectua le miracle du torrent.

La koubba sous laquelle il repose reçoit un très grand nombre de pèlerins, qui viennent solliciter sa puissante intercession auprès du Maître des Mondes, dont il n'a pas cessé d'avoir l'oreille, et qui n'a rien à lui refuser.

---

1. Pluriel de *djïed*, noble de noblesse militaire. On donne généralement le titre de *djouad* aux Arabes descendant de ceux qui firent partie de la première invasion du Moghreb, c'est-à-dire de la partie de l'Afrique septentrionale qui est à

XXVIII

SIDI HADJARÈS-BEN-ALI [1]

Si, partant du tombeau de Sidi Hamla, nous allons rejoindre, à l'ouest, la route de Bou-Sâada à Sour-El-R'ouzlan (Aumale), et si nous suivons cette route en nous dirigeant vers Eth-Thabia, nous rencontrerons sur notre droite, avant d'arriver sur l'Ouad-El-Lahm, la blanche koubba de Sidi Hadjarès-ben-Ali, noyée dans l'immensité des steppes sahriens.

Sidi Hadjarès descendait du Prophète par sa fille chérie Fathima-Zohra, et en passant par l'ancêtre commun des Cheurfa algériens, Idris, qui régna à Fas (Fez) et dans tout le Moghreb, au VIII° siècle de notre ère. Ce saint et illustre marabouth, qui vivait au commencement du XVI° siècle, était le chef d'une puissante Confédération formée de nombreuses tribus auxquelles il commandait, et qui étaient sous sa dépendance absolue.

Il encourut, — nous ne saurions dire pourquoi, — la haine de Moula-Otsman, le sultan de Tunis, qui vint, à la tête d'une armée formidable, pour l'attaquer sur

---

l'ouest de la Tunisie, et qui est limitée de ce côté par l'océan Atlantique.

1. Cette légende est donnée par M. l'interprète principal militaire Guin, dans ses *Notes historiques sur les Adaoura*, tribu de la subdivision d'Aumale.

son territoire, et arrêter le développement d'une puissance qui, un jour, pouvait être dangereuse pour la Tunisie.

Moulaï-Otsman vint camper à Eth-Thabia, sur l'Ouad-El-Lahm, et, de ce point, il envoya l'ordre à Sidi Hadjarès de lui faire apporter sans retard le bois nécessaire pour les feux de son bivouac.

Cette injonction et le ton sur lequel elle était faite ne troublèrent point Sidi Hadjarès outre mesure ; il prit, sans se presser, ses dispositions pour satisfaire à la demande de son ennemi. Mais, comme le bois est des plus rares dans cette contrée, le saint marabouth résolut d'user d'un stratagème qui, tout en témoignant de son désir d'obtempérer aux ordres de Moulaï-Otsman, lui donnât, en même temps, une idée de la puissance de l'homme à qui il avait l'imprudence de s'attaquer.

Après s'être mis en prière pour demander à Dieu son intercession, Sidi Hadjarès fit appel, d'une voix tonnante, aux lions les plus féroces des forêts du Tell les plus voisines, lesquels animaux répondirent instantanément à l'ordre du saint, et vinrent se coucher, soumis, à ses pieds. Il ordonnait, en même temps, aux serpents les plus effroyablement redoutables du pays, — aujourd'hui il ne reste plus, dans le Sahra algérien, que ce céraste qu'on nomme la vipère-cornue, — il leur ordonnait donc de se présenter à lui sans retard, et, aussitôt, toute la gent rampante vint, en sifflant, s'enrouler en spirales visqueuses autour du point qu'il occupait. Le saint fit alors couper par ses gens quelques buissons de jujubiers sauvages, qu'il arrangea en fagots et qu'il lia avec des serpents entrelacés ; puis, ayant chargé son bois sur le dos des lions, il se rendit au camp ennemi entouré de ces étranges et terribles auxiliaires.

On pense bien que Moulaï-Otsman n'eut point l'envie de s'attaquer à un homme aussi surnaturellement puissant. Il leva immédiatement son camp, abandonnant ses projets de conquête, et laissant Sidi Hadjarès maître de tout le pays qui reconnaissait son autorité. Il s'estima même fort heureux que le saint marabouth voulût bien l'en tenir quitte à si bon marché.

Sidi Hadjarès laissa, en mourant, quatre fils : Guedim, Ameur, Abd-er-Rahman et Abd-Allah. Tous furent des hommes vertueux, et signalèrent leur passage sur cette terre par de bonnes œuvres, et par des miracles qui n'affectèrent les lois naturelles que d'une manière insignifiante. Aussi nous dispenserons-nous de les rapporter.

Ce fut à son arrière petit-fils Dahman que Sidi Hadjarès dut la koubba qui protège sa dépouille mortelle.

XXIX

SIDI EL-HADJ-MOUÇA-BEN-ALI [1]

Bien que ce saint soit de date toute récente, nous n'avons point voulu le passer sous silence, et lui refuser une place dans notre hagiologie musulmane. Les singuliers épisodes qui marquèrent la vie de ce célèbre sectaire nous montreront comment surgissent et se

---

1. Nous devons une grande partie des renseignements se rattachant aux actes de ce saint à M. l'interprète militaire Arnaud, qui a écrit, dans la *Revue africaine*, une excellente et très intéressante *Histoire des Oulad-Naïl.*

développent, en Algérie, ces fanatiques illuminés qui agitèrent si fréquemment ce pays. Du reste, par son existence de prière, d'ardente piété, de mortifications, par ses révélations d'en haut, ses miracles et sa fin glorieuse, Sidi El-Hadj-Mouça a mérité de compter parmi les saints les moins contestés du Sahra algérien, surtout dans les ksour autour de Laghouath et chez les Oulad-Naïl, où il a vécu pendant quelques années.

El-Hadj-Mouça naquit en Égypte, dans les environs de Damiette, à la fin du siècle dernier. Il quitta son pays et commença ses pérégrinations en 1823 : il se dirigea d'abord sur Alger, où l'on tenta de lui faire contracter un engagement dans la milice turke ; mais sa voie n'était pas celle des armes ; il se sentait appelé bien plutôt vers le mysticisme et les missions religieuses. Bien qu'il n'eût reçu qu'une instruction fort incomplète, et que son bagage intellectuel ne se composât guère que d'une dizaine de sourates du Koran, il n'en était pas moins un homme d'une habileté remarquable et d'une grande puissance de volonté.

En 1826, il était à Tripoli, où il recevait de Sidi Mohammed-ben-Hamza-El-Djâfri-El-Madani, le chikh de la confrérie des Chadlya, ou Derkaoua[1], le *diker*, ou prière particulière à la confrérie, ainsi que l'*ouerd*, c'est-à-dire la manière de dire cette prière.

En 1827, nous le retrouvons dans le baîlik d'Oran,

---

1. Les Derkaoua composent une confrérie dont le rénovateur avait habité Derka, petite ville des environs de Fas (Fez), dans le Marok. Cette secte rejette toute autorité temporelle qui ne fait point servir sa puissance à la propagation des doctrines de l'Islam. Aussi, les Turks du Gouvernement de la Régence d'Alger ayant eu à réprimer plusieurs révoltes suscitées par

où il se met en rapport avec toutes les célébrités de la confrérie des Chadlya.

En 1829, il part pour Laghouath : il arrive dans cette ville vêtu d'une *r'erara*, — sac d'un grossier tissu de laine et de poil de chèvre, — appliquée à cru sur son corps amaigri. Il y vit d'aumônes pendant quelque temps ; il y torture ses intestins par le jeûne et par les privations. Quand l'estomac vide réclamait trop vivement sa nourriture, Sidi El-Hadj-Mouça trompait la faim au moyen de la fumée du tabac. Il a de longues extases dans lesquelles il s'entretient familièrement avec Dieu. Il savait que Mohammed a dit : « La vie retirée est déjà un acte de piété. » Il fut bientôt pénétré du rayon de la révélation divine, et il put lire dans l'avenir comme dans un livre ouvert.

Or, nous étions en 1830 ; les Français venaient de s'emparer d'Alger. Le chikh El-Madani, le chef de la confrérie des Derkaoua, venait d'écrire à El-Hadj-Mouça pour lui ordonner de reprendre le bâton de voyage, et de visiter, en qualité d'initiateur, les populations du Sahra et du Tell. Enflammé d'un zèle ardent pour la cause de l'Islam, qui vient de subir un terrible et redoutable échec, le saint homme, qui comprend que le moment de l'action est arrivé, sollicite la population de Laghouath de s'enrôler sous la bannière des Derkaoua : il répète cent fois chacune des trois formules sacramentelles de la secte, et les fait suivre des cinq prières légales. Il y trouve pourtant

---

les khouan (frères) des Derkaoua, le nom de Derkaoui devint synonyme de *rebelle*.

Les Derkaoua font vœu de pauvreté et de renoncement aux biens de ce monde, et ils affectent de ne porter que des bernous exagérément rapiécetés.

Le nom de Derkaoua leur vient de la petite ville de Derka, dont nous avons parlé plus haut.

quelque résistance, surtout de la part de la fraction qui obéit à Ahmed-ben-Salem, lequel lui dit : « Nous sommes de la confrérie de Tedjini, le marabouth vénéré d'Aïn-Madhi ; mon père m'a nommé de son nom, et Tedjini lui-même m'a fait, à ma naissance, avaler des dattes mâchées par lui, comme le faisait le Prophète aux enfants d'El-Medina. N'espère donc pas que nous rompions avec Tedjini. Cependant, nous te traiterons avec bienveillance, et nous ne ferons rien pour détourner de suivre ta voie ceux des nôtres qui voudraient sortir de celle de notre vénéré marabouth. »

Aussi, de ce côté, Sidi El-Hadj-Mouça ne fit-il que de rares prosélytes, quatre ou cinq tout au plus. Ils priaient ensemble, mangeaient quand on leur faisait l'aumône, et, si l'aumône venait à manquer, ils s'endormaient, le soir, l'estomac vide, sur les nattes de la mosquée. Quand le repas avait manqué, El-Hadj-Mouça faisait néanmoins allumer le feu comme à l'ordinaire, afin que, voyant la fumée, les voisins s'imaginassent que lui et ses disciples avaient soupé, et qu'ils n'eussent pas à souffrir de la pensée de leurs privations.

Sidi El-Hadj-Mouça avait résolu, avant de monter vers le Nord, d'infliger une injure sanglante aux Bni-Mzab, qui sont hétérodoxes : il entra dans R'ardaïa, la ville la plus importante de la Confédération, portant sur ses épaules un morceau de carcasse de bête de somme dont il avait rencontré la charogne sur la route, et il alla criant par les rues les louanges de Dieu. Les habitants, indignés, eussent pu lui faire un mauvais parti ; mais ils se bornèrent à lancer à ses trousses les enfants de la ville, qui le chassèrent à coups de pierres.

Sa réputation de sainteté ne tarde pas à s'établir non seulement dans Laghouath, mais encore parmi les tribus nomades qui emmagasinent dans ce ksar, et c'est à qui viendra demander ses prières et son intercession auprès du Tout-Puissant. Puis il s'en va prêchant la doctrine du derkaouïsme dans les tribus et dans les ksour qui avoisinent la retraite qu'il s'est choisie. Une fraction entière des Bni-Laghouath, les Ahlaf, prend son *diker*[1], lui bâtit une zaouïa, et lui fait cadeau de deux magnifiques jardins, dont il laisse le produit à ses disciples.

Il s'est adjoint, pour la prédication, Sidi Ben-El-Hadj, un néophyte inspiré, que les paroles mystérieuses de Sidi El-Hadj-Mouça jettent dans une pieuse frénésie qui le transporte spirituellement dans des régions hantées par les anges. Aussi le nombre des adeptes qu'il donne à la secte derkaouïste est-il considérable; chaque jour, c'est une tribu entière qui demande son initiation à l'ordre dont Sidi El-Hadj-Mouça est l'un des directeurs. Nomades et ksariens se pressent en foule devant la hutte qu'habite le saint, et ses adhérents deviennent tellement nombreux que les marabouths d'Aïn-Madhi, les chefs de l'ordre des Tedjadjena, en prennent de l'ombrage.

Pendant son séjour à Laghouath, Sidi El-Hadj-Mouça prenait plaisir à remplir l'office de moudden à la mosquée des Ahlaf, appelant aux cinq prières canoniques avec les modulations vocales usitées dans l'Orient. Tout le quartier des Ahlaf était dans le ravissement, et se pressait dans les rues ou sur les terrasses pour entendre, chaque jour, cet harmonieux appel à la prière. Son talent pour jeter l'*adan* aux quatre points cardinaux ne fut certainement pas étranger au succès de son prosélytisme dans le ksar de Lagouath. Ce qui ajoutait surtout au bonheur qu'éprouvait Sidi El-Hadj-

---

1. *Diker*, invocation, prière particulière à un marabouth.

Mouça d'appeler les Croyants à la prière, c'est qu'il n'ignorait pas que Mohammed a dit : « Les moudden ont le cou le plus long parmi tous les hommes », c'est-à-dire qu'ils sont les plus rapprochés du paradis, à cause du grand mérite de leur vocation.

En 1831, obéissant à l'ordre du grand maître de la confrérie des Chadlya, El-Hadj-Mouça quitte Laghouath et se rend à Msad, où sa réputation l'a précédé ; un grand nombre d'Oulad-Naïl demandent leur affiliation au derkaouïsme. Pour le retenir dans le Ksar-Msad, on lui fait construire une maison et une zaouïa. Là, il a de nouvelles communications avec le Ciel, et la foule l'entoure de son admiration et de son idolâtrie.

Quand il sent ces populations suffisamment attachées à la secte dont il est le chef représentatif dans le pays, il se dirige sur Médéa avec quelques-uns de ses disciples qui ont revêtu la guenille de l'ordre. Le saint, qui, sans doute, trouvait qu'un cheval était une monture trop luxueuse pour un homme qui avait fait vœu de pauvreté, ne monta jamais qu'un âne, d'où son surnom de *Bou-Hamar*, l'homme à l'âne. Ses disciples allaient habituellement à pied, trottinant derrière l'animal qui avait le précieux privilège de prêter son dos au saint derkaouï. Du reste, cet âne semblait comprendre tout le prix du trésor dont il était chargé, et quand, en route, la révélation descendait sur Sidi El-Hadj-Mouça, l'animal sacré avait l'oreille baissée par le poids des mystères révélés.

Maintes fois, les disciples ou les compagnons de route de Sidi Mouça furent témoins des faveurs que Dieu lui accordait, et purent se convaincre qu'il possédait le don des miracles. Ainsi, un jour entre autres, que la violence de la chaleur menaçait de le faire périr avec ceux qui lui faisaient escorte, Sidi El-Hadj-Mouça se dirigea, sans hésiter, vers un point du désert où jamais, de mémoire d'homme, on n'avait vu même la moindre trace d'humidité ; qu'on juge de l'étonnement et de l'admiration de ses disciples quand ils virent devant eux une magnifique nappe d'eau ayant la limpidité du cristal, et aussi douce et agréable au goût que celle du puits de Zemzem [1] ! Il est inutile d'ajouter qu'après avoir loué Dieu et remercié le saint, ils en réjouirent leurs yeux et en étanchèrent largement leur soif.

Jamais, quand Sidi Mouça entreprenait un voyage, il ne se préoccupait des provisions de bouche pour les nombreux adeptes dont il était toujours suivi. Ainsi, par exemple, dans le trajet entre Laghouath et Boghar, au milieu de ces steppes déserts et sans ressources, le *thâam* (kousksou) le précédait toujours, apporté par des mains invisibles sur le point où le saint devait camper, et, preuve évidente de l'intervention divine dans cette affaire, la portion d'une seule personne suffisait toujours pour rassasier la nombreuse suite du saint.

Ce sont là des faits tellement avérés, disent les Arabes de cette région, que le doute est contraint de s'en tenir à une très grande distance.

Le premier signe des bénédictions divines qui s'attachèrent à la personne de Sidi El-Hadj-Mouça se produisit à Laghouath en 1832, lorsque Ben-Chohra, chikh des Arbâa, tenta de s'emparer de cette ville : sur les sollicitations des gens du ksar, Sidi Mouça sortit contre lui à la tête de dix hommes ! Ben-Chohra leur

---

1. Le puits de Zemzem est près de Mekka. Il est d'obligation à tout Musulman en pèlerinage d'aller y boire. L'eau de ce puits possède, entre autres vertus, celle de donner la foi. Les Musulmans croient que ce puits a été creusé par l'ange Gabriel (Djebril) en frappant la terre de son pied angélique à l'intention d'Agar et d'Ismaïl, qui, se trouvant seuls auprès de Mekka, et mourant de soif, allaient infailliblement périr si l'ange Djebril n'était venu à leur secours.

prit leurs chevaux, il est vrai, mais El-Hadj-Mouça, rentré dans Laghouath, dit au chikh de l'oasis : « Va combattre l'ennemi demain, à la pointe du jour : tu lui tueras onze guerriers et le mettras en déroute. » Et la chose s'accomplit de point en point. Quant aux dix chevaux pris à la petite troupe de Sidi Mouça, ils furent rendus, le lendemain, à la suite de l'intervention du chikh Ben-Salem, et Ben-Chohra, pour être agréable au saint homme qui les avait perdus, y ajouta une brebis et fit sa paix avec Laghouath.

En 1834, Sidi-Mouça se rend à El-Khadhra, dans le djebel Es-Sahri; il y continue sa propagande derkaouïste avec autant de succès qu'à Laghouath et à Msad. Les pèlerins affluent de tous côtés dans le ksar qu'il a choisi pour y stationner. Les offrandes de toute nature, mais surtout en argent, pleuvent sur ses guenilles comme la bénédiction du Ciel ; mais il n'emploie ces richesses que dans un intérêt religieux, c'est-à-dire dans celui de l'œuvre qu'il poursuit : il fait construire dans le ksar une zaouïa et une mosquée.

Mais, pendant qu'il s'occupe de prosélytisme et d'œuvres pies, les Kerabib du Tithri affiliés à son ordre lui écrivent lettre sur lettre pour l'engager à lever l'étendard du *djehad* (guerre sainte). D'après ces pressés, le moment était venu, et l'ère de la parole devait faire place à celle de l'action. Mais ce n'était point là, paraît-il, l'avis d'El-Hadj-Mouça, car il finit, un jour, par faire la réponse suivante à ces impatients Kerabib : « Mes frères, avant de songer à combattre des hommes, il nous faut d'abord lutter contre nous-mêmes, contre nos passions, lesquelles sont nos plus redoutables ennemis. Du reste, nous sommes pauvres et ne sommes armés que pour la prière. Laissez à la destinée le soin de nous délivrer des mécréants. Or, voici ce qui m'a été révélé : « Dans peu surgira un

« vent violent qui emportera l'enveloppe âcre et amère
« du fruit et n'épargnera que l'amande. »

Mais Sidi El-Hadj-Mouça faisait, à cette époque, un voyage dans le Tell pour y juger de l'état des esprits et y visiter ses affiliés. Il se rencontra à Blida avec El-Hadj-Es-Sr'ir-ben-Sidi-Ali-ben-Mbarek, avec El-Berkani et Ben-Sidi-El-Kbir-ben-Youcef, lesquels l'engagèrent vivement à soulever les Arabes du Sahra, afin de grossir les rangs de ceux qui combattaient pour la guerre sainte. Le sultan Abd-el-Kader, alors fort occupé à établir son autorité du côté de Tlemsan, n'avait pu songer encore aux contrées de l'Est.

Dès lors, le saint homme n'hésita plus : partout on fit des quêtes d'argent et de provisions de bouche ; tous les Derkaoua furent appelés aux armes ; les tribus du Sud, et particulièrement celles des Oulad-Naïl, contribuèrent par de larges offrandes et par un certain nombre de volontaires fanatisés. Bientôt, neuf cents déguenillés à pied et quatre cents à cheval se trouvèrent réunis autour de Sidi El-Hadj-Mouça ; il est vrai de dire que la plupart de ces guerriers n'avaient pour toutes armes que des bâtons ou des fusils d'une valeur hypothétique. C'est avec cette armée en loques, et qui n'avait eu aucun changement à faire dans sa tenue habituelle pour être dans celle qui était d'ordonnance chez les Derkaoua, que Sidi El-Hadj-Mouça allait s'élancer à la conquête d'Alger : car tous avaient pris, d'une voix unanime, l'engagement solennel de s'emparer de cette ville, après, bien entendu, en avoir chassé les Français ; l'Émir Abd-el-Kader lui-même ne trouvait pas grâce devant ces enthousiastes : en définitive, il était l'ami des Chrétiens, puisqu'il avait fait la paix avec eux.

Sidi Mouça met le feu à tous les cœurs avec sa parole ardente et convaincue : aux savants il lit divers passages du Koran qui annoncent sa venue on ne peut plus clairement : il était donc le *mehdi*, le *moula sada*[1]. A tous il montre Alger, la ville somptueuse, comme butin; dans cette sainte opération, ils trouveront la gloire, — ils s'en soucient médiocrement, — le profit et le salut éternel. Aussi l'enthousiasme est-il à son comble, et des cris de joie répondent-ils à ces plantureuses promesses.

Ces bandes famélíques et pédiculeuses se mettent en route pour la sainte croisade, et dans ce désordre naïf qui est particulier aux populations primitives, ou à celles qui sont tombées en enfance, lesquelles professent une horreur invincible, — et c'est là leur force, — pour la rectitude et la ligne droite. Le saint, monté sur son âne, dont il accélère et maintient l'allure par le mouvement isochrone de ses longs tibias, tient la tête de la colonne, car on est encore bien loin de l'ennemi. Son visage resplendit de la gloire des saints, et l'on comprend qu'il est on ne peut plus fier d'avoir été choisi pour l'exécution des desseins de Dieu, — *gesta Dei*, etc. — Ses disciples les plus fidèles marchent à sa hauteur et se relèvent alternativement pour tenir, de chaque côté, les pans de son bernous, lequel

---

1. Le *mehdi* est celui qui conduit, qui dirige dans la bonne voie. Le *moula sada* est le possesseur de l'heure, du moment, l'homme qui résume en lui l'époque grave et grosse d'événements, le prophète de son époque. En Algérie, c'est une sorte de Messie qui est toujours attendu, et dont chaque agitateur cherche à se donner les apparences telles qu'elles sont indiquées dans les traditions. Sa première opération sera tout naturellement de chasser les Français de la terre de l'Islam et de les jeter à la mer. Malgré le peu de variété du programme des *cherif* et leurs insuccès répétés, les indigènes s'y laissent pourtant toujours prendre; ils se consolent en se disant : « C'est que ce n'était pas le bon apparemment. »

était rapetassé d'une façon bizarre et avec des pièces d'étoffes de différentes couleurs; ces pièces sont cousues avec un souverain mépris du parallélisme ou de l'harmonie, et presque toutes à côté de la solution de continuité du tissu qu'elles paraissent avoir la mission de couvrir ou d'aveugler.

Au fur et à mesure qu'on avance, la colonne fait la boule de neige : à chaque pas, c'est un petit paquet de gens de pied, — de la canaille, — ou une paire de cavaliers, qui viennent se mêler à l'armée de Dieu. Les uns et les autres, après s'être informés du point de la *mahalla* (colonne) où se tient le saint, se précipitent vers lui, en bousculant tout ce qui leur fait obstacle, pour aller baiser ce qu'ils en pourront approcher; souvent, c'est l'âne qui reçoit les respectueuses caresses des Croyants; mais qu'importe, puisque l'animal et le saint sont en relation par leurs points de contact? le baiser arrivera alors à son adresse par correspondance. Ce qu'il y a de certain, c'est qu'on n'approche pas facilement du chef des Derkaoua; son entourage l'accapare d'ailleurs étroitement, et plus d'un Croyant qui met de l'opiniâtreté dans son pieux enthousiasme voit mettre un frein à son ardeur par une volée de coups de bâton. Mais le fidèle Musulman ne s'en formalise pas : car, en définitive, ce qui vient des disciples vient également du saint, bien que d'une manière tout à fait indirecte. Enfin, les Croyants s'en contentent, et c'est là le principal.

A son arrivée à Boghar, l'armée de Sidi Mouça s'était considérablement augmentée : elle se composait alors de deux mille fantassins et de trois mille cavaliers. « C'était, dit El-Hadj-Kara, l'un des eulama les plus distingués de Médéa, comme une nuée de sauterelles qui, lorsqu'elle s'abattait sur une tribu, y faisait table rase en vingt-quatre heures »; mais les vrais

Croyants ne s'en plaignaient pas, parce que c'était pour le triomphe de la sainte cause de l'Islam.

C'est de la tribu des Mfatah que Sidi Mouça s'annonça aux gens de Médéa comme Envoyé de Dieu; il les prévenait, en même temps, qu'il marchait sur cette ville, devant laquelle il serait dans quelques jours.

Mais, au fur et à mesure que son armée se grossissait, elle devenait de moins en moins maniable; le saint homme en fit alors deux paquets d'une force à peu près égale; il prenait le commandement direct du premier corps, et il confiait celui du second à Sidi Koùïder-ben-Si-Mohammed-ben-Ferhat, en se réservant toutefois la conduite générale des opérations.

Comme il l'avait annoncé, trois jours après, l'armée de Sidi Mouça paraissait en vue de Médéa, et campait au sud de cette capitale du Tithri. Dans la crainte d'être *mangés* par cette armée qui grouillait sur le plateau de Mouçalla (oratoire) comme un amas de vers dans des chairs en décomposition, les *eulama* de la ville furent envoyés en députation auprès du saint guerrier pour l'engager à ne point aller plus loin; ils lui objectaient, faisant passer les intérêts matériels avant ceux de la religion, que la multitude qui le suivait allait ravager toute la contrée. Ils ajoutaient: « Si vous approchez de nos murs, nous nous servirons de nos armes. — Je ne veux point de sang entre moi et la population de Médéa, répondit Sidi El-Hadj-Mouça. Je ne suis point venu ici pour tuer des Musulmans, mais bien pour jeter les Français à la mer, ainsi que leur allié, le traître Abd-el-Kader... Quant à votre menace d'employer la force contre moi..., regardez le nombre de ceux qui m'entourent, et dites-moi s'il ne vous serait pas plus sage de vous joindre à moi!... La guerre sainte, d'ailleurs, n'est-elle pas l'un des devoirs les plus sacrés de tout bon Musulman? »

Sentant l'inutilité de ses efforts pour décider Sidi Mouça à s'éloigner, la députation rentra dans la ville.

Après cette importante entrevue, Sidi Mouça se rapprocha de la place, où son intention était de pénétrer de vive force. Les Kouloughli [1] et les Hadhar (citadins) firent une sortie et l'on se battit dans les jardins. Le saint était alors en prière; il se borna à envoyer quelques détachements contre les assaillants, lesquels se hâtèrent de rentrer dans leurs murs, poursuivis de très près par les Derkaoua, qui les menèrent battant jusqu'à la porte de la ville. Sidi Mouça se tenait en tête de ses bandes, qui allaient pénétrer dans la place à la suite de la milice médéenne. Sous le coup d'une frayeur qu'ils ne se donnaient même pas la peine de dissimuler, les gens de Médéa avaient mis en batterie sur le rempart le seul et unique canon composant l'armement de la place. On le pointa sur le saint, qui se tenait très en vue de sa troupe et des défenseurs de la ville, et on fit feu au moment favorable. C'en était fait du chef des Derkaoua. Mais, ô miracle! le canon éclate, et tue deux des canonniers qui servaient la pièce. Un immense cri de « *El hamdou lillah!* » — la louange à Dieu! — salua cette manifestation si évidente de la protection de Dieu. La population en fut, au contraire, atterrée; l'anxiété était générale, et les Médéens, très peu rassurés, passèrent la nuit sur le rempart, qui, bien que présentant un obstacle de qualité médiocre, ne suffisait pas moins pour arrêter des bandes aussi mal armées que l'étaient celles de Sidi Mouça.

Au point du jour, les Derkaoua cernèrent Médéa. Dès lors, ses habitants se crurent perdus : hommes,

---

1. Le Kouloughli est le produit d'un père turk et d'une mère arabe.

femmes et enfants accoururent affolés auprès du saint, et se jetèrent à ses pieds en implorant l'*aman*. Sidi Mouça leur accorda généreusement le pardon qu'ils demandaient : car, comme il l'avait dit, il ne voulait point verser de sang musulman ; il préférait vaincre les Médéens plutôt par la clémence et la générosité que par la force ou la violence. D'ailleurs, le Prophète n'avait-il pas dit, lui aussi : « Je ne voudrais pas d'une montagne d'or s'il me fallait, au prix d'elle, faire du mal à un Musulman. »

Pendant douze jours, les relations entre la ville et le camp furent pleines de cordialité, du moins de la part des Derkaoua : car, pendant que ces traîtres de Médéens endormaient la bonne foi du saint par de fausses démonstrations d'amitié et des promesses qu'ils juraient bien de ne pas tenir, ils informaient l'Émir Abd-el-Kader de ce qui se passait chez eux, et ils faisaient un pressant appel à son intervention en lui montrant Sidi El-Hadj-Mouça comme un rival d'autant plus dangereux qu'il s'appuyait sur la religion. Dans la crainte que l'Émir ne les secourût pas, ils s'étaient même adressés à El-Hadj-Ahmed, le bey de Constantine : « Un individu du nom de Mouça, écrivaient-ils à Abd-el-Kader, nous a attaqués. Nous n'avons pu lui résister ; ses forces étaient trop considérables. Il est au milieu de nous. Secourez-nous ; sauvez nos femmes et nos enfants de l'esclavage et du déshonneur. »

La soumission de Médéa étant complète, Sidi Mouça se décida à pousser en avant, dans la direction de l'Ouad-Ouadjer, pour, de là, marcher sur Blida. Mais à Meridjet-Et-Terk, près des Mouzaya, un Derkaouï de la tribu des Ouamri rejoignit le saint homme, et lui dit : « El-Hadj-Abd-el-Kader marche plein de colère contre toi. Hâte-toi d'aller à lui et de solliciter sa clémence ; sinon, tu es perdu avec toute ton armée. Il est trop puissant pour que tu puisses songer sérieusement à l'abattre. Déjà toute la province d'Oran lui obéit, et tout ce pays-ci a résolu de le saluer Sultan.

— C'est bien ! répondit Sidi Mouça avec ironie ; je me rendrai au-devant de lui. »

Néanmoins, cette nouvelle changea les dispositions du saint Derkaouï, qui obliqua à gauche, vers le pays des Ouamri. Mais ce changement de direction, qui contrariait les projets de ceux qui le suivaient pour l'amour du butin, le fit abandonner par les trois quarts de ses adhérents, lesquels ne se souciaient d'ailleurs que médiocrement d'affronter un homme aussi puissant que l'était l'Émir. Il ne resta plus à Sidi Mouça que les neuf cents fantassins et les quatre cents cavaliers qu'il avait amenés du Sud ; ils n'étaient ni mieux armés, ni mieux équipés qu'au départ ; mais ils remplaçaient ces avantages matériels par une foi et une confiance indomptables en leur vénéré chef, et par une croyance absolue dans la sainteté de sa mission. Malgré cette effrayante réduction de son armée, Sidi Mouça n'en continua pas moins à marcher à la rencontre de l'Émir.

On était alors dans les derniers jours de mars 1835. Abd-el-Kader vient camper au pied de la montagne des Ouamri, à Amoura. Il franchit le Chelif le lendemain de son arrivée sur ce point. A midi, les deux adversaires sont en présence ; un ravin assez profond les sépare. Les bandes du saint grouillent bouillonnantes dans un pêle-mêle confus, impatientes d'en venir aux mains. Ce désordre tranche singulièrement avec le calme et les savantes formations, — les nôtres, — de ses deux bataillons de Réguliers, qui étaient d'organisation toute récente. Du côté de l'Émir, la science et le nombre ; du côté des Derkaoua, l'ignorance et le fanatisme ; l'Émir Abd-el-Kader a du canon et de bons fusils; le Derkaouï Mouça a peu de fusils, mais ils sont plus dangereux pour le tireur que pour le tiré; en revanche, ses exaltés sont munis de couteaux, de vieux sabres rouillés, d'iataghans ébréchés en dents de scie, de *guezazel*[1] à tête ferrée, et les pierres ne manquent pas sur le terrain. Comme leur tactique ne peut être que le corps à corps, afin d'empêcher les Réguliers de se servir de leurs armes, s'ils ne triomphent pas, ils auront au moins la satisfaction d'avoir fait le plus de mal possible à l'ennemi.

Le *harim* de Sidi Mouça, celui de son khalifa Sid Kouïder, et un grand nombre de femmes ou filles appartenant aux principaux guerriers des bandes derkaouïnes, ont voulu suivre leurs époux ou leurs frères, quelques-unes leurs amants; elles se tiennent dans des palanquins, en arrière du champ de bataille, sous la surveillance des cavaliers chargés de la garde des bagages et de leurs conducteurs; plusieurs de ces femmes, de la tribu des Oulad-Naïl, sont à cheval, et, l'œil ardent, la poitrine agitée, elles semblent brûler du désir de prendre part à la lutte.

On fait des deux côtés la prière du *dhohor*[2]; puis, Sidi Mouça se portant de sa personne sur un petit monticule qui était un peu en arrière du gros de sa troupe, il s'écrie, la prunelle en feu, la parole brève et saccadée : « Allons, ô mes frères! le moment est venu! Notre ennemi, l'allié des Chrétiens, est là devant nous pour nous combattre. Il ne craint point, lui, ce fils du péché, de verser le sang des Musulmans!... Allons! serrez-vous les flancs[3], ô mes enfants! et nouez vos

---

1. Massues, bâtons terminés par un gros bout ferré de têtes de clous.
2. Le *dhohor* est le milieu du jour. En Algérie, le *dhohor* est vers une heure de l'après-midi.
3. Préparez-vous au combat.

toupets[1], car c'est aujourd'hui que nous allons combattre pour l'œuf de l'Islam[2]!... Allons! ô les *benou el-mout*[3]! rappelez-vous que les âmes des martyrs sont dans les gésiers des oiseaux au plumage vert, et qu'elles sont suspendues aux fruits des arbres du paradis!... C'est là une magnifique récompense! Mais souvenez-vous aussi que celui qui tournera le dos à l'ennemi ou s'abstiendra de combattre sera, par Dieu lui-même, couvert d'ignominie, et obtiendra l'enfer pour demeure! » Et, se tournant vers les troupes de l'Émir, il jetait de sa voix vibrante à leur chef cette suprême malédiction :

« Et toi, ô l'ami des infidèles! que Dieu te précipite le nez dans la poussière, et te damne toi et les tiens! Que le Tout-Puissant, — qu'il soit exalté, — nous donne les omoplates[4] de tes soldats! Que le tour du sort soit contre toi et contre eux[5], et que les oiseaux de proie et les chacals se partagent leurs corps maudits et le tien, ô renégat !... »

Sidi Mouça avait à peine prononcé ces dernières paroles qu'une volée de mitraille était envoyée par l'artillerie de l'Émir au milieu de cette foule hurlante, qui n'en perdait pas un projectile; d'autres salves succédèrent rapidement à la première, et venaient fouailler en sifflant ces masses désordonnées. Mais, loin d'être épouvantés par les ravages que chaque coup de canon fait au milieu d'eux, les Derkaoua se ruent furieusement enthousiastes sur les troupes de l'Émir, et les assaillent comme le lion, dans sa colère, assaille sa

---

1. Disposez-vous à l'attaque.
2. Pour la précieuse foi de l'Islam.
3. Les enfants de la mort, les courageux.
4. Les mette en fuite devant nous.
5. Puissiez-vous être battus!

proie. Chacun des fantassins des Derkaoua a choisi son adversaire parmi les Réguliers, et il faut alors que l'un ou l'autre succombe. Il y a là des corps à corps, des enlacements terribles que la mort seule parvient à dénouer. Les couteaux des sectaires se cachent dans les corps des soldats de l'Émir et font bâiller les chairs; les sabres ouvrent des blessures béantes comme des bouches d'outre d'où le vin se précipiterait à flots, ou bien ils vont fouiller les entrailles des Réguliers jusqu'au fond des reins. Les bâtons et les crosses de fusil s'abattent sur les crânes, et les font grimacer comme des courges desséchées qu'on écrase. C'est bientôt une mêlée furieuse qui inutilise l'artillerie de l'Émir, car il ne veut pas risquer de tirer sur les siens.

De leur côté, les 400 cavaliers de Sidi Mouça se sont précipités sur la *khyala* (cavalerie) de l'Émir : debout sur leurs étriers, la bride aux dents, brandissant leurs armes, fusils, sabres ou massues, les cavaliers rouges d'Abd-el-Kader et les déguenillés de Sidi Mouça se joignent, s'entre-heurtent et se pénètrent : les fusils se vident dans les poitrines; impossible de les remplir; la parole est dès lors aux sabres et aux massues; celles des spahis de l'Émir, — qui sont en fer et que termine un croc destiné à harponner les fantassins et le butin, — ces massues, disons-nous, sont terribles : malheureux les crânes qui en sont rencontrés! Les sabres coupent et déchiquettent de la chair avec volupté; les lames bavent du sang; elles poussent frénétiquement les âmes hors des corps, et les nobles cavaliers à qui elles appartenaient tombent à plein front sur le sol, noyés dans le flot noir de leur sang. Mais la mêlée devient de plus en plus furieuse; les cavaliers derkaoua, vrais éperviers de carnage, s'acharnent sur le spahis que la mort leur envoie; ils se cramponnent à lui jusqu'à ce qu'il leur ait cédé sa vie, puis ils le laissent les doigts livides souillés des infects rejets de ses entrailles! Quels beaux coups que ceux que portent ou assènent ces merveilleux cavaliers du Sahra! Comme la tranche en est nette et franche! Mais ils ont affaire à forte partie; les spahis de l'Émir ne sont pas à mépriser, et plus d'un a dépourvu son adversaire soit de son nez ou de ses oreilles, soit d'une épaule ou d'un poignet. Le sol est jonché de ces débris sanglants. L'un de ces cavaliers rouges surtout, Sid Bel-Kacem, aurait mérité, comme le célèbre El-Hacen-ben-Mohammed, le surnom d'El-Hadjdjam [1], par l'adresse merveilleuse avec laquelle il mettait ses adversaires hors de combat en les frappant toujours à la veine du bras. Il avait fini par jeter l'épouvante autour de lui, et les Derkaoua commençaient à mollir et à fuir affolés devant sa terrible lame de Damachk, quand il brandissait dans l'air sa courbe sanglante, qui, déjà, avait abattu tant de vaillants poignets.

Mais quelques-unes des filles des Oulad-Naïl, — de celles qui sont à cheval, — ont remarqué ce mouvement de recul des leurs, et la honte leur en est montée au visage : elles s'élancent fougueuses, la menace et l'injure à la bouche et les vêtements en désordre, au-devant des fuyards : « Où allez-vous donc, ô hommes? leur crie Msâouda de sa voix la plus railleuse; est-ce bien de ce côté qu'est l'ennemi? et faudra-t-il aujourd'hui que ce soient les femmes qui vous mettent sur sa trace?... Allons! que les gens de cœur nous suivent! Allons! vrais guerriers, fondez sur l'ennemi, et nous vous embrasserons à pleins bras!... Quant aux lâches qui fuient, nous les dédaignerons, mais de ce dédain qu'accompagne le mépris! » D'autres, se dépouillant

---

1. Le Phlébotomiste.

de leurs vêtements, et découvrant aux yeux de ceux qui faiblissent des trésors qu'envieraient des houris, se jettent au milieu d'eux en criant : « A l'ennemi! ô hommes! chauffez la bataille! serrez la mêlée!... Nos corps aux plus braves! Notre mépris pour les lâches!... Allons! courage! ô enfants de Naïl! Courage! ô défenseurs des femmes!... Allons! frappez! mais frappez donc de vos sabres coupants!... A l'ennemi! à l'ennemi! » Et les cavaliers derkaoua retournaient à la bataille.

Plus loin, c'est la belle Molaïka-bent-El-Fahl qui se lance sur un groupe de cavaliers ployant sous la poursuite des spahis; découvrant son admirable gorge, aux seins pareils à des cédrats[1], et que la fierté rend menaçante, elle crie aux siens : « Enfants de Naïl, qui voudra sucer de ce lait n'a qu'à me suivre! » Et elle se précipite dans la mêlée, où elle entraîne les fuyards. Quoi de plus beau que ces merveilleuses créatures jetant tous leurs charmes, toutes les promesses de l'amour, sur un champ de bataille, pour exalter les guerriers.

L'une des femmes de Sidi Mouça, Mouraouela-bent-El-Mouhaouel, que le sang et le carnage ont enivrée, a quitté son palanquin et s'est précipitée, en maudissant l'Émir, sur un des points du champ de bataille où la lutte avait été chaude et terrible, et là, accroupie sur les cadavres des spahis, elle se fait un collier et des bracelets de leurs nez et de leurs oreilles. Affublée de cette hideuse parure, elle éventre le corps de l'officier de spahis Msâoud-Bou-Chareb, qui a été tué dans

---

1. Les poètes arabes comparent volontiers la gorge d'une femme à des poires, à des cédrats, à des cornes de jeunes taureaux, ou à des pommeaux de pistolet.

le combat; elle en arrache le foie, et le déchiquette à belles dents.

Mais revenons-en aux fantassins de Sidi Mouça, que nous avons laissés aux prises avec les Réguliers de l'Émir. Grâce à un mouvement de l'infanterie irrégulière de celui-ci, les deux bataillons de Réguliers avaient pu se faire un peu de jour autour d'eux; aussi en profitèrent-ils pour donner la parole à leurs baïonnettes. Pendant que les injures et les malédictions s'échangent entre les deux partis, la meule du trépas tourne sur les têtes des combattants, et les broie comme la meule du moulin écrase le grain qu'on lui livre. A chaque instant, c'est un guerrier qui est envoyé parmi les *Ehel-el-Kebour*, les gens des tombeaux; la mort rouge[1], les pieds dans le sang, fait son œuvre sourdement, impitoyablement. Sidi Mouça est magnifique d'audace et de témérité : l'œil en feu, l'écume à la bouche, les narines dilatées, il exalte les siens par des paroles ardentes, et leur souffle au cœur la sainte frénésie dont il est possédé. Il est véritablement splendide dans son bernous rapiécé de douze pièces comme la robe d'Omar, le douzième khalife, les bras levés vers le ciel comme pour appeler Dieu à son aide : car il sent bien que la partie n'est pas égale, et qu'à moins d'un miracle elle est perdue pour lui. En effet, le champ de la lutte est jonché des cadavres des Derkaoua; entassés les uns sur les autres, on les reconnaît facilement à leurs bernous de nuance terreuse maculés de sang; partout où le combat a déployé ses plus sombres péripéties, les corps des compagnons de Sidi Mouça sont amoncelés en îlots lugubres, bossuant le sol comme des tombes dans le champ du repos. Déjà,

---

1. Celle qui arrive dans le combat.

reconnaissant l'impossibilité de vaincre, la cavalerie du saint Derkaouï, mitraillée par l'artillerie de l'Émir, qui a pu se mettre en position et la battre d'écharpe dès qu'elle eut été débarrassée des gens de pied, cette cavalerie, disons-nous, s'est dispersée, malgré les efforts des femmes, dans toutes les directions, et en abandonnant à l'ennemi celles qui n'étaient pas montées. Quelques groupes de fantassins luttent encore; mais la défaite est certaine, et, dans quelques instants, tout sera dit : l'armée de Sidi El-Hadj-Mouça, le compétiteur de l'Émir, aura cessé d'exister. En effet, à bout de lutte, les débris de cette armée, de ces bandes plutôt, cherchaient leur salut dans la fuite, et l'impitoyable Émir les poursuivait de ses boulets.

Deux cent quatre-vingts cadavres de Derkaoua étaient couchés sanglants sur le champ de bataille; pareil nombre restait entre les mains de l'Émir, ainsi que le fils et les femmes du vaincu, qu'il envoya à Meliana. Un certain nombre de femmes avaient pu s'échapper avec le convoi, dont les conducteurs, voyant la mauvaise tournure des affaires du saint, s'étaient hâtés de reprendre la route du Sud.

Bien que la lutte, qui fut très acharnée au commencement de l'action, eût duré quatre heures, les pertes d'Abd-el-Kader ne furent pas cependant aussi considérables qu'on eût pu le supposer d'abord. Dans tous les cas, cette victoire avait eu pour l'heureux Émir le double avantage de le débarrasser d'un rival qui pouvait devenir dangereux et d'établir dans le Tithri le prestige dont il jouissait déjà dans la province de l'Ouest.

Quant à Sidi Mouça, il était parvenu, suivi de cinq ou six de ses fidèles disciples de Laghouath, à se dérober à la poursuite des cavaliers de l'Emir, et il avait pu gagner le djebel Mouzaya. Enfin, après une série d'aventures où il faillit laisser la vie, il réussit à atteindre Msad, tantôt porté, tantôt soutenu par ses compagnons : car il avait passé, depuis son départ pour le Tell, par des fatigues presque surhumaines et par de cruelles péripéties.

Malgré sa défaite, Sidi El-Hadj-Mouça resta néanmoins en grande vénération parmi les populations du Sud, au milieu desquelles il s'était définitivement établi. Rigoureux observateur de la tradition religieuse, on accourait de tous les points du Sahra algérien pour lui demander ses sages conseils et solliciter son intercession auprès de Dieu, et, bien qu'il eût renoncé à ses haillons de Derkaoua, ainsi qu'aux privations qu'entraîne plus ou moins le renoncement aux biens de ce monde, l'ancien *fakir*[1] n'en conserva pas moins sa réputation de sainteté et le respect qui s'attache à cette situation spirituelle.

Enfin, en 1849, lors du siège de Zâatcha, Sidi El-Hadj-Mouça vit en songe le Prophète, qui lui ordonna de prendre les armes pour aller combattre les Français aux côtés de Sidi Bou-Zeyan, qui avait soulevé les populations des Ziban, et qui s'était renfermé dans l'oasis dont nous venons de parler avec les plus fougueux Croyants de la contrée. Sidi Mouça put pénétrer dans la place au commencement du mois de novembre, c'est-à-dire au moment où la lutte était dans toute son ardeur, et combattre pendant les vingt derniers jours de ce sanglant et horrible siège. Au moment de l'assaut final qui fut donné simultanément, le 28 novembre, aux trois brèches ouvertes dans les murailles du ksar, Sidi El-Hadj-Mouça partagea le sort de Sidi Bou-Zeyan et trouva une mort glorieuse à ses côtés. Le saint

---

[1] Homme qui a fait vœu de pauvreté, et qui ne vit que d'aumônes.

homme avait alors cinquante-trois ans, et il s'en était écoulé vingt depuis sa première apparition à Laghouath.

Les tribus du Sahra et les gens des ksour de Laghouath et de Msad pleurèrent la mort du saint homme pendant de longues années, et sa mémoire y était tellement vénérée qu'on se disputa longtemps dans la contrée, à titre de reliques, tout ce qui lui avait appartenu, les vieilles *chachias* [1], entre autres, qu'il avait cessé de porter; quelques-unes se vendirent jusqu'à cent douros (500 francs).

Ainsi s'était terminée l'existence terrestre de ce vigoureux *chehid* [2], de ce célèbre champion de l'Islam. Bien que sa mort fût de date récente, l'*ouali* Sidi El-Hadj-Mouça n'en est pas moins légendaire dans la région de Laghouath et dans le pays occupé ou parcouru par les Oulad-Naïl, où son assistance est toujours sollicitée lorsque les circonstances exigent l'intervention divine.

---

1. Calotte rouge en laine feutrée.
2. Celui qui meurt en confessant sa foi.

XXX

SIDI ALI-BEN-MOUÇA-N'FOUNAS [1]

A environ cinq heures de marche de Tizi-Azezzou, que nous avons appelé Tizi-Ouzou, et dans la tribu kabile des Maâtka, on remarque une Zaouïa qui, autrefois, était très renommée pour la science qu'on y distribuait et pour les illustrations religieuses qu'elle avait produites. Il est vrai de dire qu'alors elle était dirigée par le très docte, le très pur, le très parfait, le lustre resplendissant, la brillante étoile polaire, le flambeau éclatant dans les ténèbres, le docteur de la véritable science, le sultan des gens de lettres, le très illustre Sidi Ali-ben-Mouça, ou, ainsi qu'on le nomme dans le pays, Sidi Ali-N'Founas, c'est-à-dire Sidi Ali de la Vache.

Comme la plupart de tous ses saints confrères, les marabouths missionnaires, Sidi Ali quittait Saguiet-El-Hamra (Sud marokain) vers la fin du IXe siècle de l'hégire (XVe de l'ère chrétienne), et se dirigeait vers l'Est, accompagné de son frère Mohammed. Ils pénétrèrent dans le massif du Djerdjera et s'arrêtèrent, Sidi Mohammed, dans la tribu des Bni-Djâd, et Sidi Ali,

---

1. Cette légende est racontée par M. Adrien Delpech, ancien interprète militaire. Ce savant orientaliste, très studieux et très instruit des choses de l'Algérie, a déjà produit de nombreux et excellents travaux sur la tradition arabe ou kabile.

M. Delpech fait partie, depuis quelques années, du corps de l'interprétation judiciaire.

dans celle des Maâtka. Or, à cette époque, il existait depuis peu, chez les Kabils de cette dernière fraction, une *mâmera* (école) dirigée par le chikh Mahammed-ben-Youcef, lequel, — nous ne craignons pas de l'avouer, — avait beaucoup moins de science que de vertus. Son école n'était fréquentée, d'ailleurs, que par des jeunes gens de la tribu qui, en fait d'études, en prenaient tout à fait à leur aise avec leur vieux et digne chikh.

Sidi Ali, qui, nous l'avons dit plus haut, était au contraire un puits de science, se présenta à Sidi Mahammed-ben-Youcef et lui demanda à suivre ses leçons en qualité d'élève. Le malicieux saint dissimulait son savoir pour ne point donner d'ombrage au vénéré chikh de la *mâmera*, et pour qu'on l'y admît sans difficulté ; et puis il faut dire aussi qu'il nourrissait un projet dont nous parlerons plus loin.

Tout naturellement, Sidi Ali parut faire des progrès extrêmement rapides, et, — c'est ce que voulait le saint, — Sidi Mahammed ne manqua pas de les attribuer à l'excellence de sa méthode d'instruction. Aussi se prit-il d'une tendre affection pour un élève qui lui donnait tant de gloire et de satisfaction, et qu'il citait à chaque instant en exemple aux condisciples du jeune *thaleb*, lequel, à cette époque, n'avait guère plus de vingt-cinq ans. Du reste, sa fervente piété, son austérité et ses vertus, n'avaient pas tardé à attirer sur lui l'attention de tous et à le rendre l'objet du respect, non seulement de ses camarades, mais encore des grossiers Kabils des *dechour* (villages) qui étaient voisines de la *mâmera*. Du reste, le Dieu unique n'avait pas hésité à récompenser Sidi Ali en lui accordant le don des miracles. Ce fut dans les circonstances suivantes que le saint marabouth fit usage, pour la première fois, de ce précieux privilège.

Un jour, les gens du village voisin de l'école de Sid Mahammed décidèrent de faire une *ouzida*[1]. Une vache fut aussitôt achetée, égorgée, dépecée et partagée entre les habitants de la *dechera*. Déjà, dans toutes les maisons, les ménagères apprêtaient la part qui leur était échue, quand Sidi Ali-ben-Mouça, venant à passer par hasard près de la source où le partage avait été fait, aperçut la peau de l'animal sacrifié. Se doutant qu'il y avait eu une *ouzida* dans le village, il s'approcha des membres de la *djemâa*[2] qui se trouvaient là, et leur demanda s'ils avaient pensé à ses condisciples de la *mâmera* de Sidi Mahammed-ben-Youcef. Pris un peu au dépourvu, les répartiteurs répondirent, tout confus, que les *tholba* de ce vénéré chikh avaient été tout ce qu'il y a de plus oubliés. Outré d'un pareil procédé, si contraire aux coutumes kabiles, Sidi Ali frappa de son bâton la peau de la vache, et tous les morceaux, rapportés par des mains invisibles, vinrent se réunir et reconstituer l'animal. Une seconde répartition fut opérée séance tenante, et, cette fois, les condisciples de Sidi Ali ne furent point oubliés.

Ce prodige, qui établissait péremptoirement la qua-

---

1. Le mot *ouzida* signifie *répartition, partage, cotisation* pour acheter quelque chose qui doit être partagé. Les Kabils n'ayant pas, en général, les moyens de faire entrer la viande dans la composition de leurs repas, ils en sont réduits, quand ils veulent se donner cette satisfaction, à faire une collecte dans leur village pour se procurer la somme nécessaire à l'achat soit d'un bœuf, soit de plusieurs moutons, dont la chair est partagée selon le nombre de ses feux. Les gens riches peuvent, en mourant, faire à la *djemâa* de leur village un legs d'une ou de plusieurs têtes de bétail destinées à être mangées en *ouzida*. Tous, sans exception, dans le village, doivent prendre part à cette distribution. Des oublis ont amené bien souvent des collisions sanglantes entre les répartiteurs et les oubliés.

2. Assemblée municipale, conseil communal.

lité d'*ouali*, ou d'ami de Dieu dont jouissait Sidi Ali, changea les témoignages de respect dont il était entouré en véritable vénération. Le chikh Mahammed pleurait de joie en pensant que c'était lui qui avait formé ce jeune marabouth, et il supputa de suite le profit que cela pouvait lui rapporter dans ce monde et dans l'autre. Toutes les *djemaâ* en corps vinrent visiter Sidi Ali et lui apporter leur tribut d'admiration. Le saint les reçut un peu froidement, et ne leur cacha point qu'il serait grand temps qu'ils fissent quelque chose pour leurs âmes, lesquelles, en général, manquaient de pureté, et qu'ils laissaient moisir dans l'indifférence religieuse, et dans une ignorance crasse de la parole de Dieu.

Les notables reçurent ces sévères reproches en reconnaissant intérieurement qu'ils les avaient bien mérités; mais leur dignité de membres élus de la *djemaâ* ne leur permettait pas, surtout en présence de leurs administrés, et sous peine de perdre beaucoup de leur prestige, d'avoir l'air de prendre pour eux des remontrances qui, tout saint qu'il était, ne leur en étaient pas moins adressées par un jeune homme. Ces Kabils ont toujours été remplis d'orgueil. Sidi Ali, vous le pensez bien, ne l'ignorait pas; mais, comme il savait aussi que l'imam Es-Soyouthi a dit : « Épargne le châtiment aux personnes de considération », il ne voulut pas trop appuyer sur les reproches qu'il croyait devoir leur adresser.

Mais il arriva ce qui ne pouvait manquer d'arriver : le chikh Mahammed-ben-Youcef, qui était chargé d'ans et d'infirmités, renvoya son âme à Dieu. Le fait est que, pour ce qu'il en faisait... C'était là où Sidi Ali l'attendait : car, s'il avait consenti à se faire son disciple, on a déjà compris que c'est parce qu'il espérait lui succéder, et prendre en main la direction de l'instruction dans la tribu des Mâatka. En effet, les choses se passèrent comme il l'avait prévu: il y eut unanimité pour le supplier d'accepter la chaire laissée vacante par le chikh Mahammed-ben-Youcef. Le saint se fit bien prier un peu ; il trouvait, lui pauvre étranger, disait-il, la charge un peu lourde pour ses épaules : car il y avait fort à faire dans le pays pour en remettre les gens dans la voie de Dieu ; peut-être, ajoutait-il, serait-il insuffisant à cette tâche, malgré tout le zèle qu'il comptait y apporter ; et puis, sans doute, Dieu daignerait l'aider dans cette œuvre qui, en définitive, était bien un peu aussi la sienne. Enfin, il se laissa fléchir, et il accepta la succession du vieux chikh Mahammed.

Les Mâatka n'eurent point à se repentir de leur choix, car le saint marabouth les en récompensa amplement par de nombreux miracles d'utilité locale : ainsi, par exemple, il dota le pays — pauvre en eau — d'un grand nombre de sources qui dispensèrent les femmes de la rude besogne d'aller remplir leurs *greb* (outres) au fond des ravins, et qui fertilisèrent les plateaux sur lesquels sont perchés les villages. Il indiqua aussi aux Kabils des méthodes de construction de maisons qui leur permirent d'être, chez eux, un peu plus à l'abri que dehors contre les intempéries des rudes saisons d'hiver dans leurs âpres montagnes. Tant de bienfaits finirent par attacher les Mâatka au saint marabouth, dont ils firent une sorte de fétiche aux pieds duquel ils étaient sans cesse prosternés ; il est vrai de dire que c'était toujours pour lui demander quelque chose, quelque faveur du Ciel. La religion y trouva évidemment son compte, car on en était arrivé à citer les Mâatka comme de rigides observateurs des pratiques religieuses, et à les donner en exemple dans toute la Kabilie du Djerdjera. Mais ces rusés Kabils n'étaient guère que frottés de religion ;

dans tous les temps, ils ont eu l'absorption difficile, et ils ont toujours professé pour l'Islam cette même indifférence qu'ils ont montrée jadis pour le christianisme, et si les tribus kabiles ont fait grand cas des marabouths, c'est précisément parce que cela les dispensait de s'acquitter eux-mêmes de la [prière, et de remplir autrement que par procuration ce que ces marabouths appelaient les devoirs religieux.

Dès que Sidi Ali eût pris en main la direction de la *mâmera* du chikh Mahammed, les choses se modifièrent à vue d'œil ; le saint, qui n'avait plus de raisons pour dissimuler sa science, la montra désormais dans toute son étendue. Son premier soin fut de transformer son école en une Zaouïa où l'on enseigna la jurisprudence, la logique, la théologie, les mathématiques, etc. ; enfin, les études y embrassaient presque toutes les branches des connaissances scientifiques professées de son temps. Si nous ajoutons à ces mérites du saint le pouvoir surnaturel dont il était doué, et qui lui permettait d'opérer de temps à autre quelques miracles en faveur des Mâatka, nous ne nous étonnerons plus de l'extension qu'avait prise sa réputation de saint et de savant, et il ne nous paraîtra que très naturel de voir accourir de toutes les tribus comprises entre Bedjaïa (Bougie), Sethif, Sour-El-R'ouzlan (Aumale) et Meliana, une multitude d'élèves qui brûlaient d'entendre sa parole et de prendre leur part de ses doctes leçons. Or, ces *tholba*, qui venaient de fort loin, et qui ne pouvaient faire dans leurs familles que de rares apparitions, se virent dans l'obligation de s'installer tant bien que mal autour de l'école de Sidi Ali. La Zaouïa était dès lors définitivement fondée.

Si la nourriture intellectuelle eût suffi pour rassasier les cent cinquante disciples qui s'étaient groupés autour de la Zaouïa de Sidi Ali, le saint docteur eût facilement suffi à cette tâche; mais cette centaine et demie de jeunes et exigents estomacs ne pouvaient se contenter, — il faut être de bon compte, — d'une alimentation qui tombait dans leurs oreilles au lieu de prendre la direction de leur bouche. Disons le mot : il fallait vivre. Or, Sidi Ali manquait des ressources nécessaires pour calmer ces criants estomacs ; en outre, le territoire des Mâatka était d'une pauvreté sordide, et, à l'exception des fruits du chêne et de ceux du figuier, il ne produisait rien qui fût digne du palais des *tholba*. Sans doute, il eût été aussi facile à Sidi Ali de produire du blé et de l'orge que de tirer de l'eau, comme il l'avait fait, des entrailles de la terre, bien entendu en demandant à Dieu, — qui, certes, ne l'eût pas refusée, — l'autorisation de se servir de la puissance surnaturelle dont il avait daigné lui confier une si notable parcelle; mais d'abord Sidi Ali ne tenait pas à gaspiller son influence auprès du Très-Haut, en vue surtout de la satisfaction [d'appétits matériels, et puis, tranchons le mot, il craignait d'être indiscret en s'accrochant à tout instant au bernous du Tout-Puissant pour lui demander ses faveurs. Il pensa qu'après tout il n'était pas mauvais que ses *tholba* s'habituassent à gagner leur nourriture, — en la demandant, — et à ne pas croire que le rôle des alouettes ici-bas était de leur tomber toutes rôties entre les mandibules. D'ailleurs, il fallait aussi que les Mâatka, qui, comme tous les Kabils, ne brillent pas par la générosité, pourvussent, pour si peu que ce soit, aux dépenses qu'entraînait l'entretien d'une agglomération de savants qui, en définitive, faisait leur gloire.

Sidi Ali renonça donc au miracle. Aussi, au commencement du printemps, en automne et en hiver, les étudiants de la Zaouïa parcouraient-ils, à tour de rôle, les tribus kabiles et arabes les plus voisines afin d'y recueillir les précieuses offrandes que les bons Musulmans voulaient bien consentir à verser pour les besoins de la Zaouïa et pour ceux de leur chikh vénéré, lequel, en compensation, ne manquerait pas de les couvrir de sa puissante protection. Ce tribut, qui se soldait en céréales, en figues, en huile et en numéraire, était désigné sous la dénomination d'*oudda*[1]. Au moyen de ces dons, Sidi Ali put parvenir à pourvoir à l'instruction de ses élèves, et arriva à acquérir, par la suite, quelques immeubles qui furent le noyau des *hobous*[2] dont jouit encore aujourd'hui la Zaouïa fondée par Sidi Ali-ben-Mouça; et l'intercession et la protection du saint marabouth furent si recherchées, et les legs pieux devinrent si abondants, que, même avant la mort du vénéré *ouali*, le *hobous* de sa Zaouïa comprenait 480 pieds d'oliviers, 340 figuiers, et de nombreuses terres labourables.

Sidi Ali-ben-Mouça entretenait des relations très suivies avec deux saints vénérés des environs de Sour-El-R'ouzlan, Sidi Ali-Bou-Nab (à la défense de sanglier) et l'illustre Sidi Aïça-ben-Mahammed, dont nous avons raconté la légende précédemment. Ce fut le premier de ces saints qui prédit à Sidi Ali-ben-Mouça qu'il serait étranglé par les siens. Comme ce dernier ne voulait pas être en reste avec son vénérable ami, il lui annonça, à son tour, qu'il mourrait englouti par les neiges, et que son corps servirait de pâture aux chacals.

---

1. *Oudda* signifie *promesse, offrande, vœu*. L'*oudda* que recueillaient les *tholba* avait beaucoup d'analogie avec l'espèce de dîme en nature que percevaient autrefois chez nous les ordres mendiants.

2. Affectation à un établissement religieux de la propriété d'un immeuble dont on conserve le revenu pour soi et sa postérité. Le bien, ainsi immobilisé, est dit *hobous*, c'est-à-dire en *détention*.

Ces deux prédictions se vérifièrent à courte échéance, et, pour ainsi dire, en même temps : Sidi Ali de la Vache fut étranglé par ses *tholba*, lesquels, à propos de rien, — sa sévérité, dirent-ils, — osèrent porter la main sur un élu de Dieu qui leur distribuait plus de science qu'ils n'en méritaient, bien certainement. Dieu avait, sans doute, ses raisons pour permettre un crime aussi abominable ; tout en le déplorant, nous nous garderons bien d'en faire le moindre reproche à celui qui donne la mort avec autant d'indifférence qu'il fait don de la vie. Quoi qu'il en soit, la mort de Sidi Ali fut une perte immense pour les lettrés, et les Mâatka, qui n'étaient que pour peu de chose dans ce crime, pleurèrent assez longtemps le bienfaiteur de leur pays.

Quant à Sidi Bou-Nab, il périt quelques jours après, enseveli sous les neiges du Djerdjera, en se rendant chez les Bni-Mlikech. Quand on retrouva son cadavre, il était en partie dévoré par les carnivores.

Sidi Ali-ben-Mouça laissa quelques enfants qui ne paraissent point avoir hérité de leur vénéré père le précieux don des miracles, ou plutôt les vertus qui peuvent le faire obtenir du Tout-Puissant, car la tradition n'en a conservé aucun souvenir. Les descendants du saint sont groupés aujourd'hui sous le nom générique d'Aït-Et-Toumi, et divisés en quatre *kharouba*, ou fractions.

L'illustre et saint marabouth attendit pendant près de deux cents ans une koubba digne de lui, et encore est-ce à un Turk que ses indignes descendants laissèrent le soin de la faire édifier.

La chapelle funéraire qui renferme les précieux restes du vénéré Sidi Ali-ben-Mouça s'élève au milieu des groupes de maisons habitées par les quatre kharouba de ses descendants ; elle a la forme ordinaire de ces sortes de monuments, avec cette différence pourtant que le dôme est couvert par un toit s'appuyant sur les pyramidions qui couronnent la terrasse servant de base à la coupole. L'intérieur du monument est assez spacieux ; il est pavé de carreaux de faïence dont un grand nombre ont perdu leur assiette ou ont été brisés. Au milieu de la chapelle se dresse le *tabout* (châsse), lequel est entouré d'une galerie de bois d'un travail médiocre.

A gauche en entrant dans la chapelle, on remarque une inscription qui a été creusée dans la muraille ; les lettres en ont été coloriées en vert, rouge, jaune et bleu, et avec une grande indépendance de principes en matière d'harmonie des couleurs. L'orthographe prouve aussi que le niveau des études grammaticales avait bien baissé à la Zaouïa depuis la fin tragique de son saint fondateur. Cette épitaphe est ainsi conçue :

« Au nom de Dieu le Clément, le Miséricordieux ! Qu'il répande ses grâces sur notre Seigneur Mohammed ! Ceci est la date de la venue du chikh, du très docte Sidi Ali-ben-Mouça, qui parut pendant le IXe siècle (de l'hégire). Une koubba lui fut élevée au XIIe siècle. Elle fut brûlée en 1268, et réédifiée en 1269.

« C'est une aide de Dieu ; c'est une prochaine victoire. »

Cette koubba, qui menaçait ruine, fut, en effet, reconstruite, vers le milieu du XIIe siècle de l'hégire, par le fameux Bey de Tithri, Mohammed-ben-Ali-Ed Debbah (l'Égorgeur), pour reconnaître la fidélité des Mâatka et pour récompenser les marabouths des Oulad-Sidi-Ali-ben-Mouça du concours qu'ils lui avaient prêté pour lui procurer l'alliance de l'importante tribu à laquelle ils appartenaient.

S'il faut s'en rapporter à la tradition, cette construction aurait été décidée par Mohammed-ben-Ali dans les circonstances suivantes : le Bey Ed-Debbah, qui tenait à faire quelque chose pour les marabouths des Maatka, mais qui ne voulait ni les favoriser tous au même degré, ni pourtant exciter leur jalousie, avait déclaré que son intention était d'élever une koubba au saint qui, par un signe quelconque qu'il se réservait d'indiquer, se révélerait à lui comme étant le plus digne de sa générosité. Ce concours entre les saints était chose assez délicate, et il s'agissait de savoir de quelle façon ils devaient s'y prendre pour faire la preuve qu'on leur demandait. Or, voici ce qu'avait imaginé le Bey l'Égorgeur pour arriver à son but : s'étant fait apporter de la viande, il la fit couper en autant de parts qu'il y avait de saints inhumés dans le pays, et, après avoir marqué ces parts d'un signe pour reconnaître à qui elles étaient destinées, il ordonna qu'on les réunit dans une seule marmite : la koubba devait être attribuée à celui de ces saints dont la portion de viande, au bout d'un certain temps de cuisson, serait retirée saignante. On mit la marmite sur le feu, puis, lorsqu'on jugea la viande cuite, on en tira les parts en invoquant le nom de Dieu. Celle de Sidi Ali-ben-Mouça était absolument dans le même état que lorsqu'on l'avait mise dans la marmite, c'est-à-dire on ne peut plus saignante.

Nous sommes obligés de reconnaître que le pot-au-feu joue un grand rôle dans les deux existences, — la terrestre et la céleste, — de Sidi Ali-ben-Mouça.

Le Bey Mohammed-ben-Ali s'exécuta aussitôt, et fit restaurer somptueusement la koubba du saint ancêtre des Oulad-Sidi-Ali-ben-Mouça.

Mais cette chapelle funéraire fut livrée aux flammes en l'an 1268 de l'hégire, c'est-à-dire en 1851 de notre ère, pendant les combats livrés autour de Tir'ilt-Mahmoud par la colonne du général Pélissier à l'insurgé Bou-Bar'la, qui avait soulevé contre nous la tribu des

Mâatka, laquelle paya d'ailleurs sa révolte de l'incendie de vingt-neuf de ses villages. La koubba de Sidi Mouça fut reconstruite de nouveau l'année suivante telle que nous la voyons encore aujourd'hui.

A l'intérieur du mur d'enceinte qui enveloppe la chapelle funéraire, les *tholba* vous font remarquer avec une certaine fierté une hutte qu'ils nomment pompeusement le *Djamâ El-Acem* (la mosquée de la préservation, de la protection); ils prétendent que cette sordide cabane a été construite par une légion d'anges appartenant au bâtiment, qui auraient été envoyés du Ciel tout exprès pour y faire leur chef-d'œuvre. Cette trop primitive construction tendrait à démontrer que l'art de la bâtisse était en souffrance, il y a un siècle, dans les régions angéliques.

Aujourd'hui, la Zaouïa des Mâatka, si brillante, si renommée au temps de son illustre fondateur, Sidi Ali-ben-Mouça, est tombée dans la plus triste décadence : les études y sont réduites à celle du Koran, et les *tholba* qu'on y forme n'ont absolument rien de commun avec ceux qui, jadis, accoururent de tous les points de la Kabilie, du Djerdjera et d'ailleurs, pour se suspendre aux lèvres de l'éloquent et saint marabouth, et pour en recueillir ses savantes et fortifiantes leçons.

Le tombeau de Sidi Ali de la Vache est encore très fréquenté par les populations kabiles, et les miracles qui s'y opèrent de temps à autre, — rarement pourtant, — y entretiennent quelque reste de foi et de piété.

XXXI

SIDI MOHAMMED-BEN-ABD-ER-RAHMAN-BOU-KOBREÏN [1]

Bien que d'origine relativement récente, Sidi Mohammed-ben-Abd-er-Rahman a joué un trop grand rôle, au siècle dernier, dans la Régence d'Alger, pour que nous n'en disions quelques mots. Il est surtout célèbre comme fondateur de l'ordre religieux qui porte son nom, celui des Rahmanïa; c'est d'ailleurs un des rares saints qui soient nés dans le pays que nous occupons, et, à ce titre, il devait trouver place dans notre galerie des thaumaturges algériens.

Selon toute apparence, Sidi Mohammed-ben-Abd-er-Rahman serait né dans la tribu kabile des Aït-Smâïl, laquelle faisait partie de la Confédération des Guedjthoula, et occupe encore aujourd'hui la partie ouest du revers septentrional du Djerdjera. Sa naissance remonterait au premier quart du XVIII° siècle de notre ère.

Après avoir commencé son instruction à la Zaouïa du chikh Si Seddik-ou-Arab, des Aït-Iraten, il se rendit en Égypte vers l'an 1152 de l'hégire (1739-1740); il compléta ses études en suivant, à la célèbre mosquée d'El-

---

1. Ce sera encore à M. l'interprète Delpech que nous emprunterons quelques-uns des détails concernant Sidi Mohammed-ben-Abd-er-Rahman.

Kahira (le Kaïre) connue sous le nom d'El-Azehar, les savantes leçons des plus célèbres docteurs de cette époque. C'est à son assiduité à assister aux cours qui se faisaient dans cette mosquée qu'il dut le surnom d'El-Azehari.

C'est pendant son séjour dans l'Est de l'Afrique, — séjour qui ne dura pas moins de vingt-quatre ans, — qu'il se fit initier à la secte religieuse nommée El-Hafnaouïa, du nom du chikh (grand maître) de l'ordre à cette époque. D'après la tradition, Sidi Ben-Abd-er-Rahman aurait fait un voyage dans le Soudan, sans doute à l'incitation de ce chikh.

Enfin, vers l'an 1177 de l'hégire (1763-1764), il serait rentré dans son pays natal, chez les Aït-Smaïl. Tout porte à croire que ce fut alors qu'il fonda la Zaouïa des Guedjthoula et qu'il posa les bases de la célèbre Confrérie si répandue en Algérie, particulièrement parmi les populations kabiles, et dont les *khouan* (frères) jouèrent un rôle si considérable dans les troubles qui ont agité, depuis la conquête, les tribus qui rayonnent et s'étendent à une grande distance autour du Djerdjera. Cet ordre religieux prit d'ailleurs une telle importance politique que l'Émir Abd-el-Kader lui-même crut nécessaire de s'y faire affilier, dans le but de prendre sur les populations kabiles une influence qui lui permît de les entraîner dans l'agression qu'il préparait contre nous.

Sidi El-Hadj-Mohammed-ben-Abd-er-Rahman habita Alger dans les dernières années de sa vie, c'est-à-dire sous le règne de Baba-Mohammed-Bacha; mais les soins à donner à la Zaouïa qu'il avait fondée dans sa tribu natale, et la nécessité de sa présence au foyer de la Confrérie dont il était le grand maître, ne fût-ce que pour stimuler les hésitants et hâter les initiations, ces raisons, disons-nous, le décidèrent à revenir au milieu de ses contribules, les Aït-Smaïl, où la mort venait le prendre six mois après son retour parmi eux, c'est-à-dire en l'an 1792 de notre ère.

La veille de sa mort, Sidi Ben-Abd-er-Rahman, qui, d'ailleurs, avait annoncé qu'il rendrait le lendemain son âme à Dieu, avait institué, par acte authentique, pour son successeur et khalifa de l'ordre, Ali-ben-Aïça-El-Mor'erbi, son serviteur le plus dévoué, et lui avait dit : « Garde mes livres, mes biens, mes terres, en un mot tout ce que je possède. Je t'en fais le légataire. Je te laisse l'acte qui constitue le tout en *hobous*. » Puis il fit appeler auprès de lui tous les gens de la tribu des Aït-Smaïl et leur fit en ces termes ses dernières recommandations : « Je vous prends tous à témoins que je désigne Si Ali-ben-Aïça pour me succéder, et que je lui lègue tous mes pouvoirs : il sera donc mon successeur. J'ai déposé dans son sein tous les secrets de l'ordre, et je lui ai confié toutes les bénédictions. Ne lui désobéissez point en quoi que ce soit, car il est mon visage et ma langue. »

Quand mourut Sidi Mohammed, la Zaouïa dont il était le fondateur brillait du plus vif éclat. Des professeurs éminents, formés par lui, et, entre autres, le savantissime chikh Ahmed-Eth-Thaïyeb-ben-Es-Salah-Er-Rahmouni, attiraient de tous les points de la Régence d'Alger, par leurs précieuses et fructueuses leçons, non seulement les jeunes *tholba* qui recherchaient l'étude avec passion, mais encore des savants de grand mérite qui venaient se perfectionner auprès des maîtres de la science et de la parole, pénétrés qu'ils étaient de ce précepte de l'imam Es-Soyouthi : « Recherchez la science, fût-ce même en Chine; la recherche de la science est une obligation imposée à tout Musulman. »

Mais revenons à Sidi Ben-Abd-er-Rahman. Le saint

homme mourut, en effet, le lendemain, comme il l'avait prédit, et son corps fut rendu à la terre par les soins des khouan des Aït-Smaïl et des tribus voisines. Les frères de l'ordre qui habitaient Alger, et qui, eux aussi, avaient été à même d'apprécier la valeur et les mérites du saint, n'apprirent la mort de leur chef vénéré que trois jours après qu'il eut rendu son âme à Dieu. Ils ne purent se consoler de voir sa dépouille mortelle reposant loin d'eux dans les montagnes kabiles, et hors de portée de la protection qu'ils attendaient d'un saint si influent auprès de Dieu. Tout entiers à leur douleur, les Algériens qui avaient été en rapport avec Sidi Mohammed se donnèrent rendez-vous au Hamma, où le saint homme avait vécu et où ils s'étaient nourris de ses fécondantes leçons. Cette réunion avait pour objet d'aviser aux moyens de rentrer en possession du corps de leur vénéré marabouth, qu'ils revendiquaient comme s'il eût été leur propriété.

Après une discussion fort orageuse et des propositions plus ou moins pratiques, les députés déclarèrent qu'ils ne voyaient pas d'autre façon de jouir des restes mortels de Sidi Ben-Abd-er-Rahman que de les enlever à ces brutes d'Aït-Smaïl, lesquels, affirmaient les plus exaltés, n'avaient aucune idée de la valeur d'un tel trésor. Cette proposition fut accueillie avec des cris d'enthousiasme et acceptée à l'unanimité. Seulement, cette opération de l'enlèvement du corps du saint n'était pas sans présenter quelque difficulté : car, quoi qu'en disaient les Algériens, les Aït-Smaïl tenaient à leur *ouali* au moins autant que les *hadhar* (citadins) d'Alger; et puis, en définitive, Sidi Mohammed appartenait à leur tribu, puisqu'il y était né. D'un autre côté, il ne fallait pas songer à obtenir des Aït-Smaïl la cession à l'amiable des précieux restes du saint; quant à user de violence, c'était tout aussi impraticable. Du reste, ces propositions ne furent même pas discutées. Ce n'était donc que par la ruse qu'il fallait opérer.

Les khouan algériens choisirent donc, séance tenante, quelques hommes des plus résolus et des plus habiles, auxquels ils donnèrent la glorieuse mission de rapporter au milieu d'eux ce qui avait été, de son vivant, l'illustre, le saint, le vénéré Sidi Mohammed-ben-Abd-er-Rahman. Il fut décidé que les khouan chargés de ce pieux larcin se partageraient en trois petits groupes d'égale force à peu près : l'un irait se cacher, pendant la nuit, dans la montagne, à proximité du lieu de la sépulture ; les deux autres groupes se présenteraient dans les deux principaux villages des Aït-Smaïl comme députés par leurs frères d'Alger. Leur but était de détourner ainsi l'attention des Kabils en leur témoignant le chagrin et les regrets que leur faisait éprouver la mort de leur chikh révéré ; puis ils devaient se rendre ensuite au tombeau du saint pour y prier, se gardant bien, tout naturellement, de leur laisser supposer un seul instant qu'ils brûlaient du désir de posséder son précieux corps.

L'opération réussit à merveille : deux groupes restèrent auprès de leurs frères, les Aït-Smaïl, et, pendant la nuit qui suivit leur arrivée, le troisième groupe sortait de sa retraite, exhumait le corps du saint, le chargeait sur un mulet et filait en toute hâte sur Alger.

A la pointe du jour, le bruit se répandit dans les villages des Aït-Smaïl qu'on avait violé le tombeau du saint marabouth et que ses précieux restes avaient été enlevés. Exaspérés par cette affreuse nouvelle, les Kabils ne doutent pas que cette violation de sépulture n'ait été commise par les étrangers arrivés la veille dans le pays, et ils leur adressent d'amers reproches sur leur conduite aussi indélicate qu'elle était inqualifiable. « Comment, répondent les khouan d'Alger de l'air le plus innocent du monde, pouvez-vous suspecter notre bonne foi dans le triste devoir que nous sommes venus remplir ici?... Qui de nous aurait pu commettre une action aussi blâmable? Depuis hier nous n'avons quitté vos gourbis que pour aller unir nos larmes et nos prières aux vôtres sur le tombeau de notre chikh vénéré... Nous avons pris nos repas avec vous, et aucun de nous, — vous le savez bien, — ne s'est absenté de ces lieux... Les pierres et la terre qui recouvrent le corps du saint ont été remuées, nous le reconnaissons; mais est-ce donc là une preuve de notre culpabilité?... Voyons ensemble ce qui est arrivé, et peut-être trouverons-nous une autre cause qu'une sacrilège profanation des restes d'un saint qui, pour nous, est l'objet de la plus profonde vénération [1]. »

Les frères se rendirent ensemble au tombeau du saint marabouth; on enleva la terre qui recouvrait son corps, et l'on jugera de ce que dut être l'étonnement des khouan d'Alger quand ils trouvèrent absolument intact le cadavre de Sidi Mohammed-ben-Abder-Rahman.

L'irritation des khouan kabils s'apaisa subitement, et ils s'excusèrent auprès de leurs frères d'avoir pu les soupçonner un instant d'une action aussi blâmable que celle du rapt de leur saint.

Pendant que ces faits se passaient chez les Aït-Smâïl, le groupe des ravisseurs se dirigeait le plus rapidement possible sur Alger, où il arrivait sans encombre. On ne peut se faire une idée de l'allégresse que produisit, parmi les frères de la capitale de la Régence, le succès de cette difficile entreprise. Des larmes de joie coulèrent de tous les yeux; on s'em-

---

[1]. *Les Khouan*, par M. le capitaine de Neveu.

brassait, on se félicitait ; on était heureux, enfin : car le saint était rendu à l'amour de ses khouan, et cette joie s'expliquait d'autant plus aisément qu'Alger ne produisait plus de saints depuis longtemps déjà ; c'était donc une bonne fortune pour le pays en général, et pour les khouan de l'ordre en particulier, d'avoir pu remettre la main sur un élu de Dieu de cette importance.

Mais ce fut bien autre chose quand, au retour des deux autres groupes, on apprit de la propre bouche des khouan qui les composaient que, dans la crainte sans doute de faire naître une collision entre les frères de son ordre, Sidi Ben-Abd-er-Rahman, qui était, on le sait, la bonté même, avait bien voulu se dédoubler, afin que ses *khoddam* d'Alger et de Kabilie pussent jouir, au même degré, des avantages attachés à la présence au milieu d'eux de sa dépouille mortelle. Cela n'avait rien que de fort naturel de la part de Sidi Mohammed-ben-Abd-er-Rahman, qui, de son vivant, se fût mis en quatre pour faire plaisir aux Rahmanïa, c'est-à-dire aux frères de son ordre.

On fit, au Hamma, au *duplicatum* du saint de somptueuses funérailles, et la nouvelle du prodige que nous venons de raconter étant parvenue aux oreilles de Baba-Hacen, le pacha régnant, ce prince fit aussitôt élever un élégant *mesdjed*[1] sur le tombeau de l'élu de Dieu.

C'est à cette circonstance de son dédoublement, de sa bi-corporéité, que Sidi El-Hadj-Mohammed-ben-Abd-er-Rahman dut son surnom de *Bou-Kobreïn*, c'est à-dire « *l'homme aux deux Tombeaux* ».

---

1. Petite mosquée dans laquelle on ne lit pas la *khothba*, le prône. On y prie seulement.

La koubba renfermant la châsse de Si Ben-Abd-er-Rahman au Hamma est close par un mur autour duquel s'étend un cimetière qu'ombragent de beaux oliviers, des lentisques et des figuiers de Barbarie. Le vendredi de chaque semaine, des Moresques onduleuses dans leurs blancs linceuls, — les yeux dans des suaires, avec des sourcils en sangsues, des yeux qui leur prennent les trois quarts du visage, — molles houris qui, sous le pieux prétexte de visiter leurs morts, se rendent, en corricolos de plaisir, sur les tombes pour y jouer de la prunelle, allumer les sens des Croyants, et y produire de ces terribles incendies qui les consument lentement et à petit feu, à moins pourtant que l'incendiaire, prenant ces malheureux en pitié, — ce qui se produit d'ailleurs le plus souvent, — ne consente à éteindre, par les moyens usités en pareil cas, la flamme qui menace de les dévorer; c'est là, dans le domaine même de la Mort, que se nouent, s'amorcent des négociations dont le but, la conséquence, est de maintenir à peu près au même point le tissu de la toile humaine que cette hideuse Pénélope s'amuse chaque jour à effilocher. Il n'y a vraiment que les Musulmans pour rebâtir ainsi sur la mort.

Le second tombeau du saint, aux Aït-Ismaïl, est également très fréquenté par les khouan de l'ordre appartenant à la grande Kabilie, lesquels sollicitent le saint jusqu'à l'importunité pour en obtenir quelque bien terrestre, et sans se soucier beaucoup de faire quelque chose qui soit agréable à Dieu. Ah! ces Kabils! si on les écoutait, il n'y en aurait que pour eux!

Deux fois par année, on célèbre de grandes fêtes sur les tombeaux du saint : des pèlerins de toutes les parties de l'Algérie, voire même du Marok, affiliés à l'ordre du Rahmanïa, viennent faire leur provision des bonnes actions qui doivent balancer les mauvaises au jour du règlement du compte final. Nous devons dire pourtant que le tombeau qui est chez les Guedjthoula a toujours paru plus authentique et plus sérieux que celui du Hamma, et que, par suite, les Musulmans, qui ont horreur du contact des Chrétiens, le fréquentent plus volontiers que celui de la banlieue d'Alger, lequel, trop près de la capitale de la Mauritanie française, se trouve noyé, au milieu des *Naçara* [1], dans un océan à odeur fétide comme celle qui s'exhale du puits de Berhout [2]. C'est surtout au tombeau kabil des Aït-Ismâïl que se trament les conspirations qui ont pour but notre expulsion de l'Algérie, et la formidable insurrection de 1871 nous a démontré une fois de plus que la Zaouïa de Sidi Abd-er-Rahman était toujours un centre d'intrigues et de complots, qui, du reste, ont valu à son dernier *mokaddem* [3], Sid Mohammed-El-Djâdi, une condamnation à la déportation. A la suite de cette insurrection, cette Zaouïa fut fermée; mais ce n'est pas à dire pour cela que la Confrérie des Rahmanïa soit désorganisée : son foyer est tout simplement déplacé.

---

1. *Naçara*, les Chrétiens.
2. Il s'exhale, dit-on, du puits de Berhout, dans le Hadramont, une odeur fétide qui, selon les croyances mahométanes, aurait pour cause le séjour qu'y feraient les âmes des Infidèles après leur mort.
3. Dans une Confrérie religieuse, le *mokaddem* ou *chikh* est le délégué du khalifa, ou grand maître de l'ordre, pour une certaine zone ou diocèse. Il le représente, et préside une mosquée ou une zaouïa.

XXXII

SIDI OUALI-DADA, — SIDI BETKA,
SIDI BOU-GUEDOUR

Nous réunissons ces trois saints dans le même chapitre, d'abord parce que nous avons peu de chose à en dire, et ensuite parce que les Turks et les Arabes leur ont attribué un rôle collectif important dans la défaite des armées de l'empereur Charles-Quint, lors de sa désastreuse expédition contre Alger en 1541.

Ces trois saints ont d'ailleurs leurs tombeaux dans l'ancienne capitale de la Régence.

Sidi Dada, ou Dadda, qui mérita plus tard le titre d'*ouali*, c'est-à-dire de saint, d'élu de Dieu, naquit en Orient à la fin du XV° siècle de notre ère. Il était déjà pourvu, quand il se mit en route pour El-Djezaïr (Alger), du précieux don des miracles: car, autrement, le mode de navigation qu'il employa pour effectuer son voyage lui eût été sinon impossible, du moins hérissé de quelques difficultés. En effet, c'est à l'aide d'une natte qu'il fit sa traversée et qu'il aborda à Alger. Il s'était muni, à tout hasard, d'une arquebuse à mèche et d'une masse d'arme. On ne sait pas qui on peut rencontrer.

Il serait inutile d'affirmer que ce singulier mode de naviguer, remarquable surtout par sa simplicité, produisit, à l'arrivée du saint dans le port d'Alger, une certaine sensation, et qu'instantanément, Sidi Dada fut classé parmi les saints par ces honnêtes pirates, Turks ou autres, lesquels, bien qu'ils ne fissent pas une énorme différence entre Dieu et Satan, n'étaient pas fâchés de se mettre dans la manche d'un saint qui fût un peu de la partie : car il fallait bien, quand ils partaient pour leurs saintes croisades au butin, qu'ils se sentissent un peu sous la protection de quelques amis de Dieu. Il faut dire pourtant que le système de transport maritime inauguré par Sidi Dada n'avait point porté l'enthousiasme à son comble parmi les *raïs* [1] algériens ; d'ailleurs, ils le trouvaient trop simple pour être pratique, surtout par les gros temps, et puis, disons le mot, ils avaient horreur des innovations. Ils savaient très bien aussi, — comment le savaient-ils ? — que l'imam Es-Soyouthi avait dit quelque part : « Les novateurs — et les innovateurs — sont les chiens des hommes. » Ils eurent un instant l'idée de supplier le saint homme d'accepter le titre et les fonctions d'*amir el-bahar*, d'amiral ; mais ils y renoncèrent bientôt dans la crainte qu'il n'obligeât les constructeurs de navires à prendre modèle sur le sien. C'eût été, en effet, toute une révolution dans le matériel de la marine algérienne.

La façon bizarre dont l'*ouali* Dada était entré dans le port d'Alger, — alors en construction, — n'avait pas peu contribué à lui faire, parmi les gens d'Alger et du Fahs (banlieue), une réputation de sainteté qui, du reste, était parfaitement justifiée ; aussi, dès ce moment, ne l'appela-t-on plus autrement que l'*ouali*, le saint, et c'était à qui, parmi les grands comme parmi les petits, viendrait lui demander ses conseils ou sa protection.

---

1. Capitaines de navire.

Or, Sidi Dada s'était lié, dès son débarquement à Alger, avec deux saints qui, depuis longtemps déjà, passaient pour avoir l'oreille de Dieu : l'un n'était autre que le vénéré Sidi Betka, qui vivait de la vie ascétique dans une kheloua située en dehors de la porte d'Azzoun ; quant à l'autre, la tradition n'a conservé que le glorieux titre que lui méritèrent sa brillante conduite et les éminents services qu'il rendit à la cause de l'Islam dans la journée de Charles-Quint, services qui, à partir de cette époque, firent oublier son nom, lequel fut remplacé par celui de Sidi Bou-Guedour, — *Monseigneur aux Pots,* — que lui décernèrent à l'unanimité ses contemporains reconnaissants.

Ces trois saints vénérés, ainsi que nous le disons plus haut, contribuèrent puissamment, — on ne peut le nier, — à la troisième défaite des armées espagnoles sur la plage algérienne. Certainement, les moyens dont ils se servirent pour assurer le triomphe de l'Islam ne sont pas de ceux qui exigent des connaissances tactiques bien approfondies, ni même des frais d'imagination excessifs ; mais, — nous le savons, — les élus du Dieu unique ne procèdent guère que par le simple, à l'exception peut-être de Sidi Abd-el-Kader-El-Djilani, qui, pour un rien, bouleverse le ciel et la terre, et qui compte à son actif de thaumaturge quelques miracles hérissés de difficultés.

Nous allons dire comment procédèrent ces trois amis de Dieu dans cette glorieuse journée du 26 octobre 1541 (948 de l'hégire).

Pendant que l'armée de l'eunuque-pacha Mohammed-Hacen attaquait celle de Charles-Quint sur la Koudiet-Es-Saboun, Sidi Betka et Sidi Dada s'étaient portés sur la plage pour prendre leur part de cette grande œuvre de destruction des Chrétiens qui se préparait : armés de bâtons, ces deux saints vénérés se mirent à battre furieusement le perfide élément. Quant à Sidi Bou-Guedour, armé de la même façon que ses saints collègues, il taillait en pièces une commande de pots, — la tradition ne dit pas à quel usage ils étaient destinés, — qu'attendait impatiemment un marchand mzabite de la rue Bab-Azzoun. A chaque coup de bâton des saints flagellants, la mer était prise d'un accès de délire furieux : elle se soulevait, se cabrait frénétiquement, secouait avec rage sa crinière d'écume, et s'abattait sur un vaisseau espagnol qui s'engloutissait avec son équipage et ses approvisionnements. A chaque pot cassé par Sidi Bou-Guedour, c'était un navire qui allait se briser en morceaux contre les rochers. Ce fut à cette action d'éclat que ce dernier saint dut son glorieux surnom de Sidi Bou-Guedour, Monseigneur aux Pots. Nous pensons avec l'amiral Doria, qui commandait la flotte espagnole dans cette affreuse expédition, que, si le valeureux saint eût dû les payer, il eût mis, sans doute, moins d'enthousiasme dans sa pieuse et désastreuse besogne.

En définitive, l'ingérence de ces trois saints dans cette affaire coûtait à l'empereur Charles-Quint cent cinquante navires détruits et huit mille marins engloutis, sans compter, bien entendu, la perte presque entière des approvisionnements de l'armée, perte qui l'obligea à une retraite immédiate, pour ne pas exposer ce qui restait de ses valeureuses troupes à mourir de faim.

Sidi Betka, qui était couvert d'années, ne survécut guère aux émotions de cette grande journée; il mourut dans sa gloire, et entouré de cette brillante considération qui s'attache habituellement aux héros. Aussi, les braves forbans algériens qui l'avaient vu à l'œuvre, et qui s'étaient empressés de le prendre pour leur patron, — ils n'avaient personne là-haut pour débattre leurs intérêts, — lui élevèrent-ils une somptueuse koubba sur le lieu même où il avait vécu, c'est-à-dire en dehors de la porte d'Azzoun, sur le bord de la mer, et ils ne seraient point sortis du port d'Alger sans saluer son tombeau d'un coup de canon. Cette salve des pirates algériens n'avait d'autre but, — on le pense bien, — que de mettre le saint dans leurs intérêts, et de le disposer, par ce témoignage retentissant de leur vénération, à intervenir auprès du Dieu unique pour qu'il daigne faire réussir leurs petites affaires ou leurs honnêtes expéditions contre le bien des Chrétiens. Du reste, la mise à la voile pour la course était toujours précédée d'une cérémonie religieuse qui se terminait par la bénédiction des pieux *culama*, lesquels, après avoir récité la *Fatha*[1] pour attirer sur la tête des pirates les faveurs du Tout-Puissant, terminaient, en élevant les mains et les yeux vers le Ciel pour demander la victoire, par cette formule optative : « Que Dieu rougisse leurs joues ! » c'est-à-dire qu'il fasse que leur visage soit enflammé par le courage et l'ardeur ! Comme ces vertueux bénisseurs avaient toujours leur part du produit de la course, ils ajoutaient souvent : « Que Dieu leur donne le salut pour compagnon de route, qu'il leur accorde la victoire et (surtout) qu'il les fasse revenir chargés de butin ! Ainsi soit-il, ô Dieu protecteur ! ô le Dispensateur ! ô le Conquérant ! »

Il est évident qu'ainsi lestés de bénédictions, ces écumeurs de mer ne pouvaient revenir à vide. Du reste, avec le Dieu unique pour complice, ils étaient à

---

1. On nomme ainsi la première sourate du Koran, parce que c'est *celle qui ouvre* (le Livre). Les Musulmans en ont fait une prière qu'ils récitent à tout propos. Ils lui attribuent d'ailleurs des vertus merveilleuses.

peu près certains du succès, et le *Registre des Prises maritimes*[1] pendant les soixante-cinq dernières années de la domination turke en Algérie prouve que ce n'était pas tout à fait sans raison qu'ils comptaient sur le dieu qui a le service des mers dans ses attributions.

Nous avons pu nous convaincre plus haut que Sidi Betka avait le don des miracles, et qu'il en faisait parfois un terrible usage. Il faut dire que sa puissance thaumaturgique n'était pas toujours montée à ce diapason, et qu'il daignait souvent l'exercer d'une manière moins retentissante. Ainsi, quand il était de bonne humeur, il faisait éclore sur une branche desséchée les plus frais bouquets de roses, ou bien il lui arrivait de faire jaillir d'un rocher aride de l'eau ayant la pureté du cristal. Très souvent, il guérissait les malades, rendait la vue aux aveugles, faisait marcher les paralytiques, et, par les gros temps, il apaisait les flots de la mer pour faire entrer dans le port d'Alger les navires chargés de butin et de prisonniers chrétiens. Il est bien entendu que sa mort n'a nullement tari la source de ses bienfaits à l'égard des Algériens, et de tous ceux d'ailleurs qui allaient visiter son tombeau avant que les Français ne l'eussent détruit, dans ce qu'ils appellent un but d'utilité publique. Nous sommes forcés de reconnaître qu'il y a eu, dans le fait de cette démolition, du vandalisme et du sacrilège en même temps.

Tous les pachas d'Alger, depuis Mohammed-Hacen jusqu'à Hoceïn-ben-Hacen, le dernier chef de la Régence, ont reconnu la puissance miraculeuse de Sidi Betka par un hommage public rendu à la dépouille

---

1. Intéressant travail traduit par le regretté Albert Devoulx, et publié par lui dans notre excellente *Revue africaine*.

mortelle de cet élu de Dieu : à une certaine époque de l'année, le Pacha se dirigeait en visiteur vers la koubba du saint, laquelle, nous le répétons, était située à quelques pas en dehors de Bab-Azzoun ; de nombreux drapeaux aux couleurs verte et rouge flottaient autour de la chapelle funéraire, et annonçaient la visite du sultan ; dès qu'il était en vue de l'édifice sacré, le Pacha mettait pied à terre et quittait ses baboudj ; il se prosternait à diverses reprises, et, après des salutations réitérées, il entrait dans la chapelle sépulcrale. Les portes se refermaient sur lui, et le Pacha consultait le saint patron des *Raïs*. Après avoir reçu les conseils, les ordres ou les avis de Sidi Betka, ce qui prenait plus ou moins de temps, les portes de la chapelle se rouvraient ; le Pacha se retirait à reculons, toujours avec force salutations ; il remontait à cheval, puis, suivi de son cortège, il reprenait la direction de *Dar solthania*, ou Palais du Souverain.

Sidi Ouali-Dada et Sidi Bou-Guedour, qui n'étaient plus jeunes non plus, — il s'en faut de beaucoup, — lors de la défaite des Espagnols à laquelle ils avaient si largement contribué, ne tardèrent pas à vider leur coupe[1]. Les Algériens, qui n'avaient point encore eu le temps d'oublier ce qu'ils devaient à ces glorieux marabouths, leur érigèrent à chacun une mosquée dans laquelle ils déposèrent leurs restes vénérés ; ces édifices religieux, qui sont surtout fréquentés par les femmes, portent encore le nom des saints sous le vocable desquels ils ont été élevés.

---

1. Mourir.

XXXIII

SIDI BELAL ET LELLA IMMA-HAOUA

A une heure de marche dans l'est d'Alger, en suivant la plage, et en deçà de l'Ouad-El-Khenis, si vous n'y prenez garde, vous foulerez aux pieds une ancienne construction paraissant aux trois quarts enfouie sous les sables, et la terrasse éventrée par les piquets qui soutiennent la barrière de clôture de la voie ferrée.

On affirme que cette construction, ou plutôt ce reste de construction, n'était rien moins qu'un ædicule religieux, une chapelle dédiée à Sidi Belal, l'illustre et saint patron des Nègres, et le but du pèlerinage de tous les Soudaniens d'Alger et de sa banlieue. Aussi, toute cette population foncée, — et elle est nombreuse, — accuse-t-elle hautement l'Administration du chemin de fer de sacrilège et d'irrespect à l'égard de son saint. Nous avons pu constater le fait, et, comme nous avons horreur de toutes les profanations, nous ne saurions dire à quel point nous avons partagé la douleur et la pieuse colère des serviteurs religieux de Sidi Belal.

Nous ne voyons pas trop comment cette Administration, qui, sous le spécieux prétexte que ses machines ont les côtes en long, et qu'elles se prêtent mal aux torsions qu'exigeraient des courbes à court rayon, passerait sur le ventre de son père, nous ne voyons pas, disons-nous, comment cette Administration de la ligne ferrée se lavera de ce reproche si parfaitement mérité. Nous croyons, nous, qu'on aurait pu facilement arranger cette affaire en construisant à Sidi Belal, et sur les ruines de l'autre ou à côté, un monument digne du rang qu'occupe ce saint dans la hiérarchie des amis du Dieu unique. Nous sommes convaincu qu'en opérant ainsi, la Compagnie du chemin de fer eût obtenu sans difficulté l'estime des Nègres d'Alger, presque tous du Soudan, estime qui aura surtout sa valeur, et dont elle pourrait se trouver très bien lorsqu'il s'agira, — et cela ne tardera pas, — de pousser le chemin de fer d'Alger à Blida vers le pays de la poudre d'or et des dents d'éléphants.

La chapelle consacrée à Sidi Belal est, croyons-nous, simplement dédicatoire[1] : car, malgré l'opinion des Nègres d'Alger et des environs, — quelque respectable qu'elle puisse être, — il n'est guère probable que ce saint esclave affranchi du Prophète, et le premier des Noirs qui ait embrassé la religion de l'Islam, soit venu, il y a douze cents ans, mourir sur la plage algérienne, occupée alors par la peuplade berbère des Bni-Mezr'enna. Il n'avait aucun intérêt, pensons-nous, à ce déplacement. Bien que la tradition n'en souffle mot, il est plus rationnel de supposer que Sidi Belal, nommé par Mohammed aux importantes fonctions d'*amin el-aïoun* (directeur des eaux) à Mekka, fonction qui, alors comme aujourd'hui, astreignait celui qui en était chargé à une certaine assiduité, et ne lui permettait guère des voyages d'une dimension aussi considérable ;

---

1. Quand les chapelles élevées sur le tombeau d'un marabouth, ou simplement dédiées à un saint n'ont point de *dôme* ou de *coupole* (*koubba*), les Arabes les nomment *djamâ* (lieu où l'on s'assemble, se réunit pour prier), ou *stah* (terrasse). Quand le monument n'est que commémoratif, c'est-à-dire quand il rappelle seulement le passage ou la station d'un saint, les Arabes le désignent sous la dénomination de *mekam* (séjour, station, halte, lieu de repos). Le *mekam* n'est indiqué quelquefois que par un tas de pierres, un arbre, etc.

il est préférable de croire, disons-nous, que ce saint noir, quelle que fût d'ailleurs l'intensité de son désir d'admirer la plage en question, n'aurait pas voulu s'exposer, en s'absentant pour un si long temps, à perdre une place que les pots-de-vin rendent, en pays arabe, si largement rémunératrice, et qu'il sera mort tranquillement à Mekka, à la grande joie, peut-on hardiment avancer, de ceux qui brûlaient de l'envie, — bien légitime, — de lui succéder.

Donc, pour nous, Sidi Belal a dû laisser sa cendre à Mekka. Cette raison suffirait presque à elle seule pour démontrer victorieusement qu'il n'a pu en faire autant sur la plage du Hamma, attendu qu'il n'est pas donné à tous les saints de se dédoubler comme l'a fait Sidi Mohammed-ben-Abd-er-Rahman-Bou-Kobreïn; là il y avait d'ailleurs un intérêt politique de premier ordre. Pourtant, nous serions désolé que cette opinion, qui nous est particulière, pût amener la moindre ombre de doute dans l'esprit, — ce n'est peut-être pas l'expression propre, — des Nègres du Soudan : car il est parfaitement reconnu que, pour un Nigritien, une croyance erronée vaut infiniment mieux que l'absence de toute foi. Laissons donc aux Nègres leurs croyances, et ne les poussons pas malgré eux dans le sentier des choses de l'intelligence et de l'instruction gratuite et obligatoire. Nous leur avons déjà ravi l'esclavage, qui leur allait comme un gant, — et aux planteurs aussi, — car on sait combien ces malheureux Nègres furent embarrassés de leur liberté, don fatal qu'ils ne savaient par quel bout prendre, et qu'ils s'empressèrent de troquer contre une miche plus précaire que quotidienne, et treize sous par jour quand il faisait beau temps.

La chapelle de Sidi Belal, — ou plutôt la partie qu'on en voit encore, — est située au fond d'une petite anse formant la dernière dentelure de ce bourrelet festonné qui, partant des Grands-Réservoirs de l'Agha, va s'éteindre, après avoir longé le rivage, dans les sables du Hamma. Aujourd'hui, cette construction, que les Nègres veulent absolument avoir été la chapelle renfermant la dépouille mortelle de Sidi Belal, n'est tout simplement, — et elle n'a jamais été que cela, — qu'une grotte, qu'une excavation sous le rocher dont on a muré l'ouverture, et qu'on a couronnée par une petite muraille rectangulaire encadrant sa voûte ou terrasse. L'entrée du monument, si l'on peut appeler entrée une ouverture large et haute de trente-cinq centimètres, a été pratiquée sur la face nord-ouest. Les fidèles trouvent cependant le moyen de pénétrer dans l'intérieur de cette chapelle. Nous pensons qu'ils se préparent à cette introduction par un jeûne assez prolongé pour la leur permettre.

La face sud-ouest est interrompue par un renflement circulaire faisant saillie dans la direction de Mekka, ou de la prière. Cette *mouçalla* (oratoire), en forme de chaire, a été éventrée sans scrupule pour donner passage à la barrière de la voie ferrée; le côté ouest a été aussi très compromis. Quant à la face est, elle est complètement renversée; mais nous devons dire, dans l'intérêt de la vérité, que nous croyons la Compagnie des Chemins de fer algériens tout à fait étrangère à cet acte de vandalisme. Tout au moins, les Nègres ne l'en accusent pas: car ils savent parfaitement que cette muraille, brisée en deux morceaux, et tombée à plat sur le sol, recouvre les restes précieux du sultan et de la sultane de Kankan, qui, venus en pèlerinage, — il y a longtemps de cela, — au tombeau de Sidi Belal, y auraient été douloureusement surpris par la mort, car ils étaient loin de s'attendre à un trépas si prompt et si imprévu. Tout naturellement, leurs serviteurs déposèrent leur dépouille mortelle auprès de celle à qui le couple sultanesque était venu demander de longs jours.

Les Nègres ajoutent que, comme compensation, et pour prouver au monarque de Kankan combien leur pieuse démarche lui avait été agréable, Sidi Belal, qui était extrêmement bon, avait, d'un coup d'épaule, renversé la paroi orientale de son tombeau pour leur en faire des pierres tumulaires. En effet, en tombant, la muraille s'était partagée en deux parties, dont chacune alla se placer précisément sur la dépouille mortelle du royal ménage nigritien. Et l'on ne saurait douter de l'exactitude de ce fait légendaire, car, depuis ce fatal événement, les Nègres d'Afrique lissent et polissent de leurs lèvres *sangsuelles* les *tumuli* de leurs vieux souverains le vendredi de chaque semaine, et, particulièrement, lors de l'orgie religieuse de l'*Aîd el-Foul*, la fête des Fèves.

On comprend que cette cérémonie du baise-pierre n'est point de nature à rectifier la forme de leur nez; il est vrai qu'ils n'y tiennent pas, car, pour eux, le nez grec est une difformité. C'est vraiment à souhaiter d'avoir régné à Kankan ou à Bambarra, quand on voit à quels témoignages de respectueuse vénération cela peut vous exposer. Nous croyons, au reste, que ce n'est plus guère que dans le bassin du Niger ou du lac Tchad qu'on a conservé dans tout son énergumenat le culte de ses souverains, particulièrement quand ils sont décédés. Et dire que nous voudrions éclairer les Nègres!

Bien que la brutalité du chemin de fer ait fortement contribué à faire déserter les autels de Sidi Belal, sa chapelle n'en est pas moins encore remplie de petites bougies de toutes couleurs et de cornets de papier renfermant les *sebâa-bekhourat* (les sept aromates) que brûlent dans des tessons de marmites, en guise de cassolettes ou d'encensoirs, les Négresses que consume le désir d'être pour quelque chose dans la perpétration de la race éthiopienne. Nous ne nous sentons pas le courage de leur en faire un crime, bien que les Noirs aient une odeur particulière, — l'essence de Nègres, — qui, tout d'abord, semble n'avoir pas grand'chose de commun avec celle des parfums qu'elles apportent en offrande à leur saint patron.

Nous ne voulons pourtant point dissimuler qu'il nous est venu des doutes au sujet de l'affectation de cette prétendue chapelle, par les Nègres, à la dernière demeure de Sidi Belal; nous pensons qu'il y eut de leur part, dans cette circonstance, détournement de monument. Ils ont vu là un tombeau abandonné, et ils se sont dit : « Mettons-y Sidi Belal; on supposera que ce saint, dont la réputation universelle n'a rien à envier à celle de Sidi Abd-el-Kader-El-Djilani, a daigné, — tout au moins, — s'arrêter en ce lieu, opinion qui n'a rien d'exorbitant, puisqu'il n'est pas un seul point de la terre ou de la mer où il n'ait posé son pied; — supposons cela, se dirent-ils, et faisons de cette chapelle un *mekam*, tout en laissant croire aux simples, — car, nous le répétons, il est indispensable qu'ils aient une croyance, — que notre saint patron y est contenu. » Cette usurpation, nous ne le nions pas, serait tout uniment du félonisme, du cuculéisme [1]; mais tout nous dit que cela a dû se passer ainsi, et la preuve de ce que nous avançons, c'est que, du temps des Turks, les Nègres n'avaient jamais eu l'outrecuidance de se donner le genre d'un saint particulier. Ce n'est, en effet, que depuis 1848, l'année de l'abolition de l'esclavage, qu'ils attribuèrent à Sidi Belal, qu'ils venaient de reprendre pour patron, la chapelle déserte et ruinée de la plage du Hamma. Antérieurement à cette époque, ils se rendaient, le mercredi de

---

1. Mœurs du coucou.

chaque semaine, par la route de Bab-El-Ouad, en un point de la plage nommé indifféremment Aïoun-Bni-Menad (les sources des Bni-Menad), ou Es-Sebâa-Aïoun (les Sept Sources), ou encore Aïoun-el-Djenoun (les Sources des Génies), et là ils se livraient à des pratiques rappelant bien plus celles de l'idolâtrie que celles de l'Islam. Au reste, la façon dont ils se précipitaient sur les deux pierres qui, d'après eux, recouvraient les restes mortels du sultan et de la sultane de Kankan, tenait infiniment plus du fétichisme que de tout autre chose, et c'est bien plutôt à la pierre elle-même qu'aux augustes débris qu'elle est censée recouvrir que s'adresse la prière de ces Nègres fervents; leur culte, — il n'y a pas à s'y tromper, — est tout bonnement de la *litholâtrie*.

Au pied de la chapelle de Sidi Belal, et au fond de l'anse, un petit bassin maçonné et couvert reçoit les eaux d'une source connue sous les appellations d'Aïn-El-Beïdha (la Source blanche), et d'Aïn-Sidi-Belal (la Source de Monseigneur Belal). C'est près de cette fontaine, consacrée par les Nègres à Lella Imma-Haoua, une sainte mythique qui était évidemment une négresse, et qui pourrait bien être de la parenté de Sidi Belal, car ils l'ont en grande vénération, c'est, disons-nous, près de cette source consacrée que se brûle l'encens des sacrifices, et que les Négresses égorgent, avec cette froide cruauté qu'elles partagent d'ailleurs avec les cuisinières de tous les pays, d'innocents et tendres poulets dont tout le crime est dans la succulence de leur chair, et qui, selon qu'ils vont rouler expirants à dextre ou à sénestre, indiquent une promesse ou un refus de la part du *djenn* (génie) de la source, dont les abords, d'ailleurs, sont emplumés des débris du vêtement de ces pauvres gallinacés.

A l'*Aïd El-Foul*, fête qui a lieu annuellement à

l'époque appelée *Niçan* [1] par les indigènes, c'est-à-dire quand la tige de la fève commence à noircir, les sacrifices dont nous avons parlé plus haut se compliquent du meurtre d'un bœuf et de plusieurs moutons que les Nègres immolent en exécutant autour des victimes, parées de fleurs et de foulards une danse en dévidoir qui se compose de sept tours dans un sens et de sept tours dans un autre. Du reste, la manière dont se conduit l'animal après avoir reçu le coup mortel n'est point du tout indifférente pour les victimaires, lesquels y voient des pronostics plus ou moins heureux, selon que la bête tombe foudroyée sous le couteau qui l'a frappée, ou qu'elle se débat plus ou moins de temps dans sa lutte contre la mort.

Quand le sacrifice est consommé, les khoddam de Sidi Belal et de Lella Imma-Haoua entonnent cette affreuse *derdeba* [2], à laquelle on donne le nom de danse, mais qui n'est qu'un horrible trémoussement ressemblant assez à ce mouvement désordonné qu'exécuteraient des ânes auxquels on aurait mis le feu sous le ventre : c'est une confusion de tibias noirs, sales, démeublés et parenthétiques, s'agitant frénétiquement selon le rythme du galop du cheval, cadence diabolique marquée par d'énormes *theboul* (tambours) frappés à tour de bras au moyen d'un bâton courbé en crosse, et par d'immenses *krakeub* (castagnettes) pareils à des plats à barbe jumelés. Des chants, — des hurlements, — sans rapport harmonique avec leur accompagnement, et qui n'appartiennent point à la gamme des sons humains, cherchent, mais en vain, à dominer cette cacophonie de peau battue et de ferblanterie convulsivement agitée, laquelle est capable de décro-

---

1. Époque de l'année rurale, du 8 au 15 mai.
2. Fête des Nègres.

cher les entrailles d'un blanc. Puis, lorsqu'à bout de forces, quand, ivres de bruit, de cris, de contorsions et de trépidations violentes, quand les cerveaux, ballottés dans les crânes, sont arrivés à la congestion, ils se précipitent, ruisselants d'une sueur oléagineuse, dans les flots de la mer, d'où leurs compagnons ne les retirent pas toujours vivants.

Pendant cette cérémonie, qui sent son idolâtrie de cent lieues, bien que pourtant Sidi Belal et Lella Imma-Haoua paraissent en être l'objet, les Négresses apprêtent les fèves, — les premières que les Nègres doivent manger de l'année, — qui entrent dans l'assaisonnement du mouton et du kousksou, ces deux bases fondamentales de tout festin arabe.

Ces agapes aux fèves terminent la fête, et Nègres et Négresses se retirent après avoir demandé au Saint et à la Sainte les faveurs dont ils ont la disposition.

Quant à la raison pour laquelle les Nègres célèbrent la fête des Fèves, nous avouons en toute humilité que nous n'en savons pas plus qu'eux là-dessus. La fève! Que symbolise à leurs yeux cette légumineuse? Quelle est la cause du culte qu'ils lui vouent? Que peut avoir de sacré, de divin, cette gourgane de la sous-famille des papilionacées et de la tribu des viciées?.. Nous n'ignorons pas que Pline lui donne le pas sur tous les autres légumes; mais, si on avait adopté la classification d'Esaü, c'eût été vraisemblablement la lentille qui eût marché à la tête des farineux. Pline aimait les fèves; voilà tout. Peut-être les Nègres ont-ils appris, par une indiscrétion de la tradition, que Pythagore, — l'illustre auteur de la table de multiplication, — regardait les fèves comme servant de demeure à l'âme des morts, et l'idée de se faire un plat des mânes de leur famille leur aura paru éminemment ingénieuse et séduisante. Ce pourrait bien être aussi à titre de prémices qu'ils s'offrent ce sacrifice, à moins pourtant que ce ne soit parce que cette plante a des tendances à passer au noir à un certain moment de son existence végétale; sa fleur aussi manifeste les mêmes dispositions, et c'est précisément pour cela que le flamine de Jupiter à Rome croyait devoir s'en abstenir, les taches noires des fleurs de la fève étant regardées comme de mauvais augure. Enfin, les Nègres ont-ils trouvé, dans cette noirceur de la tige et de la fleur, quelque analogie avec la couleur de leur peau?... Nous renonçons, pour aujourd'hui, à chercher à pénétrer ce mystère insondable.

Tout ce que nous pouvons dire, c'est que les rites de la fête des fèves rappellent singulièrement le paganisme et l'idolâtrie, et qu'ils n'ont que peu de chose de commun avec ceux de l'Islam.

Mais l'*Aïd el-Foul* a bien perdu de sa splendeur depuis quelques années; elle n'est plus qu'une pâle copie, que le faible reflet de ce qu'elle était autrefois; le chemin de fer l'a tuée, d'abord par son indiscret voisinage, puis par le sans-façon avec lequel il a traité la chapelle de Sidi Belal : car le chemin de fer a amené l'abandon par les Nègres de cette plage bénie qu'ils animaient, — il n'y a pas longtemps encore, — de leur enthousiasme religieux et de leur musique infernale. Ils errent aujourd'hui, cherchant à placer leur foi et leur marmite à gourganes. Où voulez-vous qu'ils trouvent une koubba vide à dédier à Sidi Belal et à Lella Imma-Haoua? Il y a bien celle de Sidi Yakoub, au delà de la Salpêtrière d'Alger; mais, outre qu'elle n'est pas d'un accès commode, des Chrétiens y ont logé en garni. Pourtant, si ce n'était que cela, les Nègres passeraient facilement sur cet inconvénient : la foi n'y regarde pas si près; mais y seraient-ils bien garantis, dans l'avenir, d'un chemin de fer quelconque, aujourd'hui que, pour éviter un léger détour à l'exigeante locomotive, on s'amuse à lui percer d'outre en outre des montagnes de quatorze kilomètres d'épaisseur? Telles sont les réflexions que se font les Soudaniens, qui, du reste, n'ont que trop de dispositions à voir tout en noir.

XXXIV

SIDI AHMED-EZ-ZOUAOUI

Les conséquences de la désastreuse expédition de Charles-Quint pesaient depuis près de deux siècles et demi sur les États chrétiens. L'Europe avait bien, de temps à autre, jeté quelques bombes sur le repaire des pirates barbaresques; mais cela se bornait toujours à cette démonstration vaine, impuissante, laquelle, le plus souvent, n'avait d'autre effet que d'attirer de sanglantes et terribles représailles soit sur les consuls ou résidents européens, soit sur les esclaves chrétiens enfermés dans les bagnes.

Pourtant, en 1775, c'est-à-dire deux cent trente-quatre ans après la défaite de Charles-Quint, l'Espagne, à bout de patience, voulut tenter, pour la quatrième fois, le sort des armes, et essayer encore de jeter ses soldats sur cette plage maudite qui leur avait été si fatale. Le but de cette généreuse croisade était toujours de châtier les Algériens, et d'obliger leur gouvernement à cesser la course dans les mers qui baignent les côtes espagnoles; la fin qu'elle se proposait était aussi, et surtout, de venger sur ces brigands des mers ses sanglants échecs, ses côtes ravagées, son commerce détruit, et les droits outrageusement méconnus de l'humanité et des gens.

Des préparatifs formidables se firent à Cadiz, à Barcelona et à Cartagena. Le commandement des forces de terre fut donné au comte O'Reilly, gentilhomme irlandais, dont le roi Charles III, à qui il avait sauvé la vie dans une émeute suscitée à Madrid en 1766, avait fait un général. Les forces de mer avaient été mises sous les ordres du lieutenant général don Pedro Castejon.

Cette entreprise, préparée avec un soin extrême par l'Espagne, s'appuyait de six vaisseaux de ligne, de quatorze frégates, de vingt-quatre galiotes à bombes, et autres bâtiments de guerre, de trois cent quarante-quatre navires de transport, et de vingt-trois mille hommes, tant infanterie que cavalerie.

Cette puissante *armada* se mettait en route le 23 juin 1775, faisant voile sur Alger. Eh bien! malgré ces redoutables moyens de succès dont disposait O'Reilly; bien que le pacha d'Alger, Mohammed-El-Mekroui, eût été surpris; malgré que la saison fût on ne peut plus favorable, malgré, en un mot, tous ces éléments de réussite, le général en chef en arrivait à se faire battre honteusement, dans la journée du 8 juillet, sans avoir pu seulement dépasser de 300 toises la plage de débarquement. Ce douteux avantage coûtait aux Espagnols, pour un combat qui n'avait pas duré plus de six à sept heures, 27 officiers tués et 192 blessés, et 501 soldats tués et 2,088 blessés, ce qui donnait le respectable total de 528 tués et 2,279 blessés. O'Reilly, qui n'avait pas quitté son navire, faisait rembarquer, pendant la nuit, les restes de cette magnifique armée dont il s'était si mal servi.

La flotte espagnole, qui ne quitta les eaux d'Alger que six jours après cette désastreuse journée du 8 juillet, put assister, à distance, à l'horrible spectacle que présentait la plage de débarquement; le général en chef put voir tout à son aise « cette canaille se répandant sur le rivage, empalant les cadavres ou les mutilant atrocement, fouillant, comme une bande de chacals affamés, tous les points du débarquement, et terminant ces hideuses scènes par l'incendie des fascines de bois qui étaient entrées dans la construction du retranchement des Espagnols ».

« Le terrain qui était entre nous et les Espagnols, écrit un Musulman, témoin oculaire de cette expédition, ressemblait à un vaste abattoir. Tous les cadavres des Chrétiens étaient décapités. »

Si quelque chose peut excuser l'inqualifiable échec d'O'Reilly, et amoindrir un peu les effets de son impéritie, c'est que le Dieu unique et ses saints combattaient du côté des Musulmans. Il est évident qu'avec de pareils adversaires les chances du combat n'étaient pas tout à fait égales. Ainsi, au gros de la mêlée, des guerriers inconnus, montant des chevaux d'une blancheur éblouissante, avaient été parfaitement remarqués combattant au milieu des cavaliers arabes; à chaque coup de leur terrible sabre, qui bavait du sang noir, c'était une tête de Chrétien qui allait rouler grimaçante sur le sable de la plage. Interrogé sur son nom par un cavalier du Tithri, qui se doutait bien que ce devait être un personnage surnaturel, un de ces terribles guerriers lui avait répondu sans hésiter : « Je suis Ali-ben-Abou-Thaleb. » C'était tout simplement le cousin du Prophète Mohammed, et l'époux de la belle Fathima-ez-Zohra, sa fille chérie. Du reste, en examinant de plus près le cheval que montait Sidi Ali, le cavalier du Tithri avait parfaitement reconnu que ce personnage devait être de la maison du Prophète, ou de sa parenté plutôt, car ce noble coursier était Tharib, l'un de ceux que Mohammed montait le plus volontiers; or, on ne confie pas une pareille monture au premier venu.

L'ange Djebril (Gabriel), le plus guerrier de la phalange angélique, n'avait pas voulu non plus manquer une aussi belle occasion de jouer de la lance dans les chairs des Chrétiens, que, d'après les Musulmans, il ne peut supporter. On le reconnut très bien, d'abord à l'admirable dextérité avec laquelle il maniait son arme, et ensuite à son cheval Haïzoum, un remarquable *temoulig*[1] qui assommait des Chrétiens de ses quatre membres.

Le grand roi Souleiman (Salomon) avait également voulu reprendre du service pour la durée de la guerre : les chrétiens purent s'apercevoir, à la façon dont il maniait *El-Kachouch*, l'un des sept sabres que lui avait offerts la reine de Saba, l'adorable Balkis, qu'il lui restait encore de son ancienne vigueur, de celle dont il était si fier avant qu'il eût fait la connaissance de cette reine. Il se plaisait surtout à répéter ce fameux coup de banderole qui coupait net et sans bavures un Chrétien en deux. Plusieurs marabouths vénérés, de ceux qui, avec le don de voler dans les airs, cumulaient celui d'ubiquité, avaient aussi apporté à la cause de l'Islam, et sans se déranger, le terrible appoint de leur redoutable puissance. C'est ainsi que l'illustre Sidi Ahmed-Ez-Zouaoui fut parfaitement aperçu dans la mêlée, monté sur sa jument Er-Roksa (la Fringante), — une bête de race connue dans tout le Cheurg (Est), — par un cavalier du goum de Salah-Bey, et pourtant

---

1. Un cheval est dit *temoulig*, lorsqu'il se bat avec les pieds de devant, et aide son maître dans la mêlée.

des gens de Koçonthina (Constantine) affirmèrent qu'il n'avait pas quitté la ville le jour de la défaite des Espagnols. « Il est si peu sorti ce jour-là, ajoutaient-ils à l'appui de leur affirmation, qu'il annonçait dans cette ville, à l'instant même où elle se décidait entre le Harrach et le Khenis, la victoire des enfants de l'Islam sur les Chrétiens. »

L'ubiquité de Sidi Ez-Zouaoui et de sa fameuse jument est d'autant moins contestable, dans cette circonstance, que le cavalier Yahya-Ech-Chergui, qui prétendait les avoir vus sur le lieu du combat, avait eu le soin, — il se doutait bien de ce qui allait arriver, — de mesurer exactement l'empreinte laissée par le pied de la bête dans le sable de la plage. A son retour à Koçonthina, il en avait touché deux mots à Sidi Ahmed, qui s'en était défendu, il est vrai, mais on ne peut plus mollement. Malgré sa modestie, le saint marabouth avait bien été forcé d'avouer qu'il jouissait du don des miracles, quand Ech-Chergui lui avait montré la mesure exacte du pied de sa jument. Sidi Ez-Zouaoui ne pouvait plus nier; seulement, il supplia le cavalier de garder cela pour lui s'il ne voulait pas qu'il lui jouât un mauvais tour. Il ne l'aurait pas fait, parce qu'il était extrêmement bon ; du reste, Yahya n'ignorait pas sans doute, cette qualité du saint, car il manqua, heureusement, de discrétion, et c'est grâce à son intempérance de langue que la connaissance de ce miracle est arrivée jusqu'à nous.

Après tout, nous ne voyons pas pourquoi Sidi Ahmed-Ez-Zouaoui s'obstinait à dérober à la publicité sa brillante conduite dans la journée du 8 juillet 1775, si glorieuse pour les armes des Algériens, et si avantageuse pour la cause sacrée de l'Islam. Il est indispensable, au contraire, que ces choses-là soient répandues dans toute l'étendue de la terre des Croyants. !!

est également bon que les Espagnols ne l'ignorent pas, et cela dans l'intérêt de la mémoire du général O'Reilly, qui, du reste, les a si peu dirigés dans cette néfaste journée.

XXXV

SIDI FEREDJ

Le nom du bienheureux Sidi Feredj, que nous appelons *Sidi Ferruch*, est devenu doublement légendaire par sa vie ascétique et par ses miracles, et, plus récemment, par ce fait important que ce fut sur la plage où reposaient ses précieux restes que l'armée française prit pied définitivement, en 1830, sur la terre algérienne.

Comme la plupart des saints de l'Islam qui se répandirent dans les Kabilies des États barbaresques, Sidi Feredj avait quitté Saguiet-El-Hamra dans les premières années du XVIe siècle de notre ère, pour s'en aller catéchiser les populations berbères de l'Afrique septentrionale, lesquelles avaient oublié, dans ces temps d'anarchie et de combats incessants de tribu à tribu, les quelques bribes de connaissances religieuses qu'ils avaient eu l'air de collectionner lors des diverses invasions arabes.

Sidi Feredj, qui avait dû quitter l'Espagne à la suite du deuxième décret d'expulsion, était né en Andalousie. C'était donc un de ces Mores-Andalous qui firent la gloire de l'Espagne méridionale, aussi bien par la profondeur de leur science que par l'étendue et la variété de leurs connaissances générales. Ce saint homme, qu'une piété austère et une foi ardente disposaient d'une manière toute particulière au prosélytisme et à la propagande religieuse, s'était fixé au nord-ouest d'une presqu'île solitaire, espèce de Thébaïde sablonneuse admirablement préparée pour y vivre de la vie anachorétique, et pour y converser avec Dieu en présence de son œuvre la plus magnifique, l'immensité de la mer. Sidi Feredj fit sa kheloua d'une crique suffisante pour l'abriter contre l'inclémence des saisons. D'ailleurs, il n'en demandait pas davantage. Il ne vivait que de plantes croissant dans les dunes, et de coquillages que la vague lui apportait sur le rivage.

Bien que cette presqu'île ne fût guère fréquentée que par quelques pêcheurs, et par des bergers qui venaient y paître leurs troupeaux, la réputation de sainteté de Sidi Feredj n'avait pas tardé à se répandre dans les tribus qui résidaient dans la portion du Sahel (littoral) qui est à l'ouest d'Alger. Bientôt la foule se rendit en pèlerinage à la kheloua du saint marabouth pour lui demander son intercession auprès du Dieu unique. Sans doute, la jouissance des biens périssables de ce monde entrait pour une large part dans la somme des sollicitations dont était accablé Sidi Feredj ; mais le bon anachorète se gardait bien de repousser les requérants ; il savait de reste que l'amour de Dieu pour Dieu n'était point dans la nature de l'homme, et que cette grossière créature n'était jamais guidée que par la crainte ou par l'intérêt. Aussi, pour pouvoir disposer son auditoire à entendre la parole divine, dut-il demander au Tout-Puissant l'autorisation de faire quelques miracles de peu d'importance, de ceux qui ne sont pas susceptibles de tracasser les éléments, et qui se bornent à faire attribuer à ceux qui les désirent quelques jouissances terrestres hors tour. Sans doute, l'homme est prompt de sa nature; il voudrait que ses souhaits fussent exaucés aussitôt qu'ils sont formés; il n'a pas l'air de se douter qu'à chaque chose il faut sa maturité. Ce n'est pas d'hier, d'ailleurs, que cette promptitude enfantine lui est reprochée; ainsi, Adam, — notre premier père, — n'était encore formé que jusqu'au nombril que déjà il voulait marcher.

Sidi Feredj connaissait assez les hommes pour savoir comment il fallait agir avec eux. Il n'est donc pas étonnant qu'au bout de quelques années on pouvait constater des progrès très sensibles parmi les populations du Sahel d'Alger qui fréquentaient la kheloua du saint, et qui venaient entendre ses précieuses leçons; ils avaient surtout gagné sous le rapport de la propreté, ce qui faisait supposer qu'ils avaient pris l'habitude des ablutions, et, par conséquent, de la prière. Les hommes, se conformant aux préceptes du Livre, n'urinaient plus que très rarement debout, à l'exception, pourtant, de certains esprits forts, et ils choisissaient toujours un endroit en pente pour satisfaire à ce déplorable besoin.

Il y avait aussi beaucoup d'amélioration du côté de la femme, bien, — il faut le dire, — que Sidi Feredj se souciât de leur salut comme de sa dernière chachia (calotte); d'ailleurs, pour ce qu'elle fait au paradis, il y en a toujours assez. Quoi qu'il en soit, on voyait bien qu'elles avaient tenu compte des recommandations ou des reproches du saint marabouth; ainsi, elles paraissaient moins oublier qu'elles ont été faites exclusivement pour le plaisir des hommes, — plaisir auquel elles ne sont jamais conviées, — et pour la continuation de l'espèce. Elles reconnaissaient mieux ces vérités du Livre, par exemple, qu'elles sont inférieures aux hommes, qu'elles sont des êtres imparfaits, qu'elles sont sujettes à de nombreux inconvénients, que leurs ruses sont grandes; elles acceptaient avec bien plus de résignation d'être reléguées dans des lits à part, et d'être battues quand elles s'étaient rendues coupables de désobéissance, ou quand elles avaient fait usage d'une autre charrue que celle qui, légalement, devait labourer le *harts*, ou champ conjugal[1]. Enfin, les Sahéliens n'étaient presque plus reconnaissables, et Sidi Feredj s'en montrait extrêmement satisfait.

Un jour, pourtant, le vénéré *ouali* faillit être ravi à l'amour des populations du Sahel; mais, rassurons-nous, Dieu ne le permit pas, et cette tentative d'enlèvement dont il fut l'objet le grandit encore dans leur esprit, en lui fournissant l'occasion de faire un miracle d'une certaine importance. Voici comment les choses se sont passées : un matelot espagnol, qui était venu tenter quelque aventure sur la côte barbaresque, avait mouillé, pour faire de l'eau, à la pointe de la presqu'île habitée par Sidi Feredj. Après avoir fureté pendant quelque temps sur la plage, ce grossier matelot aperçut le saint, qui avait cédé au sommeil sur le seuil de sa kheloua. Faute de mieux, le *marinero* espagnol chargea le saint, — qui ne vivait que de privations, — sur son épaule, rejoignit son navire, et mit le cap sur Cartagena. Ce n'était point là, évidemment, une riche capture, car le saint était loin d'être jeune, et sa maigreur exagérée ne permettait pas de l'employer à des travaux manuels qui eussent exigé quelque déploiement de force physique ou d'activité. Ce matelot ravisseur n'était donc nullement certain de pouvoir se défaire de son saint, même à vil prix.

Ce rapt avait eu lieu au moment où le jour pénétrait

---

1. *Harts,* champ cultivé. On désigne ainsi les quatre femmes légitimes qu'il est permis à un Musulman d'avoir à la fois.

dans la nuit. Mais qu'on juge de l'étonnement, de la stupéfaction même du matelot espagnol quand, à la pointe du jour, il put constater qu'il se retrouvait en vue de la presqu'île qu'il avait quittée la veille !... Le saint marabouth, qui souriait dans sa barbe grise, dit au marin avec beaucoup de bonhomie : « Fais-moi remettre à terre, et ton navire pourra reprendre sa route. » Sidi Feredj fut débarqué. Mais comme, après une seconde nuit de navigation, le navire se retrouvait encore à la même place, l'Espagnol, furieux que ce vieillard osât ainsi se moquer de lui, lui en fit de très vifs reproches, et dans ce langage dépourvu de pureté et d'élégance dont se servaient alors les marins de tous les pays. « Cela n'a rien qui doive t'étonner autant, lui fit observer Sidi Feredj avec la plus grande sévérité, et tu le comprendras facilement quand je t'aurai dit que j'ai oublié mes *baboudj* (babouches) sur le pont de ton navire. » L'Espagnol reconnut qu'en effet elles manquaient totalement aux pieds du saint, et il s'empressa d'aller les lui chercher.

Mais, pendant le trajet de la presqu'île au point où se balançait mollement son navire, le Chrétien comprit qu'il devait y avoir un miracle là-dessous : touché de la grâce, il se jeta aux pieds du saint, et le supplia de le garder auprès de lui en qualité de serviteur. Sidi Feredj accéda, avec sa bonté ordinaire, à la prière du Chrétien, qui en profita pour embrasser sans plus tarder le mahométisme, après avoir renoncé, sans le moindre regret, disait-il, à la religion de ses pères, laquelle était loin de lui promettre les félicités dont l'avait entretenu le marabouth vénéré.

Sidi Rouko, — c'était son nom, — devenu aussi fervent Musulman qu'il avait été mauvais Chrétien, vécut quelques années encore auprès de Sidi Feredj, dont il s'était fait l'inséparable et fidèle compagnon, et il crut ne pouvoir mieux faire, pour lui témoigner sa reconnaissance, que de mourir le même jour et à la même heure que lui. Les gens du Sahel trouvèrent qu'en effet il lui devait bien cela. « N'étaient-ils pas, disaient-ils, comme les dents du même peigne ? » faisant ainsi allusion à l'état d'égalité dans lequel ils avaient passé l'un et l'autre les dernières années de leur existence terrestre. Ils furent inhumés l'un auprès de l'autre, les Sahéliens ne voulant pas séparer dans la mort ceux qui avaient été si unis dans la vie.

Une koubba somptueuse fut élevée sur leurs tombeaux, lesquels devinrent le but des pèlerinages de toutes les tribus qui jouissaient de la protection des deux saints, protection dont les effets n'ont jamais cessé de se faire sentir parmi leurs serviteurs religieux, même depuis que la construction du fort élevé, en 1847, dans la presqu'île de Sidi Feredj, — laquelle avait pris le nom du saint après sa mort, — eut nécessité la démolition de la koubba qui renfermait ses restes précieux et ceux de son compagnon, lesquels furent transportés à une heure de marche, au sud, dans le cimetière qui entoure la chapelle de Sidi Mohammed-El-Akbar, et sur la rive droite de l'ouad de ce nom.

Seulement, les Musulmans de cette partie du Sahel d'Alger n'ont point encore pardonné au Gouvernement français de n'avoir point fait réédifier, sur les tombeaux de Sidi Feredj et de Sidi Rouko, la koubba qu'il a démolie au mépris du droit des morts au respect des vivants. Sa faute en est d'autant plus grave et moins excusable que ces morts étaient des saints et qu'ils appartenaient aux vaincus. Nous déclarons que nous n'avons pas la force d'être d'un avis contraire à celui des serviteurs religieux des *aoulia* Sidi Feredj et Sidi Rouko.

XXXVI

SIDI ALI-MBAREK

La petite ville d'El-Koleïâa, que nous avons appelée *Coléa*, fut bâtie vers l'an 957 de l'hégire (1550), sous le pachalik de Hacen-ben-Kheir-ed-Din; elle fut peuplée au moyen de Mores-Andalous chassés d'Espagne dans le courant du XVI° siècle de notre ère.

Vers l'an 1009 de l'hégire (1604), un voyageur, qui devait illustrer plus tard la jeune cité par sa science et sa piété, y arrivait par une de ces belles soirées d'été du littoral africain.

Bien qu'il parût ne pas avoir plus de quarante-cinq ans d'âge, ce voyageur n'en marchait pas moins péniblement en s'appuyant sur un long bâton ferré. Il ne semblait pas être de ceux qui ont été gâtés par l'abondance des biens de ce monde, car son bernous attestait déjà de longs et difficiles services, et ses *seubbath* (souliers arabes) à semelles problématiques permettaient à la plante de ses pieds des relations très suivies avec le sol. Pourtant, en l'examinant attentivement, on devinait que, malgré ses vêtements sordides, cet homme devait être quelqu'un. Il passa la nuit sur les nattes de la mosquée, remettant au lendemain le soin de se chercher, aux abords de la ville, un lieu propre à la prière et à la méditation, en attendant que Dieu lui ait fait connaître sa volonté.

Cet homme se nommait Sidi Ali-Mbarek; il était originaire des Hachem de l'Ouest, tribu cherifienne ayant habituellement ses tentes dans les plaines d'Eghris, au sud de Mâskara. Un ardent désir de voir de près, et de s'entretenir avec eux, les Mores-Andalous, qu'on disait être des puits de science, et dont la réputation avait pénétré jusqu'au fond du Baïlik de l'Ouest, avait été surtout la cause déterminante du voyage de Sidi Ali dans l'Est. Il s'était mis en route avec deux de ses serviteurs appartenant à sa tribu; mais, à son arrivée à Meliana, sa pauvreté l'avait obligé à s'en séparer. Pour une raison ou pour une autre, ces deux hommes, qui ne se souciaient plus, sans doute, de reparaître dans la tribu qu'ils venaient d'abandonner, descendirent sur les bords du Chelef, et devinrent la tige des Hachem de l'Est, que, d'ailleurs, on y retrouve encore aujourd'hui.

Quant à Sidi Ali-Mbarek, il avait poussé, ainsi que nous l'avons dit plus haut, jusqu'à El-Koleïâa, où il était arrivé dénué de toute ressource. Or, il fallait bien vivre, et, quoiqu'il cherchât à s'entretenir dans la faim, afin de pouvoir ne point quitter la ville et continuer à y suivre les savantes leçons des Mores-Andalous, il fut néanmoins obligé de prendre un parti vers lequel il n'était porté ni par ses goûts, ni par ses habitudes : il s'engagea, en qualité de *khammas*[1], chez un fellah nommé Ismaïl-ben-Mohammed. Mais, au lieu de travailler, Sidi Ali, qui n'avait, nous le répétons, que de faibles dispositions pour le maniement du manche de la charrue, passait son temps soit à dormir, soit à converser avec des êtres invisibles. Pourtant, chose merveilleuse! sa besogne ne s'en faisait pas moins : les bœufs, attelés à sa charrue, traçaient leurs sillons en évitant très habilement soit les pierres, soit les touffes de palmier-nain, ou les buissons de lentisques

---

[1]. Fermier au cinquième.

qu'ils rencontraient sur leur direction, car vous pensez bien que Sidi Ali n'aurait pas voulu humilier les khammas ses voisins en enlevant les pierres de son champ ou en le défrichant. C'était là, d'ailleurs, une besogne dont le profit ne valait certainement pas la peine que cela lui eût donnée. Du reste, les indigènes algériens ont conservé religieusement cette méthode jusqu'à présent, et, comme ils ne paraissent pas s'en trouver trop mal, il y a grand'chance pour qu'ils ne la modifient pas de sitôt. Ce qu'il y a de certain, pour ce qui regarde Sidi Ali, c'est qu'au bout de la journée les bœufs avaient fait autant de besogne que s'il s'en fût occupé activement.

Tout naturellement, ce prodige ne tarda pas d'arriver aux oreilles de son maître, Ismaïl-ben-Mohammed, qui voulut s'assurer par ses propres yeux de ce qu'il pouvait y avoir de vrai dans ce qu'on lui avait raconté de son serviteur. Il se cacha, un jour, derrière un buisson de lentisques, et il vit, en effet, ses bœufs labourant sans autre direction que la leur, et Sidi Ali-Mbarek dormant, enroulé dans son bernous, au pied d'un arbre. Pendant qu'il se livrait ainsi au sommeil, des perdrix débarrassaient le saint de sa vermine. Tout porte à croire que c'était pour leur satisfaction personnelle qu'opéraient ces gallinacés, car, pour Sidi Ali, il avait tellement l'habitude de donner la table et le logement à l'insecte parasitique de l'homme, que jamais il ne s'en trouvait incommodé; c'est tout au plus s'il daignait s'apercevoir de la présence sur son individu de cet ignoble buveur de sang.

Certes, il n'en fallait pas tant pour convaincre le fellah Ismaïl de l'état de sainteté de son khammas; aussi, se précipitant, confus, à ses genoux, s'écria-t-il, en lui baisant le pan de son bernous : « Je reconnais que tu es l'élu de Dieu, ô Sidi Ali!... C'est toi qui es mon maître, et moi qui suis ton serviteur. » Puis, laissant là bœufs et charrue, il emmena le saint chez lui avec toutes les marques du respect qui est dû à ceux que le Tout-Puissant a comblés de ses faveurs divines.

Le bruit de ce miracle s'étant répandu non seulement dans la ville d'El-Koleïâa, mais encore dans le Sahel et dans la Metidja, les Croyants accoururent de toutes parts pour lui demander, à leur profit, son intercession auprès du Dieu dont il était si visiblement l'ami. Il va sans dire que les offrandes et les dons de *ziara* tombèrent drus comme grêle dans son bernous enguenillé, vêtement dont le saint ne s'était pas encore défait. Pourtant, son vœu de pauvreté n'était que temporaire ; mais il avait résolu de ne le rompre que lorsque sa réputation de sainteté serait tout à fait établie. Cela ne tarda pas, et bientôt les vieux pots dans lesquels il encaissait les offrandes en argent dont le comblaient les Croyants, et qu'il enfouissait successivement dans le jardin de son ancien maître Ismaïl, ce trésor souterrain, disons-nous, finit par absorber la presque totalité de l'étendue de la propriété du fellah. Ce fut à ce moment que Sidi Ali-Mbarek se releva de son vœu de pauvreté, et qu'il dépouilla les loques du *fakir* pour revêtir le bernous de fine laine des cherifs. Il fit bâtir une Zaouïa à laquelle accoururent en foule les tholba de tout le pays environnant : car, à sa réputation d'*oulaïa* (sainteté), Sidi Ali ajoutait encore celle d'un savant de premier ordre, surtout en *eulm-er-roboubiya* (théologie) et en *eulm el-fikh* (jurisprudence) ; son influence grandissait parallèlement à sa célébrité, et les pachas Kader et Hoçaïn-Khodja ne dédaignèrent pas de venir le visiter, et ils lui firent de riches présents de ziara.

Nous avons raconté, dans la légende de Sidi Mouça-ben-Naceur, les détails de la visite que fit Sidi Ali-

Mbarek à son vénéré collègue, le saint marabouth des Bni-Salah. Nous ne reviendrons pas sur cet épisode de la vie de l'ouali d'El-Koleïâa, lequel, par le luxe qu'il déploya dans cette circonstance, humilia profondément le pauvre Sidi Mouça, qui en était réduit, en ce moment, malgré sa science et sa sainteté, à habiter un gourbi où les vents et la pluie entraient comme chez eux. Nous avouerons sans hésiter que, ce jour-là, Sidi Ali manqua tout à fait de tact. Que voulez-vous ? On n'est pas parfait.

Nous ne voulons pas rappeler non plus sa triste et ridicule affaire avec Sidi Mahammed-ben-Alya, dont il avait avalé le serviteur jusqu'au nombril, et qu'il dut rendre par le nez sous la menace d'être écrasé par le djebel Mena (des Sahri), que Sidi Ben-Alya, qui n'était pas toujours commode, brandissait au-dessus de sa tête. Il est clair que, dans cette fâcheuse histoire, Sidi Ali-Mbarek n'avait été rien moins que brillant, et que sa dignité et son prestige en avaient quelque peu souffert. Aussi, dans l'intérêt du saint, ne reviendrons-nous pas là-dessus.

Enfin, après une longue existence dont les vingt dernières années furent des plus heureuses, la trace des pieds de Sidi Ali-Mbarek devint vide[1] tout à coup: un matin de l'an 1040 de l'hégire (1630), ses enfants le trouvèrent mort sur le *frach* (tapis) qui lui servait de couche. Ses restes mortels furent déposés dans l'intérieur de la Zaouïa qu'il avait fondée, et une koubba d'une architecture élégante fut édifiée sur son tombeau. Deux palmiers-dattiers, — qu'on voyait encore il y a quelques années, — s'étaient élevés spontanément, pendant la nuit qui avait suivi ses funérailles, à

---

1. Il mourut.

quelques pas du point où son corps avait été rendu à la terre. De nombreux miracles vinrent d'ailleurs augmenter encore la réputation de thaumaturge qu'il s'était acquise de son vivant ; aussi sa koubba fut-elle toujours très fréquentée par la foule de ses khoddam et par les tribus de la Metidja ; ce fut à ce point qu'El-Koleïâa mérita le nom d'El-Medina (la Médine, la ville par excellence) du Sahel, par allusion à la ville où repose la dépouille mortelle du Prophète.

Quelques-uns des descendants de Sidi Ali-Mbarek jouirent du don des miracles. Tous, d'ailleurs, furent toujours très respectés par les Turks, auprès desquels ils jouissaient d'une grande influence. Quelques-uns même jouèrent un rôle politique important, El-Hadj-Mohy-ed-Din-Es-Sr'ir entre autres, que nous nommâmes agha des Arabes à la fin de 1831, et qui fit défection en septembre de l'année suivante, malgré le traitement annuel de 170,000 francs que lui faisait le Gouvernement français. Un autre des Oulad-Sidi-Ali-Mbarek, Mohammed-ben-Allal, fut le meilleur lieutenant de l'Émir El-Hadj-Abd-el-Kader. Ce fut un vaillant homme de guerre qui, après s'être brillamment mesuré, de 1830 à 1843, avec les troupes françaises, dans cent combats divers, se fit tuer héroïquement, et en vendant chèrement sa vie, par un brigadier français des spahis d'Oran.

XXXVII

LELLA IMMA-HALLOULA

On remarque, à quatre heures de marche dans l'ouest de Koléa, et sur la crête du Sahel d'Alger, un monument qui a fait longtemps le désespoir des savants ; c'était, en effet, une énigme de pierre dont on a fini, en 1866, par savoir le mot en l'éventrant et en y pénétrant. Ce gigantesque édifice, que les Arabes nomment encore *Kebr er-Roumiïa*, le tombeau de *la Roumie*[1], — dont nous avons fait *la Chrétienne*, — passait, depuis le naïf Marmol, historien espagnol du XVIe siècle de notre ère, pour avoir servi de sépulture à la fille de ce fameux comte Julien, le gouverneur de Ceuta, qui jeta les Arabes sur l'Espagne en l'an 91 de l'hégire (710). Pourtant, Marmol, qui tenait ses renseignements de la bouche même des Arabes, aurait bien dû s'apercevoir, — lui qui possédait la langue du pays qu'il parcourait, et où il était captif, — que ses ciceroni se moquaient de lui quand ils lui assuraient que la fille du comte Julien se nommait *Kahba* (prostituée), et que sa servante, — qui n'avait point voulu se séparer de sa maîtresse au moment su-

---

1. Le mot *Roumi* (au féminin, *Roumiïa*) est une expression par laquelle les Barbaresques désignent dédaigneusement un Chrétien. L'expression *Roumi* signifie proprement un Grec, un *Rouméliote ;* elle s'emploie, en certains cas, pour *Romain ;* mais, dans les contrées barbaresques, elle désigne un *Chrétien*. (BRESNIER.)

prème, dans l'espoir, sans doute, de partager avec elle un si magnifique tombeau, — s'appelait *Halilefa* (petite truie).

Aujourd'hui, nous savons que ce gigantesque monument dut servir à la sépulture de la famille du roi des Mauritanies, Juba II, lequel mourut en l'an 23 de notre ère.

De tout temps, les Arabes ont cru à l'existence de trésors considérables dans les monuments laissés sur le sol de l'Afrique septentrionale par les Romains. Pour eux, toutes les pierres taillées provenant de ruines romaines sont autant de coffres remplis d'or et d'argent; aussi, tous les monuments, — les tombeaux particulièrement, — ont-ils été fouillés avec une cupidité extrême depuis les premières invasions musulmanes. A dire vrai, les Vandales et les Byzantins, qui les avaient précédés sur le sol africain, ne leur avaient pas laissé grand'chose à grappiller.

Les gens du Moghreb (Marok), très experts en *seheur* (sorcellerie), abusèrent souvent de l'avide crédulité des Arabes de l'Est pour leur soutirer de l'or monnayé contre de l'or en promesse. Si nous en croyons la légende, les Moghrebins n'auraient pas eu complétement le monopole de ce genre d'industrie, et les Espagnols s'en seraient un peu mêlés aussi; seulement, ces péninsulaires étaient de bonne foi, et ils partageaient sinon leurs trouvailles, du moins la croyance des Arabes relativement à l'existence de ces trésors.

On raconte qu'au temps du pacha Salah-Raïs, c'est-à-dire vers l'an 1554 de notre ère, un Arabe de la Metidja, nommé Bel-Kacem, qui avait été fait prisonnier de guerre par les Chrétiens, fut emmené en captivité en Espagne, où il fut acheté, en qualité d'esclave, par un vieux savant dans l'art de la *kimia* (alchimie), et qui, en outre, avait un talent tout particulier pour découvrir les trésors. Il faisait de l'or a ses moments perdus; mais il préférait encore le trouver tout fait, et prêt à jeter dans la circulation. Or, ce malheureux Bel-Kacem se lamentait jour et nuit au sujet de sa captivité, laquelle, se disait-il, pouvait être éternelle : car, pauvre comme le prophète Aïoub (Job), il savait bien que sa famille ne pouvait rien faire pour le rachat de sa liberté.

Le vieux sorcier avait appris, par les récits des voyageurs ou autrement, l'existence du Kebr Er-Roumiïa; il savait, de plus, que ce monument était situé sur la chaîne de collines qui longe le littoral, et qu'il dominait la Metidja au nord. Or, précisément, Bel-Kacem était Metidji, et, nécessairement, il devait connaître comme son capuchon le tombeau de la Roumie. Cela ne pouvait donc mieux tomber. « Écoute, lui dit, un jour, son vieux sorcier de maître, je puis te rendre cette liberté après laquelle tu soupires tant, et te permettre ainsi de revoir ta famille, qui, peut-être, ne serait pas très enchantée de ton retour. Enfin, cela ne me regarde pas. Pour cela, je ne te demande point de rançon, car je sais que tu n'as pas un maravédi vaillant. Seulement, tu me jureras de faire exactement ce que je vais te dire. Du reste, rassure-toi : il n'est rien dans ce que j'exigerai de toi qui soit contraire à ta religion. »

Pour recouvrer sa liberté, Bel-Kacem eût juré tout ce qu'aurait voulu le vieil alchimiste, au risque de n'exécuter de son ordre que ce qui n'avait rien de blessant pour son orthodoxie. Il jura donc avec enthousiasme de se conformer scrupuleusement aux indications qu'il voudrait bien lui donner. « Voici donc ce que c'est, continua le magicien ; demain matin, tu t'embarqueras ; — il n'était pas loin de Cartagena ; —

tu rentreras dans ta famille, puis, après trois jours passés auprès d'elle, tu te rendras au Tombeau de la Chrétienne ; arrivé au pied du monument, tu te tourneras vers l'orient, et tu brûleras le papier que je te remets au feu d'un brasier que tu auras allumé. Quoi qu'il arrive, ajouta le savant, n'en sois ni étonné ni effrayé. Borne-toi à rentrer sous ta tente, sans te préoccuper le moins du monde des suites ou conséquences de l'exécution de mes ordres. Je ne t'en demande pas davantage en échange de la liberté que je te rends. »

Bel-Kacem s'empressa de profiter de la liberté qu'il venait de recouvrer à si bon marché. Débarqué à Cherchel, il se rendit en toute hâte au Kebr Er-Roumïa, et il se conforma ponctuellement aux recommandations de son ancien maître. Mais à peine le papier magique, — car c'était un papier magique, — qu'il avait jeté dans le brasier était-il consumé, qu'il vit le monument s'entr'ouvrir du côté du nord avec un grand fracas ; puis, tout à coup, une nuée de pièces d'or et d'argent, épaisse à dérober la vue du ciel, jaillit de cette ouverture comme la lave s'élance du cratère d'un volcan, et fila rapidement du côté de la mer, c'est-à-dire vers le pays des Chrétiens.

Stupéfait d'abord à la vue de tant de richesses qui s'expatriaient, Bel-Kacem, dont le cœur saignait de n'en point avoir sa part, lança son bernous sur les dernières pièces, et parvint à en ramener quelques-unes. Mais les parois du monument s'étaient subitement rapprochées et avaient arrêté l'éruption ; le charme était rompu en même temps que le papier magique avait cessé de brûler. Il est inutile d'ajouter que cet immense trésor était allé s'abattre sur la maison du vieil alchimiste espagnol, et qu'il avait pénétré par la cheminée dans son mystérieux laboratoire.

Bel-Kacem garda le plus longtemps qu'il le put le silence sur cette aventure ; mais la langue lui démangeait tellement qu'il se soulagea en la racontant à sa femme. Or, du moment que sa femme la savait, le pacha d'Alger lui-même ne pouvait l'ignorer longtemps. C'est, en effet, ce qui arriva. Dans l'espoir qu'il pouvait en rester encore, et que la totalité des trésors que contenait le Kebr Er-Roumiïa n'était pas épuisée, surtout si, comme le déclarait Bel-Kacem, la fusée de pièces d'or et d'argent n'avait duré que quelques instants, le pacha Salah-Raïs, qui régnait alors à Alger, envoya aussitôt un grand nombre d'esclaves Chrétiens au tombeau de la Roumie, avec ordre exprès de le démolir de fond en comble, — ce qui était plus facile à ordonner qu'à exécuter, — et d'en rapporter les richesses qu'ils ne pouvaient manquer, ajoutait le souverain, d'y trouver : car il ne lui semblait pas possible qu'il n'en restât pas encore assez pour faire la fortune de dix pachas.

Le monument avait à peine été entamé par la pioche des démolisseurs, qu'une femme vêtue de blanc, — la Chrétienne, dit-on, dont on voulait violer le tombeau, — apparaissait sur le sommet de l'édifice, et, étendant ses bras vers le lac qui était au pied de la colline, s'écriait d'une voix suppliante : « *Ia Lella Halloula ! el-r'aïts ! el-r'aïts !* — O Lella Halloula ! au secours ! au secours ! » Le secours réclamé ne se fit pas attendre : une nuée d'énormes moustiques s'abattit sur les travailleurs et les dispersa. Ils revinrent plusieurs fois à la charge, mais toujours les moustiques fondaient sur eux avec acharnement, et les obligeaient à abandonner la partie. En définitive, les démolisseurs durent renoncer à leur entreprise, au grand regret, bien entendu, du pacha Salah-Raïs.

Plus de deux cents ans après, en 1773 de notre ère,

le pacha Baba-Mohammed-ben-Atsman voulut tenter de nouveau l'aventure qui avait si mal réussi à Salah-Raïs.

Le bruit s'était répandu qu'un sorcier marokain avait réussi à extraire quelques-uns des doublons qui restaient amassés dans le Kebr Er-Roumïa; pour bien démontrer, d'ailleurs, que ce n'était point la soif de l'or ou un vil intérêt qui le guidait dans cette affaire, mais bien l'amour seul de la numismatique, le bon sorcier avait gravé d'une manière très apparente, sur l'une des pierres du monument, l'indication suivante : « Ce monument renferme des richesses monnayées en abondance : elles sont contenues dans un coffre de pierre qui est renfermé dans un coffre de fer, qui, lui-même est placé dans un coffre de plomb. » Pour mieux attester la vérité du fait, le sorcier avait signé ce renseignement de son nom d'El-Hadj-El-Kohakehi-ben-El-Keddab. Il ajoutait, en *post-scriptum*, qu'il avait prélevé, pour son compte, un millier de *doublons au sanglier*, somme bien faible, écrivait-il, en comparaison de celle qui restait.

Le pacha Baba-Mohammed-ben-Atsman, à qui l'on raconta la chose, envoya en toute hâte l'agha des Arabes, avec du canon, à la recherche du précieux trésor. On fit d'abord des fouilles au-dessus de la pierre indicatrice du sorcier marokain, et l'on y trouva, — ce qui donna bon espoir, — un doublon ayant un sanglier pour effigie, et qui pesait autant que dix doublons d'Espagne. On en conclut tout naturellement que c'était une des pièces qu'avait tirées du monument l'heureux Marokain, et qu'il avait oublié ou négligé de ramasser. La continuation des fouilles n'ayant point fourni d'autre exemplaire de ces merveilleux doublons, l'agha en référa au pacha, qui, grand comme Alexandre en présence du nœud gordien, ordonna de dénouer la situation en canonnant le Kebr Er-Roumia, afin de s'assurer de ce qu'il avait dans le ventre et de lui faire livrer son secret, et son trésor surtout. Mais les canonniers de Baba-Mohammed n'eurent pas plus de succès que n'en eurent les démolisseurs de Salah-Raïs, et c'est à peine si les boulets du premier parvinrent à écorner le revêtement de pierre de taille qui servait d'enveloppe au mystérieux monument. Baba-Mohammed, lui aussi, dut donc renoncer à s'emparer des trésors que, selon la croyance obstinée des Arabes, devait renfermer le Tombeau de la Roumie.

Ces deux souverains eussent certainement regretté la peine qu'ils se sont donnée et le mauvais sang qu'ils ont dû se faire, s'ils avaient pu prévoir que des Roumis pénétreraient dans l'intérieur de ce monument une centaine d'années après la seconde tentative, et qu'on n'y trouverait, — en fait de trésor, — que des araignées d'un âge aussi respectable qu'avancé.

Comme les fouilleurs de 1866 étaient des coreligionnaires, Lella Imma-Halloula, ou la Roumie, qui, sans doute, les attendait comme des libérateurs, se prêta avec la meilleure grâce possible à l'ouverture de son tombeau, dont elle passa d'ailleurs les clefs par la porte aux enchanteurs Berbrugger et Mac-Carthy. Et la preuve que la belle Chrétienne a pu s'échapper du tombeau de pierre où elle était murée depuis onze siècles [1], c'est que le lac qui était au pied de son sépulcre, et qu'elle alimentait de ses larmes, est maintenant complètement desséché, à moins que les pluies ne viennent l'alimenter.

---

1. Nous avons dit plus haut que les Arabes prétendent, selon Marmol, que la Roumia serait la fille du comte Julien, le gouverneur de l'Andalousie pour les Wisigoths. Ce comte se serait défendu avec gloire contre les Mores de 708 à 710; mais en-

XXXVIII

SIDI EL-KHELFA-BEN-SIDI-YAHYA

Vers l'an 940 de l'hégire (1533), le cherif Sidi Mohammed-ben-Es-Solthan, qui était lieutenant du prince tlemsanien Abou-Mohammed-Abd-el-Ouahad, perdait la vie dans un combat malheureux. A la suite de revers successifs essuyés par ce prince, la famille de Sidi Mohammed quitta Tlemsan et émigra, sous la conduite de son fils Sidi Yahya, qui la conduisit au pays des Bni-Sliman, au sud de Médéa, chez lesquels il mourut en 964 de l'hégire (1556). La piété de ces Bni-Sliman, qui l'avaient en grande vénération, lui éleva une koubba, qui est très fréquentée par les tribus voisines de son tombeau. Sidi El-Khelfa devenait dès lors le chef de la famille des Cheurfa, et allait s'installer définitivement au centre de la vallée de Berouaguïa, sur des terrains que lui donnèrent, à titre d'apanage, les Bni-Hacen, les Hacen-ben-Ali et les Bni-Sliman.

Sidi El-Khelfa-ben-Sidi-Yahya fut le saint le plus considérable et le plus révéré de la famille des Cheurfa. Ce fut un saint militant; mais, à l'exemple de Sidi Mahammed-ben-Sidi-Abd-er-Rahman le Naïli,

---

suite, mû par un sentiment de vengeance, il aurait ouvert lui-même à l'ennemi l'entrée de l'Espagne, et aurait combattu avec eux à Xérès en 711 : il voulait, dit-on, punir ainsi le roi Roderic, qui avait violé sa fille Florinde.

Nous n'avons pas la prétention de mettre ici l'histoire d'accord avec la tradition.

son arme n'était autre que son chapelet de marabouth ; il lui suffisait d'ailleurs pour exterminer ses ennemis.

Un jour, les Bni-Sliman, qui, jadis, avaient donné l'hospitalité au grand-père de Sidi El-Khelfa, étaient en guerre avec leurs turbulents voisins, les Adaoura. Du reste, il faut bien le dire, ces Adaoura étaient des sacripants de la pire espèce, aussi leur réputation était-elle exécrable : passant leur vie à cheval, et à ce point qu'on les avait surnommés *El-Djella*, les couvertures de cheval, par allusion à l'habitude qu'ont les Arabes de couvrir le dos de leurs montures ; toujours en course, pillant, dévastant, détruisant, volant le bien de Dieu avec aussi peu de vergogne que celui des gens ; contraignant les habitants des *nezla* où ils passaient à leur donner la *dhifa* et l'*âlfa*, c'est-à-dire à les héberger gratuitement, eux et leurs bêtes ; mangeant souvent sans même se donner la peine de descendre de cheval ; faisant placer en cercle les plus jeunes femmes des douars où ils s'abattaient, et exigeant que chacune d'elles, absolument nue, — chose horrible ! — tînt sur sa tête le *metred*[1] contenant le kousksou. Non contents de cela, jetant leurs restes sur les corps de ces infortunées créatures, qui, ainsi souillées, étaient l'objet de la risée et des grossières plaisanteries de ces brutes. On disait de ces Adaoura : « La main sur la bride et leur nourriture aux frais des Musulmans. » Ils étaient aussi d'une cruauté sans égale. Ainsi, un jour, ayant donné l'hospitalité à des Oulad-Sidi-Aïça, qui allaient en chasse, dans le Sud, avec leurs vols de faucons, et n'ayant rien de préparé pour la pâture de ces oiseaux de proie, ils ne trouvèrent rien de mieux, pour qu'ils aient la curée chaude,

---

1. Plat de bois porté sur un pied, espèce de soupière.

que d'égorger un enfant et de leur en faire distribuer les lambeaux.

C'était surtout avec les Oulad-Alan, qui ne valaient guère mieux qu'eux, que les Adaoura avaient maille à partir. Un jour, à propos d'une femme alania, qui s'était enfuie du domicile conjugal, et qui s'était réfugiée chez les Oulad-Zemmit, les deux tribus tout entières en vinrent aux mains. Le combat, qui prit bientôt les proportions d'une véritable bataille, dura toute une journée. Quand la nuit vint arrêter cette effroyable lutte, on releva cent hommes et une femme sans vie du côté des Adaoura, et un pareil nombre d'hommes et un chien du côté des Oulad-Alan. « Les pertes des deux côtés, nous faisait observer le narrateur, étaient exactement égales. »

C'était donc avec ces terribles voisins qu'allaient se mesurer les Bni-Sliman.

Les deux partis se rencontrèrent sur l'ouad El-Hammam, à son point de confluence avec l'ouad El-Meleh. C'était un terrain particulièrement propre à l'action de la cavalerie. Or, les Bni-Sliman, qui savaient que le saint cherif Sidi El-Khalfa jouissait du don des miracles, l'avaient prié d'appeler sur leurs armes la bénédiction de Dieu et de lui demander le succès. En effet, l'intervention divine n'était pas de trop dans cette circonstance : car les Adaoura n'étaient point, — nous le savons, — des ennemis à dédaigner, et, s'ils ne pouvaient mettre sur pied un nombre de cavaliers aussi considérable que celui de leurs adversaires, ils remplaçaient cette infériorité numérique par une valeur incontestable, que leur donnait l'habitude de ces luttes dans lesquelles ils étaient si fréquemment engagés. Il n'était donc pas mauvais que les Bni-Sliman essayassent de mettre le plus de chances possible de leur côté. Sidi El-Khelfa, dont on disait ordinairement :

« Il est plus reconnaissant que l'asphodèle [1] », ne pouvait moins faire que d'accueillir favorablement la prière des Bni-Sliman ; il leur promit donc son aide, et, s'il plaisait à Dieu, le succès.

Forts de cette promesse et pleins de confiance dans leur bon droit, — ce qui n'est pas toujours suffisant, — les Bni-Sliman attendirent de pied ferme l'attaque des Adaoura ; ils ne voulaient pas qu'on pût leur reprocher d'avoir été les agresseurs, même dans le combat. Ils prirent position sur la rive gauche de l'ouad El-Hammam supérieur, qui les séparait de leurs adversaires, et se tinrent prêts à agir selon les éventualités de la lutte qui allait s'engager ; car ils ignoraient de quelle façon Sidi El-Khelfa allait intervenir dans la querelle qu'avaient provoquée les Adaoura. L'aile droite des Bni-Sliman s'appuyait aux pentes ravinées du djebel Megaref, et leur aile gauche était couverte par l'ouad El-Besbas qui, en ce point, est fortement encaissé. Sidi El-Khelfa se tenait en arrière de la ligne, sur une petite éminence dominant le champ probable de la lutte. La position choisie par les Bni-Sliman était excellente, en ce sens surtout qu'elle était difficilement tournable, à moins d'un long détour, et qu'elle n'était guère abordable de front, à cause de l'ouad El-Hammam, dont la rive gauche était d'un accès peu commode, surtout pour de la cavalerie, et les Adaoura n'avaient pas autre chose ; il est vrai de dire qu'ils étaient supérieurement montés, et que leurs juments eussent escaladé le ciel ; dans tous les cas, une surprise n'était pas possible. D'ailleurs, les Adaoura étaient habituellement si certains du succès qu'ils en

---

1. La *berouaga* (asphodèle) est citée par les Arabes comme l'emblème de la reconnaissance, parce qu'elle pousse et conserve sa verdeur même avec le manque de pluie.

avaient perdu toute prudence et qu'ils dédaignaient toute combinaison tactique : ils attaquaient toujours droit devant eux. Ils entamaient l'action par une *haïdj* (charge) furieuse, par un ouragan de guerriers de feu rivés à des chevaux d'acier, devant lequel tout pliait et cédait, et l'affaire était toujours décidée en un clin d'œil. D'abord, les gens de pied, qui, dans tous les temps, ont éprouvé une terreur invincible pour les gens de cheval, qu'ils considèrent comme leur étant très supérieurs, n'avaient jamais songé à tenir devant les Adaoura; l'idée ne leur en venait même pas. Et puis il faut dire qu'à l'époque dont nous parlons, cette terrible cavalerie adaourienne était commandée par le fameux Noubi, le descendant direct du célèbre et féroce Adour, l'ancêtre des Adaoura.

Ce Noubi était de ces cavaliers valeureux dont on dit habituellement : « Il est capable de se faire uriner dans la main par le lion. » Aussi ses goums avaient-ils en lui une confiance inébranlable. Ce n'est pas étonnant, il leur donnait toujours le succès, et il n'en faut pas davantage pour qu'un chef soit adoré de sa troupe.

Les cavaliers de Noubi sont là, sur la rive droite de l'ouad El-Meleh; leurs chevaux piaffent d'impatience, car ils ont senti les chevaux de l'ennemi; ils s'apprêtent à bondir comme des panthères dans sa direction et à prendre leur part du combat; tous, en effet, sont *temouliguin* et se battent des pieds de devant avec la même ardeur que leurs maîtres; de leur puissant sabot ils font voler les crânes en éclats, avec des éclaboussures de cervelles et de sang. Ils attendent, fougueux, le signal de la charge; ils tournent sur eux-mêmes, les naseaux dilatés, la bouche écumante et rongeant le mors, les oreilles dressées et l'encolure rouée. Aussi impatients que leurs montures, les cavaliers, l'œil sur

Noubi, rongent leur âme fiévreusement dans l'attente du combat; les drapeaux rouge et vert flottent sous le souffle du vent; les chabirs tintent sur les larges étriers de fer. Ils ont la soif du sang, ces farouches guerriers, et ils spéculent d'avance sur le butin que va leur donner la victoire : car ils ne doutent pas, bien qu'ils ne se soient pas encore mesurés avec les Bni-Sliman, qu'ils auront aussi bon marché d'eux que des autres ; aussi leur lancent-ils déjà des injures que la distance mange avant qu'elles ne parviennent à leur destinaion. De leur côté, les Bni-Slimam en font autant ; mais ils sont beaucoup plus calmes que les Adaoura : ils sentent que Sidi El-Kkelfa est là. De temps à autre, ils se retournent pour s'en assurer. En effet, le saint est en prière, et dès lors leurs cœurs restent à leur place. La tête de l'ami de Dieu, noyée dans les rayons du soleil couchant, — car il est déjà tard, — paraît lancer des gerbes de lances d'argent dans la direction de l'ennemi, lequel a le soleil debout et en plein visage. Or, cette disposition n'était point l'effet du hasard; elle entrait dans la tactique des Bni-Sliman, qui avaient combiné ainsi l'heure de leur arrivée sur le champ présumé du combat, ainsi que celle des Adaoura, dont leurs *chouaf* (éclaireurs) leur avaient indiqué le dernier point de campement et le moment du jour auquel ils devaient se mettre en mouvement.

Mais l'heure du carnage est proche : le *djüed*[1] Noubi, qu'on reconnaît facilement à sa haute taille, à sa merveilleuse jument noire aux jarrets de gazelle, à l'étoile blanche au front, aux pieds ferrés de vent du Sud et de vent du Nord, vaillante bête, bondissant avec une grâce et une souplesse félines en avant de la

---

1. Noble de noblesse militaire.

khiala (cavalerie); Noubi, en passant devant ses cavaliers, brandit un sabre fameux, *el-Kort'hobbi* (le Cordouan), qui a été donné à son ancêtre par le célèbre héros Khalid-ben-El-Oualid. « Allons, ô hommes! cria-t-il à sa troupe, mangez-moi ces *Bnou el-Kitha*[2], — ces fils de femmes ramassées par terre, — qui osent attendre de pied ferme la pointe de vos sabres!... Donnez du sang à boire à vos lames, et qu'elles s'en abreuvent jusqu'au dégoût!... A vous la victoire et le butin!... *Iallah! ia bnou 'l-mout!*[2] *heddou âla 'l-goum!* — Allons! ô les courageux! fondez sur le goum! »

Électrisés par les chaudes paroles et les promesses de Noubi, les Adaoura lâchent les rênes et lancent leurs bêtes en avant. Mais, ô miracle! ces ardentes buveuses d'air, que leurs cavaliers, il n'y a qu'un instant, avaient toutes les peines du monde à contenir, ces fougueuses filles du vent, si impatientes de bondir et de se précipiter sur le goum des Bni-Sliman, sont retenues sur place par des entraves invisibles dont elles cherchent vainement à se débarrasser! C'est un piétinement convulsif, un piaffement furieux de trois cents paires de jambes dont les sabots creusent et bouleversent le sol comme le ferait une armée de pionniers. Les cavaliers, qui ne comprennent rien à ce mystérieux arrêt, et qui sont tentés de le mettre sur le compte de la peur, labourent les flancs de leurs montures de leurs chaûirs de fer, et leur mettent, dans leur rage impuissante, la bouche en sang par les saccades répétées qu'imprime leur main fébrile à cet instrument de torture qu'on appelle le mors arabe; mais tout cela est en vain. Le farouche Noubi lui-même est cloué sur place comme son goum; mis hors

---

1. Gens vils.
2. Par métonymie, les enfants de la mort.

de lui par la désobéissance de sa fière jument, l'écume et l'injure à la bouche, Noubi lui fend le crâne en deux de sa terrible lame, et la noble bête s'affaisse comme une masse entre les jambes de son féroce et impitoyable bourreau. Un de ses serviteurs lui amène une autre jument de même robe, et il saute en selle avec la légèreté d'un djenn; mais il ne réussit pas davantage à la lancer en avant. Il y avait là évidemment soit l'action de Dieu, soit celle du Diable, car jamais un cheval n'avait désobéi ni à Noubi, ni à aucun de ses hardis cavaliers. Le chef âdaouri n'allait point tarder à être fixé sur la cause mystérieuse de son impuissance, il allait comprendre qu'il fallait l'attribuer à une influence contre laquelle devaient se briser tous ses efforts; ils n'eut plus de doutes à cet égard quand il vit ses cavaliers, désarçonnés l'un après l'autre, aller rouler sans vie sous le ventre de leurs montures. Lui, qui n'avait jamais connu la peur, il fut pourtant pris de frayeur, ce farouche et indomptable guerrier, lorsqu'il vit sa troupe, encore si brillante, si ardente il n'y a qu'un instant, se disloquer pièce à pièce et se fondre au souffle brûlant d'une puissance surnaturelle, comme se fond la cire sous l'action du feu; et ce qu'il y avait de plus effroyable dans ces morts honteuses, c'est-à-dire sans blessures, c'est que le visage des cadavres devenait noir instantanément, et que leurs chairs dégageaient une odeur infecte, pareille à celle qu'exhalent les corps décomposés des pestiférés.

Il est aisé de se faire une idée de l'effet que produisirent sur les Bni-Sliman, — ils n'étaient séparés des Adaoura que par une distance de cinq à six cents pas environ, — cette immobilisation de leurs ennemis et le vide successif de leurs selles, comme s'ils eussent été frappés par des mains invisibles. Ils se doutaient bien que Sidi El-Khelfa devait être pour quelque chose dans cet étrange combat, et ils se retournèrent instinctivement du côté du saint : ils le virent debout sur le tertre où il s'était placé tout d'abord. Adossé au soleil couchant, il en couvrait le disque de sa grande ombre, laquelle était encadrée par des rayons d'or qui s'échappaient autour de lui comme des flèches étincelantes; le bras droit levé vers le ciel, il tenait à la main un chapelet qui semblait immense; à chaque instant, et à intervalles égaux, un des grains tombait à terre, et, chose étrange! — ont rapporté ceux des Bni-Sliman qui étaient auprès du saint, — Sidi El-Khelfa avait remplacé les quatre-vingt-dix-neuf attributs de Dieu par des formules de malédiction dont ils avaient pu retenir les suivantes :

« Que Dieu le jette le nez dans la poussière!

« Que Dieu le damne!

« Que Dieu lui taille une part dans chaque sorte de supplice!

« Que Dieu remplisse sa bouche de terre!

« Que sa coupe soit vidée jusqu'à la lie!

« Que Dieu l'atteigne au bras!

« Que les oiseaux de proie se partagent son corps!

« Que la terre soit rendue égale sur lui!

« Que sa bouche crève, rassasiée du pus qui suinte des plaies des réprouvés!

« Que Dieu coupe sa marche et la trace de ses pas!

« Que Dieu vide son outre!

« Que Dieu l'extermine!

« Que Dieu lui coupe son existence!

« Que Dieu vide sa selle!

« Que Dieu le laisse entre deux cavaleries!

« Que Dieu le maudisse!

« Que Dieu le fasse trébucher sur le Sirath!

« Que Dieu jette au feu ce fils du péché!

« Que Dieu le fasse mourir sans témoigner !

« Que Dieu le donne en pâture à l'hyène, et au vautour cramponné sur son cadavre !

« Qu'il soit jeté parmi les tombeaux ! »

Et les Bni-Sliman purent remarquer qu'à chaque grain du chapelet qui se détachait tombait un cavalier Âdaouri pour ne plus se relever. En effet, avec le dernier grain, roulait sous le ventre de son cheval le quatre-vingt-dix-neuvième ennemi.

Ivre de fureur, et ayant ainsi perdu déjà le tiers de ses plus intrépides cavaliers, Noubi, que le saint avait ménagé, sans doute pour lui faire goûter plus en plein au fruit amer de la défaite, le farouche Noubi, les yeux injectés de sang et grinçant des dents, ne voulait point encore s'avouer vaincu : il enlevait sa jument, qu'il enlaçait de ses jambes à muscles d'acier, dans la direcrection des Bni-Sliman; mais la noble bête, qui soufflait des naseaux à les faire éclater, retombait toujours de côté. Enfin, quand il vit le jour prêt à entrer dans la nuit, et lorsqu'il fut bien convaincu de l'inutilité de ses efforts, il comprit que, cette fois, le serpent s'était frotté à la vipère, c'est-à-dire qu'il s'était attaqué à plus fort que lui. Il daigna alors prêter l'oreille aux conseils de ses lieutenants, qui, depuis longtemps déjà, lui avaient donné à entendre, avec toutes les précautions possibles, qu'il était prudent de remettre à un autre jour le règlement de cette affaire. « Il n'y a pas de honte, ajoutaient-ils, d'être le vaincu quand on a pour adversaire un homme doué de puissance surnaturelle. Il est hors de doute que si les Bni-Sliman eussent été réduits à leurs propres forces, nous les eussions *mangés* à ne pas en laisser un seul pour aller annoncer à leurs femmes que Noubi en avait fait des veuves.

— C'est bien, répondit Noubi en broyant sa rage entre ses molaires ; charge un mort en travers de chacune des selles vides, et profitons de la nuit pour leur donner la sépulture en dehors du territoire de notre tribu; nous éviterons ainsi, aux yeux des femmes, la honte de rapporter des tués sans blessures, des morts sans qu'il y ait eu combat. »

Et quatre-vingt-dix-neuf cavaliers amarrèrent pareil nombre de cadavres en travers des selles vides, et ceux qui n'avaient pas été atteints par la mort noire se retirèrent tristes et abattus, mais au galop de leurs chevaux, car les cadavres exhalaient une odeur infecte, insupportable pour les vivants; les hyènes, les chacals et tous les oiseaux de proie faisaient cortège à la funèbre caravane qui leur promettait une si abondante pâture. Chose étrange! dès qu'il s'était agi de battre en retraite, les chevaux des Adaoura s'étaient trouvés désentravés comme par enchantement. Près d'arriver à la limite de leur territoire, les cavaliers Adaouriens vidèrent leurs charges dans un profond ravin, qu'ils comblèrent de quartiers de rochers arrachés à la crête qui le surplombait. Ce ravin se nomma longtemps Châbet-El-Khomadj, le Ravin de la Putréfaction.

Depuis cet événement, les Adaoura cessèrent toute agression contre les Bni-Sliman : la terrible leçon qu'ils en avaient reçue paraissait leur avoir profité.

Les Bni-Sliman remercièrent Sidi El-Khelfa pour le secours inespéré qu'il leur avait apporté, et ils se déclarèrent ses serviteurs religieux. Le saint marabouth reçut leurs remerciements avec sa modestie ordinaire; seulement il leur fit remarquer que, dans cette affaire, il n'avait été que le délégué, l'intermédiaire du Tout-Puissant. C'était donc à lui qu'ils devaient leurs actions de grâces.

Après avoir opéré d'autres miracles qui, évidemment, n'avaient point l'importance de celui que nous venons de rapporter, Sidi El-Khelfa mourut comblé d'ans, de biens et de bénédictions. Ses enfants, aidés par les Bni-Sliman, les Bni-Hacen et les Hacen-ben-Ali, lui élevèrent une splendide koubba sur le territoire des Cheurfa, auquel il appartenait, et [le miraculeux chapelet qui avait servi à la défaite des Adaoura, et dont les grains avaient été pieusement recueillis, fut suspendu à la tête du *tabout* renfermant les restes précieux de l'impitoyable saint.

Sidi El-Khelfa-ben-Sidi-Yahya est l'objet de la vénération de toutes les tribus du Tithri, où il compte de nombreux serviteurs religieux.

XXXIX

SIDI AHMED-BEN-IOUCEF

Sidi Ahmed-ben-Ioucef, qui vint terminer sa longue carrière à Meliana, est un des saints les plus populaires et les plus vénérés de l'Algérie. Savant dans toutes les sciences de son époque, possédant toutes les connaissances humaines dont les Mores d'Espagne avaient été les conservateurs, ayant porté au plus haut degré l'art d'enseigner, d'une piété des plus ferventes et des plus rigides, vertueux comme on ne l'était guère de son temps, joignant à ces dons un esprit d'une causticité qui allait quelquefois jusqu'au sang, et dont il se servait pour cingler les vices de ses contemporains;

avec cela, thaumaturge jusqu'au bout des ongles, et ne faisant guère usage de son pouvoir surnaturel qu'en faveur des pauvres et des malheureux; sans cesse en voyage pour la cause de Dieu et le service de l'Islam, et laissant sur chacune des villes qu'il visitait des distiques qui sont devenus des dictons populaires, et qui attestent qu'il ne faisait pas toujours bon d'irriter le saint marabouth ou de s'attaquer à lui; toutes ces causes, disons-nous, ne pouvaient manquer de faire de Sidi Ahmed-ben-Ioucef l'*ouali* le plus connu et le plus souvent cité dans les provinces du centre et de l'ouest de l'Algérie.

Sidi Ahmed-ben-Ioucef fut un de ces Mores andalous qui, chassés d'Espagne par les premiers décrets d'expulsion, vinrent se réfugier dans cette grande pépinière de saints de Saguiet-El-Hamra que nous connaissons. Il quitta cet établissement religieux vers la fin du XVe siècle de notre ère, et prit la direction de l'Est avec quelques-uns de ses compagnons envoyés également en mission dans cette région.

Sidi Ben-Ioucef, qui n'avait point de destination bien précise, s'arrêta dans les provinces de l'Ouest, visitant soit les principaux affiliés de l'ordre de Sidi Abd-el-Kader-El-Djilani, dont il avait toute raison de croire la foi en tiédeur, soit les populations kabiles, chez lesquelles, avec l'élément arabe, il voulait faire pénétrer plus avant les principes de l'Islam, ou chercher à augmenter le nombre des adeptes du vénéré saint de Baghdad, dont nous avons raconté plus haut la légende.

Le saint marabouth fit un séjour de quelques années à Tlemsan et dans ses environs; à mesure que marchait sa besogne spirituelle, il s'avançait de plus en plus vers l'Est. C'est ainsi que nous le voyons successivement à Mâskara, chez les Hachem-R'eris, à Mostaghanem, à Mazouna, à Tenès, à Meliana, à Médéa, à Blida et à Cherchel.

Le saint marabouth n'eut sans doute pas à se louer de l'accueil qui lui fut fait à Mâskara, car il n'y séjourna que peu de temps, et, en quittant cette ville inhospitalière, il lui laissait ces deux distiques :

« J'avais conduit des fripons jusque dans l'enceinte de Mâskara,
« Et ils se sont sauvés dans les maisons de cette ville.
« Si tu rencontres quelqu'un de gras, de fier et de sale,
« Tu peux dire : C'est un des enfants de Mâskara. »

Les Hachem-R'eris, tribu à laquelle appartient l'Émir Abd-el-Kader, — ne furent pas ménagés non plus par le vindicatif marabouth, car il en dit ceci :

« Une pièce fausse est moins fausse
« Qu'un homme des Hachem. »

Il quitte Mostaghanem en faisant à ses habitants la réputation d'être portés sur leur bouche plus qu'il ne conviendrait :

« Mostaghanem, dont les habitants se hâtent de relever les quartiers de leurs belr'a[1],
« Pour courir plus vite après un bon morceau. »

L'hypocrisie des gens de Mazouna leur vaut une malédiction de la part du saint marabouth :

---

1. Les *belr'a* sont de larges pantoufles de peau jaune ou rouge, et dont les quartiers ne sont pas relevés habituellement.

« Pleins d'un beau zèle pour le pèlerinage, ils y emmènent leurs vieillards et leurs enfants;

« Mais eux et leurs biens seront dévorés par le feu de l'Enfer. »

Pas plus que Mazouna, Tenès n'eut le don de plaire à Sidi Ahmed, car il crache en ces termes son dégoût sur cette ville :

« Tenès, ville bâtie sur du fumier;
« Son eau est du sang,
« Son air est du poison !
« Par Dieu ! Ben-Ioucef ne passera pas
« Une seule nuit dans ses murs ! »

Nous dirons plus loin dans quelle circonstance le saint marabouth lança cette injure méprisante à la face de la population de Tenès.

Meliana même, la ville chérie du saint homme, et celle où il voudra que soient déposés ses restes mortels, ne trouve pas grâce devant l'inexorable critique; il la fouaille comme les autres. Il dit de cette charmante ville :

« Les femmes y commandent,
« Et les hommes y sont prisonniers. »

Toutes ses caresses, au contraire, sont pour Médéa; il est pour elle d'une galanterie religieuse sans égale. Avant de quitter cette ville de l'orthodoxie, il lui adresse ce compliment :

« Médéa la bien dirigée (dans la voie de l'orthodoxie);
« Si elle était femme,
« Je n'en voudrais point d'autre pour épouse;
« Si le mal y entre le matin, il en sort le soir, »

Sidi Ben-Ioucef est également charmant pour Blida, qu'il trouve tout à fait de son goût. Son distique sur cette ville des fleurs et des orangers est tout simplement un madrigal :

« On t'a appelée la Petite Ville[1] ;
« Moi, je te nommerai une Petite Rose. »

Mais le saint marabouth retombe dans toutes ses colères à l'égard de Cherchel, dont l'accueil lui a paru peu empressé, et surtout peu digne de sa réputation de science et de sainteté. En quittant cette ville de forgerons, il lui jette cette injure à la face :

« Vilaine ville de Cherchel,
« Si tes rues sont grandes
« Et tes marchés spacieux,
« Tu es peuplée, en revanche,
« De gens avares et sordides.
« Le voyageur qui n'est ni marin, ni forgeron,
« N'a rien de mieux à faire que de s'éloigner de tes murs. »

Dans toutes les villes où il avait séjourné, ou par lesquelles il avait passé, ce fut certainement de Tenès dont il eut le plus à se plaindre. Un certain tour que lui jouèrent les Tenésiens, et qu'il ne leur pardonna jamais, fut la cause de la haine qu'avait vouée Sidi Ben-Ioucef à cette population tarée jusque dans ses moelles, à ce repaire d'impies, à ce nid de voleurs et de pirates, que le saint marabouth maudit d'ailleurs des deux mains. Nous allons démontrer que, cette fois, l'*ouali* n'avait pas tous les torts.

---

1. *El-Blida* signifie *la petite ville, la villette.*

Confiant dans son caractère sacré, Sidi Ahmed-ben-Ioucef s'était aventuré chez les Tenésiens pour y semer la parole divine, bien qu'il n'ignorât pas pourtant que leur oreille n'était ouverte qu'aux conseils de l'esprit du mal. En effet, cette population représentait la plus jolie collection de coquins qu'il fût possible de rencontrer. Ne croyant ni à Dieu ni à diable, se riant des choses sacrées et des délégués du Tout-Puissant sur cette mère de la puanteur, qui n'est autre chose que le monde terrestre, pourris des vices les plus infects, aussi tarés au physique qu'au moral, les Tenésiens, vrai gibier d'enfer, n'étaient évidemment point des gens bien préparés pour recevoir la graine de l'Islam. Il est vrai de dire que c'est précisément cette difficulté qui avait décidé Sidi Ben-Ioucef à tenter l'aventure de leur conversion, ou, tout au moins, de leur amélioration. Sans doute, le saint homme ne se dissimulait pas qu'il avait peu de chances de réussir dans sa pieuse entreprise; mais que voulez-vous? l'*ouali* ne connaissait que le devoir, et, sa récompense, il la trouverait dans la satisfaction de sa conscience. Cela lui suffisait largement, car il n'était point du tout intéressé.

Eh bien! voyez un peu ce que c'est : d'autres que les Tenésiens eussent été enchantés qu'un saint de la valeur de Sidi Ben-Ioucef daignât les visiter et s'entretenir avec eux des petites affaires de leurs âmes; des gens de cœur et de quelque sens se fussent estimés on ne peut plus heureux qu'un Envoyé de Dieu se fût donné la peine de se déranger pour leur donner la manière de faire leur salut, et de traverser le *Sirath*[1] sans accident; mais ces pervertis, au contraire, réso-

---

1. *Sirath*, fameux pont, mince comme la lame d'un rasoir, sur lequel devra passer le genre humain au jour de la Résur-

lurent de bafouer le saint homme, et de s'assurer, en lui tendant un piège des plus grossiers, s'il jouissait, ainsi qu'on l'affirmait, du don des miracles. Ils ne paraissaient point se douter le moins du monde que l'imam Es-Soyouthi a dit : « Celui qui met à l'épreuve un homme éprouvé (un homme d'expérience) pourrait bien s'en repentir. »

Voici donc ce que ces vicieux imaginèrent pour essayer de tromper Sidi Ben-Ioucef : ils lui firent servir un chat dont ils avaient enlevé les parties compromettantes, et qu'ils avaient fait accommoder en gibelotte par le meilleur *thebbakh* (cuisinier) de Tenès. Il fallait certainement être très fort connaisseur en gibier pour s'apercevoir de la supercherie ; mais le saint ne mit pas deux heures à flairer le piège que lui tendaient les Tenésiens, et cela d'autant mieux qu'il n'avait pas le mérite de la nouveauté : car les gens de Bougie, — nous nous le rappelons, — avaient déjà essayé de jouer un tour à peu près semblable à Sidi Bou-Djemlin en lui servant une poule qui n'avait point été égorgée selon la formule religieuse ; les Tenésiens n'avaient donc pas eu à faire de bien grands efforts d'imagination pour trouver leur grossière plaisanterie. Ils en furent, — il est superflu de le dire, — pour leur courte honte dans cette affaire, attendu que Sidi Ben-Ioucef n'eut même pas besoin de faire usage de son pouvoir surnaturel pour reconnaître que l'animal qu'on lui servait n'avait jamais de sa vie appartenu à la tribu des léporidés. Il est clair qu'il existe assez de différence entre un lapin et un chat, — celui-ci fût-il accommodé en gibelotte, — pour qu'un observateur ne puisse pas s'y tromper, et, certes, Sidi Ben-Ioucef

---

rection des corps. Les Élus le traverseront avec la rapidité de l'éclair, tandis que les Réprouvés y trébucheront, et seront précipités dans l'Enfer.

moins qu'un autre, car il était d'une force supérieure en histoire naturelle. Il se laissa donc servir la bête. Les impies, — les uns cachés et les autres dans la salle où le saint devait prendre son repas, — attendaient hypocritement l'effet de leur ruse, et ils s'apprêtaient à en rire et à en faire des gorges chaudes. Ils crurent même un instant que le saint allait s'y laisser prendre, car il avait tiré son *kheudmi*[1] de sa gaine, et, saisissant la bête par une patte, il s'apprêtait à la découper, — le saint marabouth découpait très bien, — lorsque, tout à coup, il lança d'une voix aussi tonnante qu'indignée un formidable : « *Sob!* », interjection usitée pour chasser les chats pris en flagrant délit de larcin. L'animal en fut tellement effrayé que, tout fricassé qu'il était, il rentra subitement dans sa peau; puis, reprenant sa tête et ses yeux et les autres attributs de son espèce, il fila comme un trait en passant entre les jambes des Tenésiens, remplis, — on le pense bien, — de stupéfaction.

C'est alors que Sidi Ahmed-ben-Ioucef, se levant avec cette lente majesté qui ne l'abandonnait jamais, souffleta ses méprisables hôtes de cette sanglante injure dont leurs descendants mêmes ne sont pas encore parvenus à se laver entièrement :

« Tenès, ville bâtie sur du fumier;
« Son eau est du sang,
« Son air est du poison!
« Par Dieu! Ben-Ioucef ne passera pas
« Une seule nuit dans ses murs! »

Après cette terrible objurgation, Sidi Ben-Ioucef re-

---

1. Couteau arabe ne se fermant pas.

monta sur sa mule et quitta, sans esprit de retour, une ville dont il venait de flétrir la population d'une façon aussi méprisante.

Vous croyez peut-être qu'après un miracle de cette importance, les Tenésiens, rentrant en eux-mêmes et s'avouant leurs torts, vont se précipiter aux pieds du saint et solliciter son pardon? Ah! vous ne les connaissez guère, ces tarés, ces enfants du péché! Du reste, — ce n'est point là un fait nouveau, — de tout temps les Envoyés de Dieu ont été méconnus, bafoués, insultés, repoussés par les peuplades qu'ils avaient mission d'avertir; tel fut le sort, en effet, du prophète Choaïb chez les gens de Madian, du prophète Houd auprès de ceux d'Aad, du prophète Salah avec les gens de Temoud, et du prophète Louth avec ceux de Sodome, de Gomorrhe, etc. Aussi, qu'arriva-t-il à ces impies, à ces incrédules qui avaient traité les signes divins de tromperies et de mensonges? Les Madianites, les Aadites et les Temoudites furent engloutis à la suite d'une commotion de la terre. Quant aux gens des cinq villes de la mer Morte, ils furent exterminés sous les ruines de leur demeures, détruites par le feu du ciel.

Eh bien! malgré ces épouvantables exemples, les avertis n'en persistèrent pas moins dans leur impiété et leur incrédulité, contraignant Dieu à se répéter à chaque instant dans ses châtiments; et les Tenésiens devaient en faire encore une fois la terrible expérience. Furieux de la façon dont venait de les traiter Sidi Ben-Ioucef, ces aveugles se mirent à la poursuite du saint dans l'intention évidente de lui faire un mauvais parti; peut-être voulaient-ils, à l'exemple des Temoudites à l'égard 'de la chamelle de Salah, couper les jarrets de la mule du saint marabouth, afin de l'empêcher de poursuivre sa route. Ils en étaient bien capables. Quoi qu'il en soit, Sidi Ben-Ioucef, qui était très bon, ne voulut pas, évidemment, faire usage de son pouvoir surnaturel pour punir comme ils le méritaient ceux qui le poursuivaient en l'injuriant : car rien ne lui était plus facile que de s'en débarrasser, soit en les clouant au sol, soit de tout autre façon ; le saint, disons-nous, qui ne croyait pas devoir en arriver à cette extrémité, avait mis sa mule au galop ; mais la pauvre bête, à laquelle cette allure n'était rien moins que familière, s'abattit à la descente de l'une des pentes argileuses qui descendent sur l'ouad Allala, point qui, du reste, a conservé le nom de Hadourt-Sidi-Ahmed-ben-Ioucef. C'en était fait du saint, et les Ténésiens, qui l'avaient joint, allaient immanquablement le saisir par son bernous. Il n'y avait plus à hésiter, et Dieu ne pouvait permettre que de pareils misérables commissent l'horrible sacrilège de mettre la main sur son élu. Au moment où ils tendaient le bras pour s'emparer de Sidi Ben-Ioucef, qui, du reste, avait très habilement relevé sa mule, une crevasse se produisit spontanément sous les pieds des Ténésiens, et se referma sur eux. Ils avaient tout simplement été engloutis. Nous ajouterons qu'on n'en eut jamais de nouvelles depuis, et cela malgré les quelques recherches qui furent faites par leurs familles pour savoir ce qu'ils étaient devenus. Un berger, témoin de ce miracle, s'empressa de le raconter : ce fut un grand soulagement pour les parents des engloutis, en ce sens qu'étant fixés sur leur sort il leur devenait absolument inutile de continuer leurs investigations. Nous devons dire, pour rendre hommage à la vérité, que leurs regrets furent bien moins amers qu'on aurait pu le supposer ; à bien prendre, ils n'avaient pas fait là une bien grande perte.

Après cette aventure, Sidi Ahmed-ben-Ioucef retourna à Meliana, où il résolut de se fixer définitivement. Il y fonda une Zaouïa, où il forma de nombreux *tholba,* auxquels il donna la mission de continuer son œuvre de prosélytisme et de propagande religieuse. Quelques marabouths illustres s'honorèrent d'avoir été ses disciples, et d'avoir bu, auprès de lui, au calice de toutes les connaissances humaines. Sidi Mohammed-Ech-Cherif, le célèbre *ouali* d'El-Kalâa des Bni-Rachid, entre autres, s'enorgueillit toujours d'avoir été l'élève de Sidi Ben-Ioucef, et il le répétait à qui voulait l'entendre. Ce fut ce saint marabouth, — qui avait le don de lire dans le Livre de l'avenir aussi facilement que dans un livre ouvert, — qui prédit, si longtemps avant l'accomplissement du fait, que les mosquées de Tlemsan et d'El-Kalâa serviraient d'écuries à la cavalerie des mécréants, c'est-à-dire des Espagnols, sacrilège qui se consomma, en effet, en l'an 924 de l'hégire (1548). En prévision de cet horrible sacrilège, Sidi Mohammed-Ech-Cherif entrait un jour dans la mosquée d'El-Kalâa les pieds nus et souillés de la boue du chemin, et s'écriait, navré de douleur : « Je veux profaner ainsi cette mosquée avant que les Infidèles ne la souillent eux-mêmes. »

Enfin, après une longue et fructueuse existence, après avoir vu refleurir l'arbre de l'Islam dans une contrée où il était fort compromis, Sidi Ahmed-ben-Ioucef s'éteignit doucement sur le lit du respect et de la vénération. Sa dépouille mortelle fut déposée dans la Zaouïa qu'il avait fondée, et qui, depuis, fut transformée en mosquée. Lors de l'occupation de Meliana par les Français, ce *djamâ* fut converti en caserne; mais nos soldats furent bientôt victimes de cet affreux sacrilège : des légions innombrables de punaises venaient les y assaillir toutes les nuits, et leur tirer beaucoup plus de sang que leur maigre ordinaire ne leur en produisait. Dès que les infortunés soldats avaient éteint leurs lumières, et qu'ils commençaient à goûter un repos que souvent ils avaient chèrement acheté, ces infects et nauséabonds réduviens se laissaient tomber du plafond par milliers, ou accouraient avec une vivacité extrême, soit des boiseries, soit des paillasses ou matelas, à la curée chaude des malheureux qui leur étaient ainsi livrés en pâture. Tous les moyens employés pour combattre ce hideux *cimex lectularius* furent absolument inefficaces. Enfin, à bout de lutte et d'expédients pour se maintenir dans la place, nos soldats, vaincus sur toute la ligne, se virent obligés de l'évacuer, et de rendre à Sidi Ben-Ioucef la jouissance pleine et entière de sa dernière demeure. Les indigènes melianiens ne doutèrent pas un seul instant de l'intervention de leur saint marabouth dans cette affaire. Quelque temps après, cette mosquée était rendue au culte musulman.

Nous le répétons, les restes précieux de l'illustre *ouali* Sidi Ahmed-ben-Ioucef attirent de nombreux pèlerins sur son tombeau. Du reste, la piété constante de ses *khoddam* des deux sexes s'est maintenue jusqu'ici par de fréquents miracles, dont la plupart se rapportent à des cas de médication tout à fait intime. En effet, hommes et femmes sont sans cesse aux trousses du saint pour qu'il accorde aux uns la puissance de satisfaire au vœu des autres. Mais comme les faveurs sollicitées ne sont généralement accordées qu'à des gens purs et de mœurs limpides, il en résulte que le plus grand nombre est obligé d'y renoncer ou de s'en passer.

XL

SIDI MOHAMMED-EL-R'OBRINI [1]

Nous l'avons déjà dit, la grande *rabtha* (monastère) de Saguiet-El-Hamra lança, il y a près de quatre cents ans, et plus tard, une nuée de missionnaires sur la portion de l'Afrique septentrionale que nous occupons aujourd'hui. Le but de ces Envoyés était de pénétrer dans les montagnes et de prendre pied au milieu des populations kabiles, afin d'y tenter la revivification de la foi musulmane, qui y était on ne peut plus bas, et de recruter des adeptes à l'ordre de Sidi Abd-el-Kader-El-Djilani, confrérie religieuse qui a toujours compté un grand nombre d'affiliés en pays arabe, mais que, faute d'y avoir accès, les marabouths arabes n'avaient pu propager en pays berber.

Ces missionnaires, qui possédaient la science et la foi, s'étaient préparés à leur mission politique et religieuse par des études spéciales, et par des pratiques d'un ascétisme quelquefois exagéré qui leur rendait facile la vie de misère, de privations et de mortifications à laquelle ils allaient devoir se soumettre : car c'était avec la clef de la religion qu'ils comptaient ouvrir les portes que le méfiant Kabil tenait si rigoureu-

---

[1]. Nous avons emprunté une partie des détails de cette légende à un intéressant travail de M. l'interprète militaire Guin sur la famille des R'obrini de Cherchel.

sement fermées à l'Arabe, c'est-à-dire au maître de la plaine, à l'ancien conquérant.

Les missionnaires chargés de l'accomplissement de cette œuvre si grande et si délicate s'étaient appliqués, pour la plupart, à tuer la chair au profit de l'esprit. C'était, du reste, le seul moyen de parvenir, selon le désir exprimé par ces ascètes, à converser ou à s'entretenir avec Dieu; il fallait, d'ailleurs, frapper l'imagination des populations grossières chez lesquelles ils se proposaient d'opérer, et, pour cela, rien n'est meilleur que l'exemple.

Généralement, ces missionnaires quittaient la Zaouïa de Saguiet-El-Hamra par groupes, dont chacun des membres qui les composaient avait une direction et une destination bien déterminée et un but précis. Un jour, au commencement du XVI° siècle de notre ère, un groupe de trois religieux se mettaient en route avec mission d'aller visiter les khouan (frères) de l'ordre de Sidi Abd-el-Kader-El-Djilani appartenant aux tribus arabes du Cheurg (Est), de faire une propagande des plus actives pour recruter de nouveaux adeptes à la confrérie de l'illustre et vénéré *Moula 'Baghdad*, le patron de Baghdad, et de chercher à pénétrer dans les massifs berbers pour rallumer, parmi leurs grossières et ignorantes populations, le flambeau de l'Islam, qui, à vrai dire, n'y avait jamais beaucoup brillé. Ces trois marabouths propagandistes étaient : Sidi Abou-Abd-Ellah, qui avait reçu pour destination la vallée du Chelef Inférieur et les montagnes de sa rive droite, Sidi Mohammed-Ech-Cherif, qui était dirigé sur la Kabilie du Djerdjera, et Sidi Mohammed-El-R'obrini[1], l'ancêtre de la famille dont nous allons nous occuper,

---

1. *El-R'obrini*, c'est-à-dire des Oulad-R'ebaren ou des R'ebarna du Marok.

qui se rendait à Cherchel, avec le Djebel-Chenoua pour objectif.

Dès son arrivée à Cherchel, Sidi Mohammed-El-R'obrini s'était présenté à la population de cette ville avec le caractère dont il était revêtu, c'est-à-dire en missionnaire de l'Islam et en frère de l'ordre de Sidi Abd-el-Kader-El-Djilani, et il avait entamé sans plus attendre sa pieuse propagande par des prédications que son éloquence rendait des plus attrayantes et des plus entraînantes : car il passait, à juste titre, à Saguiet-El-Hamra, pour un *moutekellemani*[1] des plus distingués, et surtout des plus abondants. Nous ne voulons pas dire pourtant qu'il fût de la force de Sahban, de la tribu des Ouaïel, qui haranguait une assemblée pendant une demi-journée sans se servir deux fois du même mot. Sidi El-R'obrini lui-même, — il poussait la modestie jusqu'à l'excès, — ne le pensait peut-être pas ; mais, ce qu'il y a de certain, c'est qu'en très peu de temps il avait collectionné un nombre considérable d'adeptes qui s'étaient empressés de lui demander l'*ouird* et le *diker*[2] de Sidi Abd-el-Kader-El-Djilani, c'est-à-dire leur initiation à l'ordre de ce Sultan des Saints. Il faut dire aussi que, — toujours par l'effet de sa modestie, — n'ayant qu'une médiocre confiance dans ses moyens intellectuels, il avait demandé les conseils d'un saint et vénéré marabouth d'Alger, l'illustre, le docteur de la véritable science, le pontife de la voie orthodoxe, le cherif dont le minaret s'élève dans le ciel de l'éminente noblesse, de Sidi Mahammed-El-Kettani enfin, lequel, du reste,

---

1. Éloquent.
2. Nous répétons que l'*ouird* est l'affiliation, et le *diker* la prière particulière à l'ordre que doivent réciter les khouan un plus ou moins grand nombre de fois par jour.

avait été désigné à Sidi El-R'obrini, par les chefs de Saguiet-El-Hamra, comme le *mokaddem*, c'est-à-dire comme le chef spirituel de l'ordre, à Alger.

L'existence terrestre de Sidi Mohammed-El-R'obrini se partagea entre le prosélytisme, les œuvres pies et une grande abnégation de soi-même; c'était d'ailleurs un homme simple, rempli de vertus et absolument dévoué aux intérêts de son ordre. Le saint marabouth en fut récompensé par le don des miracles. Nous pouvons dire qu'il n'en abusa pas, car la tradition n'en a conservé le souvenir que de fort peu, et encore sont-ils d'une simplicité qui n'a pas grand'chose de miraculeux. Nous nous dispenserons donc de les rapporter.

Quand Sidi El-R'obrini sentit sa fin approcher, il appela auprès de lui son jeune fils Braham, qui, alors, suivait les doctes leçons de Sidi Mohammed-ben-Ali-Bahloui, cet illustre et vénéré marabouth des Medjadja qui devait périr quelque temps après de la main du révéré, de l'excellent Sidi Ben-Châa-El-Habchi, lequel, il faut en convenir, fut peut-être un peu vif dans cette circonstance; il est vrai qu'il s'en est bien repenti plus tard. Lorsque Sidi Braham fut accouru au chevet de son père, celui-ci lui dit : « Mes yeux vont se clore pour toujours. J'espère trouver dans le sein de Dieu toute la miséricorde dont j'ai besoin. J'avais reçu une mission à laquelle je me suis voué corps et âme; il t'appartient de te rendre digne de la continuer. Dès que je ne serai plus, tu te rendras à Alger, et tu te présenteras au savant et illustre *mokaddem* de l'ordre, Sidi Mahammed-El-Kettani, à qui tu demanderas la faveur de suivre ses précieuses et doctes leçons. Quoi qu'il arrive, ne te rebutes pas, car, je t'en avertis, le temps des épreuves pourra être long et difficile. »

Après avoir fait connaître à ses fils ses dernières

volontés, Sidi Mohammed-El-R'obrini dépouilla son corps, qu'il laissa à la terre, et son âme s'élança par les *asbab es-Sma* [1], les voies du ciel, vers le séjour des *Ehel El-Djenna*, les Bienheureux.

Un tombeau lui fut élevé, en avant de Bab-El-Dzer, par les soins des khouan de l'ordre, dont il avait été l'un des plus ardents propagateurs.

Dès son arrivée à destination, le saint avait sollicité du Très-Haut une mince faveur, qui lui fut accordée généreusement et sans la moindre difficulté : c'était de préserver de tout mal les gens qui se laisseraient choir, — même par maladresse, — dans le profond ravin qui avoisine sa dernière demeure ici-bas. Le fait est que les Musulmans, — cela ne concerne pas les Chrétiens, — peuvent rouler impunément dans les profondeurs de l'abîme; quelques Croyants prétendent même qu'arrivés au fond, les *Salheïn* [2] rebondissent comme une balle élastique, et sont remis intacts sur leurs jambes à la lèvre du ravin; ils évitent ainsi la fatigue de l'ascension. Quoi qu'il en soit, et malgré les douceurs de la chute, il est avéré que les Musulmans, — même les plus purs, — prennent toutes les précautions possibles pour l'éviter. Nous ferons observer, à propos de l'infimité de la faveur posthume accordée à Sidi El-R'obrini, que Dieu a un faible très prononcé pour les saints modestes et discrets dans leurs sollicitations, et qu'il les préfère de beaucoup à ces *ouali* pleins d'ostentation qui, à propos de rien, bouleversent le ciel et la terre; après cela, c'est tout une affaire pour remettre les choses en ordre dans la ma-

---

1. Les *asbab es-Sma*, ou voies du ciel, sont les degrés par lesquels on pénètre dans la céleste demeure, et au moyen desquels on s'y hisse comme à l'aide de cordes.
2. Les gens de bien, les gens vertueux.

chine de l'univers. On ne nous étonnerait pas si, un jour ou l'autre, on venait nous dire qu'ils en ont cassé le grand ressort.

XLI

SIDI

BRAHAM-BEN-SIDI-MOHAMMED-EL-R'OBRINI

Dès que Sidi Braham eut rendu les derniers devoirs à celui qui avait été son père, il fit un paquet de ce qu'il possédait, c'est-à-dire de ce que son père lui avait laissé, — ce n'était pas lourd, — et il se mit en route pour Alger. Aussitôt son arrivée dans la capitale de la Régence, il se rendit à la Zaouïa de Sidi Mahammed-El-Kettani, et demanda à être présenté à l'illustre et savant maraboutb, à qui il se nomma, en lui faisant connaître en même temps la cause et le but de son voyage. Or, Sidi El-Kettani, tout savant qu'il était, avait la réputation de ne pas être des plus commodes, surtout quand le temps allait changer; dans ces moments-là, il devenait absolument impraticable, surtout pour ses inférieurs. Le jeune Braham tombait justement au milieu d'un de ces accès de mauvaise humeur du saint; c'était jouer de malheur vraiment. Aussi fut-il reçu, bien qu'il eût dit qui il était, de la façon la moins encourageante, surtout pour un jeune homme timide et sans aucune expérience du monde, et de ces gens qui semblent y avoir été jetés tout exprès pour tourmenter leurs contemporains. Non seulement Sidi El-Kettani, après l'avoir fait attendre un siècle à la porte, dit au jeune Braham les choses les plus désagréables, mais encore il le repoussa durement et lui ferma son huis sur le nez.

Mais le jeune *thaleb*, qui n'avait point oublié les recommandations de son vénéré père, ne se rebuta point; loin de là, il s'était juré d'y mettre tout l'entêtement nécessaire pour arriver à fléchir ce saint si dépourvu d'amabilité. Il s'établit donc à sa porte et se mit à psalmodier, sur le ton pleurard des mendiants, ses supplications et ses prières pour qu'il l'admît parmi les élèves de sa Zaouïa. Cette persistance de l'infortuné Braham finit, au bout de quelques jours, par exaspérer Sidi El-Kettani, qui, pour se débarrasser de cet opiniâtre solliciteur, voulut bien entrer en explications avec lui pour tâcher de lui démontrer qu'il ne pouvait absolument rien pour lui : « A quoi peux-tu donc prétendre, toi, qui n'es et qui n'as rien? lui dit brutalement, et sans y aller par quatre chemins, le rigide professeur; tu comprends bien que je ne saurais, sans créer le plus fâcheux précédent, te faire l'aumône de mes leçons, ni y ajouter, par-dessus le marché, la nourriture du corps, le vêtement et le logement. Ici, tout se paie fort cher, et ma Zaouïa ne peut recevoir que des élèves dont les parents sont suffisamment pourvus des biens de ce monde pour acquitter les frais d'études de leurs enfants. »

Le jeune Braham, qui comptait beaucoup sur le Dieu unique pour l'aider à payer ses dettes d'études, répondit avec assez d'aplomb à Sidi El-Kettani que ce détail ne devait pas l'inquiéter, que le Tout-Puissant saurait bien tirer d'embarras son serviteur; « c'était là son devoir, ajoutait le jeune R'obrini : car, après tout, s'il voulait qu'il travaillât dans l'intérêt de la religion, il devait tout naturellement lui en fournir les moyens. »

La persistance de ce jeune homme à vouloir recevoir les leçons de Sidi El-Kettani, sa bonne mine et la force de volonté qu'il montrait depuis son arrivée à Alger, et cela malgré le mauvais accueil qu'il lui avait fait, ces raisons finirent par vaincre la résistance de l'illustre marabouth, et par entrebâiller au jeune thaleb la porte de l'espérance. « En considération de la profonde estime dans laquelle j'avais ton vénéré père, lui dit-il, je consentirais volontiers à t'admettre à ma Zaouïa, mais à la condition que tu me rembourserais les frais d'études et d'entretien que tu m'auras coûtés. »

Sidi Braham promit tout ce que voulut Sidi El-Kettani; il s'engagea même, — qu'est-ce que cela lui faisait ? — à désintéresser largement le saint professeur; il accepta, en un mot, toutes ses conditions. Il put dès lors continuer, auprès de Sidi El-Kettani, les études qu'il avait si bien commencées auprès du marabouth des Medjadja. Ses progrès furent on ne peut plus rapides, et il fut cité bientôt comme l'élève le plus remarquable de la Zaouïa de Sidi Mahammed-El-Kettani.

Mais l'année venait de finir, et Sidi Braham gardait le silence le plus obstiné relativement au payement de sa pension. Pourtant, le saint directeur de la Zaouïa n'avait pas perdu de vue ce détail, qui l'intéressait plus qu'on ne saurait le dire. Déjà, à plusieurs reprises, il avait fait quelques allusions assez piquantes à ce sujet : ainsi, très souvent, il prenait pour texte de ses leçons ces paroles de l'imam Es-Soyouthi : « Gardez-vous d'avoir des dettes; elles sont une cause de souci pendant la nuit et de honte pendant le jour. » Mais Sidi Braham feignait de ne point voir là-dedans une personnalité, et il continuait à ne pas payer. Comment l'eût-il fait d'ailleurs ? il n'avait pas seulement un *fels*[1] dans sa *mekrouça*[2]. Enfin, Sidi El-Kettani se décida à aborder la question plus clairement, et à menacer Sidi Braham de le mettre en vente comme esclave, s'il ne prenait ses mesures pour s'acquitter de sa dette dans le plus bref délai.

Cette menace n'émut point le jeune thaleb autant que Sidi El-Kettani eût pu le supposer. Résigné à son sort comme un parfait Musulman, Sidi Braham répondit à son chikh avec une douceur angélique : « Je t'appartiens ; tu me possèdes entièrement ; fais donc de moi ce que bon te semblera. »

Cette réponse ne désarma point le saint et impitoyable marabouth d'Alger, lequel tenait absolument, — pour le principe sans doute, — à rentrer dans ses fonds. Après avoir exposé plusieurs fois son élève sur le marché sans trouver acquéreur, il finit par le céder à un Turk, mais pour un prix bien inférieur à celui de la valeur réelle du thaleb. Ce Turk l'employa de suite aux travaux des champs.

C'est à partir de ce jour, où il fit abnégation de lui-même à ce point de consentir sans murmurer à subir les dures épreuves de l'esclavage, que commencèrent à se produire chez lui certaines manifestations surnaturelles ; en un mot, l'esprit de Dieu l'avait pénétré, et les lois qui régissent la nature étaient mises à sa disposition. Le Turk qui l'avait acheté fut le premier à s'apercevoir des qualités hors ligne de son esclave, et de sa rare aptitude pour les travaux des champs.

---

1. Monnaie fictive d'Alger : 5 *fels* valaient un *drachme*, dont 30 valaient 0 fr. 75.

2. Partie du haïk dans laquelle on fait un nœud pour y serrer son argent.

Ce dont le maître de Sidi Braham ne parvenait pas à se rendre compte, c'est que, bien qu'il passât les trois quarts de son temps en prière, il faisait cependant plus de besogne que vingt travailleurs assidus. La conduite, les manières du jeune esclave étaient d'ailleurs si différentes de celles des gens de sa condition, que cela donna à penser au fellah, et qu'il se mit à chercher, mais vainement, qui pouvait bien être ce khammas si étrange. Sidi Braham ne fit rien pour éclairer son maître : il était esclave de par la volonté de son chikh, qui l'avait vendu pour s'indemniser de la science qu'il lui avait donnée, il n'avait donc ni à se faire connaître, ni à révéler à son maître les causes qui l'avaient réduit à la condition dans laquelle il se trouvait.

Pourtant, cet incognito que désirait garder Sidi Braham ne pouvait se perpétuer, et le moment n'était pas éloigné où le mystère qui entourait le jeune saint allait être pénétré. En effet, ce Turk étant allé, un jour, visiter ses labours, ne fut pas peu émerveillé de voir ses attelages qui, bien que livrés à eux-mêmes, traçaient des sillons d'une rectitude absolument inusitée chez les Arabes ou les Kabils. Mais où était donc Sidi Braham? Le Turk fit un tour d'horizon, et finit par apercevoir son esclave à quelque distance de son champ, et dans l'attitude de la contemplation extatique. Il était clair que le saint était en conversation avec Dieu, et le Turk connaissait trop bien les règles de la civilité religieuse pour déranger le saint de sa pieuse occupation. Il n'y avait plus à en douter, cet esclave, qu'il avait traité comme un nègre, était tout uniment un ami de Dieu [1]. Aussi, dans la crainte que

---

[1]. Nous ferons remarquer que ce genre de miracle, renouvelé de saint Isidore d'Alexandrie, anachorète de la Thébaïde,

son âme de Turk n'eût plus tard à en supporter les conséquences, il s'empressa de lui rendre sa liberté.

Le premier usage que fit Sidi Braham de sa liberté fut de courir se prosterner aux pieds de Sidi Mahammed-El-Kettani pour obtenir sa bénédiction, — bien qu'à vrai dire il n'en eût pas un urgent besoin, — et pour le prier de lui continuer ses pieuses et inappréciables leçons ; mais, comprenant que Sidi Braham en savait beaucoup plus qu'il ne pouvait lui en apprendre, le marabouth d'Alger lui donna le conseil de se rendre à El-Kahira (Le Kaire), auprès du chikh Mohammed-El-Bakri, lequel était seul capable de le diriger désormais dans les voies orthodoxes et de le perfectionner dans ses études.

Sidi Braham ne se le fit pas dire deux fois : il se mit en route sans retard, et, après avoir surmonté courageusement les dangers et les fatigues de ce long et pénible voyage, il arrivait au Kaire, et se présentait à l'illustre et savant maître dont il venait solliciter les incomparables leçons.

Il était sans doute dans la destinée de Sidi Braham d'être médiocrement accueilli par les maîtres auxquels il se présentait : car, bien qu'il se recommandât du nom de Sidi Mohammed-El-Kettani, qui, pourtant, jouissait d'une réputation considérable de *fakih* et de docteur dans tout le pays musulman, Sidi Mohammed-El-Bakri le reçut à peu près aussi gracieusement que l'avait fait le premier de ces savants professeurs. Était-ce encore une épreuve qu'il devait subir? Le jeune thaleb s'y résignait d'avance, car il se rappelait que

---

qui vécut de l'an 370 à l'an 440 de J.-C., a déjà été opéré par les marabouths Sidi Abd-el-Aziz et Sidi Ali-Mbarek. Il y a là évidemment plagiat de la part des saints Musulmans.

Sidi Mohammed-El-R'obrini, son bien-aimé père, lui avait, à son lit de mort, recommandé de ne point se rebuter, attendu que le temps des épreuves pouvait être long et difficile. Nous savons, du reste, qu'en fait de ténacité, Sidi Braham en aurait revendu même à Aaïcha-ben-Atsman, cet opiniâtre légendaire qui, tombé dans un fossé plein d'eau, saisit la queue d'un jeune chameau, et ne lâcha prise qu'il n'en fût sorti. Il est évident qu'un autre que cet entêté d'Aaïcha se serait résigné à périr dans le fossé, convaincu qu'il eût été que c'était la volonté de Dieu. Aussi, les Musulmans le donnent-ils comme le type le plus accompli de l'opiniâtreté.

Quoi qu'il en soit, au lieu de l'admettre à ses leçons, Sidi Mohammed-El-Bakri lui donna la tâche de désaltérer les passants. Bien que ce genre d'occupation ne fût pas de nature à avancer beaucoup ses études et à lui procurer la science qu'il était venu chercher si loin, Sidi Braham obéit sans murmurer aux ordres du chikh, et, malgré l'infimité de la fonction dont il l'avait chargé, il s'en acquitta néanmoins avec infiniment de zèle et de conscience : muni d'une outre, il passait ses journées à aller puiser de l'eau au loin, et à la distribuer gratuitement, dans les rues du Kaire, à ceux qui éprouvaient le besoin de se désaltérer.

Mon Dieu ! ce n'est pas qu'il trouvât cette besogne humiliante, car, après tout, l'illustre Sidi Ali-El-Khaououas se livrait bien à quelque chose d'approchant ; seulement, il n'allait pas au-devant des altérés, et puis son eau avait une vertu toute particulière, celle de chasser la peine et la tristesse. Tenant auprès de lui, dans sa boutique, une grande aiguière de métal, le chikh disait à celui qui se présentait : « Bois dans la pensée et l'intention que Dieu te délivre de la peine. » Il buvait, et la peine cessait à l'instant même.

Une quarantaine de personnes venaient chaque jour boire de cette eau [1].

Bien que sa charge de *saka*[2] fût des plus pénibles, Sidi Braham, au lieu de se reposer, n'en consacrait pas moins ses nuits à la mortification et à la prière.

Mais le chikh El-Bakri ne perdait cependant pas de vue le Cherchali Braham. Satisfait de sa résignation, de son obéissance sans plainte ni murmure, et de sa fervente piété, il se décida à mettre fin aux dures épreuves qu'il lui avait imposées. Il l'appela auprès de lui, et voulut se charger lui-même de compléter ses connaissances dans toutes les branches composant l'ensemble des sciences dont l'étude était pratiquée en Égypte, ce foyer des lumières islamiques dans les XVe et XVIe siècles de notre ère. Avec un pareil maître, et ses merveilleuses dispositions, Sidi Braham ne pouvait manquer de faire des progrès rapides dans toutes les directions. C'est, en effet, ce qui arriva.

La Zaouïa de Sidi Mohammed-El-Bakri était fréquentée par les savants les plus distingués des pays musulmans; c'était à qui viendrait entendre ses prodigieuses leçons, et c'est à ce point que des anges et des génies ne dédaignaient pas de quitter les régions supérieures pour venir se délecter de la parole harmonieuse de l'illustre chikh, et, parmi ces anges et ces génies, ce n'étaient pas les premiers venus qui se faisaient ainsi ses auditeurs; c'étaient, au contraire, les eulama les plus éminents de ces célestes corporations.

Quand le chikh El-Bakri jugea que Sidi Braham en savait assez, il congédia son élève en lui donnant la

---

1. *Balance de la Loi musulmane*, traduction du très savant docteur Perron.
2. Qui donne à boire.

mission de continuer, dans la région de Cherchel, l'œuvre dont Sidi Mohammed-El-R'obrini, son vénéré père, s'était fait le glorieux et saint apôtre.

Instruits de son arrivée, les gens de Cherchel envoyèrent au-devant de lui, pour lui faire leurs souhaits de bienvenue au nom de toute la population, une députation composée des notables de la ville ; l'un d'eux, El-Mekrous, mit sa maison et ses biens à la disposition du jeune maraboutb.

Après quelques jours donnés au repos, Sidi Braham reprit l'œuvre de son père : catéchiser cette population, raviver son zèle religieux, accroître le nombre des khouan de Sidi Abd-el-Kader-El-Djilani, pénétrer ensuite dans les montagnes qui entourent Cherchel, et chercher à se maintenir au milieu des tribus kabiles : telle était la pieuse besogne à laquelle Sidi Braham donnait tous ses soins et tout son temps. Il avait ouvert, à la même époque, une Zaouïa que fréquentaient non seulement toute la jeunesse studieuse du pays, mais encore des lettrés des tribus environnantes. On y enseignait le Koran, les *Hadits*[1], et on y glorifiait Dieu la nuit et le jour ; on y traitait aussi de la science et des pratiques des *Soufi*[2] ; la jurisprudence y était également étudiée avec une ardeur extraordinaire et une persévérance que rien ne pouvait lasser.

Le pouvoir surnaturel de Sidi Braham se manifesta de nouveau, et acheva de convaincre les envieux, qui, jusqu'alors, avaient pris à tâche de le nier. Un jour, il

---

1. Tradition concernant les faits ou les paroles recueillis de la bouche du Prophète Mohammed, ou sur lui.

2. Hommes adonnés à la vie contemplative, indifférents à la pratique extérieure du culte, et qui font consister la perfection dans l'amour de l'essence divine, et dans l'anéantissement de l'individualité humaine en Dieu.

avait à employer des maçons pour agrandir sa Zaouïa, devenue insuffisante pour contenir la foule des élèves qui venaient entendre ses leçons ; or, il pourvoyait largement à la nourriture des ouvriers chargés de ce travail. Sans doute, comme ils étaient nombreux, et que les ressources de Sidi Braham étaient très limitées, — car il n'avait rien à lui : — tout passait, en effet, soit en œuvres pies, soit en aumônes ; il est clair, disons-nous, que le *thâam* qu'on leur servait n'était pas autre chose que du *kousksou forthas* (kousksou teigneux), c'est-à-dire sans viande ; mais, en définitive, les grossiers maçons, qui ne mangeaient de viande de mouton qu'une fois par an, à l'*đid el-kbir* (la grande fête), ne pouvaient prétendre, ce nous semble, à pareille somptuosité. Quoi qu'il en soit, poussés vraisemblablement par les ennemis du saint, ils ne craignirent point de chercher à le déconsidérer aux yeux des gens de la ville, en prétendant que le vénéré marabouth les laissait mourir de faim : « Son rocher, disaient-ils, ne laisse tomber que quelques gouttes », ce qui s'applique à un avare qui se décide à donner quelque chose ; ils répétaient aussi à tout bout de champ cette affreuse calomnie : « C'est un avare sordide, capable de téter les femelles de son troupeau, ou de tirer les restes des mets d'entre ses dents. » Ils ne paraissaient pas se douter, ces maçons pervers, que le Prophète a dit : « Rien ne fera faire aux hommes une plus belle culbute, et ne les jettera aussi sûrement sur leur face dans le feu que leurs propos calomnieux. » Ainsi que cela arrive toujours en pareil cas, Sidi Braham fut le dernier qui apprit que les maçons qu'il employait tenaient sur son compte des propos pouvant entacher sa réputation de générosité, en le montrant sous l'aspect d'un homme intéressé, c'est-à-dire beaucoup trop attaché aux biens de ce monde.

24.

Le saint, qui était la bonté même, ne voulut point les punir, bien que pourtant ils l'eussent suffisamment mérité; il se borna à les confondre, et à les couvrir de honte devant la foule et en présence des notables de la ville. A cet effet, il invita les personnages les plus considérables de Cherchel à venir visiter les travaux qu'il faisait exécuter; un grand nombre de citadins s'étaient joints au cortège et l'avaient suivi jusque sur les travaux; puis, en présence de tout ce monde, — c'était précisément l'heure du *fthour* (déjeuner) des ouvriers, — il réunit ses maçons et leur fit servir du pain et du miel dans deux petits plats : « Rassasiez-vous, mes enfants! » leur dit le saint avec sa bonté ordinaire. Les maçons pensèrent que le saint marabouth voulait se moquer d'eux : car ils étaient une vingtaine, et il y avait à peine pour un dans les deux petits plats qu'il leur avait fait servir. Ils firent une grimace significative, tout en jetant sur les notables et sur la foule un regard triomphant qui semblait vouloir dire : « Vous voyez que l'accusation que nous avons portée contre Sidi Braham ne s'éloigne pas beaucoup de la vérité !... Est-il possible de donner si peu pour vingt ouvriers? » Et ils hésitaient à toucher à ce pain et à ce miel. Les notables se disaient entre eux : « Ces maçons ont raison; il n'y a certainement pas dans ces deux petits plats de quoi rassasier vingt hommes !... » En voyant que les maçons ne se décidaient pas à manger, Sidi Braham leur répéta encore une fois, et d'un ton assez impérieux : « Mangez, et rassasiez-vous, vous dis-je. » Ils obéirent au saint; mais qu'on juge de leur étonnement quand ils s'aperçurent qu'à mesure qu'ils mangeaient le miel et le pain absorbés étaient immédiatement remplacés dans les deux plats, et cette multiplication, renouvelée du prophète Aïça (Jésus-Christ), se continua avec une telle persistance que toutes les personnes qui étaient présentes purent, à leur tour, satisfaire leur appétit.

Sidi Braham s'approcha alors des ouvriers maçons et leur reprocha assez amèrement leurs propos calomnieux : tremblants comme des coupables qu'ils étaient, ils se précipitèrent à ses genoux en sollicitant leur pardon et en manifestant le plus sérieux repentir. Le saint, qui n'avait pas de rancune, daigna leur pardonner, mais à la condition qu'ils n'y reviendraient plus.

Les notables et la foule, témoins de ce miracle, entourèrent Sidi Braham, et ce fut à qui arriverait à son bernous pour lui en baiser les pans avec l'enthousiasme fébrile de la foi.

Le souvenir de ce miracle a d'ailleurs été précieusement conservé : les petits plats qui contenaient le pain et le miel furent scellés dans le mur, au-dessus de la porte de la maison qu'habitent encore aujourd'hui les descendants du saint marabouth. Aussi, ce prodige n'a-t-il jamais pu être contesté par les incrédules, cette race impie qui nierait jusqu'à la lumière, et que Dieu a menacée ainsi : « Nous avons pour les incrédules de lourdes chaînes et un brasier ardent;

« Un repas qui les suffoquera[1], et un supplice douloureux. »

Un autre miracle, bien que de moindre importance, vint achever d'établir la réputation de thaumaturge de Sidi Braham; il s'opéra dans les circonstances suivantes : un téméraire, de ceux qui ont un goût des plus prononcés pour le bien d'autrui, avait conçu le

---

1. *Le Koran*, sourate LXXIII, versets 12 et 13. Quant au repas qui les suffoquera, c'est tout simplement le fruit de l'arbre de Zakkoum, qui pousse au fond de l'Enfer, et le pus qui coule des ulcères des réprouvés.

coupable et noir dessein de voler des fruits dans un verger dont le produit avait été réservé au saint homme. Le misérable s'était approché des arbres dont les fruits étaient l'objet de son indélicate convoitise, et il portait déjà une main criminelle sur l'abricot, — c'était un abricotier, — défendu, lorsque, tout à coup, le sol manqua sous ses pieds et l'engloutit peu à peu. Plus il faisait d'efforts pour se dégager, plus il enfonçait dans le sol devenu mouvant; il se sentait déjà voué à une mort aussi affreuse qu'elle paraissait certaine, quand, se rappelant fort à propos que Sidi Braham, qui possédait le don des miracles, pouvait seul le tirer de là, il l'invoqua d'une voix suppliante, confessant sa faute et implorant son secours. Bien que ce fût Sidi Braham lui-même que le maraudeur eût choisi pour être la victime de son larcin, le saint ne se fit cependant pas trop prier pour venir le tirer de ce mauvais pas. Il apparut presque instantanément, et ordonna à la terre de rejeter ce qu'elle avait déjà absorbé de l'indélicat larron; et il n'était que temps, car il en avait déjà jusque sous les bras.

Ce miracle, que, malgré sa modestie, le saint avait cependant répandu autour de lui, ne contribua pas peu à consolider l'opinion qu'on avait de son pouvoir surnaturel, et surtout à maintenir les malfaiteurs le plus loin possible de son verger.

L'influence du saint marabouth s'établit solidement non seulement dans le pays, mais même auprès des membres du *diouan* (divan) d'Alger. Ainsi, il réussit, — ce qui n'était pas commode, — à obtenir l'éloignement des Janissaires qui tenaient garnison à Bordj-El-Khamis, fort situé dans la tribu des Bni-Mnacer. Sidi Braham avait fondé sa supplique sur la licence des Turks, et sur leurs brutalités à l'égard des populations voisines de leur lieu de garnison.

Vers la même époque, la célèbre Lella Aouda, cette fille chérie du chikh Sidi Mahammed-ben-Ali-Bahloul, la victime de Sidi Ben-Châa-El-Habchi, Lella Aouda, cette sainte marabouthe qui joignait à une vaste érudition la faculté de lire dans l'avenir comme dans un livre ouvert, avait conçu le pieux projet de s'acquitter du pèlerinage aux Villes sacrées et respectées de Mekka et d'El-Medina. Bien que jouissant du don des miracles, qu'elle avait hérité de son illustre et vénéré père, avec l'autorisation de Dieu, bien entendu, et que, par suite, elle n'eût rien à redouter des entreprises des malfaiteurs, auxquels elle pouvait jouer les plus mauvais tours; quoi qu'il en soit, elle n'en revêtit pas moins, pour éviter de tenter le diable, le costume masculin. Il faut dire aussi que Lella Aouda était d'une beauté superbe et resplendissante comme la lumière du jour, — *daouïa kif ets-tseriïa :* — l'œil grand et bien ouvert, la prunelle noir-foncé lançant parfois des éclairs, le sourcil fin et gracieusement arqué, le nez noblement aquilin, les joues lisses et unies comme une surface d'argent, les lèvres carminées et humides, les seins pareils à des pommeaux de pistolet, la taille élégante et flexible comme la branche du *nabek*[1], les hanches d'une opulence extrême et énergiquement cambrées, la main et le pied d'un enfant, la jambe ronde et bien en chair; son ensemble respirait, en même temps, la souplesse, la grâce et la vigueur. On devinait, en la voyant, que cette sainte et merveilleuse fille aimait la créature tout au moins autant que son Créateur, et que, lorsque la passion l'envahissait, elle devait avoir des élans surhumains aussi bien en dévotion qu'en amour;

---

1. Le jujubier.

exaltée comme l'Espagnole sainte Thérèse, sa contemporaine, sa vie se partageait entre l'étude, la prière, et de longs et ineffables ravissements que lui donnaient ses mystérieux rapports avec l'ange Djebril (Gabriel), le plus beau et le plus puissant des anges du ciel; Lella Aouda était, en un mot, une *moutemennïa*, c'est-à-dire une désireuse, une passionnée, une ardente, dans le sens religieux, bien entendu.

Aussi, cette ravissante sainte, qui, grâce aux savantes leçons que lui avait données son illustre père, se distinguait d'une façon si supérieure des femmes de son temps, cette charmante marabouthe, disons-nous, mettait-elle le feu aux sens de tous les infortunés qui se hasardaient dans le rayon d'action de ses ardentes et irrésistibles prunelles; ils étaient infailliblement précipités dans les abîmes ténébreux de l'amour. Cette disposition des esprits expliquera l'engouement, l'enthousiasme qui se produisit parmi les jeunes gens de la tribu des Medjadja quand Lella Aouda manifesta le désir de faire le pèlerinage sacré et de devenir *Hadjdja* : cinquante magnifiques cavaliers sollicitèrent la faveur de l'accompagner. La ravissante amie de Dieu en choisit dix parmi ceux qui lui étaient le moins indifférents ; elle sauta à cheval en se servant du dos du plus fanatique de ses *âachek* (amoureux), le *farès* (cavalier) Fadhel-ed-Din, infortuné dont les os s'étaient démeublés de leur chair par suite des tourments d'amour que lui faisait endurer l'impitoyable marabouthe. Aussi, quand les quarante Medjadja qu'elle laissait là virent s'éloigner dans la direction de l'Est, pour disparaître dans le lit de l'ouad Bou-Melaha, lancèrent-ils dans sa trace un gémissement collectif qui eût arraché des larmes à un rocher, mais qui la laissa froide, et ne parvint même pas à lui faire tourner la tête pour donner l'aumône d'un regard à ses malheureux adorateurs. Ils restèrent des heures entières comme cloués sur le point où ils l'avaient aperçue pour la dernière fois, et agitant leurs bernous dans sa direction; ce ne fut que lorsque la nuit les eût enveloppés de son voile noir qu'ils songèrent à regagner la Bled-Medjadja; mais leur œil fut chaud[1] longtemps encore, et la plupart ne parvinrent point à le rafraîchir.

Or, Lella Aouda avait promis à Sidi Braham, l'ancien élève de son vénéré père, de passer par Cherchel lorsqu'elle partirait pour l'accomplissement du pèlerinage, et le bruit s'en était bientôt répandu dans cette ville; aussi, le jour qu'elle dut y arriver, la foule se porta-t-elle au-devant de la sainte marabouthe avec un enthousiasme des plus exubérants : car depuis longtemps déjà sa réputation de savante, de sainte et de thaumaturge, n'était plus à faire à Cherchel, où Sidi Braham avait beaucoup parlé d'elle, et où il avait fait connaître tous ses mérites, et les principaux miracles de son répertoire.

Il est inutile d'affirmer que, lorsque les Bni-Cherchel virent déboucher, fièrement campée sur sa belle jument gris-pommelé Ech-Chedida, — l'impétueuse, — qu'elle maniait avec une grâce extrême, l'enthousiasme ne connut plus de bornes : ce fut du délire, de l'exaltation poussée jusqu'à sa dernière intensité; les salutations, les souhaits de bienvenue et les compliments les plus hyperboliques tombèrent en gerbes fleuries et odorantes sur la jeune sainte, qui s'avançait calme et sérieuse au milieu de cette foule qu'elle éventrait du poitrail de son cheval. Ce fut, un instant, une houle, un moutonnement de Croyants et de

---

1. C'est ainsi que les Arabes expriment qu'ils ont un sujet d'affliction; l'œil rafraîchi indique, au contraire, la consolation.

Croyantes, — ces dernières avec leurs enfants amarrés sur leurs reins, — se pressant autour de la sainte, et cherchant, au risque de se faire écraser ou étouffer sous les pieds de la bête et des gens, à toucher soit le pan de son bernous, ou la main droite qu'elle abandonnait de temps en temps négligemment aux lèvres frémissantes des fanatiques. Les dix cavaliers de l'escorte de Lella Aouda avaient toutes les peines du monde à écarter ces ardents, qui ne se rassasiaient pas de traîner leurs lèvres soit sur les *temag* (bottes de maroquin) de la maraboutbe, soit sur ses étriers, et ce n'était guère qu'à coups du fouet de leurs brides qu'ils parvenaient à extraire, à décrocher ces gourmands, ces goinfres de sainteté, des vêtements de l'amie de Dieu, ou du harnachement de sa monture, laquelle, comme de coutume, reçut un nombre infini de caresses qui n'avaient pu parvenir à destination.

Sidi Braham arriva bientôt à la rencontre de Lella Aouda. Dès qu'il n'en fut plus qu'à trente ou quarante pas, il arrêta sa mule, mit pied à terre avec sa suite, qui était nombreuse, et se porta au-devant de sa noble visiteuse. Les tholba, qui avaient accompagné le saint marabouth, se doutant de ce qui allait se passer, et qui s'étaient, fort heureusement, munis de bâtons, firent le vide autour de lui, afin qu'il ne restât pas confondu avec la foule, et que Lella Aouda pût le reconnaître plus facilement. Du reste, le nimbe rayonnant qui cercle la tête des saints, et qui n'est perceptible que pour eux, eût suffi largement pour éviter toute erreur de la part de la sainte, laquelle eût été d'autant moins excusable que Sidi Braham n'était point pour elle un inconnu. On disait même que, lorsqu'il étudiait sous le père de la jeune maraboutbe, elle l'avait remarqué d'une façon toute particulière. Maintenant, Dieu là-dessus en sait infiniment plus que les malveillants qui s'étaient attachés à jeter ces propos dans l'oreille des hommes, laquelle est toujours ouverte à la calomnie.

La belle et fière Aouda arrêta sa jument à deux pas de Sidi Braham, qui se précipita ardemment sur la main qu'elle lui tendit avec une grâce toute céleste; il y imprima ses lèvres humides avec une passion qu'on eût pu croire charnelle, si la réputation de sainteté du vertueux marabouth n'eût été faite depuis longtemps. Quoi qu'il en soit, il garda la ravissante main de la sainte à ses lèvres pendant plus de temps qu'on n'en met ordinairement à cette marque de respectueuse affection. Lella Aouda paraissait se prêter à cet hommage que lui rendait, devant tout un peuple, un saint de l'importance de Sidi Braham, avec un certain orgueil mêlé, — on l'aurait juré, — d'une pointe de coquetterie. On a beau être une sainte, c'est bien pardonnable, surtout lorsqu'on a vingt-trois ans d'âge tout au plus. Pourtant, on voyait la veine de la colère saillir au front de Sid Fadhel-Ed-Din, qui adorait Lella Aouda jusqu'à la folie, et qui en était jaloux comme le sont les Arabes quand ils se mettent à l'être. Nous savons, en effet, que Dieu a fait cent parts de la jalousie, et qu'il en a donné quatre-vingt-dix-neuf aux Arabes. Il disait d'ailleurs : « Qui n'est point jaloux est un âne ! » Debout sur ses étriers, Fadhel-Ed-Din semblait se dire : « Mais ce marabouth de malheur en aura-t-il bientôt fini ? » Enfin, Sidi Braham se décida à abandonner la main de Lella Aouda, et, après lui avoir souhaité la bienvenue, il remonta sur sa mule, qu'on lui avait amenée, et il se plaça du côté ami [1], c'est-à-

---

1. Le côté droit est dit le *côté ami;* le côté gauche, au contraire, est dit *côté d'isolement* ou *sauvage.*

dire à la droite de la sainte; le cortège reprit sa marche dans la direction de Cherchel.

Ah! ce fut un beau jour pour Seïda Aouda, car de tous côtés partaient des *merhaba bik, ïa mrabtha!* — « Sois la bienvenue, ô marabouthe! » — qui attestaient l'enthousiasme religieux que provoquait son arrivée. Les mères surtout étaient les plus ardentes dans leurs démonstrations : élevant leurs enfants au-dessus de la foule, elles suppliaient la sainte de les toucher de sa main bénie, ou seulement de les caresser de ses yeux divins, et la sainte, avec une grâce angélique, tendait les bras du côté de l'enfant, et l'enveloppait de son regard de velours. A l'arrivée au Bab-El-R'arbi (porte de l'Ouest), ce n'était plus de l'enthousiasme, c'était du délire, du fanatisme, de la frénésie religieuse. Tout le monde voulut entrer dans la ville à la fois, et en même temps que la sainte. Il y eut là quelques femmes étouffées et des enfants foulés aux pieds; mais on n'y fit pas grande attention, parce que cela devait infailliblement arriver. Les mères ne se donnèrent même pas la peine de ramasser les débris de leur progéniture, surtout quand c'était un garçon, et cela se comprend, car la fille devient, par la suite, une *nafikha*[1], c'est-à-dire qu'elle augmente et enfle la fortune de ses parents par la dot qu'elle reçoit de son mari.

Quand la sainte pénétra dans la ville, l'allégresse fut à son comble : les femmes, juchées sur les terrasses, faisaient retentir les airs de leurs aigus *toulouïl*[2], lesquels appartiennent certainement à la gamme des oiseaux. Tous les *eulama* (docteurs), qui s'étaient réunis

---

1. Un enflement. C'est pourquoi l'on félicite souvent celui à qui une fille vient de naître. C'est, en effet, une espérance.
2. Les chevrotants *you! you!* des femmes.

devant la mosquée pour y attendre la sainte à son passage, lui souhaitèrent la bienvenue, la main droite sur le cœur, quand elle fut arrivée à leur hauteur. Lella Aouda, qui, nous le savons, était une savante, les salua gracieusement, et leur promit de venir traiter avec eux sous un jour tout nouveau une intéressante question de théodicée qui, à cette époque, passionnait le monde musulman : car elle brillait surtout dans la controverse, et elle ne se gênait pas pour mettre à bout d'arguments, — et cela n'était pas long, — les docteurs qui, chez les Medjadja, passaient pour les plus extraordinaires; elle n'avait pas sa pareille pour manier l'antitrope, c'est-à-dire le sarcasme et l'ironie.

Sidi Braham offrit à Lella Aouda une somptueuse hospitalité, qu'elle voulut bien accepter. Toute la ville de Cherchel contribua d'ailleurs, par des dons en argent et en nature, aux frais que devaient nécessairement entraîner, pour Sidi Braham, la *dhifa* et l'*alfa* qu'il donnait à la sainte et à sa suite, et les offrandes qu'on lui fit, à cette occasion, furent tellement considérables que le saint Cherchali se trouva avoir fait une excellente affaire en traitant si généreusement sa ravissante visiteuse. Du reste, c'est toujours un peu comme cela que se passent les choses en pays arabe : ce sont les Croyants qui payent, et c'est le traitant qui endosse la réputation de générosité.

Sidi Braham, qui avait toujours eu, — quoi qu'on en dise, — quelque inclination pour la fille de son professeur, la pria d'une manière très instante de prolonger son séjour sous son toit, afin de remplir sa maison de toutes les bénédictions divines, faveurs dont elle pouvait disposer avec une certaine prodigalité : car, Dieu merci ! le Tout-Puissant ne les lui avait pas marchandées.

En faisant cette demande à Seïda Aouda, Sidi Braham avait bien son but, et, puisque nous l'avons pénétré, nous ne voulons pas le cacher et le taire plus longtemps. Le fils de Sidi El-R'obrini, depuis son retour de Cherchel, avait été comblé de tous les biens de Dieu; tout lui avait réussi : avec la science et la sainteté, les richesses de ce monde et la bénédiction du Ciel s'étaient abattues sur sa maison; rien ne lui manquait donc, ni l'oreille de Dieu, ni la considération qui s'attache aux puissants; pourtant, les soucis, — les jaunes soucis, — paraissaient lui ronger le cœur, et le chagrin semblait s'être introduit dans sa demeure. Évidemment, Sidi Braham n'était pas heureux. Eh bien, non ! et voici pourquoi. Bien qu'il eût fait le possible pour arriver à un tout autre résultat, Sidi Braham était néanmoins resté sans progéniture. Suivant à la lettre ce conseil du Prophète : « Fuyez les femmes vieilles et stériles », il avait épousé successivement de merveilleuses créatures de Dieu qu'on aurait juré construites tout exprès pour la reproduction, et qui pourtant étaient absolument improductives : il avait beau labourer et relabourer le *harts*[1] conjugal dans tous les sens, ainsi que le recommande le Prophète dans la sourate *La Vache* : « Vos femmes sont votre champ, dit-il. Allez à votre champ comme vous voudrez »; eh bien ! malgré cela, la stérilité assombrissait toujours sa demeure. De combien de femmes ne s'était-il pas séparé par le divorce ! Il ne les comptait plus. En ce moment, son *harim* se composait de quatre femmes qui paraissaient bien plutôt appartenir à la race des anges qu'à celle des mortelles : c'étaient Zeïneb, Halima, Fathima et Oumm-el-Hacen, toutes vertueuses,

---

1. *Harts* signifie *champ cultivé*. C'est ainsi que le Prophète désigne les quatre femmes légitimes qu'un Musulman peut posséder à la fois.

attentives à leurs devoirs d'épouses, et aimant la propreté et la prière. Fathima était la pudeur même, et c'était à ce point qu'ayant été atteinte d'une ophtalmie très grave, elle ne put se résoudre, malgré les instances de son saint mari, à laisser voir son œil nu à l'oculiste; sa pudeur lui fit préférer une difformité à la transgression de la loi religieuse.

Sidi Braham, qui brûlait de voir se modifier cette horrible situation, songea à profiter de la présence chez lui de Lella Aouda, qui, nous nous le rappelons, lisait couramment dans l'avenir, pour connaître le sort qui lui était réservé, et savoir au juste s'il pouvait espérer, un jour ou l'autre, quelque postérité. Après s'être mise en prière, elle demanda à Dieu d'ordonner aux anges qui tiennent le registre des affaires réglées pour l'année courante, dans la nuit d'*El-Kadr*[1], de le lui ouvrir à l'article concernant Sidi Braham, de Cherchel. Le Dieu unique, qui n'avait rien à refuser à Lella Aouda, accéda avec empressement à sa prière, et la jeune sainte put lire très distinctement dans ce registre-journal que Sidi Braham serait père d'une fille dans l'année, et que c'était à la pudique Fathima qu'était réservée la faveur de coopérer pour une part considérable à ce résultat si impatiemment attendu.

Sidi Braham fut d'autant plus ravi de l'événement que lui annonçait Lella Aouda, que c'était à Fathima, la pudeur même, celle qui n'avait point voulu se laisser voir l'œil nu[2] par l'oculiste, qu'était dévolue

---

1. C'est dans la nuit d'El-Kadr (des arrêts immuables), qu'on croit être celle du 23 au 24 du mois de Reumdhan, que les affaires de l'univers sont fixées et résolues par Dieu pour toute l'année.

2. Les femmes mariées ne peuvent se découvrir, c'est-à-dire paraître sans voile, que devant leurs pères, leurs enfants, leurs neveux et leurs femmes, et devant leurs esclaves.

l'intéressante tâche de lui donner la fille promise. Le saint était donc tout à fait rassuré au point de vue de l'authenticité du produit. Il remercia avec effusion Lella Aouda, qui mit le comble à ses bontés en lui exprimant le désir que son nom fût donné à la fille attendue, à laquelle elle faisait cadeau d'avance de ses serviteurs, les Bni-Haoua[1].

Neuf mois après, la prédiction de Lella Aouda-bent-Sidi-Mohammed-ben-Ali-Bahloul se réalisait de point en point.

La sainte resta encore deux ou trois jours auprès de Sidi Braham, puis elle reprit ses habits masculins pour continuer son voyage vers les Villes saintes et respectées.

Quelques années plus tard, Sidi Braham reçut également la visite de Sidi Mohammed-Ech-Cherif, petit-fils du marabouth du même nom, venu de Saguiet-El-Hamra avec Sidi Mohammed-El-R'obrini, et que sa mission avait appelé dans la Kabilie du Djerdjera. Le jeune visiteur avait voulu venir saluer à Cherchel un saint homme auquel ses vertus, sa science incomparable et son pouvoir surnaturel, donnaient une illustration sans pareille; il avait voulu voir de près ce vénéré marabouth dont l'origine était commune avec la sienne, et qui éclairait de l'éclat de son nom le Maghreb-El-Aouçoth et le Maghreb-El-Aksa[2]. Il est inutile d'ajouter que Sidi Braham fit le meilleur accueil au petit-fils de l'ami de son père. Il alla plus loin, en fiançant l'innocente

---

1. Tribu située au bord de la mer, entre Cherchel et Ténès.
2. Le Maghreb-El-Aouçoth (ou central) s'étendait depuis l'Ifrikia jusqu'à l'Ouad-Moulouïa, c'est-à-dire depuis l'est de la province actuelle d'Alger jusqu'à notre frontière du Marok. Le Maghreb-El-Aksa (extrême ou ultérieur) comprenait tout le Marok actuel jusqu'à l'océan Atlantique.

XLI. — SIDI BRAHAM-BEN-SIDI-MOHAMMED-EL-R'OBRINI

Aouda, sa fille, qui n'avait encore que huit printemps, au jeune marabouth Mohammed-Ech-Chérif. Ne l'en plaignons pas, car la *thofla* Aouda-bent-Sidi-Braham était une petite merveille de grâce, de gentillesse, d'intelligence et de précocité. Ses yeux surtout, d'un feu bleuettant comme les étoiles du ciel, étaient déjà irrésistibles, et dès qu'on en avait subi l'influence, c'était fini, l'esprit s'envolait, et on avait toutes les peines du monde à remettre la main dessus. Et pensez donc qu'elle n'avait qu'une huitaine d'années. Cela promettait pour l'avenir. Ce qu'il y avait de plus terrible dans cette affaire, c'est que la petite maraboutha semblait comprendre déjà la puissance de ses beaux yeux, — qui lui prenaient la moitié de la figure, — sur les hommes, et qu'elle jouait de la prunelle comme une personne du sexe enchanteur qui sait ce que c'est. Du reste, Sidi Mohammed-Ech-Chérif en fut ravi, et il ne regrettait qu'une chose, c'est d'être obligé d'attendre pendant quatre longues années que la loi lui permit de profiter de sa fiancée. Aussi, dès que le mariage fut consommable, le jeune marabouth Mohammed-Ech-Chérif ne perdit pas un instant pour aller réclamer son bien; la charmante Aouda, qui, bien qu'elle n'eût que douze ans, était formée comme vous et moi, avait énormément de la belle Lella Aouda qui lui avait donné son nom; il est vrai que la part que la célèbre maraboutha avait prise à sa venue dans ce monde pouvait bien y être pour quelque chose. Quoi qu'il en soit, il eût fallu aller loin pour trouver une créature aussi séduisante et réunissant à ce point toutes les conditions de la perfection. Du reste, plus tard, elle acquit quelque célébrité; mais nous nous empressons de dire que la sainteté était complètement étrangère à cette situation; la vocation paraissait lui avoir totalement manqué pour s'illustrer dans cette direction. Mais il faut dire que cette petite difformité morale ne l'empêcha pas du tout de faire un grand nombre d'heureux.

Après une longue existence toute remplie de bonnes œuvres, et accidentée de *bourhan* [1] d'une importance secondaire, Sidi Braham-ben-Sidi-Mohammed-El-R'obrini répandit tranquillement sa coupe, laissant là ses soixante-dix ans, c'est-à-dire cet âge auquel Dieu commence à aimer les hommes [2]. Une magnifique koubba fut élevée sur son tombeau par la piété des Cherchalin, et de nombreux pèlerins viennent deux fois par an solliciter l'intervention du saint dans leurs affaires d'intérieur. Il faut reconnaître que Sidi Braham n'a point cessé, depuis près de trois cents ans qu'il habite la céleste demeure, de s'occuper, auprès de Dieu, des intérêts terrestres de ses serviteurs religieux. Malheureusement, on ne peut en dire autant de tous les saints.

XLII

SIDI MOHAMMED-ECH-CHERIF-ES-SR'IR.

L'un des descendants de Sidi Braham par la belle Aouda, sa fille, Sidi Mohammed-Ech-Cherif-Es-Sr'ir, fut surtout célèbre pour avoir été le père du fameux

---

1. Le mot *bourhan* signifie proprement *argument, preuve, démonstration;* il veut dire aussi *miracle.*
2. L'imam Es-Soyouthi a dit : « Dieu aime les hommes de soixante-dix ans; il vénère ceux de quatre-vingts ans. »

El-Hadj-Ben-Aouda, qui devint plus tard un preux dont le sabre et le fusil firent bien des veuves et des orphelins.

Comme son aïeul Sidi Braham, Sidi Mohammed-Ech-Cherif-Es-Sr'ir était arrivé à la maturité sans avoir réussi à se donner de la postérité. Vingt unions avaient été tour à tour faites et défaites sans qu'il eût obtenu le rejeton demandé; tous les moyens avaient été tentés pour conjurer ce malheureux sort qui semblait s'acharner après lui : envoi de ses femmes aux tombeaux des marabouths qui ont la spécialité de traiter la stérilité, pèlerinage solennel à la mosquée de Koukou, village kabil des Bni-Itourar', pour y manier en tout sens le bâton de Sidi Ali-Thaleb [1] dans le trou pratiqué au milieu même de cet établissement religieux, prières à tous les saints du pays et d'ailleurs, offrandes et dons en argent et en nature aux descendants ou *mokaddem* de ces mêmes *ouali*, consultations aux *hokama* [2], aux *culama* [3], aux *sahhar* [4] les plus fameux, et tout cela avait été en pure perte et

---

1. La mosquée de Koukou ou Kouko, dans le Djerdjera, est surtout renommée pour le traitement miraculeux de la stérilité chez la femme. C'est le bâton, — un bâton d'une forme spéciale, — de Sidi Ali-Thaleb qui est l'agent principal dans cette affaire. La femme stérile doit le saisir d'une certaine façon et l'agiter en tous sens dans un trou pratiqué dans le sol de la mosquée; on en frotte ensuite les reins de la malheureuse improductive. Du reste, le bâton de Sidi Ali-Thaleb a d'autres vertus : ainsi, de son vivant, Sidi Ali n'avait qu'à mettre en joue son ennemi avec son bâton pour le faire tomber raide mort. Les malades emploient aussi comme remède la pierre du tombeau sacré, qu'ils broient et qu'ils avalent dans de l'eau.
2. Savants dans les sciences, médecins.
3. Savants docteurs de la loi.
4. Sorciers, grands magiciens.

absolument infructueux. Pourtant rien n'avait été négligé; aussi, Sidi Ech-Cherif en était-il arrivé à désespérer de pouvoir jamais transmettre son nom.

Il n'était pas éloigné de se résigner à accepter cette honteuse situation, quand, un jour, il apprit que les serviteurs religieux de Sidi Mahammed-ben-Aouda, — ce saint des Flita dont nous avons raconté ailleurs la merveilleuse légende, — étaient arrivés dans le pays accompagnés d'un lion énorme, frère de l'ordre de ce grand et vénéré saint. Or, nous le savons, les lions khoddam de Sidi Ben-Aouda partagent, avec les Nègres de la descendance de ses premiers disciples, le précieux don des miracles.

Avant de renoncer d'une manière définitive à l'espoir d'être père, Sidi Ech-Cherif-Es-S'rir voulut essayer si l'intervention de Sidi Mahammed-ben-Aouda, — c'était sa dernière espérance, — n'arriverait pas à modifier favorablement sa triste situation. Il pria donc les khouan qui accompagnaient le lion de l'introduire en liberté dans son gynécée; il avait comme une sorte de pressentiment que la visite d'un pareil hôte pouvait bien ne pas être sans efficacité au point de vue de la réalisation de son plus ardent désir. Les khoddam de Sidi Ben-Aouda ayant consenti, sous promesse d'une bonne offrande de *ziara*, à tenter cette pieuse et singulière expérience, ils introduisirent le saint animal dans le *harim* de Sidi Ech-Cherif. Il est inutile d'affirmer que les quatre femmes qui le composaient ne s'étaient pas fait prier pour évacuer leur appartement.

Le lion s'arrêta sur la porte du gynécée, fit de sa grosse tête un tour d'horizon; puis, dilatant ses larges narines à les faire éclater, il parut aspirer avec une sorte de volupté cette délicieuse buée parfumée dont sont baignés les lieux de réunions gynéennes; comme enivré de cette fragrance mêlée d'un peu d'hiréisme féminin, le noble animal se mit à bondir, comme s'il eût été frappé de folie, en poussant une espèce de grognement ronronnant dont il paraissait facile de deviner la signification. Quand il fut fatigué de bondir, il fit le tour de l'appartement en flairant successivement la couche de chacune des femmes de Sidi Ech-Cherif; cette investigation ne lui ayant donné, sans doute, qu'un résultat insuffisant, il recommença l'opération dans le sens opposé. Arrivé à la troisième couche, celle de Smina-bent-Es-Smin, une opulente beauté dont les *msaïs*[1] et les *khelkhal*[2] plongeaient dans les chairs, genre de séduction qui n'était certainement pas étranger à la folle passion qu'éprouvait pour elle le jeune marabouth Ech-Cherif, le lion s'y étendit et s'y roula comme le fait l'abeille dans le calice d'une fleur pour s'empolleniser des pattes à la tête, et tout en continuant son ronron, qu'il interrompait par quelques soupirs.

Il n'y avait pas à s'y tromper : cela signifiait d'une manière évidente que c'était à la belle Smina qu'était réservée la faveur inappréciable de donner à Sidi Ech-Cherif l'enfant que jusqu'ici le Ciel lui avait obstinément refusé. Aussi, dans l'abondance de sa joie, le futur père fit-il le vœu, séance tenante, si le fruit des entrailles de Smina était un fils, de faire don, chaque année, de cinquante pièces d'or au saint marabouth des Flita, Sidi Mahammed-ben-Aouda.

Neuf mois après, les souhaits de l'heureux Sidi Ech-Cherif se réalisèrent comme par enchantement : Smina lui donna un fils; son développement corporel était extraordinaire; aussi, ne fut-ce point sans coûter quel-

---

1. Bracelets.
2. Périscélides, les anneaux que la femme porte à la partie inférieure de chaque jambe, au-dessus de la cheville.

ques douloureuses difficultés à sa mère qu'il fit son entrée dans le monde. Pour honorer le saint marabouth à qui il devait d'être père, Sidi Ech-Cherif donna à son fils le nom d'El-Hadj-Ben-Aouda.

Comme il était déjà à peu près certain que cet enfant deviendrait fort et vigoureux, le père, qui tenait beaucoup à ce qu'il fût en même temps habile et intelligent, le fit *namil*, c'est-à-dire qu'il lui mit une fourmi sur la paume de la main [1].

Tant qu'il vécut, Sidi Mohammed-Ech-Cherif-Es-Sr'ir s'attacha à faire orner son fils de tous les talents qui, à cette époque, pouvaient être distribués aux jeunes gens de famille. Son père aurait voulu le diriger vers les hautes études, et continuer en sa personne la lignée de savants marabouths qui avaient été l'honneur de sa race depuis près de deux siècles; il aurait désiré en faire un homme de science et de prière, avec la perspective du don des miracles dans ses vieux jours. Mais El-Hadj-Ben-Aouda manifesta, dès son enfance, des qualités et des penchants qui s'éloignaient sensiblement de la direction que son père aurait voulu lui voir prendre. Au reste, avec l'influence qui avait présidé à sa conception, avec l'intervention du lion frère de l'ordre de Sidi Mahammed-ben-Aouda, qui, pour ainsi dire, avait fécondé la couche de sa mère Smina, il ne pouvait avoir que des instincts de guerre et l'amour des combats.

C'est, en effet, ce qui arriva : ne montant jamais que des chevaux de race au lieu des mules tranquilles et

---

[1]. On appelle *namil* l'enfant nouveau-né à qui l'on met une fourmi dans le creux de la main. Les Arabes sont convaincus que l'enfant soumis à cette pratique deviendra nécessairement intelligent et habile. Le mot *namil* vient de *nemel*, qui signifie *fourmi*.

calmes qu'avaient enfourchées ses ancêtres, ne rêvant
que beaux coups de sabre faisant deux morceaux d'un
ennemi, ne songeant qu'aux hauts faits d'Amr-ben-
Hind, dont les estafilades ouvraient les corps du haut en
bas, blessures hideuses d'où le sang noir jaillissait en
masses bouillonnantes, d'Amr, dont la lame allait
fouiller les entrailles des guerriers jusqu'au fond des
reins; il ne se lassait pas d'entendre les récits des
combats des temps passés, l'histoire, entre autres, du
sabreur Khaled, l'impitoyable néophyte, celle du célèbre Rabiah, fils de Moukaadam, le plus brillant, le
plus admirable preux de l'ancienne Arabie, celui qui
répondait toujours : « A moi! » quand le commandant
de la mêlée criait, avant l'action : « A qui, en cette
matinée, s'habiller du matin de cette bataille? » c'est-
à-dire se vêtir d'ennemis en pénétrant au milieu des
masses de l'adversaire; Rabiah, qui faisait des blessures ressemblant à l'ouverture du vêtement flottant d'une
folle prise d'accès qui revient en courant après avoir
fui. Il aimait aussi, après les mêlées furieuses, l'odeur
du sang et des chairs déchiquetées, et tout cela servant de pâture aux vautours cramponnés sur les cadavres, ou se suivant contents et joyeux, et marchant,
l'aile pendante, auprès des jeunes filles qui se balan-
cent dans les flots de leurs longs vêtements. Ben-
Aouda aimait à entendre raconter par les anciens les
horreurs des combats, horreurs sombres, sinistres
comme les teintes goudronnées de la nue orageuse.
Son enthousiasme montait jusqu'au délire quand le
conteur en arrivait aux prouesses du poète guerrier
Chahl, de la tribu du Bni-Zimman, qu'on avait surnommé Find, quartier de montagne, gros bloc, à cause
de sa force et de sa corpulence, de ce héros qui fut un
des cavaliers les plus célèbres et les plus renommés
de la vieille Arabie, de ce preux dont on disait:

« Soixante-dix cavaliers et Find font mille cavaliers. »

El-Hadj-Ben-Aouda était idolâtré des populations de la ville de Cherchel et de la montagne, que séduisaient ses franches allures, sa bravoure, ses manières distinguées, et sa merveilleuse habileté à diriger un cheval; son incomparable adresse à porter un coup de sabre, ou à envoyer une balle lui avait fait une popularité extraordinaire, qui n'était point sans donner quelque ombrage au Gouvernement de la Régence d'Alger. Il jouissait d'une influence absolue sur tous les khoddam de ses ancêtres vénérés, les R'obrini, et tous étaient prêts à verser leur sang pour le triomphe de sa cause si, un jour ou l'autre, il en avait besoin.

Le vent de la révolte contre la domination turke était, à ce moment, violemment soufflé par Abd-el-Kader-ben-Ech-Cherif, des khouan de l'ordre de Sidi Abd-el-Kader-El-Djilani. Cet agitateur avait songé aux R'obrini, qui appartenaient au même ordre que lui, et il fit tous ses efforts pour gagner à sa cause El-Hadj Ben-Aouda, qu'il savait jouir d'un grand prestige aux yeux des tribus qui avoisinaient Cherchel.

Le jeune guerrier-marabouth répondit fièrement à la proposition que lui avait faite Abd-el-Kader-ben-Ech-Cherif de marcher avec lui qu'il se sentait assez fort pour agir seul si cela lui convenait un jour, parce qu'il entendait, dans une action de guerre, avoir le premier rang.

Nous le répétons, les Turks, toujours défiants et soupçonneux, craignant qu'un jour ou l'autre il ne levât l'étendard de la révolte, songèrent à se débarrasser d'El-Hadj-Ben-Aouda; ils n'attendaient qu'une occasion favorable pour réaliser les louables intentions du diouan d'Alger à l'égard du jeune marabouth. Elle ne tarda pas à se présenter. Un jour, se trouvant dans la grande mosquée de Cherchel, où s'étaient réunis les notables de la ville, le kaïd turk et ses auxiliaires, pour assister aux débats d'un procès important, le violent Ben-Aouda fut interpellé d'une façon blessante par le fonctionnaire turk, auquel il répondit, à son tour, sur le même ton. Cet agent du Gouvernement, qui prit mal la chose, prétendit que Ben-Aouda avait porté atteinte à sa dignité, et, trouvant l'occasion favorable pour l'exécution des ordres qu'il avait reçus, il ordonna à ceux qui l'accompagnaient de s'emparer du descendant des R'obrini, et de l'attacher comme un criminel. Transporté de rage et d'indignation en entendant cet ordre du kaïd turk, El-Hadj-Ben-Aouda dégaina le poignard qu'il portait à sa ceinture, et le lui plongea dans le ventre jusqu'à la garde. Il fut aussitôt saisi et embarqué, lui et son nègre, sur un bateau qui était en rade, et qui mit sans retard à la voile pour Alger.

Ce drame s'accomplit si rapidement que, lorsque les gens de la ville songèrent à intervenir, Sidi El-Hadj-Ben-Aouda était déjà loin de Cherchel.

C'est ainsi qu'avorta une démonstration des tribus kabiles qui étaient accourues en armes pour venger leur idole et exterminer les Turks ; il était trop tard, car le kaïd Sliman, frappé à mort, avait été embarqué, avec la garnison turke, sur un navire qui avait également filé sur Alger.

Les R'obrini mirent tout en œuvre pour tâcher de soustraire El-Hadj-Ben-Aouda au sort qui l'attendait : demandes, prières, sollicitations, intervention de tous les notables de Cherchel et des tribus qui en relevaient, toutes les démarches, en un mot, demeurèrent sans effet ; l'offre même de donner en argent monnayé le poids de son corps fut dédaigneusement repoussée. Le diouan ne voulut rien entendre, et l'infortuné El-Hadj-Ben-Aouda fut condamné à être décapité, supplice qu'il subit avec la fermeté et le calme d'un martyr, ainsi que son fidèle nègre, qui avait cherché à le défendre lors de son arrestation dans la mosquée de Cherchel.

La nouvelle de cette mort jeta la consternation dans toute la contrée. Craignant pour lui et pour les siens, Sidi Mohammed-Es-Saïd, le jeune fils de la victime, abandonna précipitamment la ville, et se réfugia, avec sa famille, dans la tribu des Bni-Zioui, laquelle occupe un pays d'accès difficile, où jamais les Turks n'avaient osé pénétrer.

Les R'obrini restèrent chez ces montagnards pendant plusieurs années, et ils ne se décidèrent à quitter leur retraite que lorsque le pacha d'Alger leur eut envoyé son chapelet comme gage d'*aman*[1].

Le cadavre d'El-Hadj-Ben-Aouda et celui de son serviteur furent pieusement rapportés à Cherchel. Celui de Sidi El-Hadj-Ben-Aouda fut déposé dans la koubba où repose Sidi Mohammed-Ech-Cherif, son ancêtre, et tout près de celle où furent déposés les restes mortels de Sidi Braham-ben-Sidi-Mohammed-El-R'obrini.

Ces tombeaux, qui sont situés en dehors de la porte d'Alger, sur le bord de la mer, sont visités chaque année par les nombreux khouan de l'ordre de Sidi Abd-el-Kader-El-Djilani, qui appartiennent aux circonscriptions religieuses de Miliana et de Médéa.

La tradition n'ayant point conservé le souvenir des miracles qui ont pu être opérés par les R'obrini de la descendance de Sidi Mohammed-Ech-Cherif-Es-Sr'ir, nous cesserons là le relevé thaumaturgique des actes de la famille de ces saints marabouths.

---

[1]. *Aman* signifie sécurité, sûreté, état de celui qui n'éprouve aucune crainte, sauf-conduit. Pour les coupables, c'est le pardon, la vie sauve, mais sans qu'il soit préjugé sur les peines à intervenir.

XLIII

SIDI MAZOUZ-BILLAH

Nous l'avons dit précédemment, à l'époque où furent rendus les décrets qui expulsaient du sol de l'Espagne les Mores andalous, la célèbre Zaouïa de Saguiet-El-Hamra, où s'étaient réfugiés un grand nombre de savants docteurs, chargea de missions prosélytiques, dans la partie de l'Algérie que nous occupons aujourd'hui, les plus ardemment religieux et en même temps les plus habiles de ces hommes de Dieu. Quelques-uns de ces marabouths se répandirent isolément dans le pays, et sans autre mission que celle qu'ils s'étaient donnée, laquelle, du reste, leur était commune avec celle des Mores provenant, comme eux, du monastère de l'Ouad-Draâ, cette rivière marokaine qui semble un chapelet de *zaouaïa*[1], et le foyer principal de l'Islam; leur mission, disons-nous, était la *koranisation*, — qu'on nous pardonne cet affreux barbarisme, qui, ici, est tout à fait en situation, — la pénétration pacifique, puisqu'on ne le pouvait par la force, du pays kabil, et l'affiliation de ces rudes et indomptables montagnards à l'ordre de Sidi Abd-el-Kader-El-Djilani. Le but de ces missionnaires était, en un mot, la création de l'unité et de la solidarité religieuses dans les États barbaresques.

---

1. Pluriel de *zaouïa*.

Vers le commencement du XVI° siècle de notre ère, un groupe de six marabouths se répandit dans la Régence d'Alger, que venaient de fonder les deux célèbres corsaires Aroudj et Kheïr-ed-Din. Ces saints personnages se nommaient : Sidi Mohammed-ben-Mimoun, qui était originaire de Sevilla, et dont le tombeau se trouve dans le pays des Oulad-Bou-Rahma, entre Mostaghanem et Tenès ; Sidi Soleïman-Bou-Rebida, originaire de Malaga, et dont la dépouille mortelle repose chez les Oulad-Khelouf, au bord de la mer, à l'est des Oulad-Bou-Rhama ; Sidi Abou-Madyan, natif de Sevilla, et dont le tombeau est à El-Eubbad, près de Tlemsan ; Sidi Mensour, né à Cordoba, et dont la koubba était autrefois en dehors de Bab-Azzoun, à Alger ; Sidi Mohammed-ben-Moulouk, également originaire de Cordoba, et dont les restes mortels sont à Oudjda (Marok) ; Sidi Mâzouz-Billah, né à Malaga, et dont la précieuse dépouille a été déposée non loin de Mostaghanem.

Nous ne nous occuperons tout d'abord que de ce dernier saint marabouth, dont le nom est resté en grande vénération dans le pays où il repose du dernier sommeil.

Sidi Mâzouz, dont l'objectif religieux avait été la grande tribu des Medjeher, à l'embouchure du Chelef, s'était établi non loin de la ville de Mostaghanem, d'où il rayonnait dans sa zone de propagande.

Comme tous les Mores chassés d'Espagne, Sidi Mâzouz ne désespérait pas de rentrer bientôt en vainqueur dans cette belle et séduisante Andalousie que les Musulmans avaient occupée pendant plus de huit cents ans. C'est dans cet espoir, si amoureusement caressé, que les expulsés avaient emporté les clefs de ces maisons, — leur propriété, — qu'ils étaient forcés d'abandonner. Sidi Mâzouz, déjà chargé d'ans, fut pris de la nostalgie de son ancienne patrie; il voulut revoir, ne fût-ce qu'un instant, avant de mourir, — puisque Dieu n'avait point encore permis que les Musulmans y rentrassent en maîtres, — la ville de Malaga, où il avait reçu le jour. Il s'embarqua avec un de ses fidèles serviteurs et sa mule, et se fit déposer à terre, à la chute du jour, afin de pouvoir parcourir la ville tout à son aise, et sans donner l'éveil aux Chrétiens, dont il avait revêtu, — que Dieu le lui pardonne! — le costume maudit.

Nous ne pourrions dire si c'est l'émotion de se retrouver aux lieux où s'était passée sa jeunesse, de revoir la maison où il était né; nous ignorons si c'est le chagrin de voir tous ces biens tombés entre les mains des Chrétiens, ou si ce sont les fatigues de la traversée; nous serions très embarrassés de dire si c'est à ces causes qu'il convient d'attribuer la fièvre ardente dont il fut pris presque subitement, ou bien s'il en avait apporté le germe avec lui. Quoi qu'il en soit, Sidi Mâzouz mourut dans une baraque de pêcheur, sur la côte, le lendemain de son débarquement à Malaga.

Mais avant de vider son outre, et sentant sa fin approcher, il avait fait cette recommandation suprême à son serviteur : « Comme je ne veux point que mon corps reste sur une terre au pouvoir des infidèles, et comme je désire, au contraire, qu'il repose en pays musulman, dès que je ne serai plus, tu chargeras mes restes mortels sur ma mule, et tu les déposeras là où elle s'arrêtera. »

Le serviteur exécuta ponctuellement les dernières volontés de son vénéré maître : le corps de Sidi Mâzouz fut fixé en travers de la mule, laquelle se mit aussitôt en route, sans y avoir été invitée par le serviteur; elle longea pendant quelque temps le bord de la mer, puis, lorsqu'elle eut atteint une plage favorable, elle continua son chemin sur le perfide élément, absolument comme si elle se fût trouvée en terre ferme, et elle prit, avec son précieux fardeau, une direction sud-est. Le serviteur ne laissa pas que d'être quelque peu embarrassé, car il avait reçu l'ordre formel de suivre la mule jusqu'au point où elle s'arrêterait ; après un instant d'hésitation, et comme il était de la force d'un poisson dans l'art de la natation, il s'élança à la suite de la mule, qu'il eut bientôt rejointe, et se maintint dans son sillage.

Quand la nuit arriva, le serviteur se fit cette réflexion : « Si le saint désire être enterré en terre musulmane, comme il me l'a dit, nous avons encore bien du chemin à faire, surtout si la mule continue à suivre la même direction. Mais, après tout, que m'importe ? j'irai tant que mes forces me le permettront. » Chose bizarre ! il y avait déjà près de douze heures qu'ils naviguaient, la mule et lui, et pourtant il ne se sentait pas plus de fatigue que lorsqu'il s'était élancé dans la mer. Il y avait évidemment là un prodige qui ne pouvait être attribué qu'à l'intervention du saint. Aussi le serviteur fut-il tout à fait rassuré sur l'issue de son mystérieux voyage de long cours. Ce qu'il y avait de singulier, c'est qu'il n'éprouvait ni le besoin de boire, ni celui de manger, et c'était bien heureux, car il n'avait emporté de provisions d'aucune sorte.

Enfin, au bout de trois jours et de trois nuits de natation, le convoi arriva en vue de Mostaghanem. La mule y prenait bientôt terre, et avec la même facilité qu'elle avait pris la mer à quelque distance de Malaga. Après avoir marché pendant quelque temps, la mule s'affaissa tout à coup sous le corps du saint, et elle mourut. Le serviteur se mit en devoir de creuser une fosse, où il déposa la dépouille mortelle du bienheureux marabouth. Sa mission étant remplie, il en rendit grâce à Dieu, et le remercia de l'avoir choisi pour l'accomplissement d'une tâche dont il se reconnaissait indigne.

Mais les gens de Mostaghanem et des tribus environnantes n'avaient pas tardé à être mis au courant de toutes les circonstances de ce fait miraculeux. Aussi s'empressèrent-ils de faire construire une superbe et spacieuse koubba dans laquelle ils déposèrent les restes mortels de Sidi Mâzouz et ceux de sa mule révérée. Les serviteurs religieux du saint marabouth trouvèrent que la manifestation dont Dieu s'était servi pour sa glorification justifiait parfaitement le nom de Mâzouz-Billah qui lui avait été donné, car il signifie *chéri de Dieu*.

La confiance des Bni-Mostaghanem et des Medjeher dans l'influence dont jouit le saint auprès de Dieu est aussi entière aujourd'hui qu'elle l'avait été durant son existence terrestre. Aussi se pressent-ils toujours autour de son tombeau avec une ferveur qui paraît vouloir défier les siècles les plus reculés.

XLIV

SIDI MOHAMMED-BEN-OMAR-EL-HOOUARI [1]

Les auteurs arabes s'accordent à dire que la ville d'Ouahran (Oran) a produit un grand nombre de personnages illustres par leur sainteté et leur savoir. Mais les deux plus grandes célébrités sous le rapport de la science et de la piété sont, sans conteste, les *aoulia* Sidi Mohammed-El-Hoouari, et son disciple, Sidi Ibrahim-Et-Tazi.

Nous nous occuperons tout d'abord du premier de ces saints, dont Ibn-Sâad donne ainsi la généalogie : il se nommait Mohammed-ben-Omar-ben-Otsman-ben-Menia-ben-Aïacha-ben-Akacha-ben-Sifed-En-Nas-ben-Amin-En-Nas-El-Riari-El-Mâzaoui ; mais il était plus généralement connu sous le nom d'*El-Hoouari*, parce qu'il appartenait d'origine à la grande tribu berbère des Hoouara.

Sidi Mohammed-El-Hoouari naquit à Oran en l'an 754 de l'hégire (1349). En naissant, il avait obtenu de Dieu, et à un degré éminent, les dons et les vertus qui constituent *el-oulaïa*, la sainteté. Dès son enfance, il

---

1. Nous empruntons la plupart des détails qui ont rapport à Sidi El-Hoouari à un excellent et intéressant travail publié dans la *Revue africaine*, en 1857, par le savant professeur et orientaliste Gorguos.

accomplissait exactement ses prières aux heures canoniques, et, pendant toute sa vie, il n'en a jamais retardé qu'une, et encore ce fut sans le vouloir. A l'âge de dix ans, il savait le Koran par cœur, et méritait ainsi le titre de *hafodh*. A peine adolescent, il possédait la sagesse et marchait dans son sentier ; il était rigoureux observateur du jeûne, noble, et largement généreux. Il aimait les hommes pieux ; il leur prêtait son appui et les entourait de son respect. Jamais il ne franchit les limites établies par la loi du Prophète. Il se montra toujours continent et détaché des choses mondaines. Enfin, ses actions furent toujours aussi élevées que son savoir était éminent.

Il n'était point encore sorti de l'adolescence, lorsqu'il se rendit à Kelmitou[1] pour y visiter un saint marabouth des plus distingués parmi les amis de Dieu, et obtenir en sa faveur son intercession auprès du Tout-Puissant. Cet *ouali* vénéré appela sur lui les bénédictions divines, afin qu'il pût être compté au nombre de ceux qui marchent dans la voie droite.

Après s'être séparé du saint vieillard, Mohammed-El-Hoouari parcourut les contrées à l'est et à l'ouest d'Oran, puis il s'enfonça dans les déserts, au sein des solitudes. Il se nourrissait des plantes et des racines de la terre et des feuilles des arbres, et il vivait au milieu des animaux féroces ou nuisibles, lesquels ne lui faisaient aucun mal. Dieu, d'ailleurs, lui avait fait la grâce de ne craindre aucune créature, ni serpents, ni scorpions, ni être humain, ni génie. Même étant enfant, il ne redoutait, ni lion ni panthère, pas plus que les voyages pendant l'obscurité des nuits. Ainsi, pendant

---

1. *Sour-Kelmitou* (Rempart des Affligés), *dechera* (hameau) dans la vallée du Chelef inférie

son séjour dans le Sahra, il lui arriva fréquemment, lorsqu'il allait demander l'hospitalité dans un douar ou dans un ksar, que les vipères cornues, — dont la morsure est mortelle, — ou les scorpions, vinssent, pendant la nuit, chercher un refuge dans ses vêtements. Le saint se bornait à les secouer doucement pour se débarrasser de ces hôtes, généralement regardés comme fort incommodes par les gens qui n'ont pas la foi. Quant à lui, il n'eut jamais à s'en plaindre.

Un an après avoir atteint le terme de l'adolescence, Sidi El-Hoouari se rendit à Bougie pour s'instruire et se fortifier dans la science : il étudia sous les savants professeurs de cette ville, qui, à cette époque, était un centre lumineux ; il suivit surtout les leçons des illustres chioukh Sidi Abd-er-Rahman-El-Ourlici et Sidi Ahmed-ben-Idris. Après avoir goûté de la science tout ce qu'il en put supporter, il partit pour Fas (Fez). C'était en l'année 776 de l'hégire (1374) ; il avait alors vingt-cinq ans. Ayant terminé les études qu'il avait commencées à Bougie, le jeune savant ouvrit, pour les tholba, un cours dans lequel il enseigna le *fikh* (jurisprudence) et la langue arabe. Il y avait foule à ses leçons, car, au dire de ses disciples, jamais on n'avait entendu une diction comparable à la sienne.

Il quitta Fas pour accomplir son pèlerinage à Mekka et à El-Medina ; il visita ensuite El-Bit-El-Mokaddès (Jérusalem), et put ainsi se prosterner dans les trois mosquées les plus vénérées de l'Islam, celles où la prière obtient le comble de l'efficacité.

A son retour du pèlerinage, Sidi El-Hoouari revint se fixer définitivement à Oran, où il ouvrit une *medraça*[1] qui fut bientôt fréquentée par tous les savants

---

1. École d'enseignement supérieur.

de la ville, lesquels ne se lassaient pas d'entendre ses substantielles leçons. Il expliquait et élucidait avec une merveilleuse facilité les questions les plus ardues, les plus obscures et les plus épineuses. Il possédait aussi la rare faculté de lire au fond de la pensée des hommes comme si elle se fût matérialisée sur le visage de ceux qui le consultaient. Très souvent, ses réponses aux propositions qu'on lui soumettait étaient complexes et embrassaient plusieurs éléments, de sorte que chaque assistant y trouvait la solution de ce qui l'embarrassait, et cela avant même qu'il l'eût demandée au saint et savant docteur.

Il est avéré que les anges assistaient à ses leçons; sans doute ils n'étaient pas visibles pour tout le monde; mais quelques-uns des saints qui venaient goûter auprès de Sidi El-Hoouari le charme de la parole divine les aperçurent fréquemment; plusieurs d'entre eux l'affirmèrent à diverses reprises. Du reste, on s'en doutait bien un peu, car alors il laissait aller sa parole sans chercher à l'approprier et à la mesurer à l'intelligence d'auditeurs ordinaires; c'était de la haute éloquence; aussi très peu d'élèves saisissaient-ils la portée de ces leçons qui, d'ailleurs, n'étaient plus faites pour eux. Il faut dire que Sidi El-Hoouari ne cherchait nullement à nier la présence à ses leçons du *malkout*, c'est-à-dire du monde invisible des anges et des esprits. Il arrivait aussi que quelques-uns des *djenoun* (génies) cherchassent à s'y faufiler; mais la crainte d'y rencontrer le regard des anges les empêchait d'assister à ces leçons aussi souvent qu'ils l'eussent désiré.

Le saint marabouth racontait souvent qu'un jour, un *djenn*, qui voulait l'embarrasser, entra chez lui sous la forme d'un chien tenant à sa gueule un papier sur lequel étaient écrites quatre-vingts questions dont on lui demandait la solution. Cette aventure lui était arrivée dans la nuit du lundi au mardi 26 redjeb 785 de l'hégire (1383). Il va sans dire que Sidi El-Hoouari ne tint aucun compte d'une pareille invitation, et que le prétendu chien, se voyant découvert, se retira au plus vite l'oreille et la queue basses.

Sidi El-Hoouari consacrait beaucoup de temps à la prière; il préférait prier la nuit, car les bruits du jour ne permettent pas toujours de saisir la parole de Dieu ou de ses délégués quand ils vous font la grâce de s'entretenir avec vous. Il est vrai que c'est aussi pendant la nuit que les génies cherchent à vous tenter. Ainsi, pour n'en citer qu'un fait, un génie entrait parfois de nuit chez le saint homme, à l'époque où il tenait la *medraça* d'Oran, alors qu'il était en étude ou en prière; il éteignait la lumière, puis il se lançait et gambadait de tous côtés. La famille du marabouth, qui entendait parfaitement le tintamarre que faisait ce djenn, était frappée d'épouvante. Une nuit, l'*ouali* entreprit d'attendre ce misérable génie qui osait le tracasser ainsi : il réussit à l'attraper par le pied. Le malin génie se mit à pousser des cris perçants, puis son pied s'amincit en se refroidissant dans la main du marabouth, et à ce point qu'il se réduisit à l'épaisseur d'un cheveu qui lui glissa entre les doigts. Tout porte à croire que, néanmoins, la leçon lui avait profité, car ce turbulent et agaçant génie ne reparut plus.

Sidi El-Hoouari inspirait aux Arabes autant de crainte que de respect. « Dieu, disaient-ils, exauce toujours ses prières »; aussi son ressentiment était-il redouté à l'égal du courroux céleste. Le fait est que la patience et l'oubli des injures ne figuraient que médiocrement au nombre de ses vertus. Ainsi, un jour, il avait envoyé un de ses serviteurs vers un chef des Bni-Amer, nommé Otsman, pour l'engager à restituer une somme d'argent injustement ravie à l'un de ses compagnons. Mais, au lieu de faire la restitution qu'on lui réclamait, le chef des Bni-Amer accabla le messager de paroles outrageantes et le fit jeter en prison. A la nouvelle du traitement que l'Amri avait fait subir à son serviteur, le saint fut pris d'un accès de colère tellement violent que son visage en devint tout noir. Il se retira à l'écart, et on l'entendit murmurer à plusieurs reprises le mot *tefeddekh*, lequel se dit d'une chose qui se fracasse en tombant. Or il arriva que, ce jour-là, Otsman était monté à cheval pour prendre part aux réjouissances d'une noce. Tout à coup, les invités aperçurent un personnage vêtu de blanc qui saisit le chikh des Bni-Amer par un pied, le désarçonna et le brisa sur le sol. On accourut à lui, et on le trouva *mefeddekh*, comme l'avait dit l'ouali, et la chute avait été si violente que sa tête avait presque entièrement disparu dans sa poitrine. La mère d'Otsman, en proie à la plus vive douleur, et qui avait compris que le triste sort de son fils était le juste châtiment du traitement inique qu'il avait fait subir au saint, lui fit rendre à l'instant sa liberté afin d'apaiser le courroux du terrible marabouth.

Dans une autre circonstance, Sidi El-Hoouari donna encore la mesure de son pouvoir surnaturel. Une femme avait son fils prisonnier en Andalousie; elle alla trouver le saint homme pour se plaindre de son infortune et pour le prier, — lui qui pouvait tout, — d'y apporter remède. Sidi El-Hoouari ordonna à cette femme d'apprêter un plat de bouillon et de viande et de le lui apporter. La femme, comme on le pense bien, s'empressa d'obéir et revint bientôt avec le plat demandé. Or, Sidi El-Hoouari avait alors une *slouguïa* (levrette) qui nourrissait ses petits; il lui fit manger le plat de viande que venait de préparer la mère du prisonnier, puis, s'adressant à sa levrette, il lui dit : « Va maintenant en Andalousie et ramène-moi le fils de cette femme. » La *slouguia*, qui avait compris, ne se le fit pas répéter une seconde fois ; elle partit comme un trait, et Dieu permit qu'elle trouvât le moyen de traverser la mer sans la moindre difficulté. Arrivée sur la côte andalouse, la merveilleuse chienne rencontra précisément le captif qu'elle devait ramener. Ce jour-là, — voyez un peu comme les choses s'arrangent bien quand le Dieu unique se donne la peine de s'en mêler ! — le jeune Arabe, qui était en esclavage chez une Chrétienne, — nous ne le plaignons vraiment pas, — était venu au marché pour y acheter une paire de côtelettes de mouton, car cette Chrétienne avait du monde ce jour-là. D'un bond, la levrette arrache cette viande des mains du Musulman, puis elle prend sa course comme savent la prendre les levrettes quand elles veulent s'en donner la peine, et file dans la direction du rivage. Craignant justement les reproches de sa maîtresse, le jeune Oranais se mit à la poursuite de ses côtelettes. La levrette franchit un canal ! l'Arabe le franchit après elle ; enfin bête et homme arrivent sur le bord de la mer, tous deux la traversent par la toute-puissance de Dieu, comme s'il se fût agi d'un ouad africain pendant la canicule, et ils rentrent à Oran sains et saufs.

Bien que la légende laisse ce point intéressant dans l'ombre, nous aimons à croire que la levrette a été rémunérée de sa course par le don des côtelettes de la Chrétienne, bien que la bête à laquelle elles avaient appartenu n'eût pas été égorgée selon la formule ; mais, pour les chiennes, la viande est toujours suffisamment orthodoxe.

Certes, Sidi El-Hoouari ne manquait ni de vertus, ni de qualités ; mais il faut reconnaître qu'il avait aussi de bien mauvais moments ; en résumé, il valait beaucoup mieux être de ses amis que de ses ennemis. A plusieurs reprises, il fit sentir le poids de sa colère aux imprudents qui l'avaient provoquée. La malheureuse ville d'Oran a pu apprendre à ses dépens ce qu'il en coûtait de s'éloigner du chemin de la vertu, et de donner toutes ses préférences au vice et à la corruption. Indigné de la conduite des Oranais, que le luxe et la richesse avaient corrompus au plus haut degré, et dont les mœurs, — jadis si pures, — étaient devenues fangeuses et sanieuses, il leur lança cette malédiction en plein visage :

« Oran, ville de l'adultère, de la pédérastie et de tous les vices, voici une prédiction qui s'accomplira :
« L'étranger viendra dans tes murs, et il y restera jus-
« qu'au jour du revoir et de la rencontre[1] ! »

S'il fallait en croire l'auteur du *Hizeb El-Aarifîn*, qui ne craint pas de le dire en propres termes, le chikh El-Hoouari avait vendu Oran aux infidèles, en appelant la vengeance de Dieu contre les habitants de cette ville, lesquels lui avaient tué un de ses fils. Un *ouali*, nommé Sidi Ali-El-Asrar, aurait été le témoin auriculaire de la malédiction lancée, — c'était bien naturel, — par ce père irrité. Il aurait demandé que la ville d'Oran devînt pendant trois cents la proie des Chrétiens.

Nous ne voudrions pas manquer de déférence à l'égard de l'illustre auteur du *Hizeb-El-Aarifîn* ; cependant, nous nous permettrons de faire observer que Sidi El-Hoouari, qui jouissait du don de prescience,

---

1. L'auteur du *Djoumani* explique ainsi cette expression : « Lorsque le monde sera détruit, et qu'il ne restera plus que Dieu seul, il sèmera l'esprit sur nos tombeaux, et nous nous lèverons. C'est alors qu'il nous *enverra* dans un lieu où tout le genre humain sera rassemblé, et où tous se *rencontreront*. »

26.

n'avait pas besoin de faire à Dieu une pareille demande : car, puisqu'il lisait dans l'avenir, il savait bien que cela devait arriver. Il s'est donc borné à prédire cet événement, qui, évidemment, a pu être amené à titre de châtiment par le mauvais état des mœurs des Oranais. Seulement, Sidi El-Hoouari, qui aurait pu garder cela pour lui, mais qui n'avait plus de ménagements à garder avec ces corrompus et ces méchants qui lui avaien t tué un de ses enfants, n'avait pas hésité, dès lors, à leur faire cette terrible communication. Du reste, ils euren du répit, car sa prédiction ne s'accomplit que soixante-dix ans plus tard [1]; c'est-à-dire que, selon la logique et l'équité de la Divinité musulmane, ce furent les enfants et petits-enfants des coupables qui subirent le châtiment mérité par leurs ascendants. C'est toujours ainsi que cela se passe en Musulmanie, et ailleurs peut-être. Donc, l'accusation de haute trahison lancée par l'auteur du *Hizeb* contre Sidi El-Hoouari n'est qu'une infâme calomnie que cet écrivain n'a sans doute pas portée en paradis. Nous sommes bien aise de purger la mémoire de ce saint vénéré d'une imputation qui avait fait son temps, et dont ses nombreux descendants sont loin d'être entièrement nettoyés ou disculpés.

Nous avons dit plus haut que Sidi El-Hoouari jouissait, — comme tous les *ouali* d'ailleurs, — du don de prescience; aussi s'en est-il servi fréquemment dans ses *medah*, pièces de poésie religieuse, — car il était poète à ses heures, — où il exhale sa sainte bile contre les impies et les méchants; sans doute il confond quelquefois la cause de Dieu avec la sienne, et il fait usage de ce précieux pouvoir dans son intérêt particulier; mais, après tout, le saint marabouth avait assez

---

[1]. Les Espagnols ne se sont emparés d'Oran qu'en 1509, et Sidi El-Hoouari mourut en 1439.

travaillé dans celui du Très-Haut pour que celui-ci ne se montrât pas trop rigide sur ce chapitre, et qu'il lui en laissât prendre quelque peu. Il est incontestable que, pour prédire l'avenir, Sidi El-Hoouari n'était pas de la force de Sidi El-Akahl, des Oulad-Khelouf, qui vivait aussi à Oran vers l'an 1150 de l'hégire (1737); il est vrai de dire que ce saint Kheloufi tenait ses renseignements de première main, c'est-à-dire qu'il ne craignait pas de se déranger, en montant au-dessus des Sept Cieux, pour y prendre des notes sur *El-Louh el-Mahfoudh*, — la Table conservée[1], — où sont inscrites les destinées des hommes et des nations. Les prédictions de Sidi El-Akahl ont trait également au sort de la ville d'Oran, qui, à deux reprises différentes, en 1509 et en 1732, fut occupée par les Espagnols, lesquels la conservèrent, en deux fois, pendant deux cent cinquante-neuf ans.

Enfin, après une existence passée tout entière dans le sentier de Dieu, Sidi Mohammed-El-Hoouari mourut à Oran, en l'an 843 de l'hégire (1439), à l'âge de quatre-vingt-douze ans. Il laissa, en mourant, un fils du nom d'Abd-er-Rahman-ben-Mohammed, lequel fut le père d'une descendance qui se multiplia comme les

---

1. C'est sur la *Table conservée* que sont tracés les arrêts de Dieu pour l'avenir. Cette Table, qui est placée au septième ciel, est aussi longue que le Ciel et la Terre, et aussi large que l'Orient et l'Occident. Selon les commentateurs, un ange est chargé d'y écrire, d'un côté, les actions humaines de chaque jour, et, de l'autre, celles de l'avenir. La plume qui sert à ce travail est si longue qu'un cavalier courant à toute bride pourrait à peine en parcourir l'étendue en cinq cents ans. Quelques-uns prétendent que cette plume merveilleuse possède la propriété d'écrire d'elle-même, et sans le secours d'aucun expéditionnaire, le présent et l'avenir. A défaut de moyens de vérification, nous préférons nous abstenir de nous prononcer sur la valeur de ces deux opinions.

étoiles du ciel. Cette postérité fut, de tout temps, respectée des Oranais, lesquels redouteraient encore, en l'offensant, d'encourir la colère du terrible et savant marabouth.

Un *mesdjed* [1], que Sidi El-Hoouari attendit trois cent soixante ans, fut construit sur son tombeau en 1213 de l'hégire (1799-1800) par le Bey Otsman-ben-Mohammed, dit *le Borgne*, fils et successeur de Mohammed-El-Akahl, surnommé El-Kbir. Le minaret de cette mosquée, décorée de trois étages d'arcatures trilobées, a été bâti sur la koubba du saint; c'est la seule portion de cet établissement religieux qui ait été conservée pour le service du culte musulman.

XLV

SIDI IBRAHIM-ET-TAZI [2]

Sidi El-Hoouari avait eu pour disciple chéri Sidi Ibrahim-Et-Tazi, qui était un savant de toutes sciences, une mine de connaissances rares, un homme tenant auprès de Dieu un rang considérable, un modèle de bonté et de générosité, un ami sincère dont les parfums de l'affection s'attachaient aux parements de ses

---

1. Le *mesdjed* est une petite mosquée pour les prières journalières. C'est une sorte de chapelle, d'oratoire.
2. *Notice sur le Bey d'Oran Mohammed-El-Kbir*, par M. le professeur Gorguos. (*Revue africaine*, 1857.)

manches, et dont toutes les actions étaient arrosées de l'eau de la bienfaisance.

Se sentant près de mourir, Sidi El-Hoouari le déclara son successeur, et le chargea de continuer son œuvre. Personne, en effet, à Oran, n'en était plus capable, et ne réunissait au même degré les qualités et les connaissances par lesquelles avait brillé son illustre maître.

Voici ce qu'en dit Sidi Ahmed-ben-Mohammed-ben-Ali-ben-Sahnoun, le célèbre auteur du *Djoumani:*

« Ibrahim était de la tribu berbère des Bni-Lent, qui, à cette époque, habitaient Taza[1]. C'est dans cette ville qu'il naquit et passa son enfance, de là le surnom de Tazi par lequel il est connu.

« Dès son jeune âge, Sidi Ibrahim se fit remarquer par son amour pour l'étude et par sa profonde piété; aussi ne tarda-t-il pas à accomplir le pèlerinage aux Villes saintes et respectées. Dieu lui fit l'insigne faveur de le mettre en relation avec les saints les plus distingués par leur savoir et par leur influence auprès de lui. Il put converser avec eux, acquérir, en suivant leurs précieuses leçons, la possession de la vraie science, et pénétrer les secrets et la pratique des connaissances occultes, « si utiles, ajoute son biographe, pour frapper « l'imagination du vulgaire ».

« Après avoir parcouru le Hidjaz, Sidi Ibrahim visita Baghdad. Il lui arriva là une aventure assez singulière. Une vieille femme l'accosta, et, après avoir jeté un regard de compassion sur ses vêtements râpés et frangés par un long usage et par la misère, elle lui dit : « Par Dieu, vous allez m'apprendre d'où vous êtes? »

---

1. Ancien établissement romain, situé sur la ligne de ceinture du Tell, relevé par les Berbers, et ensuite par l'Émir Abd-el-Kader, qui en fit un dépôt d'approvisionnements.

Lorsqu'il lui eut répondu qu'il était du Moghreb, elle fit un geste d'étonnement et ajouta : « Quel est donc le « motif qui vous amène ici, et de si loin? — Le désir « d'acquérir la science, répondit-il. — Vraiment, con-« tinua-t-elle, c'est là le seul motif? — Le seul », lui affirma Sidi Ibrahim. Alors, étendant un manteau qu'elle avait sous son bras, la vieille ajouta : « Puis-« qu'il en est ainsi, ô mon fils! je t'en supplie, foule un « instant ce manteau sous tes pas, et secoue sur lui la « poussière de tes pieds ; je le garderai ainsi désormais « pour qu'il soit mon linceul quand sera venue ma der-« nière heure : car si un si noble désir t'a fait venir en « Orient de l'extrémité de l'Occident, tu es véritable-« ment du nombre de ces élus à qui le paradis est des-« tiné. Le Prophète n'a-t-il pas dit de ses demeures : « Elles sont réservées indubitablement à ceux dont les « pieds sont devenus poudreux dans le sentier de « Dieu! »

Au retour de son pèlerinage, Sidi Ibrahim passa par Tunis, et les savants docteurs de cette ville lui délivrèrent des diplômes qui témoignaient de l'étendue de sa science, laquelle atteignait presque aux limites extrêmes des connaissances de ce temps. Il se rendit ensuite à Tilmiçan (Tlemsan), où il suivit les leçons de l'illustre et saint docteur Sidi Ibn-Merzouk, lequel ajouta un nouveau diplôme à ceux qu'il possédait déjà; puis enfin il se transporta à Oran, attiré dans cette ville par l'ardent désir de visiter le très illustre Sidi El-Hoouari. C'est entre Tlemsan et Oran, à Aïn-El-Khïal (la Source des Fantômes), que Sidi Ibrahim fut attaqué par un *djenn* (génie). Nous allons dire dans quelles circonstances.

Le saint homme avait marché depuis le *fedjeur* (pointe du jour) jusqu'à l'heure de l'*âceur* (vers trois heures et demie. Arrivé à Aïn-El-Khïal, il s'y arrêta pour faire ses ablutions et se reposer. Cette source est située dans un lieu entouré de rochers, et, lorsque vous criez, le diable vous répond[1]. On sait, d'ailleurs, que les génies se plaisent et se tiennent volontiers à proximité des fontaines, c'est-à-dire près des endroits fréquentés, parce qu'ils trouvent en ces points plus d'occasions de nuire aux pauvres mortels. Le saint homme déposa à terre le *heurz* (talisman) qu'il portait toujours suspendu à son cou, préservatif qui lui avait été donné par un savant du Moghreb, et il y tenait d'autant plus que les savants du Marok sont très experts dans l'art d'écrire des *thalasm*. Au moment où Sidi Ibrahim allait commencer sa prière, le *djenn* le *revêtit* comme s'il l'eût recouvert d'un manteau. Il fut pris tout à coup de faiblesse et de tremblement, et il sentit sa pensée s'enchaîner au point de ne pouvoir se rappeler les *aïat el-hafadh* (les versets de la conservation[2]), lesquels sont souverains contre les enchantements, c'est-à-dire contre l'action des génies. Le marabouth resta sur place sans pouvoir ni crier, ni prier, ni faire le moindre mouvement, et si, au moment de se remettre en route, un voyageur, qui, en passant, le vit dans cet état, n'était venu à son secours, il serait sans doute resté là, impuissant et sans défense contre cet affreux génie. Ce voyageur, à qui Sidi Ibrahim raconta ce qui venait de lui arriver, le fit monter à cheval, et, le lendemain, quand il arriva au douar de son sau-

---

1. C'est ainsi que les Arabes expriment ou expliquent le phénomène de l'écho.
2. Ce sont des versets du Koran qu'on porte sur soi pour servir d'amulettes. On les appelle « *versets de la conservation* »; parce qu'ils contiennent tous le mot *hafadh*, qui signifie, *garde, conservation*. Ils sont au nombre de neuf, renfermés dans sept sourates.

veur, lequel était campé à la pointe ouest de la *Sebkha*[1], il était encore dans un état d'abattement et de faiblesse extrêmes.

Aussitôt que Sidi Ibrahim fut couché dans la tente du voyageur, lequel n'avait pas trouvé prudent qu'il se remît en route dans une pareille situation d'esprit, et surtout faible, comme il l'était, son généreux hôte, disons-nous, envoya chercher un *thaleb* de ses amis, le chikh Ahmed-ben-Es-Saffadj-El-Khodja, à qui Dieu avait donné l'intelligence des choses cachées, et la science de la préparation des *hadjab*, ou amulettes. Après avoir brûlé le *djaouï* (benjoin), et fait ses conjurations contre le génie en psalmodiant les versets de la préservation et en s'accompagnant du *deff* (tambourin), l'exorciste Ahmed, — et ce ne fut pas sans peine, — finit par contraindre le génie, — qui était un *djenn* de la pire espèce, — à évacuer le corps de Sidi Ibrahim, où déjà il s'était solidement établi; il déguerpit plein de confusion, et en répandant dans la tente cette odeur d'œufs couvés particulière aux mauvais génies qui éprouvent des contrariétés. Puisse-t-il en arriver autant à tous les *djenoun* qui, tenant à ne point fausser la promesse faite à Dieu par Iblis, le chef de leur race, passent leur temps à guetter les Musulmans dans le sentier droit, à les assaillir par devant et par derrière, et à se présenter à leur droite et à leur gauche pour faire sombrer leur vertu, laquelle n'est déjà que d'une solidité et d'une résistance douteuses !

Sidi Ibrahim, tout à fait remis, put continuer son chemin sur Oran, où il arriva le même jour à l'heure du *moghreb*, (coucher du soleil). Sidi El-Hoouari, qui déjà avait entendu parler de Sidi Et-Tazi, l'accueillit

---

1. Lac salé.

avec cordialité; il put se convaincre bientôt qu'on ne lui avait pas exagéré les mérites de son hôte, — car il avait voulu que sa maison fût la sienne, — et que Sidi Ibrahim possédait la science dans toute son étendue; elle était d'ailleurs attestée par la liasse de diplômes qu'il avait reçus de toutes les illustrations dont il avait suivi les leçons; ses mœurs étaient, en outre, aussi pures qu'on pouvait l'exiger à cette époque dans les États barbaresques, et son ardente piété était au-dessus de tout éloge. Sidi El-Hoouari, qui avait compris combien lui serait utile un pareil auxiliaire, un homme dont le bagage littéraire, déjà chargé, allait s'augmentant chaque jour, un poète dont les *kacida* [1] étaient connues et admirées dans tout le pays musulman, Sidi El-Hoouari, disons-nous, qui songeait peut-être déjà à en faire son successeur, mit tout en œuvre pour le conserver auprès de lui. Ce ne fut pas chose facile: car Sidi Ibrahim avait l'humeur voyageuse, et puis il lui semblait, dans sa modestie, que ses connaissances étaient encore bien incomplètes, et qu'il avait encore beaucoup à gagner à la fréquentation des *eulama*, ou gens de lettres de réputation. Il se promettait, en faisant une seconde fois le pèlerinage aux Villes saintes, d'entendre de nouveau, à son passage à El-Kahira (Le Kaire), les éloquents docteurs de la mosquée El-Azhar, le centre conservateur de la religion. Mais Sidi El-Hoouari réussit à le détourner de ce projet, et à le décider à ne plus se séparer de lui. « Chargé d'ans comme je le suis, lui disait-il, Dieu ne peut tarder à me rappeler à lui; or, tu as ma pensée; tu sais ce que je veux; toi seul peux donc me remplacer et

---

1. La *Kacida* est un poème, — particulier aux Arabes, — qui n'a pas moins de seize distiques, et qui peut en avoir une centaine.

continuer mon œuvre. » Du reste, le vieil *ouali* entourait Sidi Ibrahim des plus grands égards, et, tant qu'il vécut, il exhorta ses élèves et son entourage à se former sur l'exemple de son savant et vertueux associé, et à avoir pour lui toute la vénération et tout le respect qu'il méritait.

Sidi El-Hoouari ne tarda pas, en effet, à descendre dans la tombe, et Sidi Ibrahim, reconnu par tous comme digne du premier rang, succéda à son vénéré maître sans la moindre difficulté. Il joignait d'ailleurs à sa science profonde une grande élévation de caractère et une remarquable distinction : jurisconsulte consommé, imbu des doctrines du *Soufisme*, complètement dans les principes du Livre sacré et de la Sounna [1], doué au suprême degré de ces précieuses qualités qu'on appelle la libéralité, la résignation et la patience; aimant les grands, et sachant supporter leur caractère, quelque difficile qu'il pût être; recherché par tous à cause de son affabilité et du charme de sa conversation; se rappelant sans cesse que le Prophète a dit : « Ne sois pas amer (insociable); autrement, dès qu'on t'aurait goûté, on te rejetterait avec le crachat »; séduisant et intarissable conteur, car il s'était enduit les yeux de la poussière des narrations [2] : il est clair qu'avec cet ensemble de mérites, qui constituent presque la perfection, Sidi Ibrahim ne pouvait manquer de devenir en peu de temps l'idole des Oranais. La ville elle-même ne tarda pas à bénéficier de la situation que lui faisait son saint et savant professeur; aussi brilla-t-elle bientôt par lui du plus vif éclat; elle s'accrut, en outre, rapidement d'un nombre extraordinaire d'étrangers et de savants qu'y attirait sa réputation de

---

1. Maximes et prescriptions émanées du Prophète.
2. L'étude assidue de l'histoire.

science, de vertu, de piété, d'aménité et de générosité.

Ibd-Sâad, son contemporain, dit de Sidi Ibrahim : « Il fit d'Oran une sorte de marché de la réputation et de la gloire ; il déploya dans cette ville les bannières de l'Islam et de la foi ; il y organisa des solennités religieuses ; il appela les hommes à l'étude des choses humaines et divines, et les fixa dans le pays de la science, loin de laquelle ils erraient avant lui. »

Aussi, la *medraça* (école supérieure) fondée par Sidi El-Hoouari ne fut-elle plus assez spacieuse pour recevoir les *tholba* qui y accouraient de tout le Moghreb moyen. Sidi Ibrahim, à qui la richesse était venue sans qu'il la recherchât, dut faire construire une vaste Zaouïa renfermant dans son enceinte des chapelles, des jardins, des écoles d'enseignement supérieur, des appartements destinés aux étrangers qui venaient le visiter, des bains, des réservoirs d'eau, des bibliothèques, des magasins d'armes, etc. Cet établissement n'avait pas son pareil, dit-on, dans toute l'étendue du Moghreb du milieu.

Il fit plus : Oran était privé d'eau, et les ressources manquaient pour remédier à ce grave inconvénient ; Sidi Ibrahim n'hésita pas à faire exécuter, à ses frais, de grands et coûteux travaux aux environs de la ville, pour amener dans son enceinte l'eau de plusieurs sources qui en étaient assez éloignées ; il dota ainsi magnifiquement son pays d'adoption de nombreuses fontaines qui firent une oasis de verdure de cette cité au sol poudreux et desséché. Oran doit à Sidi Et-Tazi bien d'autres constructions et établissements d'utilité publique ou d'intérêt général, qu'il fonda de ses propres deniers, et qu'il légua comme *hobous*[1] aux diverses

---

[1]. Dotation religieuse. Voir plus haut la note explicative de ette expression.

mosquées de la ville. Il est clair que, pour subvenir à de pareilles dépenses, il fallait que les revenus de sa profession, soit qu'ils vinssent de la reconnaissance de ses nombreux élèves, soit qu'ils provinssent des dons que lui faisaient les fidèles, fussent relativement considérables. Ce qu'il y a de certain, c'est qu'il sut en faire un noble et généreux usage, et bien qu'il ne fût pas homme à égorger ses richesses, comme le faisait autrefois le poète Hatim-Taï, le héros de la libéralité chez les Arabes, lequel pillait sa fortune au profit de quiconque en avait besoin, et qu'il ne ressemblât pas davantage à Mouzaïkïa, ce roi de l'Yémen qui déchirait chaque jour les deux robes qu'il portait pour en mettre le lendemain deux autres neuves, les dépenses de Sidi Ibrahim n'en étaient pas moins excessives et des plus lourdes à supporter, et cela d'autant mieux que toutes ces libéralités étaient faites du dos de sa main [1]. Aussi, le poète a-t-il dit très excellemment de ce généreux saint : « Les traces qu'il a laissées apprennent ce qu'il fut, et la pensée se le figure aussi bien que si l'œil l'avait vu. »

Dévoué tout entier à l'intérêt public, Sidi Ibrahim dépensa sans compter, et sans s'occuper de l'avenir; aussi, selon l'expression d'Ibn-Sâad, son fils n'hérita-t-il pas même une *rognure d'ongle* de toutes les richesses qui passèrent par les mains de son père. Souvent ses amis lui reprochèrent ses prodigalités et sa générosité sans limite, qui, parfois, amenaient la gêne et la pauvreté dans sa demeure. Il se contentait alors de leur réciter ces vers d'Abou-El-Abbas-ben-El-Arif : « On me reproche d'être généreux; mais la libéralité

---

[1]. C'est-à-dire sans retourner sa main et la tendre pour recevoir quelque chose en retour. Désintéressé dans ses dons.

est dans mon caractère, et je ne puis prétendre changer ce que la nature a formé. D'ailleurs, je ne vois rien de comparable à la générosité. Récente, elle charme; ancienne, elle fait encore la joie des souvenirs. Laissez-moi donc être libéral à mon aise, car l'avarice est un opprobre. Quel mal me fait d'être appelé prodigue? L'homme libéral a tout le monde pour famille; celui dont la main se ferme toujours n'a ni parents, ni amis. Pourquoi redouter la pauvreté? Pourquoi établir un rempart autour de ses richesses? Soyons généreux. La générosité n'est-elle pas un des attributs de Dieu? »

Il est incontestable que du berceau de Sidi Ibrahim s'était levé un oiseau tout grandi [1], et qu'il était ce que les Arabes appellent un *sahab el-kiran* [2]. D'un autre côté, comme l'exprima plus tard le *fakih* Abd-El-Ouahhab-Ech-Chârani [3], Sidi Ibrahim n'avait aucun goût pour la vie érimétique, et il désapprouvait, condamnait les hommes qui vivent loin du monde, loin de leurs frères, qui mettent leur bonheur dans les macérations et la solitude absolue, menant ainsi une existence stérile, inutile, et espérant follement, dans cette voie, devenir des saints. Il voulait, lui, au contraire, le travail avec la vie d'édification; il voulait la vie productive pour le bien de la religion et de la société.

Sidi Et-Tazi citait souvent cet exemple dont il avait été témoin pendant son séjour à Tlemsan : Sidi Ibn-Merzouk, qui n'appréciait aussi que médiocrement les gens qui se vouaient à l'ascétisme pour arriver à la sainteté, rencontra un jour un de ces hommes, qui s'était retiré de la société, vivant dans la solitude la

---

1. Né heureux.
2. Né sous la conjonction de deux astres propices.
3. Célèbre jurisconsulte musulman, vivant dans le XVIe siècle de notre ère, cité par le savant orientaliste Dr Perron.

plus absolue, évitant tout contact avec ses frères, priant abondamment, souffrant la faim, et tout cela dans l'intention de parvenir à l'état de sainteté. Sidi Ibn-Merzouk lui conseilla de sortir de cet isolement et de reprendre sa place au milieu de ses frères. « Je ne sortirai point de ma solitude, répondit le *zahed* (ascète). — Renonce à cette résolution, reprend l'*ouali*, et repens-toi de ton obstination. Adore ton Dieu conformément à ses volontés simples, car ta fin approche. » Le solitaire refusa de suivre ces sages conseils. Il mourut de faim deux jours après. Sidi Ibrahim en instruisit le Chikh Ibn-Merzouk, qui lui dit alors : « Ne prie point sur ses restes mortels, car cet homme est mort coupable, et s'est suicidé par la faim. »

Après une existence si remplie de bonnes œuvres et de bienfaits, Sidi Ibrahim-Et-Tazi s'éteignit le 3 du mois de châban de l'année 866 de l'hégire (1464), au milieu de ses *tholba*, qui ne purent se consoler de cette irréparable perte, et accompagné des regrets de toute la population d'Oran, chez laquelle le souvenir de sa bienfaisance et de sa générosité persista pendant de longues années.

Sidi Et-Tazi avait survécu vingt-deux ans à son illustre maître et prédécesseur, Si Mohammed-El-Hoouari.

Il est indubitable que Sidi Ibrahim jouissait du don des miracles puisque ses contemporains lui donnaient le titre d'*ouali*. Néanmoins, la tradition n'en rapporte aucun. Nous supposons que, s'il n'a point opéré d'actions miraculeuses, c'est qu'il ne l'a pas voulu, ou qu'il n'en a pas trouvé l'occasion. Peut-être aussi ne trouvait-il pas convenable de tourmenter le Tout-Puissant pour des intérêts d'un ordre plus que secondaire; à moins pourtant que le miracle ne consistât dans l'or et la richesse qui affluaient vers lui avec tant de persistance, et dont il se servait d'une manière si généreusement magnifique. — *Ou Alla ou alamou!* — Dieu là-dessus en sait plus que nous.

XLVI

SIDI ALI-BOU-TLELIS

Vers l'an 720 de l'hégire (1310), un saint marabouth du nom de Sidi Ali, et qu'on disait venir de Fas (Fez), s'arrêtait sur l'Aïn-Bridïa, source abondante dont les eaux formaient alors des *guelta*[1] où les bergers des environs venaient abreuver leurs troupeaux. Cette source se trouvait sur la rive nord de la Sebkha (lac salé) d'Oran, et en même temps sur la route de Tlemsan à cette première ville.

Ce lieu plut sans doute au saint *fakir*, car il résolut d'établir sa *kheloua* (ermitage) à proximité de cette source, c'est-à-dire sur les dernières pentes des montagnes au pied desquelles s'étend la Sebkha.

La vie austère de cet *ouali*, ses macérations, sa recherche de la perfection, la ferveur de sa piété, n'avaient pas tardé à appeler sur lui l'attention des populations kabiles qui habitaient le Djebel-El-Kemara; aussi, le gourbi de branchages et de bouse de vache qui lui servait de retraite était-il toujours rempli de visiteurs, qui venaient demander au saint homme soit des recettes pour retrouver leur vache égarée, ou leurs

---

1. Mare, flaque d'eau.

facultés génésiaques, soit le moyen de guérir les affections épizootiques qui, trop souvent, décimaient leurs bestiaux.

Sidi Ali, qui sentait que ses voisins étaient de piètres Musulmans, et qui s'apercevait à leur malpropreté qu'ils n'abusaient pas de la prière, laquelle exige, comme on le sait, l'ablution préalable, Sidi Ali, disons-nous, se résignait à faire, malgré son grand âge, de fréquentes visites pastorales à ces grossiers Kabils, lesquels ne venaient à sa *kheloua* que lorsqu'ils avaient quelque chose à lui demander, mais qui ne s'inquiétaient pas plus du sort de leur âme que si elle n'eût jamais existé. Pour faire ses courses dans la montagne, le saint avait besoin d'avoir recours à des compatissants pour se procurer soit une mule, soit une ânesse qui lui permît de faire jusqu'au bout son excursion religieuse. Eh bien! dans ce cas, le saint marabouth poussait la conscience et la délicatesse à ce point qu'il s'abstenait de boire et de manger pendant tout le temps qu'il était, avec la bête prêtée, absent de chez le propriétaire de sa monture : car, par le manger et par le boire, il serait devenu pour elle, pensait-il, plus pesant qu'au moment où il l'avait empruntée.

Si cependant la longueur du voyage exigeait qu'il mangeât ou bût quelque chose pendant la durée de sa possession de l'animal, il ne manquait jamais d'en informer le propriétaire, et de se décharger la conscience soit par une indemnité offerte au maître, — qui n'acceptait jamais, — soit par un conseil d'une certaine valeur. Il embrassait ensuite la mule ou l'ânesse, et lui faisait des excuses : « Car, disait-il, d'après les hommes de profondes études, les bêtes savent reconnaître et distinguer ceux qui leur veulent du bien et ceux qui leur veulent du mal; seulement, — on s'en doutait bien un peu, — elles ne peuvent exprimer en paroles ce qu'elle ressentent. » Sidi Ali citait souvent, à l'appui de ce principe, le fait du chat : « Lorsque vous lui jetez un morceau de viande, prétendait-il avec raison, il le mange près de vous, sous vos yeux, parce qu'il comprend que c'est de votre consentement ; mais si ce même chat a enlevé et volé ce même morceau de viande, vous le verrez s'enfuir en l'emportant, et se mettre à l'abri de votre atteinte. Au reste, répétait-il souvent, cette doctrine ne m'appartient pas ; nous la devons au khalife Omar-Ibn-El-Khattab[1], lequel allait se poster sur le champ qui conduisait au marché, et il faisait alléger la charge de tout animal qu'il voyait trop chargé. Parfois même, le khalife frappait d'une baguette le maître de l'animal, en punition des mauvais traitements qu'il avait fait subir à la bête en exagérant son chargement.

« Du reste, ajoutait le saint, El-Hafiz-Es-Sakhaoui a composé un traité fort bien fait à propos des coups et corrections administrés aux animaux domestiques[2]. »

Il était difficile de pousser plus loin le scrupule à l'endroit des égards qui sont dus aux animaux de selle ou de charge. Il va sans dire qu'il faisait une guerre sans relâche aux bourricotiers indigènes, lesquels poussaient jusqu'à la cruauté le châtiment envers les ânes ou ânesses qui leur étaient confiés pour leurs transports et pour leurs travaux. Le saint était hors de lui quand il voyait ces bourreaux entretenir, pour accélérer son allure, une plaie vive dans la fesse de l'animal, au moyen d'un bâton dont le bout était entièrement mâchonné. Aussi, chaque fois qu'il rencontrait un de ces cruels bourricotiers, ne manquait-il jamais de lui donner sa malédiction, et le maudit ne la portait

---

1. Le second khalife après Mahomet.
2. Dr Perron.

pas loin : un coup de pied de l'animal ou tout autre accident lui faisait bientôt expier sa cruauté.

Parmi le grand nombre de miracles opérés par ce saint protecteur des animaux, la tradition en a surtout retenu un qui atteste jusqu'à tel point cet *ouali* avait l'oreille de Dieu. C'est, du reste, à ce prodige que le saint maraboulh dut son surnom de *Bou-Tlelis*.

Un jour de l'année 737 de l'hégire (1337), un envoyé du prince mérinide Abou-Hacen-Ali, en guerre alors avec l'Abd-el-Ouadite-Abou-Tachfin, qui régnait à Tlemsan, vient demander brutalement à Sidi Ali une certaine quantité d'orge pour les chevaux de son maître; or, l'état de pauvreté dans lequel vivait le saint homme ne lui permettait guère d'obtempérer à l'ordre de cet envoyé, lequel voyait bien d'ailleurs, aux bernous rapiécés du saint homme, qu'il n'était pas de ceux qu'atteignent les contributions en nature ou autrement; mais le percepteur, — qui n'était pas bon, — n'en voulut pas avoir le démenti, et s'oublia jusqu'à menacer l'*ouali* de le faire bâtonner s'il ne fournissait pas sur-le-champ la quantité d'orge qui lui était réclamée. « C'est bien, répondit avec la plus parfaite sérénité le vénérable maraboulh; il sera fait selon tes ordres; mais laisse-moi rentrer dans mon gourbi pour que j'y prépare la contribution que tu exiges. — Fais vite, répondit d'un air hautain le brutal percepteur, car je n'ai pas le temps de t'attendre. »

Sidi Ali entra dans son gourbi, et il reparut un instant après conduisant un lion énorme sur le dos duquel était un petit sac — grand comme un *mezoued*[1] — rempli d'orge. Il y en avait tout au plus pour le repas d'un cheval. A la vue de ce lion, l'envoyé du prince, tout à l'heure si arrogant et si peu traitable, —

---

1. Sac fait de la peau d'un chevreau; espèce de musette.

en ce temps-là, ils étaient tous comme cela, — se disposait tout tremblant à prendre la fuite sans attendre son orge. Mais le marabouth l'arrêta, et lui dit : « Conduis-moi à la tente du sultan. » L'envoyé, qui n'était pas très rassuré, obéit cependant à l'ordre du saint, et le mena en présence du sultan, lequel avait son camp à peu de distance de la kheloua de Sidi Ali. Quand Abou-Hacen-Ali vit la petite quantité d'orge qui lui était apportée, il entra dans une violente colère, — c'était un de ses défauts, — et il se mit à injurier le vénéré marabouth, et à le menacer de le faire écorcher vif, lui, et son lion par-dessus le marché.

Sidi Ali, qui savait que colère sans puissance est un soufflet tout prêt, prit sans s'émouvoir le petit sac qui était sur le dos du lion, et versa lentement aux pieds du prince l'orge qu'il contenait. Il y en avait déjà de répandu sur le sol plus que n'en avait demandé Abou-Hacen-Ali, et, pourtant, le sac était loin d'être vidé.

Le prince mérinide finit par comprendre, — ce n'était pas malheureux ! — en présence de ce fait surnaturel, qu'il avait affaire à un *ouali;* aussi se précipita-t-il, à son tour, à ses pieds en lui demandant son pardon et en sollicitant sa bénédiction. Il s'en fallut de fort peu qu'il ne fît trancher la tête à son trop zélé percepteur pour avoir été irrévérent envers Sidi Ali, et ce n'est que sur l'intervention du saint que le prince consentit à lui laisser, — provisoirement, du moins, — sa tête sur ses épaules.

C'est à la suite de ce fait miraculeux que Sidi Ali fut surnommé « *Bou-Tlelis* », l'homme au *petit tellis*[1].

Le bruit de ce miracle se répandit dans tout le R'arb

---

1. Le *tellis* est un grand sac en tissu de laine et poil servant au transport des grains ou céréales, et des dattes. *Tlelis* en est le diminutif.

(l'Ouest), et ce fut à qui viendrait demander au saint ses prières et sa puissante intercession.

Le saint homme, qui avait fait vœu de pauvreté, ne voulut point abandonner son gourbi, bien que le prince mérinide, devenu souverain de Tlemsan, en l'an 737 de l'hégire (1337), lui eût offert une demeure somptueuse dans son palais. Sidi Ali mourut vers l'an 749 (1348), c'est-à-dire l'année même de l'avènement d'Abou-Eïnan-Farès, le successeur d'Abou-Hacen-Ali, devant lequel s'était opéré son miracle de la multiplication de l'orge. Sidi Ali avait vécu soixante-trois ans, c'est-à-dire le nombre d'années que vivent ordinairement les saints Musulmans.

Les Khoddam de Sidi Ali-Bou-Tlelis s'empressèrent de recueillir ses restes mortels, qu'ils déposèrent non loin d'Aïn-Bridïa, entre la route de Tlemsan à Oran et la Sebkhat-El-Ouahranïa. Plus tard, ils élevèrent sur son tombeau la koubba qu'on y voit encore aujourd'hui.

XLVII

SIDI ABOU-ABD-ALLAH-ECH-CHOUDI-EL-HALOUI

Mais pénétrons dans la ville de Tlemsan (Tlimiçan), cette vieille et illustre cité, la capitale de tant de dynasties, celle qui a été chantée par tous les poètes, et dont Yahya-Ibn-Khaldoun a dit : « Tlemsan est une cité dont la vue fascine l'esprit, dont la beauté séduit les cœurs! Ceux qui veulent la célébrer ne sont pas embarrassés pour trouver des sujets de louanges; aussi a-t-elle été longuement chantée, et a-t-elle fourni matière à des poésies charmantes et suaves. » Tlemsan, dont l'émir-poète El-Hadj-Abd-el-Kader a écrit : « En me voyant, Tlemsan m'a donné sa main à baiser. Je l'aime comme l'enfant aime le cœur de sa mère! J'enlevai le voile qui couvrait son long visage, et je palpitai de bonheur : ses joues étaient rouges comme un charbon ardent... Tlemsan a eu des maîtres, mais elle ne leur a montré que de l'indifférence; elle baissait ses beaux et longs cils, en détournant la tête. A moi seul elle a souri, et m'a rendu le plus heureux des sultans! Je l'ai tenue par le grain de beauté qu'elle avait sur une joue, et elle m'a dit : « Donne-moi un baiser, « et ferme-moi la bouche avec la tienne! »

Tlemsan était autrefois un foyer de lumières; ses rois aimaient les sciences et les lettres. Elle eut aussi des saints en grand nombre; mais nous ne nous occuperons que de deux des plus illustres, auxquels la légende a attribué des faits merveilleux, et la vénération publique des mosquées dignes de leur célébrité religieuse. Nous voulons parler de Sidi El-Haloui, dont le tombeau est situé en dehors de la ville, au bas de la porte de Ziri, et de Sidi Abou-Medyan, dont les restes mortels ont été déposés à El-Eubbad, village indigène situé à une demi-heure de marche au sud-est de Tlemsan.

Sidi El-Haloui[1] naquit à Ichbilya (Séville), où il fut

---

1. Nous avons emprunté les légendes de Sidi El-Haloui et de Sidi Abou-Medyan aux beaux et intéressants travaux sur Tlemsan de M. Ch. Brosselard, un savant épigraphiste doublé d'un orientaliste des plus distingués.

kadhy, dans le XIII° siècle de notre ère. Las, un jour, des honneurs et de la fortune, et pris d'un ardent désir de *mort verte*[1], il se couvrit de haillons, et, prenant le bâton de pèlerin, il quitta sa patrie, passa la mer, et se dirigea sur Tlemsan, où, contrefaisant celui dont l'esprit s'est envolé, il laissait la foule s'amasser autour de lui et le huer de *ha hou! ha hou!*[2] Ceci se passait en l'an 665 de l'hégire (1266), sous le règne de l'Almohade Yarmoracen. Du reste, convaincu qu'il était plus facile de prendre son monde par la douceur que par la dureté et la rudesse, Sidi Abou-Abd-Allah-Ech-Choudi se mit à vendre, sur la place publique, des *halaouat*, c'est-à-dire des bonbons et des pâtes sucrées, d'où lui vint le surnom d'*El-Haloui* que lui donnèrent les enfants. Puis, lorsque, par ses bouffonneries, il avait rassemblé la foule autour de lui, il changeait tout à coup de ton et de langage, et se mettait à discourir en controversiste consommé sur la religion et la morale, et les gens qui l'écoutaient se retiraient confondus de tant d'éloquence et pleins d'admiration.

Il est clair que le nom de Baba-Haloui fut bientôt dans toutes les bouches, et que sa réputation de science et de facilité d'élocution ne tarda pas à atteindre les limites du royaume de Tlemsan. Son but était atteint, et il fut salué *ouali*, — saint, — par la population de cette ville. De nombreux miracles achevèrent d'établir sa réputation de sainteté.

Mais, — ce qui ne pouvait manquer d'arriver, — le bruit de la renommée de Sidi El-Haloui n'avait pas tardé à parvenir jusqu'au sultan, qui s'était empressé

---

1. Action de se vêtir de haillons, de guenilles.
2. C'est par le cri *ha hou!* — C'est lui! le voici! — que les enfants indigènes huent, dans les rues des villes, les gens qui se ridiculisent d'une manière ou d'une autre.

de lui confier l'éducation de ses deux fils. Cette situation ne fut pas de longue durée, car, desservi par la jalousie du *ouizir*[1], — vizir, — qui le fit passer pour sorcier, le malheureux Sidi El-Haloui fut décapité, et son corps resta abandonné, sans sépulture, à la voracité des hyènes, des chacals et des oiseaux de proie.

La haine du grand vizir était satisfaite; mais Dieu n'était pas content. Le peuple aussi faisait entendre des plaintes et des murmures. Or, voici que le soir qui suivit l'exécution du saint, lorsque le *bououab*, ou gardien des portes, se mit à crier, comme à l'ordinaire : « La porte! la porte! » afin que les retardataires qui se trouvaient encore dehors se hâtassent de regagner leur logis, une voix lugubre retentit au milieu du silence de la nuit : « O gardien! ferme ta porte! va dormir, ô gardien! il n'y a plus personne dehors, excepté El-Haloui, l'opprimé! »

Saisi d'étonnement et de terreur, le portier garda le silence sur cette étrange aventure; mais, le lendemain, le surlendemain, et pendant sept jours, la même scène miraculeuse se reproduisit à la fermeture de la porte. Le peuple, qui eut vent de ce qui se passait, commença à murmurer, et le fit avec une telle insistance que le sultan finit par être informé de ce miracle. Cependant, avant de prendre une décision sur ce qu'il convenait de faire dans cette singulière circonstance, il voulut s'assurer par lui-même de l'exactitude des bruits qui étaient parvenus jusqu'à lui. Il se rendit donc chez le *bououab* à l'heure de la retraite, et quand il eut entendu la plainte de Sidi El-Haloui, il se retira en disant : « J'ai voulu voir; j'ai vu. » Or, comme ce sultan

---

[1]. Titre sous lequel on désigne les ministres dans les États Orientaux.

était d'une justice qui ne le cédait en rien à celle de Haroun-er-Rechid, l'aurore du lendemain éclairait le supplice du grand vizir, lequel fut enseveli vivant dans un bloc de pisé, que l'on posa justement vis-à-vis du lieu où l'*ouali* avait été décapité, et où son corps gisait toujours sans sépulture ; on rebâtissait justement en ce moment les remparts de la ville, et l'un de ces blocs devait être employé dans leur reconstruction.

Pour que la réparation fût complète, ou à peu près, le prince décida qu'un tombeau digne du saint martyr, — auquel le supplice du vizir n'avait pu rendre la vie, — serait élevé sur ses restes précieux.

L'édicule qui renferme la pierre tumulaire de Sidi El-Haloui fut construit sur le tertre même où le saint fut mis à mort. Un caroubier plusieurs fois séculaire l'abrite de son épais et sombre feuillage. Plus bas, la mosquée surgit, blanche et étincelante de mosaïques, d'un plantureux massif de verdure. Sur le bandeau qui surmonte l'arcade ogivale du portail, la date de 754 de l'hégire (1353) nous fait connaître que son fondateur a été Farès-ben-Abou-'l-Hacen-Ali le Mérinide. Il est difficile d'imaginer une œuvre plus exquise, en fait d'ornementation arabe, que la mosquée de Sidi El-Haloui. On lit sur le chapiteau de droite de l'une des deux colonnes sur lesquelles repose le portique du *mihrab*[1] : « Mosquée consacrée à la mémoire du chikh El-Haloui », et sur le chapiteau de gauche : « L'ordre d'édifier cette mosquée est émané de Farès, prince des Croyants. »

La mémoire de Sidi Haloui est encore très vivante parmi les Musulmans de Tlemsan, et, fréquemment,

---

1. Niche dans les mosquées orientée du côté de Mekka, et où se place l'imam pour réciter la prière.

des miracles opérés sur son tombeau démontrent surabondamment que le temps n'a point amoindri la puissante protection dont le saint couvre ses khoddam les Tlemsaniens.

XLVIII

SIDI CHOAÏB-IBN-HOCEÏN-EL-ANDALOCI

(SIDI ABOU-MEDYAN)

A une demi-heure de marche dans le sud-est de Tlemsan, on rencontre le village indigène d'El-Eubbad, célèbre à plus d'un titre, et qui, autrefois, avait l'importance d'une ville. On y comptait alors cinq mosquées à minaret et un grand nombre d'oratoires où s'exerçait la piété d'une population de fervents Musulmans. C'était comme l'annexe de Tlemsan-la-Guerrière. Toutefois, le souvenir des splendeurs passées n'y est pas éteint; il vit toujours dans la mémoire des pieux enfants de l'Islam; il est, en outre, consacré par des monuments remarquables qui ont déjà vécu plusieurs siècles, et qui, s'il plaît à Dieu ! en traverseront bien d'autres encore.

C'est à l'extrémité orientale et au point culminant du village actuel qu'il faut chercher les monuments dont nous venons de parler. Ils sont au nombre de trois, réunis en un seul groupe : le tombeau de l'*ouali* Sidi Abou-Medyan, puis la mosquée et la medersa placées sous l'invocation de ce saint et illustre marabouth.

Choâïb-Ibn-Hoceïn-El-Andaloci, surnommé Abou-Medyan, naquit à Sevilla vers l'an 520 de l'hégire (1126), sous le règne du sultan almoravide Ali-Ibn-Youcef-Ibn-Tachfln.

Abou-Medyan avait été destiné par sa famille à la profession des armes; mais sa vocation l'entraînait irrésistiblement vers la science. Libre enfin de suivre ses goûts et ses aptitudes, qui le poussaient du côté de l'étude, il fréquenta pendant quelque temps les écoles de Sevilla, puis il passa à Fas pour s'y livrer aux études théologiques supérieures.

Mais sa véritable inclination ne tardait pas à se révéler aux yeux de ses savants professeurs; déjà, en effet, le marabouth perçait sous l'étudiant; déjà l'amour de l'ascétisme et de la vie contemplative envahissait cette âme qui semblait mal à l'aise dans un corps humain, et dont toutes les tendances étaient le détachement des choses de la terre et le besoin de s'en retourner vers le monde immatériel, sa patrie spirituelle.

Depuis longtemps déjà, le jeune Choâïb-Ibn-Hoceïn était *hafodh*, c'est-à-dire qu'il savait par cœur tout le Koran, qu'il récitait en véritable *tali*, et avec des modulations tellement suaves que les anges chargés de la garde du premier ciel n'hésitaient pas à quitter leur poste pour venir l'entendre et l'applaudir.

Après être resté quelque temps à Fas, le *thaleb* Choâïb reprit le bâton de voyage et se mit en route pour Tlemsan; mais, dominé déjà par le besoin de la solitude et de la vie anachorétique, et sentant le souffle de la familiarité divine qui descendait sur lui, il se retira dans la montagne de Terni, au-dessus d'El-Eubbad, passant ses jours et ses nuits en prières et en mortifications sur le tombeau de l'*ouali* Sidi Abd-Allah-ben-Ali, en grande vénération à Tlemsan, et qui y était mort en l'an 470 de l'hégire (1077).

Sidi Choaïb prouva bientôt que le Dieu unique l'avait trouvé digne du don de prescience et de la délégation d'une part de sa toute-puissance. Ce fut dans les circonstances suivantes que se révéla le jeune thaumaturge. Un jour, le fils du célèbre Abd-El-Moumen, Abou-Hafs, gouverneur de Tlemsan, eut son trésor volé : des malfaiteurs s'étaient introduits furtivement dans son palais et l'avaient dévalisé. Vainement des recherches furent faites dans toute la ville pour arriver à la découverte des auteurs de cet audacieux larcin. Ils avaient échappé à toutes les investigations, et le gouverneur désespérait de rentrer dans son bien, lorsqu'on lui conseilla d'avoir recours à un saint marabouth qui vivait en ascète dans le Djebel-Terni, et qu'on nommait Sidi Abou-Medyan. L'*ouali* fut, en effet, mandé devant le prince, qui l'interrogea sur les auteurs du vol dont il avait été la victime.

Sidi Abou-Medyan répondit sans la moindre hésitation : « Celui qui t'a volé, ô sultan ! est aveugle et cul-de-jatte. Envoie dans telle maison ruinée située dans tel endroit de la ville, et tu y trouveras ton trésor et l'auteur du vol. »

On se rendit, en effet, au lieu indiqué, et l'on trouva le trésor enfoui dans la cour de la maison. Les habitants de cette masure étaient, comme le saint l'avait indiqué, un aveugle et un cul-de-jatte ; ce dernier, monté sur les épaules de l'aveugle, l'avait dirigé, et, de concert, ils avaient ainsi commis le vol.

Bien que très jeune encore, puisqu'il n'était âgé que de vingt-cinq ans, Sidi Abou-Medyan préludait ainsi à la belle réputation de thaumaturge qu'il se fit plus tard dans tous les pays qu'il visita ou qu'il parcourut.

Mais le vœu le plus ardent de Sidi Abou-Medyan était le pèlerinage aux Villes saintes et bénies, Mekka et El-Medina : il quitta donc sa kheloua du Djebel-Terni, et se mit de nouveau en route pour accomplir cet important devoir. Il rencontra à Mekka l'illustre Sidi Abd-el-Kader-El-Djilani, lequel, reconnaissant instantanément en lui un élu de Dieu, l'affilia à l'ordre dont il était le chef; il lui donnait en même temps la mission de faire des prosélytes dans toutes les parties des pays musulmans vers lesquels Dieu dirigerait ses pas.

Sidi Abou-Medyan visita Baghdad, où il conquit de nombreux adeptes à l'ordre du grand saint de cette cité; puis, pris de la nostalgie du pays natal, il retourna à Sevilla, qu'il quitta pour Cordoba. Il séjourna quelques années dans ces deux villes, où il professa la théologie, la rhétorique et la jurisprudence; il prêchait surtout le mépris de la *vieille*, de la *mère de la puanteur;* c'est ainsi qu'il désignait souvent le monde d'ici-bas, et il répétait fréquemment cette maxime du Prophète : « L'espace de la longueur de l'arc de l'un d'entre vous, ô Musulmans! ou la place de son fouet dans le paradis, vaut mieux que tout l'espace du monde d'ici-bas, et que tout ce qu'il renferme. »

« Qu'est-ce que la vie de ce monde? disait-il aussi quelquefois : rien autre chose qu'un accident, qui échoit aussi bien au vertueux qu'au méchant. »

Il y avait longtemps déjà que Sidi Abou-Medyan avait été éclairé pour la première fois par les rayons de la révélation divine; aussi était-il fréquemment dans cet état qu'on appelle *moudjdoub*, c'est-à-dire dans le ravissement mystique, ou dans celui qui se nomme *fana*, lequel est l'anéantissement de l'individualité de l'homme absorbé dans l'essence de Dieu;

aussi en était-il arrivé à la parfaite contemplation de la Divinité, tout au moins en ses attributs.

Sidi Abou-Medyan combattait violemment la doctrine des *Djabarya*, cette secte qui n'admet point le libre arbitre chez l'homme; il exaltait, au contraire, les *Kadarya*, qui professent la doctrine opposée. Il était également sans pitié pour les sectaires de la *mouchebbiha*, ces impies et orgueilleux anthropomorphistes qui osent assimiler la nature de Dieu à celle des hommes.

Il croyait, avec les Ehel-El-Komoun, que les âmes de toutes les générations futures ont été créées à la fois, et que leurs germes ont été déposés en la personne du premier homme, Adam.

Il est inutile de répéter que Sidi Abou-Medyan possédait le don des miracles de première puissance, celle qui pouvait, à sa volonté, changer l'ordre des éléments. Ce n'était point un de ces thaumaturges honteux qui dissimulent leur pouvoir surnaturel, et qui se font longtemps prier, même pour opérer en petit. Quand un visiteur se présentait à lui, il allait au-devant de sa demande, — il lisait dans la pensée de ceux qui le consultaient, ou qui sollicitaient son intervention, absolument comme dans son Koran : « Que veux-tu, ô femme ?... Un enfant, n'est-ce pas ?... Dieu te l'accorde par mon intermédiaire. — Et toi, ô homme ?... Tu désires un héritier ?... Il est trop tard; tu as un pied dans la tombe, et tes reins sont desséchés. — Et toi, jeune fille, tu veux un riche et jeune époux, sans doute ?... Eh bien ! quand tu rencontreras celui que tu désires pour fiancé, fais-lui entendre ta voix et laisse-lui voir ton pied : car il sait que, lorsque ces deux choses cachées d'une femme sont belles, le reste est beau aussi. » Quelle que soit la solution qu'il donnât aux demandes qui lui étaient faites, le client se retirait toujours satisfait; nous ajouterons que sa rondeur un peu brutale ne déplaisait pas, au contraire, aux gens qui venaient lui demander son intercession. Certainement, dans les réponses que nous venons de rapporter, il n'y a rien là qui soit bien miraculeux; mais nous pouvons citer des actes du saint marabouth bien autrement surnaturels que les précédents; le suivant, par exemple, démontre jusqu'à l'évidence que le Dieu unique lui avait cédé une partie assez notable de sa toute-puissance.

Un jour, — c'était à Bougie, où il s'était fixé d'une manière qui paraissait définitive, — un *thaleb* de ses élèves, à qui sa femme, une certaine nuit, n'avait pas donné les satisfactions nécessaires, et qui, à raison de ce qu'il appelait son mauvais vouloir, voulait s'en séparer par le divorce, sortit de bon matin pour aller consulter Sidi Abou-Medyan sur le parti qu'il devait prendre. Il était à peine entré dans la salle où se tenait l'illustre chikh, que celui-ci, élevant la voix et apostrophant son disciple, lui jetait cette parole du Prophète : « Garde ta femme, et crains Dieu. » Cette citation du Koran, — sourate XXXIII, verset 37, — répondait si à propos aux préoccupations du mari offensé, que la surprise le cloua sur place.

« Et comment as-tu su, ô Monseigneur! la cause de ma démarche? se hasarda à lui demander le *thaleb*; car, j'en jure Dieu! je n'en ai parlé à âme qui vive.

— Lorsque tu es entré, lui répondit Abou-Medyan, j'ai lu distinctement ces paroles du Livre sur ton bernous, et j'ai ainsi deviné ton intention. »

Il est inutile d'ajouter que le *thaleb* garda sa femme; mais la légende ne dit pas s'il eut lieu désormais d'en être plus satisfait, et si la paix rentra dans le ménage.

Nous avons dit plus haut que Sidi Abou-Medyan avait quitté Cordoba pour Bedjaïa (Bougie), où la science, à cette époque, était en grand honneur. Il y ouvrit une *medraça*, à laquelle le degré supérieur des sciences qu'on y enseignait fit bientôt une réputation dans tout le pays et au delà. Les élèves accoururent en foule pour écouter les doctes et fortifiantes leçons du saint et savant marabouth, dont on admirait surtout l'éloquence et la parole harmonieuse. Se rappelant ces paroles du Prophète : « La chaire où je prêche est un des gradins du paradis », l'*ovali* vénéré se faisait fréquemment entendre dans le *menbeur* (tribune) de la grande mosquée de Bougie. Il y était, disaient ses contemporains, vraiment magnifique quand, y déployant sa haute taille, et la main droite fièrement appuyée sur le sabre de bois, il inondait la foule des flots de son éloquente parole, parfumée comme l'eau de Selsebil ou de Tesnim, ces délicieuses sources du Paradis. Mais autant il était doux, suave, quand il dépeignait les merveilles des Djeinan-Eden, ces jardins du séjour éternel où chaque bienheureux compte soixante-douze femmes pour son service particulier, autant il était terrible quand il faisait le tableau du jugement dernier, et des affreux tourments du brûlant Sakar, l'Enfer. Un frisson de terreur courait le long de la colonne vertébrale de ses auditeurs lorsqu'il s'écriait de sa voix métallique, et l'œil en feu : « Dans ce jour redoutable, le soleil s'approchera si près des hommes que leurs ventres bouillonnants gronderont et crieront : *Rik! rik!* »

Mais, desservi par des envieux auprès du sultan Yâkoub-El-Mensour l'Almohade, qui comptait Bougie dans ses États depuis qu'Abd-El-Moumen s'en était emparé, Sidi Abou-Medyan fut rappelé à Tlemsan en 594 de l'hégire (1197) par ce prince, qui voulut le voir et l'interroger lui-même. Le saint marabouth se mit en route sans retard pour obéir aux ordres de son souverain. Lorsque, arrivé à Aïn-Tekbalet, il aperçut Tlemsan, il s'écria, en indiquant à ses compagnons le *ribath*[1] d'El-Eubbad, et comme s'il eût le pressentiment de sa fin prochaine : « Combien ce lieu est propre pour y dormir en paix de l'éternel sommeil ! » Parvenu sur l'ouad Icer, il vida sa coupe en disant : « Dieu est la vérité suprême ! » Sidi Abou-Medyan avait vécu soixante-quinze ans.

Transporté à El-Eubbad, il fut rendu à la terre sur un point où reposaient déjà les précieux restes de plusieurs marabouths morts en odeur de sainteté.

Mohammed-En-Naceur, successeur d'El-Mensour, fit élever un magnifique mausolée à la mémoire de Sidi Abou-Medyan. C'est ce monument, embelli depuis par Yarmoracen-ben-Zeyan et par le sultan mérinide Abou-'l-Hacen-Ali, que nous voyons encore aujourd'hui.

On arrive à la koubba du saint marabouth en descendant, par plusieurs marches, dans une petite cour carrée à arcades retombant sur des colonnes d'onyx. De cette cour, on entre de plain-pied dans la koubba, où se dresse, sous un dôme percé de fenêtres étroites à travers lesquelles arrive, par des vitres de couleur, une lumière discrètement mystérieuse, un *tabout* de bois sculpté recouvert d'étoffes lamées d'or, d'argent, et de drapeaux de soie brodés d'inscriptions fournies par le Koran. C'est là que repose, depuis bientôt sept siècles, la dépouille mortelle de Sidi Choaïb-Ibn-Hoceïn-El-Andaloci, surnommé Abou-Medyan, l'*ouali*, le *Kotb*, le *R'outs*[2].

---

1. Couvent de religieux guerriers.
2. L'*Ouali*, le saint, l'ami, l'élu de Dieu ; — le *Kotb*, littérale-

La porte de la mosquée d'El-Eubbad est due à un miracle posthume de Sidi Abou-Medyan. Cette porte, d'un très riche travail, fut construite par un captif espagnol pour prix de sa rançon; elle fut jetée à la mer, — la légende n'en dit pas la raison, — et abandonnée à l'inconstance des flots; mais, Sidi Abou-Medyan s'en mêlant, la porte arriva miraculeusement à El-Eubbad.

Pendant sa longue existence, et depuis sa mort, Sidi Abou-Medyan opéra de nombreux miracles dont le souvenir fut précieusement conservé par la tradition; mais, dans la crainte de redites, lesquelles deviendraient fastidieuses, — car plusieurs des *karamat* attribuées à cet *ouali* le sont également à d'autres saints, — nous nous dispenserons de les rapporter. Bien que Sidi Abou-Medyan soit incontestablement une des illustrations religieuses les plus anciennes et les plus populaires de l'Algérie, nous nous en tiendrons cependant là pour ce qui concerne l'*ouali* vénéré d'El-Eubbad.

---

ment, le pôle; dans le langage mystique, le saint par excellence, celui qui occupe le sommet de l'axe autour duquel le genre humain, — bons ou mauvais, — accomplit son évolution; — le *R'outs*, l'être unique, le recours suprême des affligés, le sauveur surtout. (Ch. Brosselard.)

XLIX

SIDI BOU-DJEMAA [1]

Si nous sortons de Tlemsan par la porte de Fas, qui a remplacé le Bab-El-Guechout des Arabes, nous rencontrerons, sur la route qui mène à El-Mensoura, un petit monument funéraire élevé sur le tombeau de Sidi Bou-Djemâa. Cet édicule, simple comme le fut l'homme dont il renferme les restes mortels, se compose d'une petite cour carrée clôturée par un mur blanchi à la chaux, avec une porte ogivale qui n'est pas sans élégance. C'est là tout ce que la piété des fidèles a cru devoir faire pour un saint qui, d'ailleurs, doit se soucier médiocrement des splendeurs de la terre, à moins pourtant que les magnificences des jardins d'Eden ne lui aient donné le goût du luxe et des somptuosités. Il faut dire aussi que le degré de protection qu'il accorde aux Tlemsaniens est tout à fait en rapport avec la pauvreté du monument qu'ils ont fait élever sur sa cendre.

Sidi Bou-Djemâa, qui vivait dans le courant du XIVe siècle de notre ère, n'était certainement pas un grand de la terre, et il avait tout juste assez de science

---

[1]. Cette légende a été racontée, en partie, par M. Ch. Brosselard. M. L. Piesse en a également dit quelques mots dans son excellent *Itinéraire de l'Algérie*. Nous l'avons complétée, comme toutes les autres légendes, par les détails que nous avons recueillis à diverses sources indigènes.

pour l'exercice de sa profession, car il n'était autre chose qu'un pauvre chevrier. Né dans la montagne des Trara, il s'adonna de bonne heure à cette vie horizontale et contemplative qui fait encore les délices des bergers de notre temps. Seul en présence de la nature, dont il célébrait les beautés sur son *djououak* [1], il n'avait pas tardé à pressentir l'existence du Dieu unique. Du reste, il avait eu quelquefois l'occasion de converser avec de saints anachorètes réfugiés dans les montagnes de son pays. Et puis, — toujours comme les gardeurs de troupeaux, — il entendait des voix intérieures qui, généralement, — quand elles n'étaient point des borborygmes, — lui dictaient sa conduite ou lui donnaient des conseils. Un jour, une de ces voix lui souffla l'idée d'abandonner son pays et ses chèvres, et de poursuivre ailleurs d'autres destinées : le jeune *radi* [2] ne se le fit pas répéter deux fois ; il se dirigea vers le Sud, — il faisait face de ce côté quand la voix lui parla, — traversa l'ouad Thafna, et quand la même voix intérieure lui ordonna de s'arrêter, il était précisément en face de Tlemsan, la terre bénie où tant de saints sont venus mourir.

Sidi Bou-Djemâa résolut de s'établir devant la porte d'El-Guechout, puisque tel paraissait être l'ordre de la voix abdominale. Une pierre se trouvait justement devant cette porte ; le saint berger s'y assit, et n'en bougea plus jusqu'à sa mort, qui se fit attendre encore assez longtemps. Il vivait là des aumônes des passants : car, pour tout le monde, il était devenu l'hôte de Dieu. A force de recevoir, Sidi Bou-Djemâa, qui déposait tout l'argent monnayé qu'on lui donnait dans un tronc qu'il

---

1. Petite flûte en roseau.
2. Berger.

avait creusé auprès de sa pierre, finit, avec le temps, par se trouver possesseur d'un véritable trésor. Mais que lui importaient à lui les richesses de la terre? N'avait-il pas fait vœu de pauvreté? Ce n'était là d'ailleurs un secret pour personne, car Sidi Bou-Djemâa, — qui n'était point un ingrat, — ne faisait jamais à ses haillons l'injure de les quitter le premier; toujours il leur avait laissé cette initiative; il remplaçait alors sa guenille par un lambeau d'étoffe dont il se ceignait les reins sous le spécieux prétexte de voiler sa nudité.

Il arrivait quelquefois au saint homme de se sentir piqué par l'aiguillon de la chair; dans ce cas, le vénéré *fakir* se ruait sur la première femme, — jeune, — qui passait, et l'accolait devant tout le monde sans le moindre scrupule; les spectateurs se bornaient à couvrir respectueusement l'*ouali* d'un bernous pendant l'accomplissement de l'acte. Quant à la femme qui avait été appelée à la grâce de recevoir ainsi les faveurs du saint, elle se relevait, se secouait, et continuait son chemin sans regarder en arrière, et toute confite de félicité d'avoir servi de vase d'élection à un ami de Dieu.

En effet, en les appelant plus particulièrement à lui, Dieu n'a-t-il pas déchargé ces saints de toute obligation sociale, et n'a-t-il pas sanctifié d'avance tous leurs caprices? Il est clair que les actes de cette nature découlent directement de la doctrine exagérée de l'extase, de l'*âcheuk,* c'est-à-dire de l'amour mystique de Dieu.

Tant de vertus avaient fini par mériter au chevrier Bou-Djemâa le précieux titre d'*ouali*, distinction parfaitement justifiée, d'ailleurs, par sa prescience et le don des miracles dont il jouissait depuis longtemps déjà. Aussi le sultan lui-même le prit-il en amitié, et souvent il daigna se déranger pour venir consulter le vénéré déguenillé.

Enfin, un matin, on le trouva mort auprès de sa pierre ; on l'enterra sur le lieu même où il avait vécu, et les Tlemsaniens élevèrent plus tard autour de son tombeau l'enceinte funéraire dont nous avons parlé plus haut.

La tradition n'a conservé le souvenir que d'un petit nombre de miracles opérés par Sidi Bou-Djemâa, et encore ceux dont elle s'est souvenue ne sont que d'un médiocre intérêt. Aussi nous dispensons-nous de les rapporter.

Nota. — Certes, ce ne sont pas les documents qui nous manquent, et il nous serait facile, imitant en cela, à propos des saints Musulmans, l'hagiographe flamand Jean Bollandus, de pousser nos *Acta Sanctorum* aussi loin que nous l'eussions voulu, car l'Islam est riche en thaumaturges. Mais, voulant ne donner aux personnes qui s'occupent des choses de la religion de l'Islam qu'une idée générale de la façon dont les Islamites entendent les questions thaumaturgiques, lesquelles sont généralement peu et mal connues, et nos saints s'étant répétés dans leurs actes, ou plutôt les miracles qu'on leur attribue ne nous étant parvenus que par la tradition, et, par suite, d'une façon plus ou moins exacte, nous poserons ici le terme de notre pèlerinage, laissant à nos continuateurs, — s'il en est que tente cette besogne, — le soin de compléter notre œuvre. Il ne faut, d'ailleurs, pour cela, que de la patience et de la foi.

POST-SCRIPTUM

Avant de clore ce livre, nous voulons ici rendre hommage et payer notre tribut de reconnaissance aux écrivains et narrateurs qui nous ont facilité notre travail, ou qui nous ont permis de le compléter : on ne peut nier, en effet, que c'est grâce à la science, à l'érudition et aux patientes recherches de nos interprètes militaires, que l'histoire de l'Algérie est sortie des épaisses ténèbres qui l'enveloppaient de toutes parts, et qui la tenaient hermétiquement fermée aux investigations des profanes, c'est-à-dire de tout homme qui n'avait pas eu l'heur de naître Musulman, et ces recherches, ces fouilles, étaient d'autant plus difficiles à opérer que cette histoire n'était écrite nulle part, et qu'il fallait, pour en retrouver quelques bribes, fouiller soit dans la mémoire des hommes, c'est-à-dire dans la tradition orale, soit dans de vieux manuscrits poudreux ayant, depuis plus ou moins longtemps, servi d'alimentation aux rongeurs, bien qu'ils fussent conservés jalousement dans quelques grandes familles de *djouad*[1] ou de *cheurfa*[2], lesquelles ne les livraient pas facilement à la curiosité des Chrétiens.

---

1. *Djouad*, nobles. On donne ce titre aux Arabes d'Algérie descendant de ceux de la première invasion du Moghreb.
2. Les *Cheurfa* sont les nobles de noblesse religieuse, c'est-à-dire les descendants de Mahomet par sa fille Fathma.

Aussi est-ce généralement par la légende que nous avons appris l'histoire de cette partie de l'Afrique septentrionale que nous avons conquise, et que nous occupons, et c'est, tout naturellement, à nos interprètes militaires, parmi lesquels on a compté, depuis l'occupation, des savants éminents, des érudits de haute valeur et des orientalistes des plus distingués, c'est à eux, — nous l'avons déjà dit dans notre brochure : « *Le Corps des Interprètes militaires, — Ce qu'il a été, — Ce qu'il est, — Ce qu'il doit être* », que nous devons de voir clair dans le passé si intéressant de ce pays.

Parmi ceux qui nous ont si largement ouvert la voie, et à qui nous avons fait des emprunts, nous citerons :

MM. le docteur PERRON,
le professeur CHERBONNEAU,
le professeur GORGUOS ;

MM. les interprètes
{
CH. BROSSELARD,
CH. FÉRAUD,
L. GUIN,
ARNAUD,
ADRIEN DELPECH.
}

La Revue africaine, cette très intéressante et très utile publication, qui, depuis 1856, est le Conservatoire de l'histoire de l'Algérie, et qui, à partir de sa création, a compté parmi ses rédacteurs des hommes éminents dans tous les genres, orientalistes, épigraphistes, historiens ; ce précieux recueil, disons-nous, nous a été aussi d'un grand secours dans la tâche que nous nous sommes donnée de vulgariser l'Algérie dans la mesure de nos moyens.

TABLE DES MATIÈRES

	Pages
Avant-propos.	1
L'Algérie légendaire.	13

EN PÈLERINAGE DU SUD AU SUD-EST

I.	— Sidi Ali-ben-Mahammed et Sidi Bou-Zid.	15
II.	— Sidi Mouça-ben-Sidi-Ali.	38
III.	— Sidi Abd-el-Aziz-El-Hadj.	40
IV.	— Sidi Ali-Bou-Farès.	70
V.	— Sidi Aïça-ben-Mahammed.	83
VI.	— Sidi Eth-Thaïyeb-ben-Sidi-Aïça	104
VII.	— Sidi El-Hadj-Aïça.	111
VIII.	— Sidi Mâmmar-ben-Sliman-El-Aalya	125
IX.	— Sidi Aïça-ben-Sidi-Mâmmar.	127
X.	— Sidi Sliman-Abou-Smaha.	131
XI.	— Sidi Ech-Chikh.	134
XII.	— Sidi El-Hadj-Abou-Hafs.	175
XIII.	— Sidi En-Naceur.	176
XIV.	— Sidi Ali-Abou-Saïd.	184
XV.	— Sidi Naïl.	190
XVI.	— Sidi Mahammed-ben-Sidi-Abd-er-Rahman	200
XVII.	— Sidi Tameur-ben-Sidi-Abd-er-Rahman	210
XVIII.	— Sidi Mahammed-ben-Alya	213
XIX.	— Sidi El-Hadj-Ibrahim.	226

EN PÈLERINAGE DE L'EST A L'OUEST

XX.	— Sidi Abid.	236
XXI.	— Sidi Abd-er-Rahman-ben-Menâteki.	252

	Pages
XXII. — Sidi Mohammed-El-R'orab.............	254
XXIII. — Sidi Kacem.....................	257
XXIV. — Sidi Mogris	263
XXV. — Sidi Alça.......................	288
XXVI. — Sidi Mohammed-ou-Ali et Sidi Bou-Djemlin...	291
XXVII. — Sidi Hamla.....................	296
XXVIII. — Sidi Hadjarès-ben-Ali..............	300
XXIX. — Sidi El-Hadj-Mouça-ben-Ali...........	302
XXX. — Sidi Ali-ben-Mouça-N'Founas...........	326
XXXI. — Sidi Mohammed-ben-Abd-er-Rahman-Bou-Kobreïn.	338
XXXII. — Sidi Ouali-Dada, — Sidi Betka, — Sidi Bou-Guedour.................	347
XXXIII. — Sidi Belal et Lella Imma-Haoua........	354
XXXIV. — Sidi Ahmed-Ez-Zouaoui.............	364
XXXV. — Sidi Feredj....................	369
XXXVI. — Sidi Ali-Mbarek.................	375
XXXVII. — Lella Imma-Halloula.............	381
XXXVIII. — Sidi El-Khelfa-ben-Sidi-Yahya........	388
XXXIX. — Sidi Ahmed-ben-Ioucef.............	399
XL. — Sidi Mohammed-El-R'obrini.............	411
XLI. — Sidi Braham-ben-Sidi-Mohammed-El-R'obrini...	416
XLII. — Sidi Mohammed-Ech-Cherif-Es-Sr'ir.......	440
XLIII. — Sidi Mázouz-Billah................	449
XLIV. — Sidi Mohammed-ben-Omar-El-Haouari.....	454
XLV. — Sidi Ibrahim-Et-Tazi................	464
XLVI. — Sidi Ali-Bou-Tlelis................	475
XLVII. — Sidi Abou-Abd-Allah-Ech-Choudi-El-Haloui....	480
XLVIII. — Sidi Choaïb-Ibn-Hoceïn-El-Andaloci (Sid iAbou-Medyan).................	485
XLIX. — Sidi Bou-Djemâa.................	494
Post-Scriptum.......................	498

A PARIS
DES PRESSES DE D. JOUAUST
Rue de Lille, 7

M DCCC XCII

Original en couleur

NF Z 43-120-B

www.ingramcontent.com/pod-product-compliance
Lightning Source LLC
Chambersburg PA
CBHW071713230426
43670CB00008B/998